2022

全国专利代理师资格考试用书

> 全国专利代理师资格考试

相关法律知识
详细解读

李慧杰　刘辉　汪旆　谢聪　编著

化学工业出版社

·北京·

内容简介

本书是全国专利代理师资格考试相关法科目的复习用书，对《民法典（总则编）》、《民法典（合同编）》、《民事诉讼法》、《行政复议法》、《行政诉讼法》、《著作权法》、《商标法》、《反不正当竞争法》、《植物新品种保护条例》、《集成电路布图设计保护条例》、《保护工业产权巴黎公约》、《与贸易有关的知识产权协定》共计十二个法律、法规、条例、国际公约等进行了详细解读，帮助考生理解法律条文，掌握应用范围和条件，全面复习和总结相关法考试内容。

本书可作为全国专利代理师资格考试的备考资料，也适合高校法学专业师生阅读参考。

图书在版编目（CIP）数据

全国专利代理师资格考试相关法律知识详细解读/李慧杰等编著. —北京：化学工业出版社，2022.7
全国专利代理师资格考试用书
ISBN 978-7-122-41149-5

Ⅰ.①全… Ⅱ.①李… Ⅲ.①专利-代理（法律）-中国-资格考试-自学参考资料 Ⅳ.①D923.42

中国版本图书馆 CIP 数据核字（2022）第 063035 号

责任编辑：宋　辉　　　　　　　文字编辑：李　曦
责任校对：刘曦阳　　　　　　　装帧设计：关　飞

出版发行：化学工业出版社
　　　　　（北京市东城区青年湖南街 13 号　邮政编码 100011）
印　　装：三河市延风印装有限公司
787mm×1092mm　1/16　印张 20¾　字数 540 千字
2022 年 7 月北京第 1 版第 1 次印刷

购书咨询：010-64518888
售后服务：010-64518899
网　　址：http://www.cip.com.cn
凡购买本书，如有缺损质量问题，本社销售中心负责调换。

定　　价：88.00 元　　　　　　版权所有　违者必究

前言

2021 年 1 月 1 日起,《中华人民共和国民法典》开始施行;

2020 年 11 月 11 日,《中华人民共和国著作权法》第三次修改通过;

2019 年 4 月 23 日,《中华人民共和国商标法》第四次修改通过;

2019 年 4 月 23 日,《中华人民共和国反不正当竞争法》第二次修改通过;

……

相关法律在不断修改与完善,本书也将带给你全面系统、有效实施中的相关法律知识。

本书共分 12 章,对《民法典(总则编)》、《民法典(合同编)》、《民事诉讼法》、《行政复议法》、《行政诉讼法》、《著作权法》、《商标法》、《反不正当竞争法》、《植物新品种保护条例》、《集成电路布图设计保护条例》、《保护工业产权巴黎公约》、《与贸易有关的知识产权协定》共计十二个法律、法规、条例、国际公约等进行详细解读,帮助考生理解法律条文,掌握应用范围和条件,全面复习和总结相关法考试内容。

本书内容知识框架图如下。

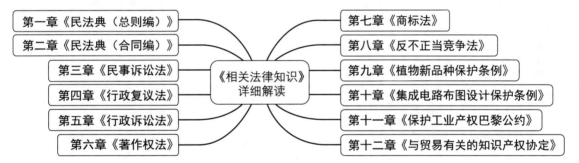

本书最大的特色在于:

1. 知识点全面且系统化,并且在每章、每节都配有思维导图,帮助读者对每部法律法规有整体的把握。

2. 用平实的语言详细解析严谨的法律条文,无论读者是否具有法律基础,都能在润物细无声中领受法条的真正含义。

3. 对于难以掌握的知识点,本书配置了例题,读者还可以通过扫码获得详细解析,精准把握。

本书既可以作为全国专利代理师资格考试的备考资料,也可以用于高校法学专业、非法学专业学生的课外读物,可以帮助读者迅速了解我国的知识产权法律法规及相关法律知识,以及与知识产权有关的国际条约,拓展知识与视野。

由于本人知识有限,不足之处在所难免,欢迎各位读者批评指正。

李慧杰

目录

第三章　《民事诉讼法》 / 089

第六章 《著作权法》 / 214

第七章 《商标法》 / 240

第十二章 《与贸易有关的知识产权协定》 / 307

本书参考的法律法规资料汇总 / 320

参考文献 / 322

第一章

《民法典（总则编）》

本章知识点框架

　　本章主要介绍了民事活动的基本原则及一般规定，包括民事主体、民事权利、民事法律行为、代理、民事责任、诉讼时效等内容，重点需要掌握民事法律行为、民事主体、民事权利、民事责任、诉讼时效的规定。本章主要知识点框架如图 1-1 所示。

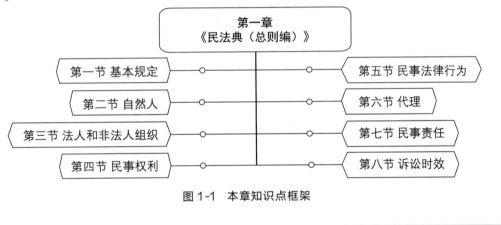

图 1-1　本章知识点框架

第一节　基本规定

本节主要介绍民法的调整对象、基本原则和法律适用等。本节的难点在于正确判断民法的基本原则及其适用。基本规定的主要内容如图 1-2 所示。

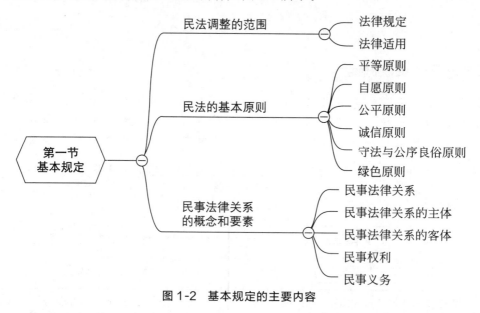

图 1-2　基本规定的主要内容

一、民法调整的范围

（一）法律规定

2020 年 5 月 28 日，中华人民共和国主席习近平签署了第四十五号主席令，公布了由第十三届全国人民代表大会第三次会议表决通过的《中华人民共和国民法典》（以下简称《民法典》），自 2021 年 1 月 1 日起施行。经过几代人数十年孜孜不倦的努力，新中国终于有了自己梦寐以求的《民法典》。

《民法典》共七编 1260 条，其中第一编"总则编" 204 条；第三编"合同编" 526 条，属于全国专利代理师资格考试《相关法律知识》的考试范围。

《民法典》第 2 条规定，民法调整平等主体的自然人、法人和非法人组织之间的人身关系和财产关系。

1.在主体上，受民法调整的主体为自然人、法人和非法人组织，称为"民事主体"。他们的法律地位具有平等性。

法律地位上的平等关系的对立面是不平等关系，如行政机关依法行使行政管理职能时与民事主体之间产生的关系即发生在不平等主体之间，因此不受民法调整。例如，某税务机关向某法人征收企业所得税，该关系即不受民法调整。

2.在内容上，受民法调整的对象包括平等民事主体之间的人身关系和财产关系，其中：

财产关系是人们基于财产的支配和交易而形成的社会关系。民法所调整的财产关系主要包括财产归属关系和财产流转关系。财产归属关系是指民事主体因对财产的占有、使用、收益和处分而发生的社会关系；财产流转关系是指民事主体因对财产进行交换而发生的社会关系。

民法调整的人身关系是指民事主体之间发生的以人格权和身份权关系为主要内容的社会关系。

恋爱关系、好意施惠等关系，都不属于民法调整的范围。

【例 01-01】因下列哪些行为所产生的当事人之间的关系不属于民法调整的范围？

A. 税务机关向甲公司收取营业税

B. 发明人委托乙专利代理机构办理专利申请事务

C. 海关检查丙公司进口的货物

D. 清华大学和丁公司共同完成一项发明创造

【参考答案】AC

（二）法律适用

《民法典》第 10 条规定，处理民事纠纷，应当依照法律；法律没有规定的，可以适用习惯，但是不得违背公序良俗。第 11 条规定，其他法律对民事关系有特别规定的，依照其规定。

在我国统一的私法体系中，民法为一般法，《中华人民共和国公司法》（以下简称《公司法》）、《中华人民共和国专利法》（以下简称《专利法》）等单行法为特别法。在处理公司、知识产权等纠纷时，优先适用《公司法》《专利法》等的规定，这些特别法没有规定的，适用《民法典》总则编的规定。

二、民法的基本原则

（一）平等原则

《民法典》第 4 条规定，民事主体在民事活动中的法律地位一律平等。第 3 条规定，民事主体的人身权利、财产权利以及其他合法权益受法律保护，任何组织或者个人不得侵犯。第 113 条规定，民事主体的财产权利受法律平等保护。

民法中的平等是指主体身份的平等。身份平等是特权的对立物，是指无论其自然条件和社会处境如何，其法律资格亦即权利能力一律平等。

基于社会公德、公共利益需要而导致的区别对待，不构成"特权"，不违反平等原则，如火车站售票窗口的"军人优先"，城市公共交通中老人持"老年证"免费乘车等。

任何自然人、法人在民事法律关系中平等地享有权利，其权利平等地受到保护；同理，承担义务也不因人的身份不同、资产多寡而有差别。例如，某机关在某超市购买办公用品，此时该机关与该超市为平等的民事主体。

（二）自愿原则

《民法典》第 5 条规定，民事主体从事民事活动，应当遵循自愿原则，按照自己的意思设立、变更、终止民事法律关系。

自愿原则也称为意思自治原则。

民事主体从事民事活动，按照自己的意思设立、变更和终止民事法律关系，承担因自己自愿选择而产生的法律后果。例如，甲为出售自己的房屋，与乙自愿达成房屋买卖关系，则甲应当依约履行房屋交付，承担因交易后房屋价格上涨而造成"损失"的后果。

当事人可以根据自己的判断，去从事民事活动，国家一般不干预当事人的自由意志，充分尊重当事人的选择。

（三）公平原则

《民法典》第6条规定，民事主体从事民事活动，应当遵循公平原则，合理确定各方的权利和义务。

民事主体从事民事活动，合理确定各方的权利和义务。

公平原则是针对当事人之间的民事活动的结果而言的，是对已经形成的民事法律关系的二次干预。例如，某商场张贴告示"偷一罚十"，即违背了公平原则。

公平原则是指在民事活动中以利益均衡作为价值判断标准，在民事主体之间发生利益关系摩擦时，以权利和义务是否均衡来平衡双方的利益。例如，某学校小学生甲在操场踢球，不小心把球踢到了学生乙的脸上，造成乙鼻梁骨折，则学生甲和学校应依据公平原则，向乙支付一定比例的医药费。

（四）诚信原则

《民法典》第7条规定，民事主体从事民事活动，应当遵循诚信原则，秉持诚实，恪守承诺。

诚信原则是民法中的"帝王"条款。民事主体从事民事活动，秉持诚实，恪守承诺。在缔约时，诚实并不欺不诈；在缔约后，守信用并自觉履行。诚实信用原则包含两层含义：一是遵约守信；二是与人为善。民事主体从事民事活动要兼顾他人和社会公共利益。

（五）守法与公序良俗原则

《民法典》第8条规定，民事主体从事民事活动，不得违反法律，不得违背公序良俗。

民事活动虽然是私法关系，能够意思自治，但不能违反法律，也不能违反公序良俗。

《民法典》总则编将公序良俗与法律并列，可见公序良俗的原则地位；在民事法律关系无法律可遵循时，可以适用不违背公序良俗的习惯，但不能违背公序良俗。

公序良俗，即公共秩序和善良风俗。公序良俗原则是对民事活动的道德要求。例如，某夫妇与魏某签订代孕协议，约定魏某为该夫妇代孕生子，完成后付辛苦费80万元。后引发争议。该协议因违背公序良俗，将得不到法律的支持。

（六）绿色原则

《民法典》第9条规定，民事主体从事民事活动，应当有利于节约资源、保护生态环境。

有利于节约资源和保护生态环境原则，简称绿色原则。绿色原则作为民事活动的基本原则，应适用于民事活动的全部领域，而非局部领域。该原则要求民事法律关系的当事人在行使权利或履行义务时，要有节约资源、有利于保护生态环境的自律，不应作出与此原则相悖的行为。绿色原则是一个限制性原则，对不符合甚至违反这一原则的法律行为，当事人将会承担后果。

【例01-02】甲诉注册商标申请人乙侵犯其在先权利一案正在审理中，证据交换阶段乙觉得自己胜诉无望，随即向国家知识产权局提出撤回该商标注册申请，乙的行为违背民法的下列哪一基本原则？

A. 平等原则　　　　B. 自愿原则　　　　C. 公平原则　　　　D. 诚信原则

【参考答案】D

三、民事法律关系的概念和要素

（一）民事法律关系

民事法律关系是由民法调整，以权利义务为内容的社会关系。民事法律关系由民事法律事实引起，具有民法上的约束力。

民事法律关系包括三项要素：主体、内容、客体。

民事法律事实简称法律事实，是符合民事规范，能够引起民事法律关系发生、变更、消灭的客观现象。民法上根据事实是否与人的意志有关，是否以人的意志为转移，将其分为事件和行为两大类：

1. 事件。事件对于特定的法律关系主体（当事人）而言，都是不可避免的，是不以其意志为转移的。

法律事件包括：（1）社会事件，如社会革命、战争等。（2）自然事件，如人的生老病死、自然灾害等。

2. 行为。行为是与人的意志有关的法律事实，能够引起法律关系形成、变更和消灭。

（二）民事法律关系的主体

民事法律关系的主体指民事法律关系中享受权利、承担义务的参与者、当事人。其包括：

1. 自然人。自然人是因出生而获得生命的人类个体，是与法人相对应的概念。

2. 法人。法人是法律拟制的"人"，是具有民事权利能力和民事行为能力，依法独立享有民事权利和承担民事义务的组织。国家有时也直接参与民事活动，但基于民事主体的平等性，国家出现在民事活动中时，其身份只是公法人。

3. 非法人组织。非法人组织，在一些特定的民事法律关系中，其主体也可以是不具有法人资格的其他团体或单位。

民事主体参与民事法律关系取决于能力：民事权利能力、民事行为能力。

（三）民事法律关系的客体

民事法律关系的客体，即民事权利义务所共同指向的对象。不同的民事法律关系具有不同的客体：

1. 物。物是指能满足人的需要，能够被人支配或控制的物质实体或自然力。其具有可支配性、存在性和效用性。例如，所有权、担保物权、买卖合同、虚拟资产。

2. 行为。作为客体的行为特指能满足债权人利益的行为，通常也称给付。债权是请求权，债权人只能就自己的利益请求债务人为给付，如交付物、完成工作。

3. 智力成果。智力成果是人脑力劳动创造的精神财富，是知识产权的客体。智力成果包括文学、艺术、科技作品、发明、实用新型、外观设计以及商标等。知识产权保护的不是智力成果的载体，而是载体上的信息，载体本身属物权保护对象。

（四）民事权利

民事权利是民法赋予民事主体实现其利益所得实施行为的界限。

民事权利可以依据民事法律行为、事实行为、法律规定的事件或者法律规定的其他方式取得。

民事主体按照自己的意愿依法行使民事权利，不受干涉。

民事主体行使权利时，应当履行法律规定的和当事人约定的义务。民事主体不得滥用民事权利损害国家利益、社会公共利益或者他人合法权益。

1. 依民事权利的客体所体现的利益为标准划分

（1）财产权。财产权是以具有经济价值的利益为客体的权利，可以转让。民事主体的财产权利受法律平等保护。

财产权包括物权、债权、知识产权、股权、继承权以及其他财产权。

（2）非财产权。非财产权是与权利主体的人格、身份不可分割的，没有直接经济利益的权利。非财产权包括人身权、自然人信息权等权利。自然人的人身自由、人格尊严受法律保护。自然人享有生命权、身体权、健康权、姓名权、肖像权、名誉权、荣誉权、隐私权、婚姻自主权等权利。自然人因婚姻、家庭关系等产生的人身权利受法律保护。

自然人的个人信息受法律保护。任何组织和个人需要获取他人个人信息的，应当依法取得并确保信息安全，不得非法收集、使用、加工、传输他人个人信息，不得非法买卖、提供或者公开他人个人信息。

法人、非法人组织享有名称权、名誉权、荣誉权等权利。

2. 依民事权利的效力特点为标准划分

（1）支配权。支配权是对权利客体进行直接的排他性支配并享受其利益的权利。人身权、物权、知识产权中的财产权等属于支配权。支配权的义务人是不特定的，任何人不得干涉权利人对权利的行使。

例如，甲拥有一套住房，则甲对其住房拥有支配权。甲可以自己居住，也可以用租赁方式获得租金利益，也可以转让其房屋的所有权。甲对其房屋的支配权任何人不得干涉。

（2）请求权。请求权是特定人得请求特定他人为一定行为或不为一定行为的权利。债权是典型的请求权。物权、人身权、知识产权，在受到侵害时，需以请求权作为救济。请求权的义务人是特定的。例如，甲的房屋被乙侵占了，甲有权请求乙腾退房屋。这里甲是权利人，乙是义务人。如果乙不履行其义务，甲有权请求人民法院要求其履行腾退义务。

（3）抗辩权。抗辩权是能够阻止请求权效力的权利。抗辩权主要是针对请求权的，通过行使抗辩权，一方面可以阻止请求权效力，另一方面可以使权利人能够拒绝向相对人履行义务。诉讼时效届满的，债务人行使抗辩权的，可以免除其偿还债务的义务。合同中的同时履行抗辩权、不安抗辩权、顺序履行抗辩权等皆属于抗辩权。专利法中的现有技术抗辩权也属于抗辩权。例如，乙向甲借款 5 万元，甲对乙享有请求权，甲起诉乙请求其偿还借款，乙声称借款已还，并出示还款收据为证。这里乙对甲行使的就是抗辩权。

3. 依民事权利的效力所及相对人的范围为标准划分

（1）绝对权。绝对权是权利效力所及相对人为不特定人的权利。绝对权的义务人是权利人之外的一切人，故又称"对世权"。物权、人身权等均属绝对权。

（2）相对权。相对权是权利效力所及相对人仅为特定人的权利。相对权的效力仅仅及于特定的义务人，故又称"对人权"。债权就是典型的相对权。

（五）民事义务

民事义务是当事人为实现他方的权利而受行为限制的界限。根据义务产生的原因，民事义务划分为：

1.法定义务。法定义务是直接由民法规范规定的义务，如对物权的不作为义务、对父母的赡养义务等。

2.约定义务。约定义务是按当事人意思确定的义务，如合同义务等。约定义务以不违反法律的强制性规定为界限，否则法律不予承认。

第二节　自然人

本节知识要点

本节主要介绍自然人的能力制度、监护制度以及宣告制度。本节的难点在于法定监护人的确定：顺序在前者优先于在后者，但法定顺序可以依监护人的协议而改变。前一顺序监护人无监护能力或对被监护人明显不利的，人民法院有权从后一顺序中择优确定监护人。自然人的主要内容如图 1-3 所示。

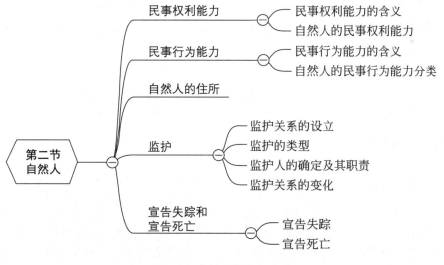

图 1-3　自然人的主要内容

一、民事权利能力

（一）民事权利能力的含义

民事权利能力是指民事主体享有民事权利，承担民事义务的资格。

在民法上具有民事权利能力的主体，即自然人与法人。法人的分支机构、合伙企业、个人独资企业、个体工商户、农村承包经营户以及其他非法人组织，虽然也是民事主体，但是不具有民事权利能力。

民事主体拥有民事权利能力，才能拥有属于自己的权利、义务、责任；不具有民事权利能力的民事主体，则不能拥有属于自己的权利、义务，其权利、义务归属于成立它的法人或自然人。

（二）自然人的民事权利能力

自然人是与"法人"相对应的概念。法人是法律上拟制的"人"。自然人是指具有自然生物属性的人。公民是宪法上的概念，是指具有一国国籍并按该国宪法和法律享受权利和承担义务的自然人。

1. 自然人民事权利能力的产生

《民法典》第13条规定，自然人从出生时起到死亡时止，具有民事权利能力，依法享有民事权利，承担民事义务。第14条规定，自然人的民事权利能力一律平等。

（1）自然人的出生时间，以出生证明记载的时间为准；没有出生证明的，以登记的时间为准。有其他证据足以推翻以上记载时间的，以相关证据证明的时间为准。

（2）涉及遗产继承、接受赠与等胎儿利益的保护，胎儿视为具有民事权利能力。但是，胎儿出生时为死体的，其民事权利能力自始不存在。

例如，甲、乙夫妇二人在一次事故中丈夫甲不幸死亡，妻子乙当时已经怀孕。甲死亡之前没有留下遗嘱。根据法定继承继承甲的遗产时，应当为胎儿留下遗产份额。如果胎儿出生时为活体，则其享有遗产继承权利，继承为其留下的份额；如果胎儿出生时为死体，则其无权继承为其留下的份额，所留遗产按照甲的遗产由其法定继承人继承；如果胎儿出生时为活体，之后又死亡的，所留份额由其因继承获得的财产，转化为遗产，由其母亲乙继承。

2. 自然人民事权利能力的消灭

自然人的民事权利能力于死亡时消灭。

自然人的死亡时间，以死亡证明记载的时间为准；没有死亡证明的，以登记的时间为准。有其他证据足以推翻以上记载时间的，以相关证据证明的时间为准。

二、民事行为能力

（一）民事行为能力的含义

民事行为能力是指民事主体独立实施民事法律行为的资格。

民事行为能力的有无与自然人的意思能力有关。只有实施民事法律行为时才要求行为人具有相应的民事行为能力。民法中民事法律行为主要包括：合同、婚姻、收养、遗嘱、行使形成权、抛弃权利。

《民法典》第17条规定，18周岁以上的自然人为成年人。不满18周岁的自然人为未成年人。

我国现行立法技术对心智正常人采取年龄主义划线，即达到一定年龄即认定其有行为能力。自然人的民事行为能力分为完全民事行为能力、限制民事行为能力和无民事行为能力三种类型。对于不能辨认自己行为的成年人，则采取个案审查制。

（二）自然人的民事行为能力分类

1. 完全民事行为能力。具有完全民事行为能力的人，可以实施法律不禁止的任何民事法律行为。《民法典》第18条规定，成年人为完全民事行为能力人，可以独立实施民事法律行为。16周岁以上的未成年人，以自己的劳动收入为主要生活来源的，视为完全民事行为能力人。

2.限制民事行为能力。《民法典》第19条规定，8周岁以上的未成年人为限制民事行为能力人，实施民事法律行为由其法定代理人代理或者经其法定代理人同意、追认；但是，可以独立实施纯获利益的民事法律行为或者与其年龄、智力相适应的民事法律行为。

限制民事行为能力是只能独立实施与年龄智力相适应的民事法律行为的能力。

限制民事行为能力人包括：（1）8周岁以上，且精神状态正常的未成年人；（2）不能完全辨认自己行为的成年人，包括精神病人及其他有精神障碍的成年人。

3.无民事行为能力。《民法典》第20条规定，不满8周岁的未成年人为无民事行为能力人，由其法定代理人代理实施民事法律行为。

无民事行为能力，是不能独立实施民事法律行为的能力。无民事行为能力人包括：（1）不满8周岁的未成年人；（2）不能辨认自己行为的成年人。

【例01-03】根据民法典的规定，下列哪些自然人属于限制民事行为能力人？

A.9岁的儿童

B.17岁的中学生

C.不能辨认自己行为的智力障碍者

D.不能完全辨认自己行为的智力障碍者

【参考答案】ABD

三、自然人的住所

《民法典》第25条规定，自然人以户籍登记或者其他有效身份登记记载的居所为住所；经常居所与住所不一致的，经常居所视为住所。

住所是指自然人生活和进行民间活动的中心场所。自然人住所的确定：

（1）原则上，自然人的住所为户籍所在地。

（2）自然人的经常居住地与户籍所在地不一致的，以经常居住地为住所。在这里，经常居住地是指自然人离开住所地最后连续居住一年以上的地方，但住医院治疗的除外。

四、监护

（一）监护关系的设立

1. 自然人的监护关系的设立

《民法典》第26条规定，父母对未成年子女负有抚养、教育和保护的义务。成年子女对父母负有赡养、扶助和保护的义务。

监护的对象是无民事行为能力人或限制民事行为能力人。无民事行为能力人和限制民事行为能力人具有民事权利能力，但因为欠缺民事行为能力而不能"自主参与"民事活动。监护就是这样一种对无民事行为能力人和限制民事行为能力人的救济制度。无民事行为能力人和限制民事行为能力人可以通过监护人得以间接参加民事法律活动。

2. 监护争议解决程序

对监护人的确定有争议的，由被监护人住所地的居民委员会、村民委员会或者民政部门指定监护人，有关当事人对指定不服的，可以向人民法院申请指定监护人；有关当事人也可以直接向人民法院申请指定监护人。

居民委员会、村民委员会、民政部门或者人民法院应当尊重被监护人的真实意愿，按照最有利于被监护人的原则在依法具有监护资格的人中指定监护人。

监护人被指定后，不得擅自变更；擅自变更的，不免除被指定的监护人的责任。

（二）监护的类型

1.法定监护。法定监护是由法律直接规定监护人范围和顺序的监护。法定监护人可以由一人或多人担任。

2.遗嘱监护。被监护人的父母担任监护人的，可以通过遗嘱指定监护人。遗嘱监护于遗嘱人死亡时生效。

3.协议监护。依法具有监护资格的人之间可以通过协议确定监护人。协议确定监护人应当尊重被监护人的真实意愿。

4.意定监护。意定监护是指具有完全民事行为能力的成年人，可以在法定监护人之外，与近亲属、其他愿意担任监护人的个人或者有关组织事先协商，以书面形式确定自己的监护人。协商监护人在该成年人丧失或者部分丧失民事行为能力时，承担监护责任。

5.公职监护。没有依法具有监护资格的人，监护人由民政部门担任，也可以由具备履行监护职责条件的被监护人住所地的居民委员会、村民委员会担任。

（三）监护人的确定及其职责

1.未成年人的监护人确定。未成年人的监护人依照下列顺序确定。

（1）父、母是未成年子女的当然监护人。

（2）未成年人的父母已经死亡或者没有监护能力的，由下列有监护能力的人按顺序担任监护人：

① 祖父母、外祖父母；

② 兄、姐；

③ 其他愿意担任监护人的个人或者组织，但是须经未成年人住所地的居民委员会、村民委员会或者民政部门同意。

2.成年人的监护人确定。无民事行为能力或者限制民事行为能力的成年人的监护人由下列有监护能力的人按顺序担任监护人：

（1）配偶；

（2）父母、子女；

（3）其他近亲属；

（4）其他愿意担任监护人的个人或者组织，但是须经被监护人住所地的居民委员会、村民委员会或者民政部门同意。

民法中规定的近亲属包括：配偶、父母、子女、兄弟姐妹、祖父母、外祖父母、孙子女、外孙子女。

3.监护人的职责。监护人的职责包括代理被监护人实施民事法律行为，保护被监护人的人身权利、财产权利以及其他合法权益等。

监护人依法履行监护职责产生的权利，受法律保护。

监护人不履行监护职责或者侵害被监护人合法权益的，应当承担法律责任。

监护人应当按照最有利于被监护人的原则履行监护职责。监护人除为维护被监护人利益外，不得处分被监护人的财产。

未成年人的监护人履行监护职责，在作出与被监护人利益有关的决定时，应当根据被监护人的年龄和智力状况，尊重被监护人的真实意愿。

成年人的监护人履行监护职责：

（1）应当最大限度地尊重被监护人的真实意愿；

（2）保障并协助被监护人实施与其智力、精神健康状况相适应的民事法律行为；

（3）对被监护人有能力独立处理的事务，监护人不得干涉。

（四）监护关系的变化

1. 监护人资格的撤销

（1）应当撤销监护的情形：

① 监护人实施严重损害被监护人身心健康行为的；

② 监护人怠于履行监护职责，导致被监护人处于危困状态的；

③ 监护人无法履行监护职责并且拒绝将监护职责部分或者全部委托给他人，导致被监护人处于危困状态的；

④ 实施严重侵害被监护人合法权益的其他行为的。

（2）申请撤销监护资格的申请人包括下列人员：

① 其他依法具有监护资格的人。

② 有关组织：居民委员会、村民委员会、学校、医疗机构、妇女联合会、残疾人联合会、未成年人保护组织、依法设立的老年人组织、民政部门等。

③ 有关个人或组织未及时向人民法院申请的，应当由民政部门申请。

（3）受理并裁判撤销监护资格案件的唯一主体为：人民法院。

（4）被撤销监护资格后的责任：作为监护人的父母、子女、配偶等，被人民法院撤销监护资格后，应当继续履行负担的义务。

继续履行其依法负担的义务包括：向被监护人支付抚养费、赡养费、扶养费等。

2. 监护资格的恢复

监护资格被撤销后，请求恢复监护资格的，需满足下列条件：

（1）可恢复监护资格的对象：被撤销监护的监护人是被监护人的父母或者子女。

（2）申请人：被撤销监护资格的人。

（3）被撤销监护资格的原因：确有悔改，且之前不是因对被监护人实施故意犯罪而被撤销监护资格的。

（4）被监护人的态度：被监护人具有同意恢复的真实意愿。

（5）受理监护资格恢复的审查机关：人民法院。

（6）审查结果：人民法院视情况恢复其监护人资格。如果恢复，则人民法院指定的临时监护人与被监护人的监护关系同时终止。

3. 监护关系的终止

发生监护关系终止的情形：

（1）被监护人取得或者恢复完全民事行为能力；

（2）监护人丧失监护能力；

（3）被监护人或者监护人死亡；

（4）人民法院认定监护关系终止的其他情形；

监护关系终止后，被监护人仍然需要监护的，应当依法另行确定监护人。

【例 01-04】根据民法典及相关规定，成年人的第一顺序监护人是：

A. 配偶　　　　　B. 父母　　　　　C. 外孙子女　　　　　D. 堂兄弟

【参考答案】A

五、宣告失踪和宣告死亡

（一）宣告失踪

宣告失踪是指自然人下落不明满法定期间，经利害关系人的申请，人民法院宣告其为失踪人的法律制度。这一制度的目的在于通过为失踪人设立财产代管人，使限于停滞的财产法律关系得以正常运行。

1. 被宣告失踪的对象：自然人。

2. 申请宣告失踪的主体：被宣告失踪人的利害关系人，其包括：被申请宣告失踪人的配偶、父母、子女、兄弟姐妹、祖父母、外祖父母、孙子女、外孙子女以及其他与被申请人有民事权利义务关系的人。

上述宣告申请人无顺序限制。

3. 申请宣告条件：被宣告失踪人下落不明满 2 年。时间起算如下：

（1）一般失踪：从失去音讯之日。

（2）战争期间失踪：自战争结束之日，或者有关机关确定的下落不明之日。

4. 财产代管人的确定

（1）无民事行为能力人、限制民事行为能力人为失踪人的，其监护人即为财产代管人。

（2）完全民事行为能力人失踪的，由失踪人的配偶、父母、成年子女或者关系密切的其他亲属、朋友担任代管人。

代管有争议的，或没有以上规定的人或者以上规定的人无能力代管的，由人民法院根据有利于保护失踪人财产的原则，指定其他公民或者有关组织作为财产代管人。

5. 财产代管人的职责

（1）应当妥善管理失踪人的财产，维护其财产权益。

（2）因故意或者重大过失而造成财产损失的，应当承担赔偿责任。

（3）以代管的财产支付失踪人所欠税款、债务和应付的其他费用。

6. 失踪宣告的撤销

（1）失踪宣告撤销的实体条件：失踪人重新出现。

（2）失踪宣告撤销的程序条件：经本人或者利害关系人申请，人民法院判决撤销失踪宣告。

（3）失踪宣告撤销的后果：失踪人重新出现，有权要求财产代管人及时移交有关财产并报告财产代管情况。

（二）宣告死亡

宣告死亡是指自然人下落不明满法定期间，经利害关系人的申请，人民法院宣告其死亡的法律制度。这一制度的目的在于通过拟制被宣告人死亡，来终止婚姻关系、启动继承关系，使限于停滞的社会关系或者终止，或者得以正常运行。

1. 被宣告死亡的对象：自然人。

2. 申请宣告死亡的主体：与宣告失踪的主体基本相同。

3. 申请宣告死亡的时间条件

（1）公民下落不明满 4 年。

（2）公民因意外事件下落不明的：

① 通常为满 2 年；

② 经有关机关证明该自然人不可能生存的，则无时间限制（随时可以申请）。

4."死亡"日期的确定

（1）人民法院宣告死亡的判决作出之日视为其死亡的日期。

（2）因意外事件下落不明宣告死亡的，意外事件发生之日视为其死亡的日期。

5.被宣告死亡的后果

（1）婚姻关系：终结（丧偶）。

（2）财产：按遗产法定继承和分割。

6."亡者"归来：该自然人在被宣告死亡期间实施的民事法律行为有效。

7.撤销死亡宣告条件

（1）实质条件：被宣告死亡的人重新出现。

（2）程序条件：经本人或者利害关系人申请，人民法院应当撤销死亡宣告。

8.撤销死亡宣告的后果

（1）婚姻关系自撤销死亡宣告之日起自行恢复，但是其配偶再婚或者向婚姻登记机关书面声明不愿意恢复的除外。

（2）被继承的财产原路返回：被撤销死亡宣告的人有权请求依照继承法取得其财产的民事主体返还财产。无法返还的，应当给予适当补偿。

（3）被宣告死亡的人在被宣告死亡期间，其子女被他人依法收养的，在死亡宣告被撤销后，不得以未经本人同意为由主张收养关系无效。

【例 01-05】根据民法典及相关规定，下列关于宣告死亡的哪些说法是正确的？

A. 公民因意外事故下落不明的，自事故发生之日起满 2 年，利害关系人可以向人民法院申请宣告其死亡

B. 与被申请人有债权债务关系的人属于申请宣告死亡的利害关系人

C. 宣告失踪是宣告死亡的必经程序

D. 有民事行为能力人在被宣告死亡期间实施的民事法律行为无效

【参考答案】AB

第三节　法人和非法人组织

本节知识要点

本节主要介绍法人的分类、法人的能力以及法人的机构非法人组织包括个人独资企业、合伙企业以及不具有法人资格的专业服务机构。本节的难点在于法人责任的承担：法人分支机构不具有独立责任能力，其行为的效果由法人承担；法人须对工作人员的职务行为负责，职务行为是法人的工作人员在执行职务期间实施的民事法律行为。法人和非法人组织的主要内容如图 1-4 所示。

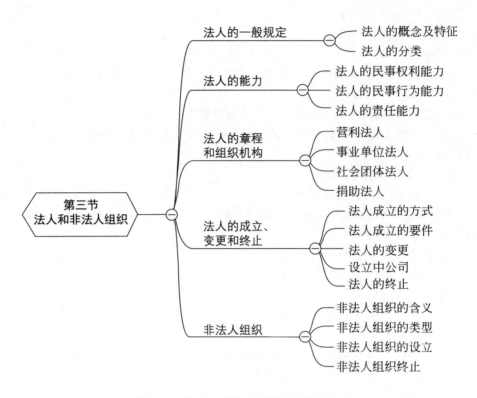

图 1-4　法人和非法人组织的主要内容

一、法人的一般规定

（一）法人的概念及特征

1. 法人的概念

法人是享有民事权利能力和民事行为能力，能以自己名义享有民事权利和承担民事义务的团体。法人是法律上拟制的"人"。

2. 法人的特征

（1）法人是组织。法人是由自然人及其财产的集合而组成的团体或者说是社会组织，这个社会组织被法律确认为民事主体。

（2）法人拥有独立的财产。法人的财产属法人所有，既独立于其出资人，也独立于其雇员。法人的出资人一旦将财产所有权移转于法人，其享有的就只是股东权而不再是所有权。法人能够独立享有民事权利能力和民事行为能力，就是依赖于其有独立的财产。

（3）法人能独立承担民事责任。这是法人拥有独立财产的逻辑结果。法人既然拥有独立财产，便能够以此财产负担自己行为的法律后果。

（4）法人能以自己的名义参加民事法律关系。法人作为拟制的人，其所为的行为是由法人代表人、代理人或者其他雇员出面的。但法人既为民事主体，任何自然人在代表法人从事民事活动时，其人格就被法人吸收，不再代表自己，其行为名义上属于法人，其效果自然也由法人承担。

（二）法人的分类

1.营利法人。营利法人是以取得利润并分配给股东等出资人为目的成立的法人。营利法人包括：

（1）有限责任公司；

（2）股份有限公司；

（3）其他企业法人等。

2.非营利法人。非营利法人是指为公益目的或者其他非营利目的成立，不向出资人、设立人或者会员分配所取得利润的法人。非营利法人包括：

（1）事业单位法人。事业单位法人是指具备法人条件，为适应经济社会发展需要，为提供公益服务而设立的事业单位。

（2）社会团体法人。社会团体法人是指具备法人条件，基于会员共同意愿，为公益目的或者会员共同利益等非营利目的而设立的社会团体。

（3）捐助法人。捐助法人是指具备法人条件，为公益目的以捐助财产设立的基金会、社会服务机构、具备法人条件的宗教活动场所等。

3.特别法人。特别法人包括四种类型，即：

（1）机关法人；

（2）农村集体经济组织法人；

（3）城镇农村的合作经济组织法人；

（4）基层群众性自治组织法人。

二、法人的能力

（一）法人的民事权利能力

1.法人民事权利能力的概念。法人的民事权利能力是法律赋予法人参加民事法律关系，取得民事权利、承担民事义务的资格。

《民法典》第57条规定，法人是具有民事权利能力和民事行为能力，依法独立享有民事权利和承担民事义务的组织。

法人的权利能力本质上是财产能力，原则上没有身份能力。法人的民事权利能力始于成立，终于消灭。公司等营利法人的成立以登记机关颁发的"法人执照"注明的日期为准；法人消灭以清算完结注销登记之日为准。

非营利法人：依据《民法典》第88条规定，具备法人条件，为适应经济社会发展需要，提供公益服务设立的事业单位，经依法登记成立，取得事业单位法人资格；依法不需要办理法人登记的，从成立之日起，具有事业单位法人资格。

机关法人：依据《民法典》第97条规定，有独立经费的机关和承担行政职能的法定机构从成立之日起，具有机关法人资格，可以从事为履行职能所需要的民事活动。

农村集体经济组织、城镇农村的合作经济组织，则须根据其类型，依法取得法人资格，如成立公司、合作社的，须依法登记，以村集体经济组织存在的，则无须登记。

居民委员会、村民委员会具有基层群众性自治组织法人资格，无须登记，成立时起即取得法人资格。

2.法人民事权利能力的产生和消灭。法人的民事权利能力以成立时产生，终止时消灭。

在我国，企业法人和社会团体法人成立之时是法人营业执照或法人登记证所注的日期；

机关法人和事业单位法人的成立之时，是主管机关批准法人成立之日。

法人民事权利能力的终期，注册成立的，为法人清算完结登记注销之日。机关法人等公法人其终期为被撤销之日，无须清算，其民事权利和义务由继任的机关法人享有和承担；没有继任的机关法人的，由作出撤销决定的机关法人享有和承担。

（二）法人的民事行为能力

1. 法人民事行为能力的概念

法人的民事行为能力是法律赋予法人独立进行民事活动的能力。法人的民事行为能力，不仅包括法人为民事法律行为的能力，也包括承担民事责任的能力。

2. 法人民事行为能力的特征

与自然人不同，法人的民事行为能力与民事权利能力是同时产生且同时消灭，两者的始期与终期完全一致。

法人的民事行为能力属于完全民事行为能力，故其范围始终与民事权利能力的范围一致。

法人独立参与民事活动，实施民事法律行为，是由代表机构进行的。所谓代表机构，即代表法人为意思表示的机构。企业法人的代表机构为法定代表人。法定代表人必须是有完全民事行为能力的自然人，在以法人的名义实施民事法律行为时，法定代表人所作的意思表示，就是法人本身的意思表示，而不是法定代表人个人的意思表示。所以，应由法人对法定代表人的民事法律行为承担后果。

（三）法人的责任能力

1. 法人的民事责任

法人不仅享有参与民事活动带来的利益，作为独立的民事责任承担者，还要承担由此产生的责任。法人以其全部财产独立承担民事责任。

例如，甲、乙共同出资，设立了有限责任公司丙。此时公司丙是法人。法人的财产属于法人，其股东只能根据股东协议通过分红获得相应财产，而不能以自己的名义直接支配该财产。丙对外发生的债务，以丙的全部财产尚不足以偿还的，不能追及甲、乙的个人财产。

法人是拟制的人，其参与民事活动都是通过法人机构或者法人的工作人员或雇员进行的。企业法人的法定代表人和其他工作人员，以法人名义从事的经营活动，给他人造成经济损失的，企业法人应当承担民事责任。

法定代表人是依照法律或者法人章程的规定，代表法人从事民事活动的负责人。法人内部对法定代表人代表权的限制，不得对抗善意相对人。例如，甲公司的公司章程中规定，法定代表人对外签署50万元以上合同的，需报请董事会研究批准。甲公司法定代表人与乙公司签署了一份100万元的合同，未经董事会批准。该合同虽然没有经过甲公司董事会批准，但丝毫不影响其有效性。甲公司需要依照合同要求履行其义务，行使其权利。

法定代表人的职务行为效力：

（1）无过错：其法律后果由法人承受造成他人损害的，由法人承担民事责任。

（2）有过错：依照法律或者法人章程的规定，可追偿。

2. 法人人格否认（刺破公司的面纱）

法人人格否认是指在特定的财产法律关系中缘于特定的事由，将义务或责任转由行为人负担，法人独立人格被否认之情形。

法人人格否认主要适用于属于营利法人的有限责任公司。

法人在法律关系中，具有财产独立性和出资人责任有限性两大特征，尤其是出资人责任的有限性，使法人资产在不足以清偿全部债务时，债权人不得请求出资人承担超出其出资范围的责任。法人人格否认的制度价值就是要遏制出资人或其他人利用法人规避自身责任，使权利义务的分配符合公平正义的要求。《民法典》规定：

（1）不得滥用出资人权利损害法人或者其他出资人的利益；滥用出资人权利给法人或者其他出资人造成损失的，应当依法承担民事责任。

（2）不得滥用法人独立地位和出资人有限责任损害法人债权人的利益；滥用法人独立地位和出资人有限责任，逃避债务，严重损害法人债权人的利益的，应当对法人债务承担连带责任。

3. 不得滥用关联关系

不得滥用关联关系的主体为营利法人的控股出资人、实际控制人、董事、监事、高级管理人员。利用关联关系给法人造成损失的，应当承担赔偿责任。

三、法人的章程和组织机构

（一）营利法人

设立营利法人应当依法制定法人章程。

1. 营利法人的权力机构。营利法人应当设立权力机构。权力机构行使修改法人章程，选举或者更换执行机构、监督机构成员，以及法人章程规定的其他职权。

2. 营利法人的执行机构。营利法人应当设执行机构。执行机构行使召集权力机构会议，决定法人的经营计划和投资方案，决定法人内部管理机构的设置，以及法人章程规定的其他职权。

3. 营利法人的监事机构。营利法人设监事会或者监事等监督机构的，监督机构依法行使检查法人财务，监督执行机构成员、高级管理人员执行法人职务的行为，以及法人章程规定的其他职权。

4. 法定代表人的产生。执行机构为董事会或者执行董事的，由董事长、执行董事或者经理按照法人章程的规定担任；未设董事会或者执行董事的，法人章程规定的主要负责人为其执行机构和法定代表人。

（二）事业单位法人

事业单位法人设理事会的，除法律另有规定外，理事会为其决策机构。
事业单位法人的法定代表人依照法律、行政法规或者法人章程的规定产生。

（三）社会团体法人

设立社会团体法人应当依法制定法人章程。
社会团体法人应当设会员大会或者会员代表大会等权力机构。
社会团体法人应当设理事会等执行机构。
社会团体法人的理事长或者会长等负责人按照法人章程的规定担任法定代表人。

（四）捐助法人

设立捐助法人应当依法制定法人章程。

捐助法人应当设理事会、民主管理组织等决策机构，并设执行机构。

捐助法人应当设监事会等监督机构。

捐助法人的理事长等负责人按照法人章程的规定担任法定代表人。

捐助人有权向捐助法人查询捐助财产的使用、管理情况，并提出意见和建议，捐助法人应当及时、如实答复。

捐助法人的决策机构、执行机构或者法定代表人作出决定的程序违反法律、行政法规、法人章程，或者决定内容违反法人章程的，捐助人等利害关系人或者主管机关可以请求人民法院撤销该决定。但是，捐助法人依据该决定与善意相对人形成的民事法律关系不受影响。

四、法人的成立、变更和终止

（一）法人成立的方式

1.登记设立。登记设立是指法律规定了法人成立的设立准则，设立人仅需满足该法律要件，即可登记成立法人。

对设立法人的条件原则上采取形式审查，程序简便，通常有限公司、股份公司等营利法人采用此设立方式。

《民法典》第77条规定，营利法人经依法登记成立。第78条规定，依法设立的营利法人，由登记机关发给营利法人营业执照。营业执照签发日期为营利法人的成立日期。

2.命令设立。命令设立是指依照法律、法令、行政命令方式设立，自设立之日起取得法人资格。这种设立方式适用于机关法人、村民委员会、居民委员会等公法人。

《民法典》第97条规定，有独立经费的机关和承担行政职能的法定机构从成立之日起，具有机关法人资格，可以从事为履行职能所需要的民事活动。

3.强制设立。强制设立是指制定特别法，规定强制设立法人的制度。这是国家为了实施对社会管理或者特定的政治目的所采取的政策。

《中华人民共和国律师法》规定，全国及各地方都必须设立律师协会，从业之律师和律师事务所，都必须加入律师协会。强制设立的包括工会、妇联等人民团体。

《民法典》第90条规定，具备法人条件，基于会员共同意愿，为公益目的或者会员共同利益等非营利目的设立的社会团体，经依法登记成立，取得社会团体法人资格；依法不需要办理法人登记的，从成立之日起，具有社会团体法人资格。

4.核准设立。核准设立是指法人的设立须经政府主管部门核准后方许可登记成立。

根据核准主义设立制度，行政机关或业务主管部门要对设立法人的目的、章程、名称、住所、财产来源及其他资质进行实质审查，审查合格后再由登记机关以行政处分的方式，许可法人成立。核准设立主要适用于非营利法人的社会团体、事业单位及同类的非法人组织，严格限定设立主要是考虑社会公共利益。

《民法典》第88条规定，具备法人条件，为适应经济社会发展需要，提供公益服务设立的事业单位，经依法登记成立，取得事业单位法人资格；依法不需要办理法人登记的，从成立之日起，具有事业单位法人资格。

（二）法人成立的要件

《民法典》第58条规定，法人应当依法成立。法人应当有自己的名称、组织机构、住所、财产或者经费。法人成立的具体条件和程序，依照法律、行政法规的规定。设立法人，法律、行政法规规定须经有关机关批准的，依照其规定。

1. 依法设立。

（1）须有设立法人的法律规范为依据。法人依法成立是指法人须根据设立该法人的法律规范，并经设立登记或命令而成立。不存在设立某种类型法人的设立规范的，则不得设立法人。

（2）设立法人的章程。章程是意思自治原则在法人设立中的体现。《民法典》中规定了营利法人、社会团体法人、捐助法人应当依法制定法人章程。公法人的设立宗旨是为社会服务，其设立目的、法人职能及行使权限的流程等，都由法律直接规定，不允许自立章程改变。因此，公法人的"章程"存在于法律直接规定之中。

（3）须经登记。法人的成立须经设立登记。设立登记是将法人设立的法定事项记载于登记簿，以备公示的制度。对于须经登记成立的法人，完成登记即发生法人成立的效果；无须登记的法人，则从成立起即取得法人资格。

2. 有独立的财产。《民法典》规定，法人应当有自己的"财产或者经费"。

财产是法人承担义务的基础，没有独立财产就不可能承担独立的责任，因而也就不具备作为民事主体的资格。法人财产的独立性，一方面是指独立于出资人，另一方面是指独立于其成员。

财产的数额方面，法人有多少财产算是有了"必要的财产"，因法人的类型不同，法律的要求也有所不同，具体数额由特别法规定。例如，《社会团体登记管理条例》第 10 条规定，全国性的社会团体有 10 万元以上活动资金，地方性的社会团体和跨行政区域的社会团体有 3 万元以上活动资金。

3. 具有名称、组织机构、住所。

（1）名称。法人名称是识别法人的文字符号。法人与他人交往是以名称进行的，法人名称负载法人的信誉、形象、特征等诸多特定信息。法人须有名称，这是设立法人之义务，而名称中的字号又属于权利，因此名称具有权利、义务的双重性。法人名称，通常由登记地、事业或行业、组织形式等要素构成。

（2）组织机构。法人须有组织机构，如权力机构、执行机构等，实现法人的设立目的。

（3）住所。住所是法人所在的空间位置，是法人成立的必备要件。法人以其主要办事机构所在地为住所。依法需要办理法人登记的，应当将主要办事机构所在地登记为住所。

（三）法人的变更

法人的变更是指法人成立后，其组织、名称、住所、经营范围等重要事项发生的变化。这些事项的变更，可依法人意思自主决定，法人只要作相应的变更登记，即可发生变更效力。

《民法典》第 64 条规定，法人存续期间登记事项发生变化的，应当依法向登记机关申请变更登记。

1. 法人的合并。法人的合并是指两个以上的法人无须清算集合为一个法人的民事法律行为。两个及以上的法人主体合并的，其合并前的权利和义务由合并后的法人享有和承担。

2. 法人的分立。法人的分立是指一个法人分为两个以上法人的民事法律行为。一个法人分立为两个及以上法人主体的，其分立前的权利和义务由分立后的法人享有连带债权，承担连带债务，有约定的除外。

3. 设立分支机构。法人的分支机构是以法人财产设立的相对独立活动的法人组成部分。《民法典》第 74 条第 2 款规定，法人分支机构以自己的名义从事民事活动产生的债权债务，既可以先以该分支机构管理的财产承担，不足以承担的，再由法人承担，也可以直接由法人承担。

（四）设立中公司

设立中的法人，是指处于设立阶段，尚未取得法人资格的组织。

1.法人成立的：设立人为设立法人从事的民事活动，其法律后果由法人承受。

2.法人未成立的：其法律后果由设立人承受；设立人为二人以上的，享有连带债权，承担连带债务。

3.设立人为设立法人以自己的名义从事民事活动产生的民事责任，第三人有权选择请求法人或者设立人承担。

（五）法人的终止

法人的终止，即法人的民事主体资格消灭，丧失民事权利能力和民事行为能力。

法律为法人终止专门设立了一个了结未了事务的程序，这一程序就是清算。《民法典》第72条第3款规定，清算结束并完成法人注销登记时，法人终止；依法不需要办理法人登记的，清算结束时，法人终止。因此，法人终止，必须经过清算。

1.法人的解散。发生法人解散的情形包括：

（1）法人章程规定的存续期间届满或者法人章程规定的其他解散事由出现。

（2）法人的权力机构决议解散。

（3）因法人合并或者分立需要解散。

（4）法人依法被吊销营业执照、登记证书，被责令关闭或者被撤销。

2.法人的清算。对法人的清算，法律规定如下：

（1）法人的清算应依法进行，完成清算。

（2）合并、分立不发生清算。

（3）清算义务人：由执行机构或决策机构人员组成。法律、行政法规另有规定的，依照其规定。

（4）怠于行使清算义务造成损害的应当承担民事责任；主管机关或利害关系人可以申请人民法院指定成立清算组。清算期间法人存续，但是不得从事与清算无关的活动。

（5）法人清算后的剩余财产：根据法人章程的规定或者法人权力机构的决议处理。法律另有规定的，依照其规定。

3.为公益目的成立的非营利法人的终止。为公益目的成立的非营利法人终止后，其剩余财产的处置要求如下：

（1）不得向出资人、设立人或者会员分配剩余财产；

（2）剩余财产应当按照法人章程的规定或者权力机构的决议用于公益目的；

（3）无法按照法人章程的规定或权力机构的决议处理的，由主管机关主持转给宗旨相同或者相近的法人，并向社会公告。

【例01-06】甲公司与乙公司签订了一份供货合同，甲公司派其司机张某负责运送货物。张某在送货途中因严重超速而造成追尾事故被公安机关拘留，致使乙公司未能按时收到货物，乙公司要求赔偿因此受到的损失。根据民法典及相关规定，赔偿乙公司损失的责任应当由谁来承担？

A.由张某承担

B.由甲公司承担

C.由于张某是甲公司的员工，因此由张某和甲公司承担连带责任

D.张某被拘留属于不可抗力，张某和甲公司无须承担责任

【参考答案】B

五、非法人组织

（一）非法人组织的含义

非法人组织是不具有法人资格，但是能够依法以自己的名义从事民事活动的组织。

非法人组织可以确定一人或者数人代表该组织从事民事活动。

（二）非法人组织的类型

1.个人独资企业。个人独资企业是指在中国境内设立，由一个自然人投资，财产为投资人个人所有，投资人以其个人财产对企业债务承担无限责任的经营实体。个人独资企业可以有企业名称，在设立登记、经营范围等方面，与公司相似。

2.合伙企业。合伙企业是合伙人所组成的人与财产相结合的实体。合伙企业是两个以上的人共同出资、共同经营、共担风险的企业。合伙企业可以确定一人或者数人代表该组织从事民事活动。合伙企业的特征有：

（1）须以书面方式订立合伙协议；

（2）须经登记注册；

（3）合伙人对合伙企业享有同等执行权；

（4）合伙人对合伙企业债务承担无限连带清偿责任。

3.不具有法人资格的专业服务机构。不具有法人资格的专业服务机构是指依法成立、向社会提供专业服务或从事公益事业的非营利组织。社会服务机构须经登记成立，在提供的服务范围方面，应当属于没有法律限制或禁止。

（三）非法人组织的设立

非法人组织的成立，须经设立登记。

《民法典》第103条规定，非法人组织应当依照法律的规定登记。如果法律对非法人组织的成立有特别规定，须经审批的，则还须经有关机关批准后，才能办理设立登记。

（四）非法人组织终止

当下列情形出现时，非法人组织解散：

（1）章程规定的存续期间届满或者章程规定的其他解散事由出现；

（2）出资人或者设立人决定解散；

（3）法律规定的其他情形。

非法人组织解散的，应当依法进行清算。非法人组织的财产不足以清偿债务的，其出资人或者设立人承担无限责任。法律另有规定的，依照其规定。

第四节　民事权利

本节知识要点

本节主要介绍民事主体享有民事权利的类型，包括人身权、财产所有权、债权、知识产权等。掌握的难点在于能够区分债权的类型、知识产权的类型。民事权利的主要内容如图1-5所示。

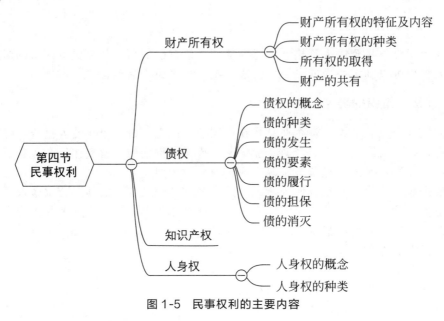

图 1-5　民事权利的主要内容

一、财产所有权

（一）财产所有权的特征及内容

1.财产所有权的特征。财产所有权是指所有人依法对自己的财产享有占有、使用、收益和处分的权利。所有权具有如下特征：

（1）所有权是绝对权。所有权不需要他人的积极行为，只要他人不加干预，所有人自己便能实现其权利。

（2）所有权具有排他性。所有权属于物权，具有排他的性质。所有权人有权排除他人对于其行使权利的干涉，并且同一物上只能存在一个所有权，而不能并存两个或两个以上所有权。

（3）所有权是一种最完全的物权。所有权是所有人对于其所有物进行一般的、全面的支配，内容最全面、最充分的物权。所有权不仅包括对于物的占有、使用、收益，还包括了对于物的最终处分权。

2.财产所有权的内容。所有权包含占有、使用、收益和处分四项权能。

（1）占有。所有权的占有权能是指所有权人对自己所有的物进行事实上的管理和支配的权能，占有是所有权人对其物进行使用、收益的前提。

（2）使用。所有权的使用权能是指所有权人对物进行利用的权能。

（3）收益。所有权的收益权能是指所有权人获得其物的孳息的权能。

（4）处分。所有权的处分权能是指所有权人对物的变更、消灭、转让等处置的权能。

（二）财产所有权的种类

财产所有权以其内容为标准，可以划分为如下类型：

1.物权。民事主体依法享有物权。物权是权利人依法对特定的物享有直接支配和排他的权利，包括所有权、用益物权和担保物权。物包括不动产和动产。法律规定权利作为物权客体的，依照其规定。为了公共利益的需要，依照法律规定的权限和程序征收、征用不动产或者动产的，应当给予公平、合理的补偿。

2.债权。民事主体依法享有债权。债权是因合同、侵权行为、无因管理、不当得利以及法律的其他规定，权利人请求特定义务人为或者不为一定行为的权利。

3.知识产权。民事主体依法享有知识产权。

4.股权。民事主体依法享有股权和其他投资性权利。

5.继承权。自然人依法享有继承权。自然人合法的私有财产，可以依法继承。

6.其他财产权。法律对数据、网络虚拟财产的保护有规定的，依照其规定。

（三）所有权的取得

1.继受取得。继受取得是指通过一定的法律行为或基于法定的事实从原所有人处取得所有权。根据法律的规定，所有权继受取得的原因主要包括：

（1）因一定的法律行为而取得所有权。法律行为具体包括买卖合同、赠与、互易等。按照合同或者其他合法方式取得财产的，财产所有权从财产交付时起转移，法律另有规定或者当事人另有约定的除外。

（2）因法律行为以外的事实而取得所有权。例如，继承遗产，接受他人遗赠等。

遗产的继承从被继承人死亡时开始。继承开始后，按照法定继承办理；有遗嘱的，按照遗嘱继承或者遗赠办理；有遗赠扶养协议的，按照协议办理。

① 法定继承。法定继承是指在没有遗赠扶养协议和遗嘱或者遗赠扶养协议和遗嘱无效的情况下，继承人根据法律确定的继承人范围、继承顺序以及遗产分配的原则，取得被继承人遗产的继承方式。

② 遗嘱继承。公民可以依照规定立遗嘱处分个人财产。公民可以立遗嘱将个人财产指定由法定继承人的一人或者数人继承。遗嘱继承是指在继承开始后，继承人按照被继承人合法有效的遗嘱取得被继承人遗产的法律制度。

③ 遗赠。遗赠是指自然人通过设立遗嘱把遗产的全部或一部分无偿赠给国家、社会组织或法定继承人以外的自然人，并在其死后生效的单方民事法律行为。

（3）因其他合法原因而取得所有权。如合作经济组织的成员通过合股集资的方式形成新的所有权形式。

2.原始取得。原始取得是指所有权首次产生或不依赖于原所有人的意志而取得物的所有权。根据法律的规定，财产所有权原始取得的方式主要有：

（1）生产。这是指民事主体通过自己的劳动创造出新的财产进而取得该财产的所有权的方式。

（2）先占。这是指民事主体以所有的意思占有无主动产而取得其所有权的法律事实。先占应具备以下构成要件：

① 标的须为无主物；

② 标的须为动产；

③ 行为人须以所有的意思占有无主物。

（3）添附。这是指不同所有人的物因一定的行为而结合在一起形成不可分割的物或具有新质的物。添附包括三种情形：

① 混合，即指不同所有人的动产因相互掺杂或融合而难以分开而形成新的财产。

② 附合，即指不同所有人的财产密切结合在一起而形成新的财产。

③ 加工，即指一方使用他人的财产加工改造为具有更高价值的财产。

（4）善意取得。其是指无处分权人转让标的物给善意第三人时，善意第三人一般可取得标的物的所有权，所有权人不得请求善意第三人返还原物。

善意取得财产所有权需具备如下要件：

① 无权处分：财产处分人无权处分他人财产或共有财产。

② 善意第三人：第三人与处分财产人交易时不知道也不应当知道对方为无权处分。

③ 支付合理对价：第三人在取得财产时支付了合理的对价。

④ 手续完善：所处分的财产是动产时已经交付，为不动产时已经完成登记。

（5）其他取得财产的方式：

所有人不明的埋藏物、隐藏物，归国家所有。接收单位应当对上缴的单位或者个人，给予表扬或者物质奖励。

拾得遗失物、漂流物或者失散的饲养动物，应当归还失主，因此而支出的费用由失主偿还。拾得物灭失、毁损，拾得人没有故意的，不承担民事责任。拾得人将拾得物据为己有，拒不返还而引起诉讼的，按照侵权之诉处理。

对拥有所有权的财产进行抛弃，需要行为人具有民事行为能力：

① 完全民事行为能力人对自己的财产实施抛弃行为，该财产构成无主物，拾得人因其先占行为获得该物的所有权。

② 无民事行为能力人对自己的财产实施抛弃行为，该财产构成遗失物，拾得人应当归还失主。不归还的，构成不当得利。

（四）财产的共有

1.共有关系的产生。共有是两个以上的人（公民或法人）对同一项财产享有所有权。共有关系产生的原因有如下两种情形：

（1）基于法律直接规定产生的，如《民法典》规定，若当事人无特别约定，则夫妻关系存续期间所得的财产为夫妻共有；

（2）依合同约定产生的，三人共同出资购买一辆汽车，以合同约定各人享有的权利和承担的义务。

2.按份共有关系。按份共有关系是指两个以上的人对同一项不动产或者动产按照其份额享有所有权。按份共有人有权处分其份额，其他共有人具有优先权。按份共有关系具有如下特征：

（1）各个共有人对于共有物按照份额享有所有权；

（2）共有人有权要求将自己的份额分出或转让；

（3）各个共有人按照各自的份额对共有物分享权利、分担义务；

（4）各个共有人虽然拥有一定的份额，但共有人的权利并不仅限于共有物的某一部分上，而是及于共有物的全部。

3.共同共有关系。共同共有关系是指两个以上的人基于共同关系，共同享有一物的所有权。共同共有关系具有如下特征：

（1）共同共有根据共同关系产生，必须以共同关系的存在为前提；

（2）共同共有是不确定份额的共有，只要共同共有关系存在，共有人就不能划分自己对财产的份额；

（3）只有在共同共有关系消灭，对共有财产进行分割时，才能确定各个共有人应得的份额；

（4）各个共有人对于共有物，平等地享有占有、使用、收益、处分权，并平等地承担义务。

二、债权

（一）债权的概念

债是按照合同的约定或者依照法律的规定，在当事人之间产生的特定的权利和义务关系。

债是特定当事人之间请求行使一定给付行为的民事法律关系。

（二）债的种类

1.以是否允许当事人以自由意思决定划分。按照债的设定及其内容是否允许当事人以自由意思决定划分为：

（1）意定之债。意定之债是指债的发生及其内容由当事人依其自由意思决定的债。合同之债和单方允诺之债均为意定之债。

（2）法定之债。法定之债是指债的发生及其内容均由法律予以规定的债。侵权行为之债、无因管理之债和不当得利之债均属法定之债。

2.根据债的标的物的属性划分。根据债的标的物的不同属性可划分为：

（1）特定之债。以特定物为标的的债称为特定之债。债发生时，其标的物即已特定化。例如，甲在乙商场购买了一台电视机，甲选定的电视机是特定化的。之后如果发生纠纷，甲与乙商场之间合同纠纷所指向的标的物，即该台电视机，属于特定之债。

（2）种类之债。以种类物为标的的债称为种类之债。债成立时其标的物尚未特定化，甚至尚不存在，当事人仅就其种类、数量、质量、规格或型号等达成协议。例如，甲通过网络向乙商家购买一台电视机。在乙发货之前，乙仓库中所有符合甲所购买规格的电视机均满足交付条件。如果甲在乙发货前要求解除购买合同，则二者之间的债属于种类之债。

3.根据当事人人数众多确定的债。对于多数人之债，根据多数一方当事人之间权利义务关系的不同状态划分为：

（1）按份之债。按份之债是指债的多数人一方当事人各自按照确定的份额享有权利或者承担义务的债。

① 按份债权。债权人为两人以上，各自按照确定的份额分享权利的，称为按份债权。在按份债权中，各个债权人只能就自己享有的债权份额请求债务人给付和接受给付，无权请求和接受债务人的全部给付。

② 按份债务。债务人为两人以上，各自按照确定的份额分担义务的，称为按份债务。在按份债务中，各债务人只对自己分担的债务额负责清偿，无须向债权人清偿全部债务。

（2）连带之债。连带之债是指债的多数人一方当事人之间有连带关系的债。债权人或者债务人一方人数为两人以上的，依照法律的规定或者当事人的约定，享有连带权利的每个债权人，都有权要求债务人履行义务；负有连带义务的每个债务人，都负有清偿全部债务的义务，履行了义务的人，有权要求其他负有连带义务的人偿付他应当承担的份额。

① 连带债权。在连带之债中，享有连带权利的每个债权人都有权要求债务人履行义务。

② 连带债务。负有连带义务的每个债务人都负有清偿全部债务的义务。履行了债务的连带债务人，有权要求其他连带债务人偿付其应当承担的份额。

4.根据给付义务的内容划分。根据债务人所负给付义务的不同内容划分为：

（1）财物之债。凡债的标的为给付财物的，为财物之债，如买卖合同之债。

（2）劳务之债。债的标的为提供劳务的，为劳务之债，如委托合同之债。当债务人不履行债务时，财物债务可强制履行，而劳务债务则不得强制履行。

（三）债的发生

债的发生是指基于一定的民事法律事实，在民事主体之间形成债的关系。

1.合同之债。依法成立的合同，对当事人具有法律约束力。合同之债是指因订立合同而产生的债权债务关系。

2.侵权之债。侵权行为之债由非法行为引起，依法律规定而产生，以损害赔偿为主要内容。侵权行为发生后，加害人负有赔偿受害人损失等义务，受害人享有请求加害人赔偿损失等权利。

3.不当得利之债。不当得利是指没有合法根据而获得利益并使他人利益遭受损失的事实。

因他人没有法律根据，取得不当利益，受损失的人有权请求其返还不当利益。

取得不当利益的一方应将所获利益返还于受损失的一方，双方因此形成债权债务关系，即不当得利之债。

4.无因管理之债。无因管理是指没有法定的或约定的义务，为避免他人利益受损失而为他人管理事务或提供服务的行为。

无因管理一经成立，在管理人和本人之间即发生债权债务关系，管理人有权请求本人偿还其因管理而支出的必要费用，本人有义务偿还，此即无因管理之债。

管理人因管理而支出的必要费用，包括在管理或者服务活动中直接支出的费用，以及在该活动中受到的实际损失。

【例01-07】根据民法典及相关规定，下列哪些情形构成不当得利？

A.因收银员结算错误，张某在超市购物时少付了20元

B.因会计人员工作失误，李某多领了500元工资

C.王某在垃圾箱里捡到一台破旧电视机，将其搬运回家

D.因收留了一只走失的宠物狗，赵某获得失主偿付的收留期间的喂养费用

【参考答案】AB

（四）债的要素

债由三种要素组成，即债权人、债务人和债的内容。

1.债权人。在债的关系中，一方享有请求对方为一定给付的权利，即债权，该方当事人称为债权人。

2.债务人。另一方负有向对方为一定给付的义务，即债务，该方当事人称为债务人。

债权人和债务人是相互对立、相互依存的，缺少任何一方，债的关系便不能成立和存续。

3.债的内容。债的内容是指债的主体所享有的权利和负担的义务，即债权和债务。

债的客体也称债的标的，是指债务人依当事人约定或法律规定应为或不应为的特定行为，统称为给付。

（五）债的履行

1.履行主体。债的履行主体首先为债务人。除法律规定、当事人约定或性质上必须由债

务人本人履行的债务以外，履行可由债务人的代理人进行。

合同双方当事人可以约定由第三人履行债务。

债的违约责任具有相对性：当事人约定由第三人向债权人履行债务的，第三人不履行债务或者履行债务不符合约定，债务人应当向债权人承担违约责任。

2.履行标的。履行标的是指债务人应履行的内容，通常为：交付财物、移转权利、提供劳务、完成工作。

3.履行期限。债的履行，当事人有约定时，依其约定。

4.履行地点。履行地点是指债务人应履行行为的地点。

5.履行方式。履行方式亦即履行债务的方法，如标的物的交付方法、工作成果的完成方法、运输方法、价款或酬金的支付方法等。

6.债的不履行和不适当履行

（1）履行不能。履行不能指债务人由于某种原因，事实上已不可能履行债务。

履行不能使债的目的客观上无法实现，因而导致债务消灭或转化为损害赔偿之债，债权人无法请求继续履行。

因不可抗力不能履行合同的，根据不可抗力的影响，部分或者全部免除责任，但法律另有规定的除外。当事人迟延履行后发生不可抗力的，不能免除责任。

当事人一方因不可抗力不能履行合同的，应当及时通知对方，以减轻可能给对方造成的损失，并应当在合理期限内提供证明。

当事人一方违约后，对方应当采取适当措施防止损失的扩大；没有采取适当措施致使损失扩大的，不得就扩大的损失要求赔偿。当事人因防止损失扩大而支出的合理费用，由违约方承担。

（2）拒绝履行。拒绝履行是指债务人能够履行债务而故意不履行。

（3）延迟履行。迟延履行包括给付迟延（债务人的迟延）和受领迟延（债权人的迟延）。给付迟延是指债务人在履行期限到来时，能够履行而没有按期履行债务。

受领迟延是指债权人对于债务人的履行应当受领而不为受领。

（4）瑕疵履行。瑕疵履行是指债务人虽然履行，但其履行存在瑕疵，即履行不符合规定或约定的条件而致减少或丧失履行的价值或效用的情形。

（六）债的担保

债的担保是指为确保债权得到清偿而设立的各种法律措施。债的担保包括如下形式：

1.人的担保。人的担保是指在债务人的全部财产之外，又附加第三人的一般财产作为债权实现的总担保。保证是人的担保的典型形式。

保证人向债权人保证债务人履行债务，债务人不履行债务的，按照约定由保证人履行或者承担连带责任；保证人履行债务后，有权向债务人追偿。

2.抵押物担保。债务人或者第三人可以提供一定的财产作为抵押物。债务人不履行债务的，债权人有权依照法律的规定以抵押物折价或者以变卖抵押物的价款优先得到偿还。

3.定金担保。当事人一方在法律规定的范围内可以向对方给付定金。债务人履行债务后，定金应当抵作价款或者收回。

给付定金的一方不履行债务的，无权要求返还定金；接受定金的一方不履行债务的，应当双倍返还定金。

4.留置物担保。按照合同约定一方占有对方的财产，对方不按照合同给付应付款项超过约定期限的，占有人有权留置该财产，依照法律的规定以留置财产折价或者以变卖该财产的价款优先得到偿还。

5.反担保。反担保是指在商品贸易、工程承包和资金借贷等经济往来中，为了换取担保人提供保证、抵押或质押等担保方式而由债务人或第三人向该担保人提供担保，该新设担保相对于原担保而言被称为反担保。

第三人为债务人向债权人提供担保时，可以要求债务人提供反担保。反担保人可以是债务人，也可以是债务人之外的第三人。专利法中专利权人申请诉前停止侵权行为时需通过担保；涉嫌侵权人希望提供反担保解除法院的诉前禁令，但专利法中不适用反担保。

（七）债的消灭

1.债消灭的原因。债消灭的原因有：

（1）基于当事人的意思，如免除、解除；

（2）基于债的目的，如不能履行、清偿；

（3）基于法律的规定。

2.债消灭的方式。债消灭的方式如下：

（1）清偿。清偿是指当事人（债务人）实现债权目的的行为。

（2）抵销。抵销是指双方当事人互负债务时，各以其债权充当债务之清偿，而使其债务与对方的债务在对等额内相互消灭的制度。

（3）提存。提存是指由于债权人的原因而无法向其交付债的标的物时，债务人将该标的物交给提存部门而消灭债务的制度。

（4）免除。免除是指债权人抛弃债权，从而全部或部分消灭债的关系的单方行为。

（5）混同。混同是指债权和债务同归于一人，致使债的关系消灭的事实。

三、知识产权

知识产权的客体包括如下种类：

1.作品。作品是指文学、艺术和科学领域内具有独创性并能以某种有形形式复制的智力成果。

2.专利权。我国专利权分为发明、实用新型、外观设计三种类型。

（1）发明。发明是指对产品、方法或者其改进所提出的新的技术方案。

（2）实用新型。实用新型是指对产品的形状、构造或者其结合所提出的适于实用的新的技术方案。

（3）外观设计。外观设计又称为工业产品外观设计，是指对产品的形状、图案或者其结合以及色彩与形状、图案的结合所作出的富有美感并适于工业应用的新设计。

3.商标。商标是经营者用来区别自己的商品或服务与他人不同的标志。

商标包括注册商标和非注册商标。

品牌或品牌的一部分在政府有关部门依法注册后，称为"注册商标"。

4.地理标志。地理标志是鉴别原产于一成员国领土或该领土的一个地区或一地点的产品的标志，但标志产品的质量、声誉或其他确定的特性应主要决定于其原产地。

5.商业秘密。商业秘密是指不为公众所知悉、具有商业价值并经权利人采取相应保密措施的技术信息和经营信息。

6.集成电路布图设计。集成电路布图设计是指集成电路中至少有一个是有源元件的两个以上元件和部分或者全部互连线路的三维配置，或者为制造集成电路而准备的上述三维配置。

7.植物新品种。植物新品种是指经过人工培育的或者对发现的野生植物加以开发，具备新颖性、特异性、一致性和稳定性并有适当命名的植物品种。

8.法律规定的其他客体。这是一个兜底性的表述。随着技术进步，社会发展，未来还会出现其他形式的知识产权客体。

四、人身权

（一）人身权的概念

人身权是指法律赋予民事主体所享有的，与其人身不可分离而无直接财产内容的民事权利，是人身关系经法律调整后的结果。

人身权是民事主体享有的最基本的民事权利，它与财产权一道共同构成民法规定的两大基本民事权利。

（二）人身权的种类

1.人格权。人格权是法律赋予民事主体以人格利益为内容的，作为一个独立的法律人格所必须享有且与其主体人身不可分离的权利。

（1）一般人格权是以民事主体全部人格利益为标的的概括性权利，通常包括人身自由、人格尊严、人格独立与人格平等。

（2）具体人格权包括：

① 生命权。生命权是法律赋予自然人的以生命维持和生命安全为内容的权利。例如，甲为泄愤将乙杀害，则甲侵犯了乙的生命权。

② 身体权。身体权是指自然人保持其身体组织完整并支配其肢体、器官和其他身体组织并保护自己的身体不受他人违法侵犯的权利。例如，甲为谋取利益在乙被麻醉的状态下摘取乙的一只肾脏售卖。甲的行为侵犯了乙的身体权。

③ 健康权。健康权是自然人依法享有的保持其自身及其器官以致身体整体的功能安全为内容的人格权。例如，甲对乙产生仇恨，为报复在乙的引用水中放入计量不足以使乙死亡的毒药，致使乙慢性中毒。甲的行为侵害了乙的健康权。

④ 姓名权。姓名权是自然人依法享有的决定、使用、改变自己姓名并禁止他人干涉、盗用、假冒的权利。盗用、假冒他人姓名造成损害的，应当认定为侵犯姓名权的行为。例如，某整形医院的宣传海报中称某某明星在该医院的隆鼻手术非常成功，并配有只有鼻子部位的图片，则该整形医院侵犯了该明星的姓名权和隐私权。

⑤ 名称权。名称权则是法人、个体工商户、个人合伙等社会组织依法享有的决定、使用、改变其名称，并排除他人侵害的权利。名称权可以依法转让。盗用、假冒他人名称造成损害的，应当认定为侵犯名称权的行为。例如，甲公司为了诋毁竞争对手，在其过期食品上贴上竞争对手乙公司的商标后进行售卖，对乙公司的商誉造成恶劣影响。甲的行为侵犯了乙公司的名称权。

⑥ 肖像权。肖像权是指公民通过各种形式在客观上再现自己形象而享有的专有权。公民享有肖像权，未经本人同意，不得以营利为目的使用公民的肖像。例如，某整形医院的宣传海报中称某某明星在该医院的隆鼻手术非常成功，并配有该明星的照片，则该整形医院侵犯了该明星的肖像权和隐私权。

⑦ 名誉权。名誉权是公民或法人对自己在社会生活中获得的社会评价、人格尊严享有的不可侵犯的权利。公民、法人享有名誉权，公民的人格尊严受法律保护，禁止用侮辱、诽

谤等方式损害公民、法人的名誉。例如，甲不满意前男友与自己的闺蜜乙谈恋爱，编造了乙曾作为第三者拆散他人家庭的故事在微博中发布，造成乙的声誉降低。则甲的行为侵犯了乙的名誉权。

⑧ 荣誉权。荣誉权是指公民、法人或非法人组织所享有的，因自己的突出贡献或特殊劳动成果而获得光荣称号或其他荣誉的权利。公民、法人享有荣誉权，禁止非法剥夺公民、法人的荣誉称号。

⑨ 隐私权。隐私权又称个人生活秘密权，是指公民不愿公开或让他人知悉个人秘密信息的权利。隐私权的侵权行为包括窥探、擅自公开他人隐私。例如，某影楼工作人员擅自公开某顾客的写真照片，则侵犯了该顾客的隐私权。

⑩ 婚姻自主权。公民依法享有婚姻自由的权利，即公民依法按照自己的意志，自愿地结婚或离婚，不受他人干涉的自主的权利。公民享有婚姻自主权，禁止买卖、包办婚姻和其他干涉婚姻自由的行为。

2.身份权。身份权是民事主体基于某种特定的身份享有的民事权利。它不是每个民事主体都享有的权利，只有当民事主体从事某种行为或因婚姻、家庭关系而取得某种身份时才能享有。身份权包括：

（1）亲权。亲权是指父母基于其身份对未成年子女人身、财产方面的管理和保护的权利。

（2）配偶权。配偶权是指婚姻关系存续期间，夫与妻作为配偶间的一种身份权。

（3）亲属权。亲属权是指父母与成年子女、祖父母与孙子女、外祖父母与外孙子女、兄弟姐妹间的身份权。

【例 01-08】根据民法典的规定，下列哪些权利属于人身权？

A.选举权   B.生命健康权   C.荣誉权   D.婚姻自主权

【参考答案】B

第五节　民事法律行为

📚 **本节知识要点**

本节主要介绍民事法律行为生效的条件及类型、效力的确定。本节的难点在于准确区分意思表示瑕疵的几种类型及其法律效果：欺诈、胁迫、乘人之危致显失公平和重大误解。民事法律行为的主要内容如图 1-6 所示。

一、一般规定

（一）民事法律行为的含义

《民法典》第 133 条规定，民事法律行为是民事主体通过意思表示设立、变更、终止民事法律关系的行为。

意思表示是民事法律行为的核心要素。自然人、法人和非法人组织通过意思表示设立、变更、终止相互间的民事权利和民事义务。

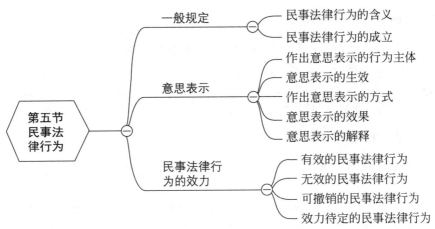

图 1-6　民事法律行为的主要内容

（二）民事法律行为的成立

民事法律行为可以基于双方或者多方的意思表示一致成立，也可以基于单方的意思表示成立。

单方民事法律行为是仅由一方意思表示就能成立的民事法律行为，如遗嘱、代理权授予、无权代理的追认等。

双方（多方）民事法律行为是当事人双方或多方意思表示一致才能成立的民事法律行为。订立合同通常为双方行为，社团成员订立社团章程则为多方行为。

决议行为是指法人、非法人组织依照法律或者章程规定的议事方式和表决程序作出决议的行为，如股东会、董事会决议等。决议行为自完成时成立。

二、意思表示

（一）作出意思表示的行为主体

民法中作出意思表示，产生效果意思的行为主体应当为完全民事行为能力人，以及限制民事行为能力人实施的与其智力、精神健康状况相适应的行为。

（二）意思表示的生效

意思表示的效力是指意思表示对行为人的法律约束力。意思表示的生效时间与意思表示的作出方式有关。其中：

1.以对话方式作出的意思表示，相对人知道其内容时生效。

2.以非对话方式作出的意思表示，到达相对人时生效。以非对话方式作出的采用数据电文形式的意思表示，相对人指定特定系统接收数据电文的，该数据电文进入该特定系统时生效；未指定特定系统的，相对人知道或者应当知道该数据电文进入其系统时生效。当事人对采用数据电文形式的意思表示的生效时间另有约定的，按照其约定。

3.无相对人的意思表示，表示完成时生效，如抛弃权利的行为。法律另有规定的，依照其规定，如订立遗嘱行为，法律规定在订立遗嘱人死亡时生效。

4.以公告方式作出的意思表示，公告发布时生效。

（三）作出意思表示的方式

作出意思表示的方式分为明示或默示两种。沉默只有在有法律规定、当事人约定或者符合当事人之间的交易习惯时，才可以视为意思表示。

民事法律行为可以采用书面形式、口头形式或者其他形式；法律、行政法规规定或者当事人约定采用特定形式的，应当采用特定形式。

（四）意思表示的效果

1.意思表示的拘束力。意思表示一旦成立，表意人须受其约束，非依法律，不得擅自撤回或者变更。

2.意思表示的撤回。意思表示的撤回是指表意人对尚未生效的意思表示阻止其生效的意思通知。行为人可以撤回意思表示。撤回意思表示的通知应当在意思表示到达相对人前或者与意思表示同时到达相对人。

3.意思表示的撤销。意思表示的撤销是指表意人对已生效但未获承诺的意思表示消灭其拘束力的意思通知。撤销仅限于未被承诺的意思表示。若相对人已作出承诺，双方意思表示已达成一致，法律行为已成立，就再无撤销之余地。

倘若相对人尚未作出回复表示，那么允许表意人撤销其意思表示，但撤销其意思表示的通知需要在相对人作出承诺之前到达相对人。

（五）意思表示的解释

当意思表示有歧义，在对意思表示理解不一时，须对意思表示进行解释。

1.有相对人的意思表示的解释，应当按照所使用的词句，结合相关条款、行为的性质和目的、习惯以及诚信原则，确定意思表示的含义。

2.无相对人的意思表示的解释，不能完全拘泥于所使用的词句，而应当结合相关条款、行为的性质和目的、习惯以及诚信原则，确定行为人的真实意思。

三、民事法律行为的效力

（一）有效的民事法律行为

1.有效的民事法律行为应当具备的条件。民事法律行为以意思表示为要素，当事人完成意思表示，民事法律行为即可成立。有效的民事法律行为须具备下列条件：

（1）行为人具有相应的民事行为能力；

（2）意思表示真实；

（3）不违反法律、行政法规的强制性规定，不违背公序良俗。

2.民事法律行为的生效时间。原则上，民事法律行为自成立时生效，但是法律另有规定或者当事人另有约定的除外。例如，对于保管合同，双方达成保管合意时保管合同不生效，只有交付保管物时才生效。再如，买卖合同的双方当事人达成买卖合意，但约定合同自双方签订书面合同后发生效力，则从其约定。

行为人非依法律规定或者未经对方同意，不得擅自变更或者解除民事法律行为。

3.附条件和附期限的民事法律行为的生效时间

（1）附条件的民事法律行为。民事法律行为可以附条件，但是按照其性质不得附条件的除外。附生效条件的民事法律行为，自条件成就时生效。附解除条件的民事法律行为，自条件成就时失效。附条件的民事法律行为，当事人为自己的利益不正当地阻止条件成就的，视为条件已成就；不正当地促成条件成就的，视为条件不成就。

（2）附期限的民事法律行为。民事法律行为可以附期限，但是按照其性质不得附期限的除外。附生效期限的民事法律行为，自期限届至时生效。附终止期限的民事法律行为，自期限届满时失效。

（二）无效的民事法律行为

1.民事法律行为无效的情形。民事法律行为无效的情形有：

（1）无民事行为能力人实施的民事法律行为无效。

（2）行为人与相对人以虚假的意思表示实施的民事法律行为无效。以虚假的意思表示隐藏的民事法律行为的效力，依照有关法律规定处理。

（3）违反法律、行政法规的强制性规定的民事法律行为无效，但是该强制性规定不导致该民事法律行为无效的除外。

（4）违背公序良俗的民事法律行为无效。

（5）行为人与相对人恶意串通，损害他人合法权益的民事法律行为无效。

（6）行为人与相对人串通，以虚假的意思表示实施的民事法律行为无效，但是双方均不得以此对抗善意第三人。

2.民事法律行为被确认为无效的法律后果

（1）自始无效。无效的或者被撤销的民事法律行为自始没有法律约束力。

（2）部分无效不及于全部。民事法律行为部分无效，不影响其他部分效力的，其他部分仍然有效。

（3）民事法律行为被确认为无效或者被撤销后，当事人因该行为取得的财产，应当返还给受损失的一方。有过错的一方应当赔偿对方因此所受的损失，双方都有过错的，应当各自承担相应的责任。

（4）双方恶意串通，实施民事法律行为损害国家的、集体的或者第三人的利益的，应当追缴双方取得的财产，收归国家、集体所有或者返还第三人。

（三）可撤销的民事法律行为

1.可撤销的民事法律行为的类型

（1）重大误解。基于重大误解实施的民事法律行为，行为人有权请求人民法院或者仲裁机构予以撤销。

（2）当事人欺诈。一方以欺诈手段，使对方在违背真实意思的情况下实施的民事法律行为，受欺诈方有权请求人民法院或者仲裁机构予以撤销。

（3）第三人欺诈。第三人实施欺诈行为，使一方在违背真实意思的情况下实施的民事法律行为，对方知道或者应当知道该欺诈行为的，受欺诈方有权请求人民法院或者仲裁机构予以撤销。

（4）胁迫。一方或者第三人以胁迫手段，使对方在违背真实意思的情况下实施的民事法律行为，受胁迫方有权请求人民法院或者仲裁机构予以撤销。

（5）乘人之危致显失公平。一方利用对方处于困境、缺乏判断能力等情形，致使民事法律行为成立时显失公平的，受损害方有权请求人民法院或者仲裁机构予以撤销。

2.可撤销的民事法律行为的撤销权的行使

（1）行使撤销权的主体。行使撤销权的主体为受害方，即意思表示不真实的一方。施害方无权利行使撤销权。

（2）行使撤销权的方式。撤销权属于形成权，须以起诉或申请仲裁的方式行使。当事人不行使其撤销权的，该民事法律行为具有法律效力。

（3）民事法律行为因重大误解、欺诈、显失公平被撤销的，不得对抗善意第三人。

（4）撤销权的消灭（除斥期间）。下列情形下，撤销权消灭：

① 当事人自知道或者应当知道撤销事由之日起1年内、重大误解的当事人自知道或者应当知道撤销事由之日起3个月内没有行使撤销权；

② 当事人受胁迫，自胁迫行为终止之日起1年内没有行使撤销权；

③ 当事人知道撤销事由后明确表示或者以自己的行为表明放弃撤销权；

④ 当事人自民事法律行为发生之日起5年内没有行使撤销权的，撤销权消灭。

3.民事法律行为被撤销的法律后果。被撤销的民事法律行为自始没有法律约束力。在被撤销之前，各方当事人均受该民事法律行为的约束。

（四）效力待定的民事法律行为

效力待定是指因行为人"权利不足"（如行为能力不足、代理权不足、处分权不足等），需要行为人以外的他人追认或者拒绝，才能确定民事法律行为的最终效力是自始有效还是自始无效的情形。

效力待定的民事法律行为包括限制行为能力人实施的超越其行为能力的行为、狭义无权代理行为、无权处分行为。

限制民事行为能力人实施的与其年龄、智力、精神健康状况不相适应的民事法律行为，经法定代理人同意或者追认后有效。

1.相对人的催告权。相对人可以催告法定代理人自收到通知之日起1个月内予以追认。

2.法定代理人的追认权。法定代理人在1个月内追认的，该民事法律行为自始有效；法定代理人不表示追认的，视为拒绝，则该民事法律行为自始无效。

3.相对人的撤销权。民事法律行为在被追认前，善意相对人享有撤销的权利。该撤销权应当以通知的方式作出。

【例01-09】边某与某工厂于2019年12月1日签订了一份设备租赁合同，双方约定该合同自2029年3月1日起生效，有效期为三年。根据《民法典》及相关规定，下列哪些说法是正确的？

A.该合同是附生效条件和解除条件的合同

B.该合同是附生效期限和终止期限的合同

C.该合同自2019年12月1日起成立，但未生效

D.该合同自有效期届满时失效

【参考答案】BCD

【例01-10】根据民法典及相关规定，对于下列哪些民事行为，一方有权请求人民法院或者仲裁机关予以撤销？

A.恶意串通，损害第三人利益的

B.行为人对行为内容有重大误解的

C.以合法形式掩盖非法目的的

D.受胁迫签署的玉石买卖协议

【参考答案】BD

第六节 代理

本节主要介绍代理相关内容，包括代理的一般规定、代理类型、代理方式及代理关系的终止。本节的难点在于狭义无权代理行为人如确实为本人利益计算，且符合无因管理法律要件时，可成立无因管理之债；表见代理发生有权代理法律效果的前提是本人有作为或者不作为实施某种表示，使善意相对人信赖行为人有代理权。代理的主要内容如图1-7所示。

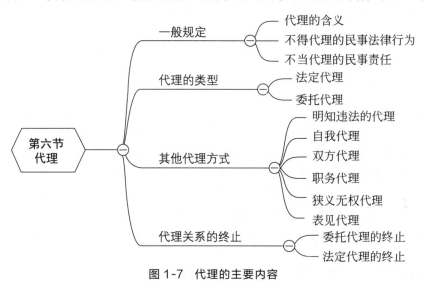

图1-7 代理的主要内容

一、一般规定

（一）代理的含义

代理是由代理人在代理权限内，以被代理人的名义与第三人实施相应的民事法律行为，该行为的法律后果由被代理人承受的法律制度。

代理人在代理权限内，以被代理人名义实施的民事法律行为，对被代理人发生效力。

代理行为存在一个三方关系：

1.内部关系：代理人和被代理人的协议关系（委托代理）或身份关系（法定代理）。

2.外部关系：代理人与第三人通过达成合意，形成的民事法律关系。

3.结果关系：代理行为形成的权利义务关系，直接由被代理人和第三人承受。

（二）不得代理的民事法律行为

民事主体可以通过代理人实施民事法律行为。依照法律规定、当事人约定或者民事法律行为的性质，应当由本人亲自实施的民事法律行为，不得代理。

（三）不当代理的民事责任

代理人不履行或者不完全履行职责，造成被代理人损害的，应当承担民事责任。

代理人和相对人恶意串通，损害被代理人合法权益的，代理人和相对人应当承担连带责任。

二、代理的类型

代理包括法定代理、委托代理。

（一）法定代理

法定代理主要是为民事法律行为能力欠缺者设计的。法定代理权基于监护人的身份而产生。法律根据自然人之间的亲属关系，如父母子女、夫妻等而直接规定其享有法定代理权。

法定代理人依照法律的规定行使代理权。

（二）委托代理

1. 委托代理的含义。委托代理是代理人根据被代理人的授权而行使代理权，即委托代理的代理权产生于本人的授权行为。

数人为同一代理事项的代理人的，应当共同行使代理权，但是当事人另有约定的除外。

代理人不履行职责而给被代理人造成损害的，应当承担民事责任。

2. 委托代理的内容和形式。民事法律行为的委托代理，可以用书面形式，也可以用口头形式。法律规定用书面形式的，应当用书面形式。

书面委托代理的授权委托书应当载明代理人的姓名或者名称、代理事项、权限和期间，并由委托人签名或者盖章。

委托书授权不明的，被代理人应当向第三人承担民事责任，代理人负连带责任。

3. 转委托。代理人需要转委托第三人代理的，应当取得被代理人的同意或者追认。

转委托代理经被代理人同意或者追认的，被代理人可以就代理事务直接指示转委托的第三人，代理人仅就第三人的选任以及对第三人的指示承担责任。

转委托代理未经被代理人同意或者追认的，代理人应当对转委托的第三人的行为承担责任，但是在紧急情况下代理人为了维护被代理人的利益需要转委托第三人代理的除外。

三、其他代理方式

民法中规定的其他代理方式包括：

（一）明知违法的代理

代理人知道或者应当知道代理事项违法仍然实施代理行为，或者被代理人知道或者应当知道代理人的代理行为违法未作反对表示的，被代理人和代理人应当承担连带责任。

（二）自我代理

代理人不得以被代理人的名义与自己实施民事法律行为，但是被代理人同意或者追认的除外。

（三）双方代理

双方代理，又称"一手托两家"。代理人不得以被代理人的名义与自己同时代理的其他人实施民事法律行为，但是被代理的双方同意或者追认的除外。

（四）职务代理

执行法人或者非法人组织工作任务的人员，就其职权范围内的事项，以法人或者非法人组织的名义实施民事法律行为，对法人或者非法人组织发生效力。法人或者非法人组织对执行其工作任务的人员职权范围的限制，不得对抗善意相对人。

（五）狭义无权代理

行为人没有代理权、超越代理权或者代理权终止后，仍然实施的代理行为，为狭义无权代理行为。

1. 被代理人对无权代理行为知情的。被代理人知道他人以本人名义实施民事法律行为而不作否认表示的，视为同意。此时，无权代理行为等同于有权代理。代理人与第三人实施的民事法律行为直接约束被代理人。

2. 被代理人不知情的

（1）第三人不知道也不应当知道行为人没有代理权。

相对人的催告权：相对人（第三人）可以催告被代理人自收到通知之日起1个月内予以追认。被代理人未作表示的，视为拒绝追认。未经被代理人追认的代理行为，对被代理人不发生效力。

相对人的撤销权：行为人实施的行为被追认前，善意相对人有撤销的权利。撤销应当以通知的方式作出。

行为人实施的行为未被追认的，善意相对人有权请求行为人履行债务或者就其受到的损害请求行为人赔偿，但是赔偿的范围不得超过被代理人追认时相对人所能获得的利益。

（2）第三人知道或者应当知道行为人无权代理的。相对人（第三人）知道或者应当知道行为人无权代理的，相对人、行为人的损失，相对人和行为人按照各自的过错承担责任；被代理人的损失，相对人、行为人承担连带责任。

（六）表见代理

行为人没有代理权、超越代理权或者代理权终止后，仍然实施代理行为，相对人有理由相信行为人有代理权的，代理行为有效。

1. 表见代理的构成要件

（1）客观要件：行为人无权代理。

（2）主观要件：存在表见事由，能够使相对人据此相信行为人享有代理权。例如，行为人持有被代理人的证书文件，如盖有单位公章的合同书、代理授权书（必须为真实的）等。再如，相对人根据过往经历有理由相信行为人享有代理权等。

2. 表见代理的效力

（1）表见代理有效。被代理人必须承受表见代理的法律后果，而不享有追认权、拒绝权。

（2）被代理人承担有效代理行为所产生的责任后，可以向无权代理人追偿因代理行为而遭受的损失。

四、代理关系的终止

（一）委托代理的终止

1.存在下列情形之一的，委托代理关系终止：

（1）代理期间届满或者代理事务完成；

（2）被代理人取消委托或者代理人辞去委托；

（3）代理人丧失民事行为能力；

（4）代理人或者被代理人死亡；

（5）作为代理人或者被代理人的法人、非法人组织终止。

2.不因被代理人死亡而无效的委托代理。原则上，被代理人死亡，代理权即告终止。但是，存在下列情形之一的，被代理人死亡，委托代理行为依然有效：

（1）代理人不知道并且不应当知道被代理人死亡；

（2）被代理人的继承人予以承认；

（3）授权中明确代理权在代理事务完成时终止；

（4）被代理人死亡前已经实施，为了被代理人的继承人的利益继续代理。

（二）法定代理的终止

存在下列情形之一的，法定代理关系终止：

（1）被代理人取得或者恢复完全民事行为能力；

（2）代理人丧失民事行为能力；

（3）代理人或者被代理人死亡；

（4）法律规定的其他情形。

【例01-11】代理人与第三人串通，损害被代理人利益的，根据民法典的规定，应当如何处理？

A.由代理人和第三人承担连带责任

B.由代理人承担全部责任

C.代理人承担次要责任，第三人承担主要责任

D.代理人承担主要责任，第三人承担次要责任

【参考答案】A

第七节　民事责任

本节知识要点

本节主要介绍民事责任的主要承担方式、特殊情形下可以免除民事责任以及在发生民事责任竞合时的处理。民事责任的主要内容如图1-8所示。

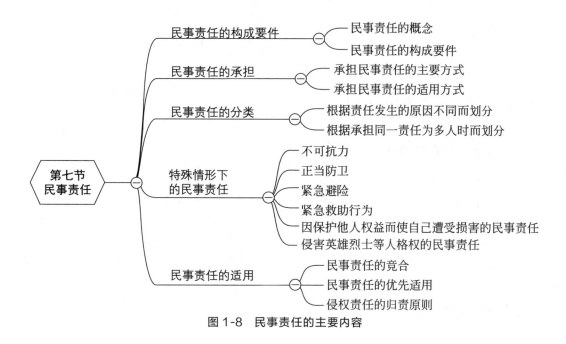

图 1-8　民事责任的主要内容

一、民事责任的构成要件

（一）民事责任的概念

民事主体依照法律规定和当事人约定，履行民事义务，承担民事责任。

民事责任是违反约定或法定义务所产生的法律后果。

民事责任属于公力救济。民事责任的判处和执行依赖于国家权力。

民事责任的效果是救济权人有权以公力救济方式诉请执行机关予以强制执行。

（二）民事责任的构成要件

一般民事责任构成要件，是指适用过错责任的责任行为的构成要件，包括违法行为、损害、因果关系、过错四个要件。

特殊民事责任构成要件，是指适用于各类特殊侵权行为的构成要件，此类构成要件多由法律加以特别规定。如环境污染责任、交通事故责任等。

二、民事责任的承担

（一）承担民事责任的主要方式

侵权、违约或者违反其他民事义务，民法规定义务人以承担民事责任的方式对权利人施以救济。《民法典》总则编中规定的具体承担民事责任的方式如下：

1. 停止侵害；

2. 排除妨碍；

3. 消除危险；

4. 返还财产；

5. 恢复原状；

6.修理、重作、更换；

7.继续履行；

8.赔偿损失；

9.支付违约金；

10.消除影响、恢复名誉；

11.赔礼道歉。

（二）承担民事责任的适用方式

承担民事责任的方式，可以单独适用，也可以合并适用。

在民事责任方式中，互不冲突的责任方式可以并行适用，如支付违约金与继续履行、停止侵害与赔偿损失等。如果是互相重叠、冲突的责任方式，则需择一适用，如支付违约金，覆盖的实际损失就不得再适用赔偿损失。

在赔偿损失的责任方式上，原则上是弥补实际损失。如果施以超出损失的惩罚性赔偿的，须有法律的特别规定。

三、民事责任的分类

（一）根据责任发生的原因不同而划分

民事责任根据责任发生的原因不同可以划分为：

1.违约责任：违约责任是指违反约定义务产生的责任。

2.侵权责任：侵权责任是指侵犯他人的财产权与人身权产生的责任。

3.其他责任：其他责任就是违约责任与侵权责任之外的其他民事责任，如不履行不当得利债务、无因管理债务等产生的责任。

（二）根据承担同一责任为多人时而划分

在同一责任有数人承担时，民事责任可以划分为：

1.按份责任：法律没有规定并能区分各自责任大小时，数个责任人承担按份责任；责任份额无法区分时，均分责任。

2.连带责任：在法律有特别规定数个责任人须承担连带责任的，应依法承担连带责任。连带责任人的责任份额根据各自责任大小确定；难以确定责任大小的，平均承担责任。实际承担责任超过自己责任份额的连带责任人，有权向其他连带责任人追偿。

四、特殊情形下的民事责任

（一）不可抗力

不可抗力是指不能预见、不能避免且不能克服的客观情况，如地震、台风、洪水等自然灾害。

因不可抗力不能履行民事义务的，不承担民事责任。法律另有规定的，依照其规定。

（二）正当防卫

正当防卫是指为了保护公共利益、本人或他人的人身、财产和其他权利，免受正在进行的不法侵害，而采取的不超过必要限度的制止不法侵害的行为。

因正当防卫而造成损害的，不承担民事责任。也就是说，在面临正在遭受的不法侵害时，因制止侵害行为而导致的侵害人的损失，行为人的民事责任得以免除。

正当防卫超过必要的限度，造成不应有的损害的，正当防卫人应当承担适当的民事责任。

（三）紧急避险

紧急避险是指为了避免公共利益、自己或他人的合法权益因现实的急迫危险而造成损害，在迫不得已的情况下采取的加害他人的行为。

因紧急避险而造成损害的，由引起险情发生的人承担民事责任。

如果危险是由自然原因引起的，紧急避险人不承担民事责任，可以给予适当补偿。

紧急避险通常是"因大失小"，即损害小利益的目的是保全大利益。紧急避险不能"因小失大"，即不能为了保全自己的小利益而置他人的大利益于不顾。因此，紧急避险采取措施不当或者超过必要的限度，造成不应有的损害的，紧急避险人应当承担适当的民事责任。

（四）紧急救助行为

紧急救助行为即见义勇为行为，是指对他人人身或者财产正在遭受的危险，并无法定义务而实施救助的行为。

见义勇为的行为，与见危不救相对应，属于道德义务，并非法律义务。

因自愿实施紧急救助行为而造成受助人损害的，救助人不承担民事责任。例如，在发生地震灾难的现场，救援人员为了解救一名被水泥板压着的女孩儿，为了保住其生命而锯掉她的腿后把她救出。这样的紧急救助行为，施救人不承担民事责任。

（五）因保护他人权益而使自己遭受损害的民事责任

因保护他人民事权益而使自己受到损害的，由侵权人承担民事责任，受益人可以给予适当补偿。

没有侵权人、侵权人逃逸或者无力承担民事责任，受害人请求补偿的，受益人应当给予适当补偿。

（六）侵害英雄烈士等人格权的民事责任

英雄烈士所表现的人格精神，属于民族精神。侵害英雄烈士人格的，其本质是损害社会共同体的精神认同，所以属于对公共利益的损害，侵害人应当承担民事责任。

侵害英雄烈士等的姓名、肖像、名誉、荣誉，损害社会公共利益的，应当承担民事责任。

五、民事责任的适用

（一）民事责任的竞合

民事责任竞合是指行为人实施一个违反民事义务的行为，却符合多个民事责任构成要件，由此产生数个互相重叠的民事责任情形，如侵权责任与违约责任竞合等。

在民事责任竞合，根据公平原则，行为人只要承担一个民事责任即可，但具体承担哪个责任，选择权归权利人。

（二）民事责任的优先适用

民事主体因同一行为应当承担民事责任、行政责任和刑事责任的，承担行政责任或者刑事责任不影响承担民事责任。

民事主体的财产不足以支付的，优先用于承担民事责任。

（三）侵权责任的归责原则

侵权责任的归责原则指确定侵权行为人承担侵权责任的一般准则。

1.过错责任原则。过错责任原则是指以过错作为归责的依据和责任的构成要件。过错责任原则是最基本的归责原则，普遍地适用于一般侵权行为。只有在法律有特别规定的情形下，过错责任原则才例外地不予适用。受害人对于损害的发生也有过错的，可以减轻侵害人的民事责任。

2.无过错责任原则。无过错责任是指在法律有特别规定的情况下，不考虑行为人是否存在主观过错，行为人都要对造成的他人损害承担赔偿责任。

无过错责任不以行为人的过错为责任的构成要件。往往有强制责任保险或最高赔偿限额等配套制度，这是为了避免给行为人施加过于严苛的责任。例如，产品责任，环境污染，机动车与非机动车驾驶人、行人之间的交通事故责任，高度危险责任，饲养动物损害责任，建筑物等倒塌致害责任，监护人责任，用人单位责任，接受劳务提供者的责任。

3.公平责任原则。公平责任原则是一项法律适用的原则，即当民法规范缺乏规定时，可以根据公平原则来变动当事人之间的权利义务。当事人对造成损害都没有过错的，可以根据实际情况，由当事人分担民事责任。

【例 01-12】根据民法典的规定，下列哪些属于承担民事责任的方式？

A. 停止侵害　　　　　　　　　　B. 吊销营业执照

C. 罚金　　　　　　　　　　　　D. 修理、重作、更换

【参考答案】AD

第八节　诉讼时效

本节知识要点

本节主要介绍诉讼时效期间、诉讼时效期间届满的法律后果以及诉讼时效的中止、中断的有关规定。本节的难点在于诉讼时效期间届满后原告提起诉讼的处理方式：法院不得主动适用诉讼时效的规定；义务人可以提出不履行义务的抗辩，但已经履行的不得请求返还，同意履行的不得以诉讼时效届满为由抗辩。诉讼时效的主要内容如图 1-9 所示。

一、诉讼时效期间

（一）诉讼时效的概念

诉讼时效是指请求权人不行使权利的状态超过法定期间，义务人即享有抗辩权的法律制度。

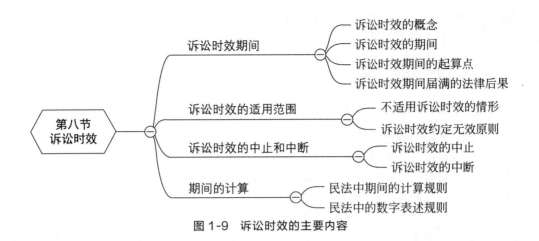

图 1-9　诉讼时效的主要内容

（二）诉讼时效期间

1. 一般诉讼时效期间。一般诉讼时效期间是指法律没有特别规定时，权利人行使请求权所应当适用的诉讼时效。一般诉讼时效期间为 3 年。该诉讼时效期间为可变期间，适用中止、中断的规则。

2. 特别诉讼时效期间。特别诉讼时效期间是指特定债权不适用一般诉讼时效而适用法律为其特别规定的诉讼时效。例如《民法典》规定，国际货物买卖合同、技术进出口合同的诉讼时效为 4 年。

3. 权利最长保护期间。权利最长保护期间为 20 年。

有特殊情况的，人民法院可以根据权利人的申请决定延长。

（三）诉讼时效期间的起算点

根据不同情形，诉讼时效期间的起算点不同。

1. 一般诉讼时效的起算，为权利人知道或应当知道自己的权利受到侵害之日起开始计算。

2. 权利最长保护期间的起算从权利被侵害之日起开始计算，且为不变期间，不适用中止、中断规则。

3. 当事人约定同一债务分期履行的，诉讼时效期间自最后一期履行期限届满之日起计算。

4. 无民事行为能力人或者限制民事行为能力人对其法定代理人的请求权的诉讼时效期间，自该法定代理终止之日起计算。

5. 未成年人遭受性侵害的损害赔偿请求权的诉讼时效期间，自受害人年满 18 周岁之日起计算。

（四）诉讼时效期间届满的法律后果

诉讼时效期间届满，权利人仍然有权向人民法院提起民事诉讼。

人民法院不得主动适用诉讼时效的规定。权利人在诉讼时效期间届满后，向人民法院提起诉讼的，人民法院不得以诉讼时效期间届满为由，不予受理。

诉讼时效期间届满的，义务人可以提出不履行义务的抗辩。义务人以诉讼时效期间届满为由，向人民法院提出诉讼时效抗辩的，人民法院应当判决驳回原告的诉讼请求。

诉讼时效期间届满后，义务人同意履行的，不得以诉讼时效期间届满为由抗辩；义务人已自愿履行的，不得请求返还。

二、诉讼时效的适用范围

（一）不适用诉讼时效的情形

1.下列情形不适用诉讼时效：

（1）请求停止侵害、排除妨碍、消除危险；

（2）不动产物权和登记的动产物权的权利人请求返还财产；

（3）请求支付抚养费、赡养费或者扶养费；

（4）依法不适用诉讼时效的其他请求权。

2.除斥期间不适用诉讼时效。法律规定或者当事人约定的撤销权、解除权等权利的存续期间，除法律另有规定外，自权利人知道或者应当知道权利产生之日起计算，不适用有关诉讼时效中止、中断和延长的规定。存续期间届满，撤销权、解除权等权利消灭。

（二）诉讼时效约定无效原则

诉讼时效的期间、计算方法以及中止、中断的事由由法律规定，当事人约定无效。

诉讼时效制度为强制法制度，当事人不得约定延长或者缩短诉讼时效的期间。

当事人对诉讼时效利益的预先放弃无效。

债务人在诉讼期间届满后放弃诉讼时效利益的，则不为法律所禁止。

三、诉讼时效的中止和中断

（一）诉讼时效的中止

诉讼时效中止是指在诉讼时效期间的最后 6 个月内，因法定事由而使权利人不能行使请求权的，诉讼时效期间的计算暂时停止。

自中止时效的原因消除之日起满 6 个月，诉讼时效期间届满。

诉讼时效发生中止的事由如下：

（1）不可抗力；

（2）无民事行为能力人或者限制民事行为能力人没有法定代理人，或者法定代理人死亡、丧失民事行为能力、丧失代理权；

（3）继承开始后未确定继承人或者遗产管理人；

（4）权利人被义务人或者其他人控制；

（5）其他导致权利人不能行使请求权的障碍。

（二）诉讼时效的中断

诉讼时效中断是指因权利人的行为，重新起算时效期间的情形。

发生下列情形之一的，诉讼时效中断：

（1）权利人向义务人提出履行请求；

（2）义务人同意履行义务；

（3）权利人提起诉讼或者申请仲裁；

（4）与提起诉讼或者申请仲裁具有同等效力的其他情形。

四、期间的计算

（一）民法中期间的计算规则

民法所称的期间按照公历年、月、日、小时计算。

按照年、月、日计算期间的，开始的当日不计入，自下一日开始计算。

按照小时计算期间的，自法律规定或者当事人约定的时间开始计算。

按照年、月计算期间的，到期月的对应日为期间的最后一日；没有对应日的，月末日为期间的最后一日。

期间的最后一日是法定休假日的，以法定休假日结束的次日为期间的最后一日。

期间的最后一日的截止时间为二十四时；有业务时间的，停止业务活动的时间为截止时间。

（二）民法中的数字表述规则

民法所称的"以上""以下""以内""届满"，包括本数；所称的"不满""超过""以外"，不包括本数。

【例01-13】根据民法典及相关规定，下列关于诉讼时效的哪种说法是正确的？

A. 向人民法院请求保护民事权利的诉讼时效期间为二年，法律另有规定的除外

B. 超过诉讼时效期间，一方当事人履行，另一方当事人接受的，该另一方当事人构成不当得利

C. 诉讼时效因不可抗力而中断

D. 诉讼时效因当事人一方提出要求履行义务而中断

【参考答案】D

📖 本章知识点回顾

本章主要介绍了下列内容：

1. 民法的调整对象、基本原则和民事法律关系的要素；自然人制度，包括能力制度、监护制度和宣告制度；

2. 法人的法律要件、法人的分类、法人的能力、法人的机构和非法人组织；

3. 民事法律行为的特征和类型、意思表示制度、民事法律行为的生效条件、附条件和附期限的民事法律行为、无效民事法律行为、可撤销的民事法律行为和效力待定的民事法律行为；

4. 代理的法律要件、代理的类型和无权代理等；

5. 民事责任的类型、承担方式及民事责任的适用；

6. 诉讼时效的适用范围、诉讼时效期间、诉讼时效期间的起算、诉讼时效的中止和中断。

第二章

《民法典（合同编）》

 本章知识点框架

　　本章主要介绍了合同的订立与效力、合同的履行、合同的转让、合同的终止和违约责任，以及技术合同和委托合同两种典型合同的主要内容。重点需要熟悉关于合同订立、变更、终止的基本规定；掌握合同的履行和违约责任，以及技术合同和委托合同的基本规定。本章主要知识点框架如图2-1所示。

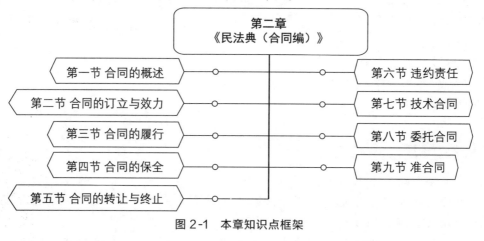

图 2-1　本章知识点框架

第一节 合同的概述

本节知识要点

本节主要介绍合同的适用范围和基本原则。本节的难点在于区分合同的类型，理解合同的适用范围。合同的概述的主要内容如图2-2所示。

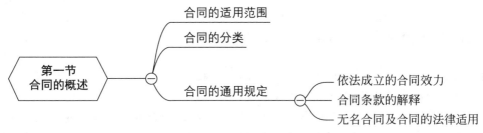

图2-2 合同的概述的主要内容

一、合同的适用范围

《民法典》第464条第1款规定，合同是民事主体之间设立、变更、终止民事法律关系的协议。合同具有以下法律特征：

1. 合同是一种民事法律行为。合同是民事法律行为的一种，因此民法上关于民事法律行为的一般规定，如成立与生效规则、无效与可撤销事由等，均适用于合同。

2. 合同以设立、变更、终止民事法律关系为目的。合同主要是债权债务关系的协议。合同的目的不仅在于设立民事权利义务关系，也包括变更、终止民事权利义务关系。

3. 合同是双方或多方法律行为。合同须有双方或多方当事人。合同的成立须各方当事人相互为意思表示。须当事人的意思表示达成一致，即达成合意。

《民法典》第464条第2款规定，婚姻、收养、监护等有关身份关系的协议，适用有关该身份关系的法律规定；没有规定的，可以根据其性质参照适用本编规定。这一规定，并未否定该条第1款所确立的合同定义，亦即没有否定上述"有关身份关系的协议"的合同性质，只是限定了《民法典》合同编的适用范围并明确了有关身份关系协议的法律适用（特别法优先适用）规则。例如，婚内夫妻双方签订的忠诚协议，不仅具有合同性质，也符合我国的善良风俗，因此受法律保护。

【例02-01】下列哪些协议适用民法典有关合同的规定？

A. 李某与甲专利代理机构签订的专利事务委托协议

B. 张某与其前夫覃某签订的变更子女监护权协议

C. 专利权人王某与乙公司签订的专利实施许可协议

D. 董某与肖某签订的解除收养关系协议

【参考答案】AC

二、合同的分类

以下从几个角度来说明合同的分类：

1.双务合同与单务合同。依双方当事人是否互负给付义务，合同可分为双务合同和单务合同。

（1）双务合同，是指当事人双方互相承担对待给付义务的合同。在双务合同中，当事人双方均承担合同义务，并且双方的权利义务具有对应关系，一方的义务就是对方的权利，反之亦然。《民法典》所规定的多数合同为双务合同。

（2）单务合同，是指只有一方当事人承担给付义务的合同。在单务合同中，当事人双方不存在对等给付关系，一方仅承担义务而不享有权利，另一方则相反。例如，借款合同、赠与合同，均为单务合同。

2.有偿合同与无偿合同。这是依合同当事人之间的权利义务是否存在对价关系所作的分类。

（1）有偿合同，是指当事人一方享有合同规定的权益，须向对方当事人偿付相应代价的合同。有偿合同是商品交换最典型的法律形式。

（2）无偿合同不是典型的交易形式，实践中主要有赠与合同、无偿借用合同、无偿保管合同等。在无偿合同中，一方当事人不支付对价，但也可能承担义务，如无偿借用他人物品，借用人负有正当使用和按期返还的义务。

3.诺成合同与实践合同。这是从合同成立条件的角度对其所作的分类。

（1）诺成合同，是指以缔约当事人意思表示一致为充分成立条件的合同，即一旦缔约当事人的意思表示达成一致即告成立的合同。

（2）实践合同，是指除当事人意思表示一致以外尚需交付标的物才能成立的合同。在这种合同中仅有当事人的合意，合同尚不能成立，还必须有一方实际交付标的物的行为或其他给付，才能成立合同关系。实践中，大多数合同均为诺成合同，实践合同仅限于法律规定的少数合同，如保管合同、自然人之间的借款合同。

4.要式合同与不要式合同。其以合同的成立是否须采取一定的形式为标准。

（1）要式合同，是指法律规定必须采取一定形式的合同。

（2）不要式合同，是指法律不要求采取特定形式的合同。

根据合同自由原则，当事人有权选择合同形式，故合同以不要式合同为常态，但对于一些重要的交易，如不动产买卖、专利权转让，法律规定当事人应当采取特定的形式订立合同。

5.有名合同与无名合同。根据法律是否赋予特定名称并设有具体规则，合同可分为有名合同与无名合同。

（1）有名合同，又称为典型合同，是指在法律上已设有具体规则并赋予名称的合同。《民法典》合同编分编中所规定的19类合同，即为有名合同。

（2）无名合同，又称非典型合同，是指在法律上尚未确立一定的名称和专门规则的合同，如教育培训、旅游服务等领域的合同在我国仍属无名合同。

6.主合同与从合同。根据合同相互间的主从关系，可将合同分为主合同与从合同。

在两个关联合同中，不依赖其他合同的存在即可独立存在的合同称为主合同，以其他合同的存在为前提而存在的合同称为从合同。例如，借款合同与保证合同（如专利权质押）之间，前者为主合同，后者为从合同。

三、合同的通用规定

（一）依法成立的合同效力

依法成立的合同，受法律保护。

依法成立的合同，仅对当事人具有法律约束力，但是法律另有规定的除外。

（二）合同条款的解释

当事人对合同条款的理解有争议的，应当依据《民法典》第142条第1款的规定，确定争议条款的含义。《民法典》第142条第1款规定，有相对人的意思表示的解释，应当按照所使用的词句，结合相关条款、行为的性质和目的、习惯以及诚信原则，确定意思表示的含义。

合同文本采用两种以上文字订立并约定具有同等效力的，对各文本使用的词句推定具有相同含义。各文本使用的词句不一致的，应当根据合同的相关条款、性质、目的以及诚信原则等予以解释。

（三）无名合同及合同的法律适用

1. 无名合同

《民法典》或者其他法律没有明文规定的合同，适用《民法典》合同编通则的规定，并可以参照适用《民法典》合同编或者其他法律最相类似合同的规定。

2. 涉外合同的法律适用

在中华人民共和国境内履行的中外合资经营企业合同、中外合作经营企业合同、中外合作勘探开发自然资源合同，适用中华人民共和国法律。

3. 非因合同产生的债权债务关系的法律适用

非因合同产生的债权债务关系，适用有关该债权债务关系的法律规定；没有规定的，适用《民法典》合同编通则的有关规定，但是根据其性质不能适用的除外。

第二节　合同的订立与效力

本节知识要点

本节主要介绍合同一般订立方式、特殊订立方式及合同效力规定，格式条款的解释规则及无效情形。本节的难点在于对要约和要约邀请的把握；对承诺和新要约的判定。合同的订立与效力的主要内容如图2-3所示。

一、合同的形式和内容

（一）合同的形式

合同形式是指当事人合意的外在表现形式，亦即合同内容的载体。

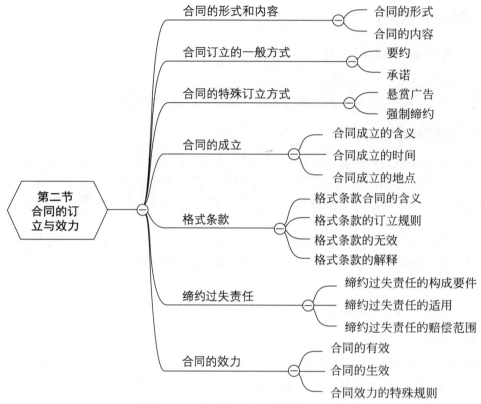

图 2-3　合同的订立与效力的主要内容

《民法典》第 469 条规定，当事人订立合同，可以采用书面形式、口头形式或者其他形式。

1. 书面形式。书面形式是指合同书、信件和数据电文（包括电报、电传、传真、电子数据交换和电子邮件）等可以有形地表现所载内容的形式。

2. 口头形式。口头形式是当事人通过语言的意思表示就合同内容达成合意。

3. 其他形式。当事人未以书面形式或者口头形式订立合同，但从双方从事的民事行为能够推定双方有订立合同意愿的，人民法院可以认定是以"其他形式"订立的合同。但法律另有规定的除外。

（二）合同的内容

合同的内容，在实质意义上是指合同当事人的权利义务，在形式意义上即为合同的条款。

《民法典》第 470 条规定，合同的内容由当事人约定，一般包括以下条款：（1）当事人的姓名或者名称和住所；（2）标的；（3）数量；（4）质量；（5）价款或者报酬；（6）履行期限、地点和方式；（7）违约责任；（8）解决争议的方法。当事人可以参照各类合同的示范文本订立合同。

这是《民法典》合同编对合同条款的倡导性规定。

二、合同订立的一般方式

（一）要约

1. 要约的构成要件。《民法典》第 472 条规定，要约是希望与他人订立合同的意思表示，该意思表示应当符合下列条件：内容具体确定；表明经受要约人承诺，要约人即受该意思表示约束。

（1）要约必须包含订立合同的意图。要约是希望和他人订立合同的意思表示，要约的目的是希望与相对人订立合同，若无此目的即不构成要约。

（2）要约必须向要约人希望与之订立合同的受要约人发出。要约只有向要约人希望与之订立合同的受要约人发出，才能唤起受要约人的承诺，从而订立合同。

（3）要约的内容必须具体、确定。所谓具体，是指要约的内容必须是合同成立所必需的条款（合同的主要条款）。所谓确定，是指要约的内容必须明确，不能含混不清，使相对人难以明白其希望表达的意思。

2. 要约邀请。要约邀请也称要约引诱，是指希望他人向自己发出要约的意思表示。

要约邀请的目的在于诱使他人向自己发出要约，而非与他人订立合同，故只是订立合同的预备行为，而非订约行为。根据《民法典》第473条的规定，下列行为属于要约邀请：

（1）拍卖公告。拍卖公告是拍卖方向不特定人发出的邀请参与竞买的意思表示，该意思表示中并未包含买卖合同所必备的价格条款，而是希望竞买人提出价格条款，因此属于邀约邀请。

（2）招标公告。招标公告与拍卖公告相似，属要约邀请，投标为要约（招标人的决标为承诺）。值得注意的是，如果招标人在招标公告中明确表示将与报价最优者订立合同，则可视为要约。

（3）招股说明书。招股说明书是通过向社会提供股票发行人的各方面信息，从而吸引投资者向发行人发出购买股票的要约，故属要约邀请。

（4）债券募集办法。债券募集办法是通过向社会提供债券发行人的各方面信息，从而吸引投资者向发行人发出购买债券的要约，故属要约邀请。

（5）基金招募说明书。基金招募说明书是通过向社会提供基金发起人的各方面信息，从而吸引投资者向发行人发出购买基金的要约，故属要约邀请。

（6）商业广告和宣传。根据《民法典》的规定，商业广告和宣传的内容符合要约条件的，应视为要约。

（7）寄送的价目表。一般的价目表只是向对方提供某种信息，希望对方向自己提出订约条件，因此属于要约邀请，而不是要约。

3. 要约的生效。要约属于意思表示的一种，因此适用意思表示的生效规则。具体而言，以对话方式作出的要约，自相对人知道要约的内容时生效；以非对话方式作出的要约，自到达相对人时生效。

4. 要约的效力。要约对要约人具有拘束力。要约一经生效，要约人即受到拘束，不得随意撤回撤销或对要约加以限制、变更和扩张。但要约人预先申明不受要约约束或依交易习惯可认为其不受要约约束的除外。

5. 要约的撤回。要约的撤回是指要约人在发出要约后，于要约到达受要约人之前取消其要约的行为。根据《民法典》第141条、第475条的规定，要约可以撤回，撤回要约的通知应当在要约到达受要约人之前或者与要约同时到达受要约人。

在此情形下，被撤回的要约实际上是尚未生效的要约。

6. 要约的撤销。要约的撤销是指在要约发生效力后，要约人取消要约从而使要约归于消灭的行为。要约的撤销不同于要约的撤回（前者发生于生效后，后者发生于生效前）。《民法典》第476条规定，要约可以撤销，但有下列情形之一的除外：（1）要约人以确定承诺期限或者其他形式明示要约不可撤销；（2）受要约人有理由认为要约是不可撤销的，并已经为履行合同做了合理准备工作。

要约的撤销须遵循法定的方式。《民法典》第 477 条规定，撤销要约的意思表示以对话方式作出的，该意思表示的内容应当在受要约人作出承诺之前为受要约人所知道；撤销要约的意思表示以非对话方式作出的，应当在受要约人作出承诺之前到达受要约人。

7.要约的失效。要约的失效，即要约丧失法律拘束力。根据《民法典》第 478 条的规定，要约失效的事由有以下几种：

（1）要约被拒绝；

（2）要约被依法撤销；

（3）承诺期限届满，受要约人未作出承诺；

（4）受要约人对要约的内容作出实质性变更。

例如，甲向乙发出销售其手机的要约，乙回复"不要"。此时，甲的要约失效。三日后，甲又收到乙的回复"没问题，我买了"。此时，乙的第二次回复为新要约。

（二）承诺

1.承诺的概念和要件。《民法典》第 479 条规定，承诺是受要约人同意要约的意思表示。承诺须具备以下要件：（1）承诺必须由受要约人作出；（2）承诺应当在一定期限内到达要约人；（3）承诺的内容必须与要约的内容相一致。

《民法典》第 481 条规定，承诺应当在要约确定的期限内到达要约人。要约没有确定承诺期限的，如果要约以对话方式作出，应当即时作出承诺的意思表示，但当事人另有约定的除外；如果要约以非对话方式作出，承诺应当在合理期限内到达要约人。

对于承诺的合理期限的起算点，《民法典》第 482 条规定，要约以信件或者电报作出的，承诺期限自信件载明的日期或者电报交发之日开始计算。信件未载明日期的，自投寄该信件的邮戳日期开始计算。要约以电话、传真、电子邮件等快速通讯方式作出的，承诺期限自要约到达受要约人时开始计算。

《民法典》第 488 条规定，承诺的内容应当与要约的内容一致。受要约人对要约的内容作出实质性变更的，为新要约。《民法典》第 489 条规定，承诺对要约的内容作出非实质性变更的，除要约人及时表示反对或者要约表明承诺不得对要约的内容作出任何变更外，该承诺有效，合同的内容以承诺的内容为准。

《民法典》第 480 条规定，承诺应当以通知的方式作出，但根据交易习惯或者要约表明可以通过行为作出承诺的除外。根据这一规定，承诺原则上应当以通知方式作出。通知包括口头通知和书面通知，要约人对通知的方式有特殊要求的，应按该要求予以通知。

例如，甲在某二手货物销售平台上发布要约，明确"愿意购买的，将货款打入指定账户，款到发货"。乙看到要约后，向甲发出消息，表示愿意购买。此时，乙并未作出承诺。

2.承诺的效力。承诺的效力即承诺所产生的法律效果。简言之，承诺的效力表现为：承诺生效时合同成立。

对于承诺的生效时间，我国民法采用到达主义。《民法典》第 484 条规定，以通知方式作出的承诺，生效的时间适用《民法典》第 137 条的规定。承诺不需要通知的，根据交易习惯或者要约的要求作出承诺的行为时生效。也就是说，承诺作为意思表示的一种，原则上适用意思表示的生效规则。

3.承诺的撤回。承诺的撤回是指受要约人在其作出的承诺生效之前将其撤回的行为。《民法典》第 485 条规定，承诺可以撤回。承诺的撤回适用《民法典》第 141 条的规定。承诺的撤回适用意思表示撤回的一般规则，包括撤回的方式（通知）、撤回的生效条件（先于承诺到达或同时到达)。承诺一经撤回，即不发生承诺的效力，也就阻止了合同的成立。

4.承诺的迟延。承诺的迟延是指受要约人未在承诺期限内发出承诺，或虽在承诺期限内发出但按照通常情形不能及时到达要约人。对此，《民法典》第486、487条作了以下规定：(1) 受要约人超过承诺期限发出承诺，或者虽在承诺期限内发出承诺但按照通常情形不能及时到达要约人的，为新要约；但是，要约人及时通知受要约人该承诺有效的除外。(2) 受要约人在承诺期限内发出承诺，按照通常情形能够及时到达要约人，但因其他原因致使承诺到达要约人时超过承诺期限的，除要约人及时通知受要约人因承诺超过期限不接受该承诺外，该承诺有效。可见，承诺的迟延并不必然导致承诺失效。

【例 02-02】 根据民法典及相关规定，在下列哪些情形下，要约不得撤销？

A. 要约人确定了承诺期限

B. 要约已经到达受要约人

C. 要约人明示要约不可撤销

D. 受要约人有理由认为要约是不可撤销的，并已经为履行合同作了准备工作

【参考答案】 ACD

三、合同的特殊订立方式

合同的订立除采取要约—承诺的常态缔约方式外，还存在一些特殊缔约方式，主要包括：

(一) 悬赏广告

悬赏广告是指通过广告形式声明对完成广告中规定的特定行为的任何人给付广告中标明的报酬的行为。《民法典》将悬赏广告作为一种特殊的缔约方式，广告人发出悬赏广告为要约，行为人完成悬赏广告规定的行为即构成承诺，合同因此而成立。

《民法典》第499条规定，悬赏人以公开方式声明对完成特定行为的人支付报酬的，完成该行为的人可以请求其支付。

(二) 强制缔约

强制缔约是指一方因负有应对方的请求与其订立合同的义务，或因负有向对方发出要约的义务而与之订立合同的缔约方式。

《民法典》第494条规定，国家根据抢险救灾、疫情防控或者其他需要下达国家订货任务、指令性任务的，有关民事主体之间应当依照有关法律、行政法规规定的权利和义务订立合同。依照法律、行政法规的规定负有发出要约义务的当事人，应当及时发出合理的要约。依照法律、行政法规的规定负有作出承诺义务的当事人，不得拒绝对方合理的订立合同要求。

四、合同的成立

(一) 合同成立的含义

合同成立是指当事人之间形成合意，产生了合同关系。

当事人对合同是否成立存在争议，人民法院能够确定当事人名称或者姓名、标的和数量的，一般应当认定合同成立，但法律另有规定或者当事人另有约定的除外。

当事人未以书面形式或者口头形式订立合同，但从双方从事的民事行为能够推定双方有订立合同意愿的，人民法院可以认定是以"其他形式"订立的合同。但法律另有规定的除外。

（二）合同成立的时间

1.一般规定。《民法典》第 483 条规定，承诺生效时合同成立，但是法律另有规定或者当事人另有约定的除外。据此，合同原则上于承诺生效时成立。

2.合同书形式的合同成立时间。《民法典》第 490 条第 1 款规定，当事人采用合同书形式订立合同的，自当事人均签名、盖章或者按指印时合同成立。在签名、盖章或者按指印之前，当事人一方已经履行主要义务，对方接受时，该合同成立。

3.确认书形式的合同成立时间。《民法典》第 491 条第 1 款规定，当事人采用信件、数据电文等形式订立合同要求签订确认书的，签订确认书时合同成立。

4.通过互联网等信息网络订立的合同成立时间。《民法典》第 491 条第 2 款规定，当事人一方通过互联网等信息网络发布的商品或者服务信息符合要约条件的，对方选择该商品或者服务并提交订单成功时合同成立，但是当事人另有约定的除外。

5.合同的实际成立。《民法典》第 490 条第 2 款规定，法律、行政法规规定或者当事人约定合同应当采用书面形式订立，当事人未采用书面形式但是一方已经履行主要义务，对方接受时，该合同成立。此时可从实际履行合同义务的行为中推定当事人已经形成了合意即合同关系，当事人一方不得以未采取书面形式或未签名、盖章为由，否认合同关系的实际存在。

（三）合同成立的地点

1.一般规定。《民法典》第 492 条规定，承诺生效的地点为合同成立的地点。采用数据电文形式订立合同的，收件人的主营业地为合同成立的地点；没有主营业地的，其住所地为合同成立的地点。当事人另有约定的，按照其约定。

2.书面合同的成立地点。《民法典》第 493 条规定，当事人采用合同书形式订立合同的，最后签名、盖章或者按指印的地点为合同成立的地点，但是当事人另有约定的除外。

当事人没有约定合同签订地的，合同成立的地点存在以下几种情形：

（1）承诺通知到达地点为合同成立的地点，即要约人所在地；

（2）承诺不需要通知的，受要约人作出承诺行为的地点为合同成立的地点，通常为受要约人所在地；

（3）签字或者盖章不在同一地点的，通常最后签字或者盖章的地点为合同成立的地点。

例如，甲、乙订立书面合同，未约定合同的成立地点。如果甲先在 A 地签字，乙后在 B 地签字，则 B 地为该合同成立的地点。

五、格式条款

（一）格式条款合同的含义

格式条款合同是指包含有格式条款的合同。

《民法典》第 496 条第 1 款规定，格式条款是当事人为了重复使用而预先拟定，并在订立合同时未与对方协商的条款。这一规定揭示了格式条款的以下特征：

1.由一方当事人为了重复使用而预先拟定。此点表明，格式条款是由一方当事人事先拟定的，在拟定之时并未征求对方当事人的意见。

2.在订立合同时未与对方协商。此点强调了格式条款的附从性或定型化特征，即格式条款的特点在于订约时不容对方协商（对方要么接受，要么拒绝）。如果容许协商而对方放弃协商的权利，则该条款并非格式条款。

3.格式条款具有"自动构成合同内容"的特征。对于提供格式条款的一方事先制定并加以公开，相对人与之订立合同时，无论该相对人是否认真阅读和理解其中表达的内容，只要自愿完成合同的签署，该格式条款就成为合同的组成部分，对缔约双方形成约束力。

例如，酒吧的店堂墙上挂有醒目告示"来本酒吧用餐，不得私自携带酒水"。该店堂告示对于进该酒吧消费的人，具有约束力。

（二）格式条款的订立规则

《民法典》第496条第2款规定，采用格式条款订立合同的，提供格式条款的一方应当遵循公平原则确定当事人之间的权利和义务，并采取合理的方式提示对方注意免除或者减轻其责任等与对方有重大利害关系的条款，按照对方的要求，对该条款予以说明。该款规定了提供方的一般义务，并规定了提供方对免责格式条款的"提示义务"和"说明义务"。

《民法典》第496条第2款进一步规定，提供格式条款的一方未履行提示义务或者说明义务，致使对方没有注意或者理解与其有重大利害关系的条款的，对方可以主张该条款不成为合同的内容。

（三）格式条款的无效

《民法典》第497条规定，有下列情形之一的，该格式条款无效：（1）具有《民法典》第一编第六章第三节和《民法典》第506条规定的无效情形；（2）提供格式条款一方不合理地免除或者减轻其责任、加重对方责任、限制对方主要权利；（3）提供格式条款一方排除对方主要权利。何谓"对方主要权利"，应依合同性质与类型予以具体判定。

（四）格式条款的解释

《民法典》第498条规定，对格式条款的理解发生争议的，应当按照通常理解予以解释。对格式条款有两种以上解释的，应当作出不利于提供格式条款一方的解释。格式条款和非格式条款不一致的，应当采用非格式条款。

【例02-03】根据民法典及相关规定，关于合同中的格式条款，下列哪些说法是正确的？

A.格式条款是当事人为了重复使用而预先拟定，并在订立合同时未与对方协商确定的条款

B.提供格式条款一方免除其责任、排除对方主要权利的，该条款无效

C.对格式条款的理解发生争议的，应当按照通常理解予以解释

D.对格式条款有两种以上解释的，应当作出不利于提供格式条款一方的解释

【参考答案】ABCD

六、缔约过失责任

（一）缔约过失责任的构成要件

缔约过失责任是指在订立合同过程中，一方因违反其依据诚实信用原则所负义务而致另

一方信赖利益的损失，依法应承担的民事责任。《民法典》第 500、501 条对此作了规定。

缔约过失责任的构成应具备如下要件：

（1）此种责任发生于合同订立阶段。这是缔约过失责任与违约责任的根本区别。

（2）一方违反了依诚实信用原则所担负的先合同义务。

（3）另一方的信赖利益因此而受到损失。

（二）缔约过失责任的适用

根据《民法典》第 500、501 条的规定，缔约过失责任适用于以下情形：

（1）假借订立合同，恶意进行磋商。恶意磋商是指非出于订立合同之目的而借订立合同之名与他人磋商。其真实意图，或阻止对方与他人订立合同，或使对方贻误商机，或出于本方的其他目的。

（2）故意隐瞒与订立合同有关的重要事实或者提供虚假情况。缔约当事人依诚实信用原则负有如实告知义务，违反此项义务（隐瞒或虚告），即构成欺诈，如因此致对方受损害，应负缔约过失责任。

（3）有其他违背诚实信用原则的行为。例如，泄露或不正当地使用商业秘密。当事人在订立合同过程中知悉的商业秘密或者其他应当保密的信息，无论合同是否成立，不得泄露或者不正当地使用。泄露、不正当地使用该商业秘密或者信息，造成对方损失的，应当承担赔偿责任。

（三）缔约过失责任的赔偿范围

根据《民法典》合同编的规定，缔约过失责任的形式是损害赔偿。缔约过失损害赔偿的范围是相对人因缔约过失而遭受的信赖利益和固有利益损失，前者是指对方因信赖合同能够有效成立而受到的损失，后者是指对方实际享有的人身和财产利益。

【例 02-04】根据民法典及相关规定，当事人在订立合同过程中有下列哪些行为，给对方造成损失的，应当承担损害赔偿责任？

A. 故意隐瞒与订立合同有关的重要事实

B. 假借订立合同，恶意进行磋商

C. 泄露在订立合同过程中知悉的商业秘密

D. 不正当地使用在订立合同过程中知悉的商业秘密

【参考答案】ABCD

七、合同的效力

（一）合同的有效

合同的有效是指合同因依法成立而具有法律约束力，在当事人之间产生其意图确立的债权债务关系。合同是民事法律行为的一种，民事法律行为有效所应具备的条件，对于合同当然适用。根据《民法典》第 143 条的规定，合同的有效须具备以下要件：

1. 行为人具有相应的民事行为能力。当事人缔约时须具备相应的缔约能力，如果当事人在缔约时不具备相应的行为能力，则会对合同的效力产生影响，如无行为能力人订立的合同无效，限制行为能力人超出其能力范围所订立的合同效力待定。

2. 意思表示真实。要约与承诺均属于意思表示。当意思表示不真实、不自由，如出现重大误解、被欺诈、被胁迫等情形时，合同的效力也将受到影响。

3. 不违反法律、行政法规的强制性规定，不违背公序良俗。合同违反法律、行政法规的强制性规定或违背公序良俗的，合同无效。

（二）合同的生效

《民法典》第 502 条第 1 款规定，依法成立的合同，自成立时生效，但是法律另有规定或者当事人另有约定的除外。合同的生效，指合同依当事人合意的内容实际发生效力。

合同的生效与合同的成立、合同的有效既有联系，又有区别：

（1）合同的成立是合同有效、合同生效的前提，合同的有效又是合同生效的前提；

（2）合同成立并有效的，可能自成立时生效，也可能并不即刻生效或不生效，如附生效条件、生效期限的合同自条件成就、期限届至时生效，条件不成就则不生效。

《民法典》第 502 条第 2 款规定，依照法律、行政法规的规定，合同应当办理批准等手续的，依照其规定。未办理批准等手续影响合同生效的，不影响合同中履行报批等义务条款以及相关条款的效力。应当办理申请批准等手续的当事人未履行义务的，对方可以请求其承担违反该义务的责任。根据此规定，合同未办理批准手续的，该合同不生效，但是合同中关于履行报批义务的条款以及相关条款（如关于不履行报批义务的违约责任的条款）已经发生效力，据此对方可要求不履行报批义务的当事人承担相应的责任。

（三）合同效力的特殊规则

1.无权代理合同的追认。《民法典》第 503 条规定，无权代理人以被代理人的名义订立合同，被代理人已经开始履行合同义务或者接受相对人履行的，视为对合同的追认。依此规定，被代理人已经开始履行合同义务或者接受相对人履行的，即属于以默示的方式对无权代理行为予以追认，因而不得主张合同无效。

2.越权订立合同的效力。《民法典》第 504 条规定，法人的法定代表人或者非法人组织的负责人超越权限订立的合同，除相对人知道或者应当知道其超越权限外，该代表行为有效，订立的合同对法人或者非法人组织发生效力。该规定以相对人的主观状态作为确定该合同效力的依据，若相对人为恶意（知道或者应当知道其超越代表权限），则该合同不能对法人、非法人组织发生效力；反之，则该合同的效力不受影响。

3.超越经营范围合同的效力。《民法典》第 505 条规定，当事人超越经营范围订立的合同的效力，应当依照《民法典》第一编第六章第三节和第三编的有关规定确定，不得仅以超越经营范围确认合同无效。但根据相关司法解释，违反国家限制经营和特许经营以及法律、行政法规禁止经营规定订立的合同无效。

4.无效免责条款。免责条款是指当事人在合同中约定免除将来可能发生的违约责任的条款。对此，《民法典》第 506 条规定，合同中的下列免责条款无效：（1）造成对方人身损害的；（2）因故意或者重大过失造成对方财产损失的。

5.争议解决方法条款的效力规则。《民法典》第 507 条规定，合同不生效、无效、被撤销或者终止的，不影响合同中有关解决争议方法的条款的效力。该条所谓"合同中有关解决争议方法的条款"包括：（1）仲裁条款；（2）选择受诉人民法院的条款；（3）选择检验、鉴定机构的条款；（4）法律适用条款。

【例 02-05】根据民法典及相关规定，下列哪些说法是正确的？

A.行为人超越代理权以被代理人名义订立合同，未经被代理人追认的，对被代理人不发生效力，由行为人承担责任

B.行为人代理权终止后仍以被代理人名义订立合同，相对人有理由相信行为人有代理权的，该代理行为有效

C. 无民事行为能力人订立的任何合同均需经法定代理人追认后才有效

D. 无处分权的人处分他人财产，经权利人追认的，该合同有效

【参考答案】ABCD

第三节　合同的履行

本节知识要点

本节主要介绍合同履行的规定。本节的难点在于合同履行中的抗辩权、情势变更时合同的履行。合同的履行的主要内容如图 2-4 所示。

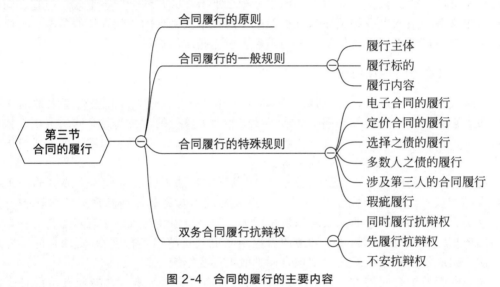

图 2-4　合同的履行的主要内容

一、合同履行的原则

根据《民法典》第 509 条的规定，合同的履行应当遵循以下原则：

1. 全面履行原则。当事人应当按照合同约定或者法律规定全面履行其债务，在标的、数量与质量、履行期限、履行地点、履行方式等方面均符合相关要求。

2. 协作履行原则。协作履行是诚实信用原则在债的履行环节的体现，要求当事人在合同的履行过程中协作互助，根据合同的性质、目的和交易习惯履行通知、协助、保密等义务。

3. 节约资源与保护生态环境原则。在合同的履行过程中，当事人应当采取适当的履行方式，避免浪费资源、污染环境和破坏生态。

二、合同履行的一般规则

（一）履行主体

合同履行的主体，首先为债务人。除法律规定、当事人约定或性质上必须由债务人本人

履行的债务以外，履行可由债务人的代理人进行，其在代理权限内履行行为的后果由债务人承担。

（二）履行标的

履行标的是指债务人应为履行即给付的内容。它因合同类型的不同而存在差异，如交付财物、移转权利、提供劳务、完成工作等。履行标的因合同的性质而各异，具体内容依合同约定确定，债务人不得以其他给付替代。

（三）履行内容

合同履行的内容，主要包括标的质量、价款或酬金、履行地点、履行期限、履行方式、履行费用等方面。

对此，《民法典》第509～511条确立了以当事人意思表示为基础、以法律规定为补充的履行依据体系。即合同生效后，当事人应当按照约定履行自己的义务。当事人就质量、价款或报酬、履行地点等内容没有约定或者约定不明确的，可以协议补充；当事人不能达成补充协议的，按照合同有关条款或者交易习惯确定。当事人就有关合同内容约定不明确，依据上述准则仍不能确定的，适用下列规定：

1.质量要求不明确的，按照强制性国家标准履行；没有强制性国家标准的，按照推荐性国家标准履行；没有推荐性国家标准的，按照行业标准履行；没有国家标准、行业标准的，按照通常标准或者符合合同目的的特定标准履行。

2.价款或者报酬不明确的，按照订立合同时履行地的市场价格履行；依法应当执行政府定价或者政府指导价的，依照规定履行。

3.履行地点不明确，给付货币的，在接受货币一方所在地履行；交付不动产的，在不动产所在地履行；其他标的，在履行义务一方所在地履行。

4.履行期限不明确的，债务人可以随时履行，债权人也可以随时请求履行，但是应当给对方必要的准备时间。

5.履行方式不明确的，按照有利于实现合同目的的方式履行。

6.履行费用的负担不明确的，由履行义务一方负担；因债权人原因增加的履行费用，由债权人负担。

三、合同履行的特殊规则

（一）电子合同的履行

根据《民法典》第512条的规定，通过互联网等信息网络订立的电子合同的履行规则如下：

（1）标的为交付商品并采用快递物流方式交付的，收货人的签收时间为交付时间。

（2）电子合同的标的为提供服务的，生成的电子凭证或者实物凭证中载明的时间为提供服务时间；前述凭证没有载明时间或者载明时间与实际提供服务时间不一致的，以实际提供服务的时间为准。

（3）电子合同的标的物为采用在线传输方式交付的，合同标的物进入对方当事人指定的特定系统且能够检索识别的时间为交付时间。

电子合同当事人对交付商品或者提供服务的方式、时间另有约定的，按照其约定。

（二）定价合同的履行

根据《民法典》第 513 条的规定，执行政府定价或者政府指导价的合同的履行规则如下：

（1）在合同约定的交付期限内政府价格调整时，按照交付时的价格计价。

（2）逾期交付标的物的，遇价格上涨时，按照原价格执行；价格下降时，按照新价格执行。

（3）逾期提取标的物或者逾期付款的，遇价格上涨时，按照新价格执行；价格下降时，按照原价格执行。

（三）选择之债的履行

关于选择之债的履行，《民法典》第 515、516 条确立了以下规则：

1.选择之债中选择权归属与移转。标的有多项而债务人只需履行其中一项的，债务人享有选择权；但是，法律另有规定、当事人另有约定或者另有交易习惯的除外。

享有选择权的当事人在约定期限内或者履行期限届满未作选择，经催告后在合理期限内仍未选择的，选择权转移至对方。

2.选择权的行使方式。当事人行使选择权应当及时通知对方，通知到达对方时，标的确定。标的确定后不得变更，但是经对方同意的除外。

可选择的标的发生不能履行情形的，享有选择权的当事人不得选择不能履行的标的，但是该不能履行的情形是由对方造成的除外。

（四）多数人之债的履行

1. 按份之债

根据《民法典》第 517 条的规定，按份债权人或者按份债务人按照各自份额，享有债权或者承担债务。按份债权人或者按份债务人的份额难以确定的，视为份额相同。

在按份债权中，各个债权人只能就自己享有的债权份额请求债务人给付和接受给付，无权请求和接受债务人的全部给付；在按份债务中，各债务人只对自己分担的债务额负责清偿，无须向债权人清偿全部债务。

2. 连带之债

根据《民法典》第 518 条的规定，债权人为二人以上，部分或者全部债权人均可以请求债务人履行债务的，为连带债权；债务人为二人以上，债权人可以请求部分或者全部债务人履行全部债务的，为连带债务。连带债权或者连带债务，由法律规定或者当事人约定。

《民法典》第 519 条规定，连带债务人之间的份额难以确定的，视为份额相同。实际承担债务超过自己份额的连带债务人，有权就超出部分在其他连带债务人未履行的份额范围内向其追偿。被追偿的连带债务人不能履行其应分担份额的，其他连带债务人应当在相应范围内按比例分担。

《民法典》第 521 条规定，连带债权人之间的份额难以确定的，视为份额相同。实际受领债权的连带债权人，应当按比例向其他连带债权人返还。连带债权参照适用连带债务的有关规定。

（五）涉及第三人的合同履行

1.向第三人履行的合同。《民法典》第 522 条第 1 款规定，当事人约定由债务人向第三人履行债务，债务人未向第三人履行债务或者履行债务不符合约定的，应当向债权人承担违约责任。《民法典》第 522 条第 2 款规定，法律规定或者当事人约定第三人可以直接请求债务人向其履行债务，第三人未在合理期限内明确拒绝，债务人未向第三人履行债务或者履行债务不符合约定的，第三人可以请求债务人承担违约责任；债务人对债权人的抗辩，可以向第三人主张。

2.由第三人履行的合同。合同当事人可以约定由第三人向债权人履行，但此类合同的违约责任仍应遵循合同相对性原则，即第三人不履行债务或者履行债务不符合约定的，应当由债务人（而非第三人）向债权人承担违约责任。

3.第三人代为履行。根据《民法典》第 524 条的规定，第三人代为履行应符合以下条件：（1）债务人不履行债务。（2）第三人对履行该债务具有合法利益，如人身保险合同的受益人。第三人对该债务的履行没有合法利益时，债权人有权拒绝其履行。（3）该债务不属于法律禁止代为履行的债务。

（六）瑕疵履行

1.提前履行。根据《民法典》第 530 条的规定，债务人提前履行的，债权人可以拒绝受领，但提前履行不损害债权人利益的，债权人应当受领。因为债务人提前履行债务而给债权人增加的费用，由债务人承担。

2.部分履行。根据《民法典》第 531 条的规定，债务人部分履行的，债权人可以拒绝受领，但部分履行不损害债权人利益的，债权人应当受领。因为债务人部分履行债务而给债权人增加的费用，由债务人承担。

3.履行困难。根据《民法典》第 529 条的规定，债权人分立、合并或者变更住所没有通知债务人，致使履行债务发生困难的，债务人可以中止履行或者将标的物提存。

4.非基础条件变化不能影响合同履行。根据《民法典》第 532 条的规定，合同生效后，当事人不得因姓名、名称的变更或者法定代表人、负责人、承办人的变动而不履行合同义务。

5.情势变更。根据《民法典》第 533 条的规定，合同成立后，合同的基础条件发生了当事人在订立合同时无法预见的、不属于商业风险的重大变化，继续履行合同对于当事人一方明显不公平的，受不利影响的当事人可以与对方重新协商；在合理期限内协商不成的，当事人可以请求人民法院或者仲裁机构变更或者解除合同。

发生情势变更的，双方在合理期限内协商不成的，受不利影响的一方当事人可请求人民法院或者仲裁机构变更或者解除合同（也可未经重新协商径行请求）。人民法院或者仲裁机构应当结合案件的实际情况，根据公平原则变更或者解除合同。

四、双务合同履行抗辩权

（一）同时履行抗辩权

1.同时履行抗辩权的含义。《民法典》第 525 条规定，当事人互负债务，没有先后履行顺序的，应当同时履行。一方在对方履行之前有权拒绝其履行请求。一方在对方履行债务不符合约定时，有权拒绝其相应的履行请求。

同时履行抗辩权为当事人双方所享有。双务合同中任何一方当事人在对方未履行或履行不合格的情况下，均有权拒绝对方履行的请求。

在双方当事人均主张同时履行抗辩权的情况下，任何一方当事人均没有违约责任。

2.同时履行抗辩权的适用条件。当事人享有同时履行抗辩权的,需具备下列条件:

(1) 同一双务合同且互负债务;

(2) 双方的义务是清偿期已届满的对等义务,且没有先后履行顺序;

(3) 对方未履行债务或未提出履行债务或履行债务不符合约定;

(4) 对方尚有履行相应义务的可能,如果对方不能履行相应义务,则可以依法要求解除合同,不必再主张同时履行抗辩权。

(二) 先履行抗辩权

1.先履行抗辩权的含义。《民法典》第 526 条规定,当事人互负债务,有先后履行顺序,应当先履行债务一方未履行的,后履行一方有权拒绝其履行请求。先履行一方履行债务不符合约定的,后履行一方有权拒绝其相应的履行请求。

先履行抗辩权为后履行义务的当事人一方所享有。

后履行一方的债务已届清偿期,因此先履行一方已经构成现实违约,故后履行一方在享有顺序履行抗辩权的同时,还有权请求先履行一方承担现时违约责任。

2.先履行抗辩权的适用条件。当事人享有先履行抗辩权的,需具备下列条件:

(1) 同一双务合同且互负债务;

(2) 双方的义务是对等义务,且有先后履行顺序;

(3) 后履行一方的债务已届满清偿期,但先履行义务的一方未履行债务或未提出履行债务或履行债务不符合约定;

(4) 对方尚有履行相应义务的可能。

(三) 不安抗辩权

1.不安抗辩权的含义。根据《民法典》第 527 条的规定,不安抗辩权是指在双务合同中,应当先履行债务的当事人,有确切证据证明对方有不能履行可能的,可以中止履行。后履行一方当事人要求先履行一方履行合同的,先履行一方当事人以不安抗辩权进行抗辩的,先履行一方不构成违约。

2.导致产生不安抗辩权的事由。先履行一方当事人有确切证据,证明后履行一方存在下列情形的,有权拒绝继续履行合同:

(1) 经营状况严重恶化;

(2) 转移财产、抽逃资金,以逃避债务;

(3) 丧失商业信誉;

(4) 有丧失或者可能丧失履行债务能力的其他情形。

当事人没有确切证据中止履行的,应当承担违约责任。

3.不安抗辩权的适用条件。当事人享有不安抗辩权的,需具备下列条件:

(1) 同一双务合同且互负债务,双方履行义务有先后顺序;

(2) 必须是先履行义务的一方当事人才有权行使不安抗辩权;

(3) 对方有丧失或者可能丧先履行债务能力的情形;

(4) 后履行义务一方当事人没有提供担保。

4.不安抗辩权的行使。《民法典》第 528 条规定,当事人依据前条规定中止履行的,应当及时通知对方。对方提供适当担保的,应当恢复履行。中止履行后,对方在合理期限内未恢复履行能力且未提供适当担保的,视为以自己的行为表明不履行主要债务,中止履行的一方可以解除合同并可以请求对方承担违约责任。

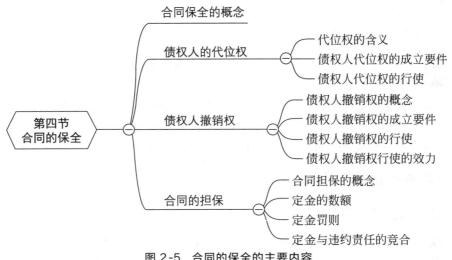

第四节 合同的保全

本节知识要点

本节主要介绍合同的保全及担保方式。本节的难点在于撤销权、代位权行使时的方式及条件。合同的保全的主要内容如图 2-5 所示。

图 2-5 合同的保全的主要内容

一、合同保全的概念

合同的保全，即合同债权的保全，是指法律为防止因债务人的责任财产不当减少给债权人的债权造成损害，允许债权人代债务人之位向第三人行使债务人的权利，或者请求法院撤销债务人与第三人之间的法律行为的法律制度。

合同保全表现为两种制度：一是债权人代位权；二是债权人撤销权。

债权是相对权，原则上仅对债务人具有法律拘束力。合同的保全，体现的是债权人因与债务人的债权债务关系而产生的与第三人的关系，突破了"债的相对性"原则，体现了债的对外效力。

二、债权人的代位权

（一）代位权的含义

根据《民法典》第 535 条第 1 款的规定，债权人代位权是指当债务人怠于行使其债权或者与该债权有关的从权利而影响债权人的到期债权实现时，债权人可以向人民法院请求以自己的名义代位行使债务人对相对人的权利的权利。

（二）债权人代位权的成立要件

1.债务人已陷入履行迟延。债权人对债务人享有确定债权，且该债权已届清偿期，是债权人代位权成立的先决条件。

2.债务人对第三人享有权利。

（1）债权人代位权的行使，以债务人对第三人（次债务人）享有权利为前提。

（2）债权人的债权需为到期债权，包括债权或者与该债权有关的从权利，且不是专属于债务人自身的债权。

3.债务人怠于行使其权利。债务人怠于行使其权利是指债务人应行使且能行使却不行使其财产权利。

4.债务人怠于行使其权利影响债权人债权的实现，即有保全债权的必要。

（三）债权人代位权的行使

根据《民法典》第535条和相关司法解释，债权人代位权的行使须遵从以下规则：

（1）债权人应以自己的名义行使代位权。

（2）债权人代位权必须通过诉讼方式行使。债权人提起代位权诉讼的，由被告住所地人民法院管辖。

（3）债权人代位权行使的范围，以保全债权的必要范围为限。

三、债权人撤销权

（一）债权人撤销权的概念

债权人撤销权是指债权人对债务人所为的危害债权的行为，可以申请法院予以撤销的权利。它与债权人代位权一样，突破了债的相对性原则以保全债权，体现了债的对外效力。

（二）债权人撤销权的成立要件

债权人撤销权的成立要件包括客观要件和主观要件。

1.客观要件：债务人实施了有害于债权的处分行为。

（1）须有债务人的处分行为。根据《民法典》第538、539条的规定，债务人的处分行为包括：①以放弃其债权、放弃债权担保、无偿转让财产等方式无偿处分财产利益；②恶意延长其到期债权的履行期限；③以明显不合理的低价转让财产、以明显不合理的高价受让他人财产或者为他人的债务提供担保。

（2）债务人的处分行为须有害于债权人的债权。所谓有害于债权人的债权，是指债务人的处分行为导致债务人责任财产的减少，并使债务人无足够的财产清偿其对债权人的债务，而使债权人的债权无法得到满足，从而损害了债权人的利益。

2.主观要件，指债务人实施影响债权实现的处分行为时债务人和相对人的主观意识状态，分为善意与恶意。对此，《民法典》第538、539条区分不同情形作了规定。

（1）债务人无偿处分财产权益的，无论债务人、相对人是否存在恶意，均不影响债权人撤销权的成立。

（2）债务人延长其到期债权的履行期限而影响债权实现的，仅在该行为出于债务人恶意时，债权人方可主张撤销权。

（3）债务人为有偿处分行为或为他人债务提供担保影响债权实现的，须相对人为恶意。

若相对人为善意，即不知道且不应当知道该情形，则债权人不得主张撤销权。

（三）债权人撤销权的行使

根据《民法典》第538～541条的规定及相关司法解释，债权人撤销权的行使须遵从以下规则：

（1）债权人撤销权由债权人以自己的名义通过诉讼方式行使。

（2）债权人撤销权的行使，在行使范围上应以债权人的债权为限，在行使期限上，应自债权人知道或者应当知道撤销事由之日起1年内行使；自债务人的行为发生之日起5年内没有行使撤销权的，该撤销权消灭。

（四）债权人撤销权行使的效力

1.对债务人和受益人的效力。《民法典》第542条规定，债务人影响债权人的债权实现的行为被撤销的，自始没有法律约束力。

2.对债权人的效力。行使撤销权的债权人有权请求受益人向债务人或向自己返还所受利益。债权人行使撤销权所支付的律师代理费、差旅费等必要费用可请求债务人承担。

【例02-06】根据民法典及相关规定，应当先履行债务的当事人，有确切证据证明对方有下列哪些情形的，可以中止履行？

A.经营状况严重恶化的　　　　　　B.转移财产逃避债务的

C.丧失商业信誉的　　　　　　　　D.抽逃资金逃避债务的

【参考答案】ABCD

四、合同的担保

（一）合同担保的概念

合同的担保是指为确保合同债权得到清偿而设立的特定法律措施。

定金担保是指根据合同当事人约定，为担保双方履行合同义务，由当事人一方在合同订立时或订立后、履行前，按合同标的额的一定比例交付对方当事人的金钱或其他代替物。《民法典》第586条第1款规定，当事人可以约定一方向对方给付定金作为债权的担保。定金合同自实际交付定金时成立。

反担保是指在第三人为债务人履行债务提供担保的情况下，债务人或第三人向该担保人提供担保，以使其在承担担保责任后可通过行使该担保权利而免受损失，该担保相对于原担保而言被称为反担保。《民法典》第387条第2款规定，第三人为债务人向债权人提供担保的，可以要求债务人提供反担保。反担保人可以是债务人，也可以是债务人之外的第三人。

（二）定金的数额

定金的数额由当事人约定；但是，不得超过主合同标的额的20%，超过部分不产生定金的效力。实际交付的定金数额多于或者少于约定数额的，视为变更约定的定金数额。

（三）定金罚则

《民法典》第587条规定，债务人履行债务的，定金应当抵作价款或者收回。给付定金的一方不履行债务或者履行债务不符合约定，致使不能实现合同目的的，无权请求返还定金；收受定金的一方不履行债务或者履行债务不符合约定，致使不能实现合同目的的，应当双倍返还定金。

（四）定金与违约金责任的竞合

当事人既约定违约金，又约定定金的，一方违约时，对方可以选择适用违约金或者定金条款。定金不足以弥补一方违约造成的损失的，对方可以请求赔偿超过定金数额的损失。

【例 02-07】当事人双方签订买卖合同，一方当事人根据合同向另一方给付了定金。根据民法典的规定，以下关于定金的说法哪些是正确的？

　　A.债务人履行债务后，定金应当抵作价款或者收回

　　B.给付定金的一方不履行债务的，无权要求返还定金

　　C.接受定金的一方不履行债务的，应当如数返还定金并支付利息

　　D.接受定金的一方不履行债务的，应当三倍返还定金

【参考答案】AB

第五节　合同的转让与终止

本节知识要点

本节主要介绍合同中权利、义务发生转让时的程序、生效条件，以及合同解除的法定情形。本节的难点在于不同合同终止方式下的具体规定。合同的转让与终止的主要内容如图 2-6 所示。

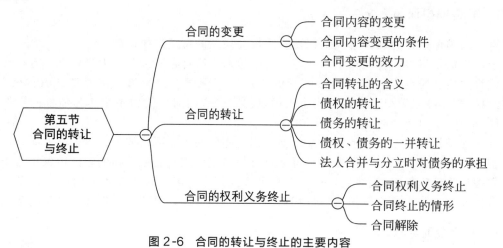

图 2-6　合同的转让与终止的主要内容

一、合同的变更

（一）合同内容的变更

当事人协商一致，可以变更合同。法律、行政法规规定变更合同应当办理批准、登记等手续的，依照其规定。

合同内容的变更是指合同当事人权利义务的变化。当事人对合同变更的内容约定不明确的，推定为未变更。

合同内容的变更是当事人经过协商对合同内容进行修改和补充。

合同变更仅对未履行部分发生法律效力，对已履行部分没有溯及力。

（二）合同内容变更的条件

合同内容的变更需满足以下条件：

1.当事人之间已经存在有效的合同关系。合同变更以原已存在合同关系为前提。

2.合同内容发生局部变化。合同内容的变化包括：

（1）标的物数量的增减；

（2）标的物品质的改变；

（3）价款或者酬金的增减；

（4）履行期限的变更；

（5）履行地点的改变；

（6）履行方式的改变；

（7）违约金的变更；

（8）利息的变化等。

3.经当事人协商一致，或根据司法裁判。当事人协商一致，可以变更合同。一方当事人可以请求人民法院或者仲裁机构对重大误解或显失公平的合同予以变更。

4.法律、行政法规规定变更合同应当办理批准、登记等手续的，应遵守其规定。

（三）合同变更的效力

合同变更的实质在于使变更后的合同代替原合同。因此，合同变更后，当事人应按变更后的合同内容履行。

合同变更原则上向将来发生效力，未变更的权利义务继续有效，已经履行的债务不因合同的变更而失去合法性。

合同的变更不影响当事人要求赔偿的权利。原则上，提出变更的一方当事人对对方当事人因合同变更所受损失应负赔偿责任。

二、合同的转让

（一）合同转让的含义

合同转让，即主体的变更，是指合同债权或债务的转让，即由新的债权人或债务人替代原债权人或债务人，而合同内容并无变化。

（二）债权的转让

债权转让是指合同债权人把其合法债权全部或部分转让给第三人，约定由债务人向第三人履行还款义务。其中的债权人称为转让人，第三人称为受让人。

1.债权转让的要件。债权人可以将债权的权利全部或者部分转让给第三人，但有下列情形之一的除外：

（1）根据债权性质不得转让。根据债权性质不得转让的债权，例如基于个人信任关系而发生的债权，如委托合同所产生债权。再如属于从权利的债权，如保证债权不得单独转让。

（2）按照当事人约定不得转让。当事人在合同中可以特别约定禁止相对方转让债权，该约定同其他条款一样，作为合同的内容具有法律效力，因而此种债权不具有可转让性。

（3）依照法律规定不得转让。依照法律规定不得转让的债权是指《民法典》以外的其他法律中关于债权禁止转让的规定。

当事人约定非金钱债权不得转让的，不得对抗善意第三人。当事人约定金钱债权不得转让的，不得对抗第三人。

2. 债权转让对债务人的效力。《民法典》第 546 条规定，债权人转让债权，未通知债务人的，该转让对债务人不发生效力。债权转让的通知不得撤销，但是经受让人同意的除外。

债务人接到债权转让通知时，债务人对受让人承担偿债的义务。

通知债务人，是债权转让是否对债务人发生法律效力的要件。如果原债权人不通知债务人，则债务人的合同相对人仍然是原债权人；如果原债权人通知了债务人，则债务人应当向新债权人履行还款义务。

3. 债权转让的后果

（1）债权人与受让人之间。债权全部转让的，受让人为新的债权人；债权部分转让的，债权人和受让人根据转让的份额享有按份债权。

债权人转让权利的，受让人取得与债权有关的从权利，但该从权利专属于债权人自身的除外。其中：

① "与债权有关的从权利"包括两类：一是转让债权的其他请求权，如利息请求权、违约金请求权、损害赔偿请求权等；二是担保所转让债权的担保权。例如，甲、乙之间的电脑买卖合同，约定违约金 1 万元。合同履行中，乙交付电脑后甲迟延付款，则乙将其债权转让给丙的同时，丙也获得了 1 万元违约金的求偿权。

② "专属于债权人自身的"从权利包括两类：一是具有人身专属性的损害赔偿请求权，如人身损害赔偿请求权；二是具有人身专属性的担保权，如丙是甲的朋友，为甲、乙之间的债权债务承担担保责任，如果此时甲将其债权转让给第三人，第三人并不因此取得丙的担保。

（2）受让人与债务人之间

① 抗辩权延续，即债务人接到债权转让通知后，债务人对让与人的抗辩，可以向受让人主张。例如甲向乙购买一花瓶，价款 5 万元。乙向甲交付花瓶后，甲一直没有付款。诉讼时效届满后，乙将其债权转让给了丙。丙起诉甲支付 5 万元，则甲对一定诉讼时效抗辩权可以向丙主张，即拒绝履行偿还义务。

② 抵销权延续，即债务人接到债权转让通知时，债务人对让与人享有债权，并且债务人的债权先于转让的债权到期或者同时到期的，债务人可以向受让人主张抵销。例如，甲欠乙 5 万元货款，乙欠甲 3 万元装修款。如果乙把 5 万元债权转让给了丙并通知了甲，则甲可以向乙主张抵销 3 万元债务的权利，可以向丙主张，即甲可以拒绝向丙还款 5 万元，而只承担 2 万元债务。

（三）债务的转让

债务转让是指合同债务人与受让人订立债务转让合同，约定债务人将其对债权人的债务转让给受让人的行为。

1. 债务转让的要件

（1）债务人与受让人订立债务转让合同。债务人将合同债务转让给第三人，签订债务转让合同时，合同即成立，但在取得债权人的同意之前，该债务转让合同不发生法律效力。

（2）债权人的同意。债务转让，以债权人同意为前提。债权人对债务人转让合同表示同意的，合同自始有效；债权人表示反对的，合同自始无效。

例如，乙欠甲货款100万元，乙与丙签订了该债务的转让协议，此时，该合同成立，但并未生效。如果甲同意该协议，则自乙、丙签订债务转让协议时，丙就是甲的债务人。否则，甲如果不同意该转让，则乙、丙之间的转让协议对甲不发生效力，乙仍然是甲的债务人。

2. 债务转让的法律后果

（1）债务人与受让人之间

① 债务发生转让后，在转让范围内债务人的债务消灭，受让人成为新的债务人。

② 债务人将其部分债务转让给受让人的，债务人、受让人对债权人形成按份债务。

③ 与所转让的债务有关的从义务随之转让，但该义务专属于债务人自身的除外。其中，"与转让债务有关的从义务"是指转让债务所生的其他债务，如利息、违约金、损害赔偿义务。"专属于债务人的从义务"则是指具有人身专属性的义务，如与债务人的特定身份密切联系的义务。例如，甲为著名音乐人，与乙签订艺术考试考前钢琴辅导，甲不得将辅导乙的工作转让给他的学生丙代为行使。

（2）债权人与受让人之间抗辩权延续。债务转让的抗辩权延续是指债务转让，新债务人可以主张原债务人对债权人的抗辩。例如，甲、乙之间有1万元的债务，诉讼时效期限已经届满。经债权人甲的同意，乙把债务转让给了第三人丙，则丙依然可以主张诉讼时效抗辩，拒绝向甲偿还债务。

（四）债权、债务的一并转让

债权、债务的一并转让，即债权、债务的概括转移，是指合同当事人一方将其合同的权利和义务一并转移给第三人；由第三人概括地承接合同全部权利和义务。

约定的债权、债务概括转移，一方当事人与受让人之间所达成的合意可以分解为两个合同，即债权转让合同和债务转让合同。

由于债权、债务概括转移的协议涉及债务转让，因此应征得对方当事人的同意。

（五）法人合并与分立时对债务的承担

当事人在订立合同后合并的，由合并后的法人或者非法人组织行使合同权利，履行合同义务。当事人订立合同后分立的，除债权人和债务人另有约定的以外，由分立的法人或者非法人组织对合同的权利和义务享有连带债权，承担连带债务。

【例02-08】根据民法典及相关规定，关于合同的转让，下列哪些说法是正确的？

A. 合同的权利义务可以一并转让给第三人，但需合同双方同意

B. 合同的义务可以转移给第三人，但合同的权利不能转让给第三人

C. 债权人将合同的权利全部或者部分转让给第三人的，应当经债务人同意

D. 债务人将合同的义务全部或者部分转移给第三人的，应当经债权人同意

【参考答案】AD

三、合同的权利义务终止

（一）合同权利义务终止

合同权利义务终止是指合同关系消灭，当事人之间的债权债务关系不复存在。

1.合同权利义务终止的法定事由。根据《民法典》第557条的规定，合同权利义务终止的法定事由包括：

（1）债务已经履行；

（2）债务相互抵销；

（3）债务人依法将标的物提存；

（4）债权人免除债务；

（5）债权债务同归于一人；

（6）法律规定或者当事人约定终止的其他情形。

合同解除的，该合同的权利义务关系终止。

2.债权债务终止后当事人的义务。《民法典》第559条规定，债权债务终止时，债权的从权利同时消灭，但是法律另有规定或者当事人另有约定的除外。

债权债务终止后，当事人应当遵循诚实信用原则，根据交易习惯履行通知、协助、保密、旧物回收等义务。

《民法典》第567条规定，合同的权利义务关系终止，不影响合同中结算和清理条款的效力。

3.未足额履行。《民法典》第560条规定了债务人未足额履行时，债权债务终止的确定方式：

（1）债务人对同一债权人负担的数项债务种类相同，债务人的给付不足以清偿全部债务的，除当事人另有约定外，由债务人在清偿时指定其履行的债务。

（2）债务人未作指定的：

① 应当优先履行已经到期的债务；

② 数项债务均到期的，优先履行对债权人缺乏担保或者担保最少的债务；

③ 均无担保或者担保相等的，优先履行债务人负担较重的债务；

④ 负担相同的，按照债务到期的先后顺序履行；

⑤ 到期时间相同的，按照债务比例履行。

《民法典》第561条规定，债务人在履行主债务外还应当支付利息和实现债权的有关费用，其给付不足以清偿全部债务的，除当事人另有约定外，应当按照下列顺序履行：（1）实现债权的有关费用；（2）利息；（3）主债务。

（二）合同终止的情形

1.债务抵销。抵销是指当事人双方基于两个法律关系互负债务的，将互负债务予以抵销，从而消灭债权债务关系的行为。根据抵销的原因不同，抵销可分为法定抵销和约定抵销。

（1）法定抵销。法定抵销是指在符合法律规定的条件下，一方当事人可行使抵销权，在无需对方同意的情况下，根据单方意思表示与对方债务相互冲抵的行为。

《民法典》第568条规定，当事人互负债务，该债务的标的物种类、品质相同的，任何一方可以将自己的债务与对方的到期债务抵销；但是，根据债务性质、按照当事人约定或者依照法律规定不得抵销的除外。

不得抵销的情形包括：

① 互负债务，不得是债务人自身的具有人身专属性的债务。专属性债务的履行具有不可替代的性质。例如，甲欠乙货款10万元，乙因撞伤甲需向甲支付10万元医疗费用，则乙不得主张将其货款债权与甲的医疗费进行抵销。

② 当事人约定不得抵销的债务不得抵销。

当事人主张抵销的，应当通知对方。通知自到达对方时生效。抵销不得附条件或者附期限。

（2）约定抵销。《民法典》第569条规定，当事人互负债务，标的物种类、品质不相同的，经协商一致，也可以抵销。约定抵销的债务，不管种类是否相同、债权是否到期、诉讼时效是否届满，相应的债权债务是否具有人身专属性，均可以提供双方约定，达成合意，进行抵销。

2. 提存

（1）提存的概念。提存是指在债权人受领迟延的情况下，债务人向法定的提存机关履行债务，以消灭自己对债权人的负债的法律事实。在我国，法定的提存机关是债务履行地的公证机关。

（2）提存的事由。《民法典》第570条第1款规定，有下列情形之一，致使债务人难以履行债务的，债务人可以将标的物提存：①债权人无正当理由拒绝受领；②债权人下落不明；③债权人死亡或者丧失行为能力，又未确定继承人、遗产管理人或者监护人；④法律规定的其他情形。标的物不适于提存或者提存费用过高的，债务人依法可以拍卖或者变卖标的物，提存所得的价款。需注意，若上述某种事由并未导致债务人"难以履行债务"（如债权人下落不明而其配偶可受领履行），债务人不得采用提存方式履行义务。

（3）提存的成立。根据《民法典》第571条的规定，债务人将标的物或者将标的物依法拍卖、变卖所得价款交付提存部门时，提存成立。提存成立的，视为债务人在其提存范围内已经交付标的物。

（4）提存的效力。提存的效力表现在：

① 提存成立的，视为债务人在其提存范围内已经交付标的物。因此，提存成立后，双方债权债务在提存物的相应范围内消灭。

② 因债权人无正当理由拒绝受领而提存的，标的物提存后，债务人应及时通知债权人；因债权人下落不明而提存的，标的物提存后如已确定债权人财产代管人，应及时通知其财产代管人；因债权人死亡或者丧失行为能力又未确定继承人、遗产管理人或者监护人而提存的，标的物提存后如已确定继承人、遗产管理人、监护人，也应及时通知。

③ 标的物提存后，所有权转移于债权人，物毁损灭失的风险也由债权人承担。提存物在提存期间所产生的孳息归债权人所有。

④ 除当事人另有约定外，提存费用由债权人承担。

⑤ 提存部门应当采取适当的方法妥善保管提存标的物，以防毁损、变质或灭失。

⑥ 债权人可以随时领取提存物。但是，债权人对债务人负有到期债务的，在债权人未履行债务或提供适当担保前，提存部门可根据债务人的要求拒绝其领取提存物。

⑦ 债权人领取提存物的权利，自提存之日起5年内不行使而消灭，提存物扣除提存费用后归国家所有。但是，债权人未履行对债务人的到期债务的，或者债权人向提存部门书面表示放弃领取提存物权利的，债务人负担提存费用后有权提取提存物。

3. 混同

（1）混同的概念。混同是指债权和债务同归一人，致使债的关系消灭的事实。《民法典》第576条规定：债权和债务同归于一人的，债权债务终止，但是损害第三人利益的除外。

（2）混同的成立。债权债务的混同，由债权或债务的承受而产生，债权债务的概括承受是发生混同的主要原因。例如，企业合并，合并前的两个企业之间有债权债务，企业合并后，债权债务因同归于一个企业而消灭。

（3）混同的效力。合同关系及其他债的关系，因混同而消灭。债权消灭，其从权利如利息债权、违约金债权、担保权等也归于消灭。

4.债务免除

（1）债务免除的概念。债务免除是指债权人免除债务人部分或者全部债务的，合同的权利义务部分或者全部终止的情形。

《民法典》第575条规定，债权人免除债务人部分或者全部债务的，债权债务部分或全部终止，但是债务人在合理期限内拒绝的除外。

（2）债务免除的方法。债务免除须由债权人向债务人作出意思表示。向第三人为免除的意思表示的，不产生免除的法律效果。

债务免除为单方法律行为，自向债务人或其代理人表示后即产生债务消灭的效果。因而，一旦债权人作出免除的意思表示，即不得撤回。但是，根据《民法典》第575条的规定，债务人可以在合理期限内拒绝债权人对债务的免除，此时不发生债务免除的效果。

（3）债务免除的效力。债务免除发生债绝对消灭的效果。因债务免除使债权消灭，故债权的从权利，如利息债权、担保权等，也归于消灭，但保证债务的免除不影响被担保债务的存在。仅免除部分债务的，债的关系仅部分终止。

（三）合同解除

1.合同解除的概念。合同解除是指因当事人一方的意思表示或双方的协议消灭合同债权债务关系的行为。合同的解除方式包括法定解除和协议解除两种。

2.法定解除。根据《民法典》的规定，有下列情形之一的，当事人可以解除合同：

（1）不可抗力。因不可抗力致使不能实现合同目的，双方当事人均有权解除合同。在发生不可抗力之前，当事人不存在违约情形，因此不构成违约。

（2）拒绝履行。在履行期限届满之前，当事人一方明确表示或者以自己的行为表明不履行主要债务，构成预期违约，另一方有权立即解除合同，并追究违约方当事人的违约责任。

（3）延迟履行。当事人一方迟延履行主要债务，经催告后在合理期限内仍未履行，另一方有权提出解除合同，并追究现实违约方的违约责任。

（4）根本违约。当事人一方迟延履行债务或者有其他违约行为致使不能实现合同目的，另一方无须催告，即可解除合同，并追究违约方的违约责任。

（5）法律规定的其他情形。法律针对某些具体合同规定了特别法定解除条件的，从其规定。

此外，《民法典》第563条第2款规定，以持续履行的债务为内容的不定期合同，当事人可以随时解除合同，但是应当在合理期限之前通知对方。

3.协议解除。合同协议解除的条件是双方当事人协商一致解除原合同关系。其实质是在原合同当事人之间重新成立了一个合同，其主要内容为废弃双方原合同关系，使双方基于原合同发生的债权债务归于消灭。

4.合同解除的程序。《民法典》第565条第1款规定，当事人一方依法主张解除合同的，应当通知对方。合同自通知到达对方时解除；通知载明债务人在一定期限内不履行债务则合同自动解除，债务人在该期限内未履行债务的，合同自通知载明的期限届满时解除。对方对解除合同有异议的，任何一方当事人均可以请求人民法院或者仲裁机构确认解除行为的效力。

《民法典》第565条第2款规定，当事人一方未通知对方，直接以提起诉讼或者申请仲裁的方式依法主张解除合同，人民法院或者仲裁机构确认该主张的，合同自起诉状副本或者仲裁申请书副本送达对方时解除。

5. 解除权的行使。关于解除权的行使期限,《民法典》第 564 条规定:(1)法律规定或当事人约定解除权行使期限,期限届满当事人不行使的,该权利消灭;(2)法律没有规定或者当事人没有约定解除权行使期限,自解除权人知道或者应当知道解除事由之日起 1 年内不行使,或者经对方催告后在合理期限内不行使的,该权利消灭。

6. 合同解除的效力

(1)一般规定。《民法典》第 566 条第 1 款规定,合同解除后,尚未履行的,终止履行;已经履行的,根据履行情况和合同性质,当事人可以请求恢复原状或者采取其他补救措施,并有权请求赔偿损失。

(2)合同解除与违约责任。《民法典》第 566 条第 2 款规定,合同因违约解除的,解除权人可以请求违约方承担违约责任,但是当事人另有约定的除外。依此规定,合同解除与违约责任并不排斥,当发生违约事由时,守约方可以请求解除合同并要求对方承担违约责任。

(3)合同解除与担保责任。《民法典》第 566 条第 3 款规定,主合同解除后,担保人对债务人应当承担的民事责任仍应当承担担保责任,但是担保合同另有约定的除外。

【例 02-09】根据民法典及相关规定,有下列哪些情形的,当事人可以解除合同?

A. 在履行期限届满前,当事人一方明确表示或者以自己的行为表明不履行主要债务

B. 因作为技术开发合同标的的技术已经由他人公开,致使技术开发合同的履行没有意义

C. 当事人一方迟延履行主要债务,经催告后在合理期限内仍未履行

D. 因不可抗力致使不能完全实现合同目的

【参考答案】ABC

第六节　违约责任

本节知识要点

本节主要介绍合同订立、履行中的违约责任承担方式。本节的难点在于定金罚则及违约金的适用。违约责任的主要内容如图 2-7 所示。

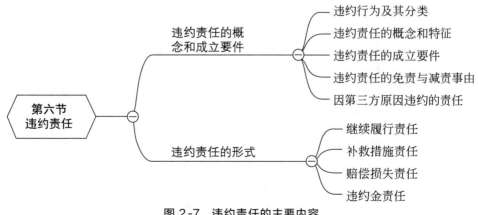

图 2-7　违约责任的主要内容

一、违约责任的概念和成立要件

（一）违约行为及其分类

违约行为是指当事人一方不履行合同义务或者履行合同义务不符合约定的行为或事实状态。

根据不同标准，可对违约行为作以下分类：

1.单方违约与双方违约。双方违约是指双方当事人分别违反了自己的合同义务。《民法典》第592条第1款规定，当事人都违反合同的，应当各自承担相应的责任。

2.根本违约与非根本违约。这是以一方违约行为是否导致另一方订约目的不能实现为标准的分类。其中，根本违约可构成民法典法定解除的事由。

3.实际违约与预期违约。这是以违约行为是否发生于合同履行期届满为标准的分类。《民法典》第578条规定，当事人一方明确表示或者以自己的行为表明不履行合同义务的，对方可以在履行期限届满前请求其承担违约责任。

（二）违约责任的概念和特征

违约责任是违反合同的民事责任的简称，是指合同当事人一方不履行合同义务或履行合同义务不符合合同约定所应承担的民事责任。违约责任具有以下特征：

（1）违约责任是一种民事责任。

（2）违约责任是违约的当事人一方对另一方承担的责任。《民法典》第593条规定，当事人一方因第三人的原因造成违约的，应当向对方承担违约责任。当事人一方和第三人之间的纠纷，依照法律规定或者按照约定处理。

（3）违约责任是当事人不履行或不完全履行合同的责任。

（4）违约责任具有补偿性。违约责任以补偿守约方因违约行为所受损失为主要目的，以损害赔偿和违约金为主要责任形式，故具有补偿性质。《民法典》第585条第1款规定，当事人可以约定一方违约时应当根据违约情况向对方支付一定数额的违约金，也可以约定因违约产生的损失赔偿额的计算方法。

（三）违约责任的成立要件

违约责任的成立要件有二：

1.积极要件，即存在违约行为；

2.消极要件，即不存在免责事由。

违约行为是违约责任产生的事实基础。只有存在违约行为，方可表明合同约定的权利义务未得到全面的履行，此时才有对当事人进行救济的必要。

《民法典》第577条规定，当事人一方不履行合同义务或者履行合同义务不符合约定的，应当承担继续履行、采取补救措施或者赔偿损失等违约责任。

（四）违约责任的免责与减责事由

1.免责事由。免责事由也称免责条件，是指当事人对其违约行为免予承担违约责任的事由。若存在此等事由，当事人虽有违约行为，也可免负违约责任。违约责任的免责事由可分法定免责事由和约定免责事由。法定免责事由是指由法律直接规定、不需要当事人约定即可援用的免责事由，主要为不可抗力；约定免责事由是指当事人约定的免责条款。

根据《民法典》第180条第2款的规定，所谓不可抗力，是指不能预见、不能避免且不能克服的客观情况。不可抗力主要包括以下几种情形：

（1）自然灾害，如台风、洪水、冰雹；

（2）政府行为，如征收、征用、交通管制；

（3）社会异常事件，如罢工、骚乱等。

不可抗力发生时的通知义务，即因不可抗力不能履行合同的，应当及时通知对方，以减轻可能给对方造成的损失，并应当在合理期限内提供证明。

2.减责事由。《民法典》第592条第2款规定，当事人一方违约造成对方损失，对方对损失的发生有过错的，可以减少相应的损失赔偿额。这一规定确立了与有过失的一般规则，表现为当守约方对违约损害的发生存在过错时，可以相应地减少违约方的损失赔偿额。

《民法典》第591条第1款规定，当事人一方违约后，对方应当采取适当措施防止损失的扩大；没有采取适当措施致使损失扩大的，不得就扩大的损失请求赔偿。该规定对守约方科以减损义务，守约方没有履行该减损义务导致出现扩大损失的，说明守约方对扩大的损失存在过错，则违约方对该扩大损失不承担赔偿责任。当然，当事人因防止损失扩大而支出的合理费用，由违约方负担。

（五）因第三方原因违约的责任

《民法典》第593条规定，当事人一方因第三人的原因造成违约的，应当依法向对方承担违约责任。当事人一方和第三人之间的纠纷，依照法律规定或者按照约定处理。这一规定遵循了合同相对性理论。同时，《民法典》还规定了由第三人履行的合同和向第三人履行的合同的违约责任，这两类合同虽然在履行义务的主体上突破了合同的相对性，但是在违约责任上仍遵循合同的相对性原理。

二、违约责任的形式

（一）继续履行责任

1.继续履行的概念。继续履行也称实际履行，是指违约方根据对方当事人的请求继续履行合同义务的违约责任形式。

2.继续履行的适用。根据《民法典》第580条的规定，继续履行的适用，因债务性质的不同而不同：

（1）金钱债务。金钱债务，无条件适用继续履行。金钱债务只存在迟延履行，不存在履行不能，因此应无条件适用继续履行的责任形式。

（2）非金钱债务。非金钱债务，有条件适用继续履行。对非金钱债务，债务人不履行的，原则上债权人有权请求其继续履行，但下列情形除外：

① 法律上或者事实上不能履行；

② 债务的标的不适于强制履行或者强制履行费用过高（前者如演出义务、技术开发义务之履行，后者如履行成本远高于合同利益）；

③ 债权人在合理期限内未请求履行（如季节性物品之供应）。

有上述规定的除外情形之一，致使不能实现合同目的的，人民法院或者仲裁机构可以根据当事人的请求终止合同权利义务关系，但是不影响违约责任的承担。

（二）补救措施责任

补救措施作为一种独立的违约责任形式，是指各种矫正合同不适当履行（质量不合格）、使履行缺陷（瑕疵）得以消除的具体措施。这种责任形式与继续履行（解决不履行问题）和赔偿损失具有互补性。

根据《民法典》第582条的规定，作为违约责任具体形式的补救措施包括修理、更换、重作、退货、减少价款或者报酬等。

（三）赔偿损失责任

1.赔偿损失的概念和特点。赔偿损失，在民法典上也称违约损害赔偿，是指违约方以支付金钱的方式弥补守约方因违约行为所减少的财产或者所丧失的利益的责任形式。赔偿损失是最重要的违约责任形式。赔偿损失具有如下特点：

（1）赔偿损失以守约方遭受损失为前提。根据《民法典》第583条的规定，当事人一方违约后，只有在违约方承担实际履行责任或补救措施责任后守约方仍存在其他损失的情况下，守约方才能请求违约方赔偿损失。若违约方实际履行或采取补救措施后守约方并无其他损失，则无赔偿损失责任的适用。

（2）赔偿损失是以支付金钱的方式弥补守约方损失。金钱为一般等价物，任何经济损失一般都可以转化为金钱，因此赔偿损失主要指金钱赔偿。但在特殊情况下，也可以以其他物代替金钱作为赔偿。

（3）赔偿损失是由违约方赔偿守约方因违约所遭受的损失。赔偿损失是对守约方所遭受损失的一种补偿，而不是对违约行为的惩罚。

（4）赔偿损失责任具有一定的任意性。违约赔偿的范围和数额，可由当事人约定。当事人既可以约定违约金的数额，也可以约定损害赔偿的计算方法。

2.赔偿损失的确定方式。赔偿损失的确定方式有两种：法定损害赔偿和约定损害赔偿。

（1）法定损害赔偿。法定损害赔偿是指由法律规定的，由违约方因其违约行为而对守约方遭受的损失承担的赔偿责任。

（2）约定损害赔偿。约定损害赔偿是指当事人在订立合同时，预先约定一方违约时应当向对方支付一定数额的赔偿金，或者约定损害赔偿额的计算方法。双方约定支付一定数额赔偿金的，属于违约金范畴。

（四）违约金责任

违约金是指根据法律规定或者按照当事人约定，一方违约时应当向对方支付的一定数量的金钱或其他财物。违约金既有担保债务履行的作用，又有补偿和惩罚功能，故成为违约责任的重要形式。违约金作为对损害赔偿额的预先约定，既可能高于实际损失，也可能低于实际损失，畸高和畸低均会导致不公平结果。为此，当事人可以请求人民法院调整违约金数额。

《民法典》第585条第3款规定，当事人就迟延履行约定违约金的，违约方支付违约金后，还应当履行债务。该规定体现了违约金的惩罚功能。

【例02-10】甲公司向乙公司购买50吨煤炭，并约定由乙公司将所购煤炭运送到甲公司。后乙公司委托丙运输公司运送该货物。丙运输公司司机张某在运送途中私自转卖并逃匿，甲公司因此遭受损失。据此，甲公司应当向谁要求赔偿其损失？

A.乙公司　　　B.丙公司　　　C.乙公司和丙公司　　　D.张某

【参考答案】A

第七节 技术合同

本节主要介绍技术开发合同、技术转让合同、技术许可合同、技术咨询合同和技术服务合同的具体规定。本节的难点在于合作开发合同、委托开发合同中的知识产权归属。技术合同的主要内容如图 2-8 所示。

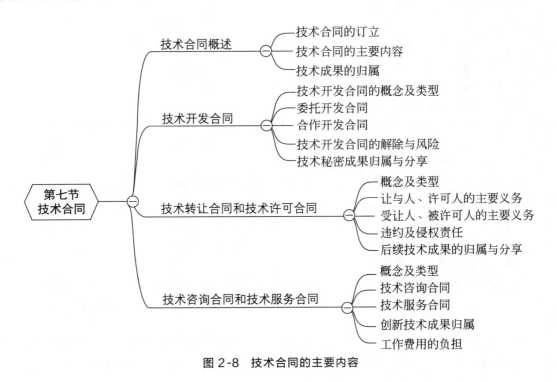

图 2-8 技术合同的主要内容

一、技术合同概述

（一）技术合同的订立

《民法典》第 844 条规定，订立技术合同，应当有利于知识产权的保护和科学技术的进步，促进科学技术成果的研发、转化、应用和推广。

技术合同是当事人就技术开发、转让、咨询或者服务订立的确立相互之间权利和义务的合同。

技术合同包括技术开发合同、技术转让合同、技术许可合同、技术咨询合同和技术服务合同五种类型。

非法垄断技术、妨碍技术进步或者侵害他人技术成果的技术合同无效。

技术转让合同和技术许可合同可以约定实施专利或者使用技术秘密的范围，但是不得限制技术竞争和技术发展。

专利实施许可合同仅在该专利权的存续期限内有效。专利权有效期限届满或者专利权被宣告无效的，专利权人不得就该专利与他人订立专利实施许可合同。

技术开发合同、技术转让合同和技术许可合同均应当采用书面形式订立。技术咨询合同和技术服务合同可以采用书面形式，也可以采用其他形式订立。

（二）技术合同的主要内容

1. 技术合同的一般条款。《民法典》第 845 条规定了技术合同的主要内容。技术合同的内容一般包括：

（1）项目的名称；

（2）标的的内容、范围和要求；

（3）履行的计划、地点和方式；

（4）技术信息和资料的保密；

（5）技术成果的归属和收益的分配办法；

（6）验收标准和方法；

（7）名词和术语的解释等条款。

2. 与履行合同有关的资料。与履行合同有关的技术背景资料、可行性论证和技术评价报告、项目任务书和计划书、技术标准、技术规范、原始设计和工艺文件，以及其他技术文档，按照当事人的约定可以作为合同的组成部分。

技术转让合同和技术许可合同中关于提供实施技术的专用设备、原材料或者提供有关的技术咨询、技术服务的约定，属于合同的组成部分。

3. 技术合同涉及专利的。技术合同涉及专利的，应当注明发明创造的名称、专利申请人和专利权人、申请日期、申请号、专利号以及专利权的有效期限。

4. 技术合同价款、报酬及使用费

（1）技术合同价款、报酬或者使用费的支付方式由当事人约定，可以采取一次总算、一次总付或者一次总算、分期支付，也可以采取提成支付或者提成支付附加预付入门费的方式。

（2）约定提成支付的，可以按照产品价格、实施专利和使用技术秘密后新增的产值、利润或者产品销售额的一定比例提成，也可以按照约定的其他方式计算。提成支付的比例可以采取固定比例、逐年递增比例或者逐年递减比例。

（3）约定提成支付的，当事人可以约定查阅有关会计账目的办法。

（三）技术成果的归属

1. 职务技术成果及其财产归属

（1）职务技术成果的条件。职务技术成果是执行法人或者非法人组织的工作任务，或者主要是利用法人或者非法人组织的物质技术条件所完成的技术成果。

（2）职务技术成果的财产归属。职务技术成果的使用权、转让权属于法人或者非法人组织的，法人或者非法人组织可以就该项职务技术成果订立技术合同。法人或者非法人组织订立技术合同转让职务技术成果时，职务技术成果的完成人享有以同等条件优先受让的权利。

2. 非职务技术成果的财产归属。非职务技术成果的使用权、转让权属于完成技术成果的个人，完成技术成果的个人可以就该项非职务技术成果订立技术合同。

3. 技术成果的人身权归属。完成技术成果的个人享有在有关技术成果文件上写明自己是技术成果完成者的权利和取得荣誉证书、奖励的权利。

二、技术开发合同

（一）技术开发合同的概念及类型

《民法典》第 851 条第 1 款规定，技术开发合同是当事人之间就新技术、新产品、新工艺、新品种或者新材料及其系统的研究开发所订立的合同。

当事人之间就具有实用价值的科技成果实施转化订立的合同，参照适用技术开发合同的有关规定。

技术开发合同包括委托开发合同和合作开发合同两种类型：

（1）委托开发合同，是指委托人与受托人之间订立的由受托人按照委托人的要求开发技术，并将成果交付委托人，委托人支付报酬给受托人的协议。

（2）合作开发合同，是指由两个或两个以上的公民、法人和非法人组织，共同出资、共同参与、共同研究开发完成同一研究开发项目，共同享受效益、共同承担风险的合同。

（二）委托开发合同

1.委托开发合同的委托人义务。委托开发合同的委托人应当按照约定支付研究开发经费和报酬，提供技术资料，提出研究开发要求，完成协作事项，接受研究开发成果。

2.委托开发合同的研究开发人义务。委托开发合同的研究开发人应当按照约定制订和实施研究开发计划，合理使用研究开发经费，按期完成研究开发工作，交付研究开发成果，提供有关的技术资料和必要的技术指导，帮助委托人掌握研究开发成果。

3.委托开发合同的违约责任。委托开发合同的当事人违反约定造成研究开发工作停滞、延误或者失败的，应当承担违约责任。

4.委托开发合同的技术成果归属。委托开发完成的发明创造，除法律另有规定或者当事人另有约定外，申请专利的权利属于研究开发人。研究开发人取得专利权的，委托人可以依法实施该专利。研究开发人转让专利申请权的，委托人享有以同等条件优先受让的权利。

（三）合作开发合同

1.合作开发合同的当事人主要义务。合作开发合同的当事人应当按照约定进行投资，包括以技术进行投资，分工参与研究开发工作，协作配合研究开发工作。

2.合作开发合同的违约责任。合作开发合同的当事人违反约定造成研究开发工作停滞、延误或者失败的，应当承担违约责任。

3.合作开发合同的技术成果归属。合作开发完成的发明创造，申请专利的权利属于合作开发的当事人共有；当事人一方转让其共有的专利申请权的，其他各方享有以同等条件优先受让的权利。但是，当事人另有约定的除外。

合作开发的当事人一方声明放弃其共有的专利申请权的，除当事人另有约定外，可以由另一方单独申请或者由其他各方共同申请。申请人取得专利权的，放弃专利申请权的一方可以免费实施该专利。

合作开发的当事人一方不同意申请专利的，另一方或者其他各方不得申请专利。

（四）技术开发合同的解除与风险

1.技术开发合同解除。作为技术开发合同标的的技术已经由他人公开，致使技术开发合同的履行没有意义的，当事人可以解除合同。

2. 技术开发合同风险负担及通知义务。《民法典》第 858 条规定，技术开发合同履行过程中，因出现无法克服的技术困难，致使研究开发失败或者部分失败的，该风险由当事人约定；没有约定或者约定不明确，依据《民法典》第 510 条的规定仍不能确定的，风险由当事人合理分担。当事人一方发现前款规定的可能致使研究开发失败或者部分失败的情形时，应当及时通知另一方并采取适当措施减少损失；没有及时通知并采取适当措施，致使损失扩大的，应当就扩大的损失承担责任。

（五）技术秘密成果归属与分享

委托开发或者合作开发完成的技术秘密成果的使用权、转让权以及收益的分配办法，由当事人约定；没有约定或者约定不明确，依据《民法典》第 510 条（合同没有约定或者约定不明确的补救措施）的规定仍不能确定的，在没有相同技术方案被授予专利权前，当事人均有使用和转让的权利。但是，委托开发的研究开发人不得在向委托人交付研究开发成果之前，将研究开发成果转让给第三人。

三、技术转让合同和技术许可合同

（一）概念及类型

1. 技术转让合同，是合法拥有技术的权利人（让与人），将现有特定的专利、专利申请、技术秘密的相关权利让与他人（受让人）所订立的合同。技术转让合同包括专利权转让、专利申请权转让、技术秘密转让等合同。

2. 技术许可合同，是合法拥有技术的权利人（许可人），将现有特定的专利、技术秘密的相关权利许可他人（被许可人）实施、使用所订立的合同。技术许可合同包括专利实施许可、技术秘密使用许可等合同。

（二）让与人、许可人的主要义务

1. 专利实施许可合同许可人主要义务。专利实施许可合同的许可人应当按照约定许可被许可人实施专利，交付实施专利有关的技术资料，提供必要的技术指导。

2. 技术秘密让与人和许可人主要义务。技术秘密转让合同的让与人和技术秘密使用许可合同的许可人应当按照约定提供技术资料，进行技术指导，保证技术的实用性、可靠性，承担保密义务。此处的保密义务，不限制许可人申请专利，但是当事人另有约定的除外。

3. 技术转让合同让与人和技术许可合同许可人保证义务。技术转让合同的让与人和技术许可合同的许可人应当保证自己是所提供的技术的合法拥有者，并保证所提供的技术完整、无误、有效，能够达到约定的目标。

（三）受让人、被许可人的主要义务

1. 专利实施许可合同被许可人主要义务。专利实施许可合同的被许可人应当按照约定实施专利，不得许可约定以外的第三人实施该专利，并按照约定支付使用费。

2. 技术秘密受让人和被许可人主要义务。技术秘密转让合同的受让人和技术秘密使用许可合同的被许可人应当按照约定使用技术，支付转让费、使用费，承担保密义务。

3. 技术转让合同受让人和技术许可合同被许可人保密义务。技术转让合同的受让人和技

术许可合同的被许可人应当按照约定的范围和期限，对让与人、许可人提供的技术中尚未公开的秘密部分，承担保密义务。

（四）违约及侵权责任

1.许可人和让与人违约责任。

（1）许可人的违约责任。许可人未按照约定许可技术的，应当返还部分或者全部使用费，并应当承担违约责任；实施专利或者使用技术秘密超越约定的范围的，违反约定擅自许可第三人实施该项专利或者使用该项技术秘密的，应当停止违约行为，承担违约责任；违反约定的保密义务的，应当承担违约责任。

（2）让与人的违约责任。让与人承担违约责任，参照适用前述规定。

2.被许可人和受让人违约责任。

（1）被许可人的违约责任。被许可人未按照约定支付使用费的，应当补交使用费并按照约定支付违约金；不补交使用费或者支付违约金的，应当停止实施专利或者使用技术秘密，交还技术资料，承担违约责任；实施专利或者使用技术秘密超越约定的范围的，未经许可人同意擅自许可第三人实施该专利或者使用该技术秘密的，应当停止违约行为，承担违约责任；违反约定的保密义务的，应当承担违约责任。

（2）受让人的违约责任。受让人承担违约责任，参照适用前述规定。

3.受让人和被许可人侵权责任。受让人或者被许可人按照约定实施专利、使用技术秘密侵害他人合法权益的，由让与人或者许可人承担责任，但是当事人另有约定的除外。

（五）后续技术成果的归属与分享

当事人可以按照互利的原则，在合同中约定实施专利、使用技术秘密后续改进的技术成果的分享办法；没有约定或者约定不明确，依据《民法典》第 510 条的规定仍不能确定的，一方后续改进的技术成果，其他各方无权分享。

四、技术咨询合同和技术服务合同

（一）概念及类型

1.技术咨询合同，是当事人一方以技术知识为对方就特定技术项目提供可行性论证、技术预测、专题技术调查、分析评价报告等所订立的合同。

2.技术服务合同，是当事人一方以技术知识为对方解决特定技术问题所订立的合同，不包括承揽合同和建设工程合同。

（二）技术咨询合同

1.技术咨询合同委托人义务。技术咨询合同的委托人应当按照约定阐明咨询的问题，提供技术背景材料及有关技术资料，接受受托人的工作成果，支付报酬。

2.技术咨询合同受托人义务。技术咨询合同的受托人应当按照约定的期限完成咨询报告或者解答问题，提出的咨询报告应当达到约定的要求。

3.技术咨询合同的违约责任。技术咨询合同的委托人未按照约定提供必要的资料，影响工作进度和质量，不接受或者逾期接受工作成果的，支付的报酬不得追回，未支付的报酬应当支付。

（1）技术咨询合同的受托人未按期提出咨询报告或者提出的咨询报告不符合约定的，应当承担减收或者免收报酬等违约责任。

（2）技术咨询合同的委托人按照受托人符合约定要求的咨询报告和意见作出决策所造成的损失，由委托人承担，但是当事人另有约定的除外。

（三）技术服务合同

1. 技术服务合同委托人义务。技术服务合同的委托人应当按照约定提供工作条件，完成配合事项，接受工作成果并支付报酬。

2. 技术服务合同受托人义务。技术服务合同的受托人应当按照约定完成服务项目，解决技术问题，保证工作质量，并传授解决技术问题的知识。

3. 技术服务合同的违约责任。技术服务合同的委托人不履行合同义务或者履行合同义务不符合约定，影响工作进度和质量，不接受或者逾期接受工作成果的，支付的报酬不得追回，未支付的报酬应当支付。技术服务合同的受托人未按照约定完成服务工作的，应当承担免收报酬等违约责任。

（四）创新技术成果归属

技术咨询合同、技术服务合同履行过程中，受托人利用委托人提供的技术资料和工作条件完成的新的技术成果，属于受托人。委托人利用受托人的工作成果完成的新的技术成果，属于委托人。当事人另有约定的，按照其约定。

（五）工作费用的负担

技术咨询合同和技术服务合同对受托人正常开展工作所需费用的负担没有约定或者约定不明确的，由受托人负担。

【例02-11】根据民法典的规定，下列关于技术许可合同的说法哪些是正确的？

A. 技术许可合同既可以采用书面形式，也可以采用口头形式

B. 技术许可合同可以约定许可人和被许可人实施专利或者使用技术秘密的范围，但不得限制技术竞争和技术发展

C. 专利实施许可合同的有效期间可以由双方当事人任意约定

D. 专利实施许可合同的受让人应当按照约定实施专利，不得许可约定以外的第三人实施该专利

【参考答案】BD

━━━ 第八节　委托合同 ━━━

📚 本节知识要点

本节主要介绍委托合同的概念、当事人的主要义务、委托合同的终止及违约责任。本节的难点在于受托人以自己的名义与第三人订立合同时的履行规定。委托合同的主要内容如图2-9所示。

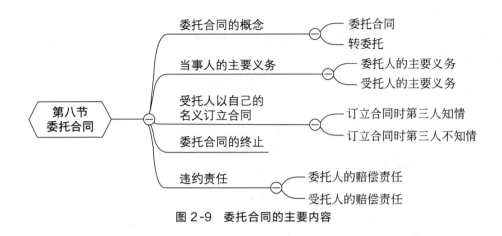

图 2-9　委托合同的主要内容

一、委托合同的概念

（一）委托合同

委托合同是指委托人和受托人约定，由受托人处理委托人事务的合同。

委托合同可以是有偿合同，也可以是无偿合同。

委托人可以特别委托受托人处理一项或者数项事务，也可以概括委托受托人处理一切事务。

（二）转委托

《民法典》第 923 条规定，委托人应当亲自处理委托事务。经委托人同意，受托人可以转委托。转委托经同意或者追认的，委托人可以就委托事务直接指示转委托的第三人，受托人仅就第三人的选任及其对第三人的指示承担责任。转委托未经同意或者追认的，受托人应当对转委托的第三人的行为承担责任；但是在紧急情况下受托人为了维护委托人的利益需要转委托第三人的除外。

二、当事人的主要义务

（一）委托人的主要义务

1.支付费用的义务。委托人应当预付处理委托事务的费用。受托人为处理委托事务垫付的必要费用，委托人应当偿还该费用并支付利息。

2.支付报酬的义务。有偿委托合同中，受托人完成委托事务的，委托人应当向其支付报酬。因不可归责于受托人的事由，委托合同解除或者委托事务不能完成的，委托人应当向受托人支付相应的报酬。当事人另有约定的，按照其约定。

（二）受托人的主要义务

1.依委托人指示处理委托事务。根据《民法典》第 922 条的规定，受托人应当在委托人授权范围内按照诚实信用原则处理事务，需要变更委托人指示的，应当经委托人同意；因情况紧急，难以和委托人取得联系的，受托人应当妥善处理委托事务，但事后应当将该情况及时报告委托人。

2.亲自处理委托事务。

3.报告义务。《民法典》第924条规定，受托人应当按照委托人的要求，报告委托事务的处理情况。委托合同终止时，受托人应当报告委托事务的结果。

4.交付财产义务。《民法典》第927条规定，受托人因处理委托事务取得的财产，应当转交给委托人。

三、受托人以自己的名义订立合同

（一）订立合同时第三人知情

受托人以自己的名义，在委托人的授权范围内与第三人订立的合同，第三人在订立合同时知道受托人与委托人之间的代理关系的，该合同直接约束委托人和第三人，但有确切证据证明该合同只约束受托人和第三人的除外。

（二）订立合同时第三人不知情

《民法典》第926条规定，受托人以自己的名义与第三人订立合同时，第三人不知道受托人与委托人之间的代理关系的，受托人因第三人的原因对委托人不履行义务，受托人应当向委托人披露第三人，委托人因此可以行使受托人对第三人的权利。但是，第三人与受托人订立合同时如果知道该委托人就不会订立合同的除外。

受托人因委托人的原因对第三人不履行义务，受托人应当向第三人披露委托人，第三人因此可以选择受托人或者委托人作为相对人主张其权利，但是第三人不得变更选定的相对人。

委托人行使受托人对第三人的权利的，第三人可以向委托人主张其对受托人的抗辩。第三人选定委托人作为其相对人的，委托人可以向第三人主张其对受托人的抗辩以及受托人对第三人的抗辩。

四、委托合同的终止

委托合同的终止主要有以下情形：

1.委托事务完成或双方协商解除委托合同。

2.委托人或者受托人单方解除委托合同。委托人或者受托人可以随时解除委托合同，因解除合同给对方造成损失的，除不可归责于该当事人的事由以外，应当赔偿损失。无偿委托合同的解除方应当赔偿因解除时间不当造成的直接损失，有偿委托合同的解除方应当赔偿对方的直接损失和可以获得的利益。

3.委托人死亡、终止或者受托人死亡、丧失民事行为能力、终止的，委托合同终止，但当事人另有约定或者根据委托事务的性质不宜终止的除外。

4.因委托人死亡或者被宣告破产、解散，致使委托合同终止将损害委托人利益的，在委托人的继承人、法定代理人或者清算人承受委托事务之前，受托人应当继续处理委托事务。

5.因受托人死亡、丧失民事行为能力或者被宣告破产、解散，致使委托合同终止的，受托人的继承人、遗产管理人、法定代理人或者清算人应当及时通知委托人。因委托合同终止将损害委托人利益的，在委托人作出善后处理之前，受托人的继承人、遗产管理人、法定代理人或者清算人应当采取必要措施。

五、违约责任

（一）委托人的赔偿责任

1.受托人在处理事务过程中，因不可归责于自己的事由而受到损失的，有权请求委托人赔偿损失。

2.委托人经受托人同意，在受托人之外委托第三人处理事务，因此给受托人造成损失的，受托人可以向委托人请求赔偿损失。

（二）受托人的赔偿责任

1.有偿的委托合同，因受托人的过错造成委托人损失的，委托人可以请求赔偿损失。

2.无偿的委托合同，因受托人的故意或者重大过失造成委托人损失的，委托人可以请求赔偿损失。

3.受托人超越权限造成委托人损失的，应当赔偿损失。

4.两个以上的受托人共同处理委托事务的，对委托人承担连带责任。

【例02-12】甲委托专利代理机构乙代写专利申请文件，并办理专利申请事务。乙根据委托合同的约定收取了相应报酬。根据民法典的规定，下列说法哪些是正确的？

A.乙因为过失给甲造成损失的，甲可以请求乙赔偿损失

B.乙经甲同意，转委托第三人处理委托事务的，乙仅就第三人的选任及其对第三人的指示承担责任

C.乙超越权限给甲造成损失的，甲可以请求乙赔偿损失

D.甲、乙不能随时解除双方之间的委托合同

【参考答案】ABC

第九节 准合同

本节知识要点

本节主要介绍因无因管理、不当得利产生的债务履行问题。准合同的主要内容如图2-10所示。

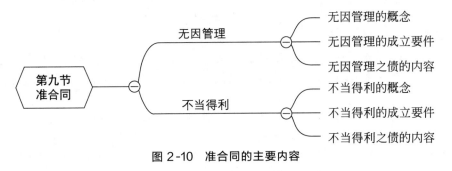

图2-10 准合同的主要内容

一、无因管理

（一）无因管理的概念

无因管理是指管理人没有法定的或者约定的义务，为避免他人利益受损失而管理他人事务的行为。

一般而言，在没有法定或约定义务的情况下对他人事务予以干预，是对他人依自由意志管理事务的权利的侵犯，应属侵权行为。但民法着眼于社会生活的连带关系，为鼓励互相帮助、见义勇为的崇高精神与道德，特规定无因管理制度。

无因管理的效力由法律直接规定，不以当事人的效果意思为必要。管理事务不符合受益人真实意思的，管理人不享有法律规定的权利；但是，受益人的真实意思违反法律或者违背公序良俗的除外。

无因管理为事实行为，管理人为管理时无须具备民事行为能力，因此管理人可以是限制行为能力人或无民事行为能力人。

《民法典》第121条规定，没有法定的或者约定的义务，为避免他人利益受损失而进行管理的人，有权请求受益人偿还由此支出的必要费用。《民法典》第184条所称"自愿实施紧急救助行为"也属于无因管理范畴。

（二）无因管理的成立要件

无因管理的成立要件有以下三项：

1.管理他人事务。管理他人事务的"事务"范围相当广泛，原则上包括一切可以满足人们生活需要并适合于为债的客体的事项，但违法事务不在其列。

2.为他人利益的意思。有为他人利益的意思是无因管理成立的主观要件，是其区别于不当得利和侵权行为的重要标准。管理人在具有为他人管理的意思的同时，兼为自己利益而管理他人事务，仍成立无因管理。例如，甲的邻居乙家失火，甲救火是担心自己家有被殃及的危险，甲对乙仍可成立无因管理。

3.无法律上的原因。无法律上的原因是指没有法定的或者约定的义务。

（三）无因管理之债的内容

无因管理成立后，即在管理人与受益人之间发生权利义务关系，这就是无因管理之债。无因管理之债发生于管理人开始管理时。管理人自开始管理他人事务即管理承担时起，就负有妥善管理等义务，在管理过程中及管理结束后，对受益人也负有一定义务，如通知义务、报告义务、交付管理所得义务。作为管理人承担义务的对价，管理人也享有权利，如向受益人请求支付费用、补偿损失、清偿因管理而发生的债务等。

1.管理人的义务

（1）适当管理义务。这是管理人的主要义务。《民法典》第981条规定，管理人管理他人事务，应当采取有利于受益人的方法。中断管理对受益人不利的，无正当理由不得中断。

（2）通知义务。《民法典》第982条规定，管理人管理他人事务，能够通知受益人的，应当及时通知受益人。管理的事务不需要紧急处理的，应当等待受益人的指示。

（3）管理人报告和交付义务。《民法典》第983条规定，管理结束后，管理人应当向受益人报告管理事务的情况。管理人管理事务取得的财产，应当及时转交给受益人。

2. 管理人的权利

（1）请求偿还必要费用。管理人为管理受益人事务而支出的必要费用，受益人应当予以偿还，并应同时支付自支出时起的利息。

（2）请求清偿必要债务。管理人为管理事务而以自己名义向第三人负担的必要债务，管理人有权请求受益人清偿。

（3）损失补偿请求权。管理人因管理事务受到损失的，有权向受益人请求适当补偿。

3. 赔偿责任。管理人未履行或不适当履行义务，对受益人造成损害的，应向受益人承担债务不履行的责任。该责任的承担以管理人主观上存在过错（故意或过失）为要件，但因自愿实施紧急救助行为造成受助人损害的，救助人不承担民事责任（《民法典》第 184 条）。

4. 受益人追认的法律效果。《民法典》第 984 条规定，管理人管理事务经受益人事后追认的，从管理事务开始时起，适用委托合同的有关规定，但是管理人另有意思表示的除外。

二、不当得利

（一）不当得利的概念

根据《民法典》第 985 条的规定，不当得利是指得利人没有法律根据而受利益，致使他人受损失的事实。不当得利是债的发生根据之一。不当得利成立后，即在受益人与受损人之间产生不当得利之债，受益人应向受损人偿还其无法律根据而获得的利益。

《民法典》第 122 条规定，因他人没有法律根据，取得不当利益，受损失的人有权请求其返还不当利益。

（二）不当得利的成立要件

1. 构成不当得利的要件

（1）一方取得财产利益，即因一定的事实结果而获得了或增加了财产或利益上的积累，包括财产或利益的积极增加和财产或利益的消极增加。

（2）一方受有损失，既包括现有财产或利益的积极减少，也包括应增加而未增加（可得利益）利益的丧失。

（3）取得利益与所受损失间有因果关系。受益人取得利益与受损人所受损失间的因果关系，即受损人的损失是受益人受益所造成的。

（4）没有法律上的根据。取得利益致他人损失，之所以成立不当得利，原因在于利益的取得无法律上的根据。

2. 例外情形。下列情形，不构成不当得利：

（1）为履行道德义务进行的给付；

（2）债务到期之前的清偿；

（3）明知无给付义务而进行的债务清偿。

（三）不当得利之债的内容

不当得利作为债的发生根据之一，在受益人与受损人之间发生不当得利返还的债权债务关系。不当得利之债的基本内容是受损人取得的不当得利返还请求权。该项请求权以使得利人返还其所受利益为目的，非以相对人所受损害的填补为目的。所以，受益人的返还范围因其善意或者恶意而有所不同。

1. 善意受益人的返还义务。善意受益人是指于受益时不知道且不应当知道其受益无法律根据的受益人。根据《民法典》第986条的规定，得利人不知道且不应当知道取得的利益没有法律根据，取得的利益已经不存在的，不承担返还该利益的义务。

2.恶意受益人的返还义务。恶意受益人是指明知无法律根据而取得利益的受益人。根据《民法典》第987条的规定，得利人知道或者应当知道取得的利益没有法律根据的，受损失的人可以请求得利人返还其取得的利益并依法赔偿损失。

3.第三人的返还义务。不当得利受领人将其所受领的标的物无偿让与第三人的，受损失者可以请求第三人在相应范围内承担返还义务。

本章知识点回顾

本章需要理解要约与要约邀请，要约撤销与要约撤回，承诺与反要约，格式条款与非格式条款，缔约过失责任与违约责任，同时履行抗辩权与先履行抗辩权、不安抗辩权。

还需理解违约责任的成立要件与免责事由，违约行为的类型与各种违约责任形式的适用条件。违约责任存在法定免责（如不可抗力）和约定免责。违约责任的承担方式主要有继续履行、采取补救措施、赔偿损失。违约责任以损害赔偿为主要责任形式。损害赔偿有约定损害赔偿和法定损害赔偿形式。约定损害赔偿可采用支付违约金和定金罚则。

技术合同包括技术开发合同、技术转让合同、技术许可合同、技术咨询合同、技术服务合同。职务技术成果与非职务技术成果的归属规则，技术开发合同的成果归属和风险负担规则为重点掌握的内容。

委托合同中受托人接受委托人的委托，以自己的名义与第三人签订合同，以期实现委托人的委托目的。受托人向第三人披露委托人的，第三人可以选择委托合同的执行人为委托人或受托人，一旦作出选择，则不得更改。

第三章

《民事诉讼法》

 本章知识点框架

　　本章主要介绍了《民事诉讼法》的效力范围、基本原则和基本制度；民事诉讼管辖、民事诉讼参加人、民事诉讼证据、保全及民事审判程序和执行程序。重点需要理解《民事诉讼法》中关于管辖、证据、诉讼当事人、财产保全以及证据的规定；掌握关于一般民事审判程序和执行程序的基本规定；了解关于涉外民事诉讼的规定。本章主要知识点框架如图 3-1 所示。

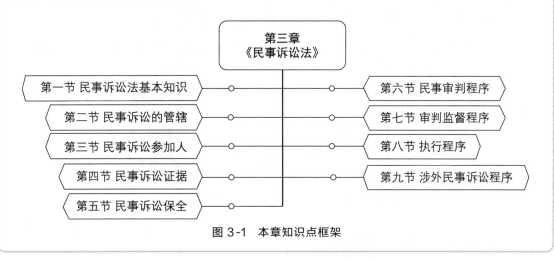

图 3-1　本章知识点框架

第一节　民事诉讼法基本知识

本节知识要点

本节主要介绍民事诉讼法的适用范围、民事诉讼法基本原则和基本制度的具体内容与在程序中的应用。本节的难点在于如何准确理解民事诉讼原则与制度在民事诉讼法中的具体体现。民事诉讼法基本知识的主要内容如图 3-2 所示。

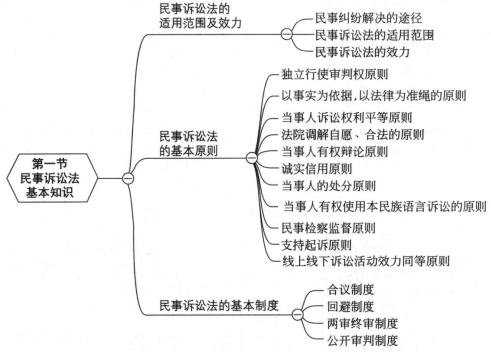

图 3-2　民事诉讼法基本知识的主要内容

一、民事诉讼法的适用范围及效力

（一）民事纠纷解决的途径

在我国，发生民事纠纷可采用的救济方式有下列四种：

1.和解。和解是指纠纷当事人就民事纠纷自行协商并达成协议，从而消灭争议。

2.诉讼外的调解。诉讼外的调解是指由第三方（第三人或第三方调解组织）根据纠纷当事人的请求，对其纠纷进行调停，促成其达成调解协议，从而解决纠纷的机制。

调解达成的协议，双方签字盖章后即生效。该调解协议不具有强制执行力，但具有法律效力。如果其中一方拒绝履行调解协议，构成违约，另一方可就该调解协议内容提起民事诉讼。

3.仲裁。仲裁是指纠纷双方当事人达成仲裁协议，共同将纠纷提交仲裁委员会予以裁决。仲裁机构不是公权力机构，属于民间组织性质，但仲裁委员会出具的仲裁裁决，具有强制执行力。一方拒绝履行仲裁裁决的，另一方可申请人民法院强制对方执行仲裁裁决。

4.民事诉讼。民事诉讼是纠纷当事人中的任一方向人民法院提起诉讼，由人民法院裁判双方的权利义务的纠纷处理方式。

以上四种民事纠纷解决机制中，和解是纠纷当事人自愿达成的，因此属于自力救济。调解和仲裁是在第三方的参与下解决民事纠纷的机制，因此属于社会救济。民事诉讼是在公权力机关人民法院介入下解决民事纠纷的机制，因此属于公力救济。

（二）民事诉讼法的适用范围

民事诉讼法是国家制定的，用以调整法院和诉讼参与人的各种诉讼活动以及由此产生的各种诉讼关系的法律规范的总称。

民事诉讼包括公民之间、法人之间、非法人组织之间以及他们相互之间因财产关系和人身关系提起的诉讼。

民事诉讼仅限于当事人因民事纠纷提起的诉讼。非平等民事主体之间的纠纷，如外交纠纷、军事纠纷、公民与国家机关之间的行政纠纷，不受民事诉讼法调整。

平等民事主体之间除财产关系和人身关系以外产生的其他纠纷，如感情纠纷，不受民事诉讼法调整。

（三）民事诉讼法的效力

1.对人的效力。在中国法院进行民事诉讼，无论是中国的自然人、法人或非法人组织，还是外国自然人、无国籍人、外国企业或组织，均一律适用中国的民事诉讼法。

2.对事的效力。民事诉讼法适用于哪些案件，哪些案件属于法院的主管范围，即所谓的对事的效力。民事诉讼法仅适用于平等主体之间因财产关系、人身关系引起的民事纠纷。行政机关与行政相对人之间的纠纷，属于行政诉讼法规制的范围；刑事案件的审理，则是刑事诉讼法的受案范围。

3.空间上的效力

（1）一般效力。民事诉讼法适用于中华人民共和国领域，包括领土、领空、领海以及领土的延伸部分。

（2）一国两制。香港、澳门、台湾虽属于我国领土，但不适用民事诉讼法。

（3）民族区域自治。民族自治地方的制定变通或者补充规定的，优先适用。

4.时间上的效力。现行《中华人民共和国民事诉讼法》（以下简称《民事诉讼法》）的生效时间是 2022 年 1 月 1 日。人民法院无论是审理生效前的案件还是生效后的案件，均适用现行《民事诉讼法》，但生效前对已经受理案件适用旧法进行的程序活动依然有效。

二、民事诉讼法的基本原则

（一）独立行使审判权原则

人民法院统一行使民事案件的审判权。

人民法院独立行使审判权，主要包括以下三个方面的内容：

1.案件审判独立，即人民法院作为一个整体独立，不受外界的任何非法影响。

2.合议庭审判独立，即合议庭在具体办理和审判民事案件的过程中非依法定程序不受自法院内部和外部的各种影响。

3.审判人员独立，即审判人员参加合议庭审判和审判委员会议决时，不受来自法院内部和外部的干涉或者指使，独立进行判断。

（二）以事实为依据，以法律为准绳的原则

以事实为根据是指处理案件只能以客观事实作为依据，不能以主观的想象、推测或者想当然为依据。以法律为准绳，就是在查清案件事实的基础上，正确适用法律，有法必依，执法必严。

（三）当事人诉讼权利平等原则

1.平等原则。民事诉讼当事人有平等的诉讼权利。人民法院审理民事案件，应当保障和便利当事人行使诉讼权利，对当事人在适用法律上一律平等。

民事诉讼各方当事人享有同等的诉讼权利，承担对等的诉讼义务。

人民法院在适用法律上对所有的当事人都一律平等，不存在特权和歧视。

2.同等原则。同等原则是对于在中国参与民事诉讼的国籍身份是中国国籍以外的原告或被告而言的。外国人、无国籍人、外国企业和组织在中国的人民法院起诉、应诉，同中华人民共和国公民、法人和非法人组织有同等的诉讼权利和义务。

3.对等原则。对等原则针对的是我国公民、法人和非法人组织，在某外国受到权利限制，该外国的公民、法人和非法人组织在我国参与民事诉讼，将受到同样的对待，即体现为"以牙还牙、以眼还眼"原则。

（四）法院调解自愿、合法的原则

人民法院审理民事案件，应当根据自愿、合法的原则进行调解；当事人一方或者双方坚持不愿调解致使调解不成的，应当及时判决。

1.当事人自愿原则。当事人自愿原则是指法院调解，无论是调解活动的进行还是调解协议的形成，都要建立在当事人自愿的基础上。

2.查明事实，分清是非的原则。人民法院进行调解活动，必须在查明案件基本事实、分清当事人是非责任的基础上进行。

3.合法原则。合法原则是指法院调解在程序上要遵循法律程序，形成的调解协议不可违反国家的法律规定的原则。

4.法院调解的适用范围。法院调解又称诉讼中调解，是指在民事诉讼中双方当事人在法院审判人员的主持和协调下，就案件争议的问题进行协商，从而解决纠纷所进行的活动。法院调解原则贯穿于民事诉讼程序的全过程：

（1）起诉后、立案前的调解。

（2）立案后、开庭前的调解。

（3）开庭后、判决前的调解。

（4）上诉案件第二审程序中的调解。第二审程序中调解达成协议的，应当制作调解书，由审判人员、书记员署名，加盖人民法院印章。调解书送达后，原审人民法院的判决即视为撤销。

5.调解协议和调解书。调解达成协议，人民法院应当制作调解书。调解书应当写明诉讼请求、案件的事实和调解结果。调解书由审判人员、书记员署名，加盖人民法院印章，送达双方当事人。下列案件调解达成协议，人民法院可以不制作调解书：

（1）调解和好的离婚案件；

（2）调解维持收养关系的案件；

（3）能够即时履行的案件；

（4）其他不需要制作调解书的案件。

对不需要制作调解书的协议，应当记入笔录，由双方当事人、审判人员、书记员签名或者盖章后，即具有法律效力。

【例 03-01】某民事诉讼案件经人民法院调解，双方当事人达成协议。后人民法院制作了调解书并加盖人民法院印章，送达双方当事人。下列关于该调解书法律效力的说法哪项是正确的？

A.调解书制作完成，即具有法律效力

B.调解书由审判人员、书记员署名，加盖人民法院印章，即具有法律效力

C.调解书自人民法院向双方当事人发出之日起，即具有法律效力

D.调解书经双方当事人签收后，即具有法律效力

【参考答案】D

（五）当事人有权辩论原则

人民法院审理民事案件时，当事人有权进行辩论。

当事人有权进行辩论的原则，适用于民事诉讼程序的全过程。当事人可以通过行使辩论权来实现自己的程序利益和实体利益。当事人行使辩论权，既可以采用口头方式，又可以采用书面方式。当事人不仅可以对实体问题行使辩论权，也可以对程序问题行使辩论权。依法作出的缺席判决，并不违背辩论原则。

（六）诚实信用原则

民事诉讼应当遵循诚实信用原则。依法行使诉讼权利，履行诉讼义务，遵守诉讼秩序，自觉履行发生法律效力的判决书、裁定书和调解书。

诚实信用原则约束所有的民事诉讼主体，包括当事人、法官、其他诉讼参与人。

（七）当事人的处分原则

当事人有权在法律规定范围内处分自己的民事权利和诉讼权利。

处分原则贯穿于诉讼的全过程，包括执行阶段。当事人主张的法律关系与法院根据案件事实作出的认定不一致时，根据处分原则，当事人可以变更诉讼请求。

当事人决定是否委托代理人或委托谁为诉讼代理人是其对自己权利的一种行使和处分。

当事人的处分权利具有相对性、有限性，即当事人行使处分权需符合法律规定，不能危害国家、集体和他人的合法权益。当事人行使处分权，需以诚实信用为前提，既不恶意诉讼，也不进行虚假诉讼。

（八）当事人有权使用本民族语言诉讼的原则

当事人有权使用本民族语言诉讼的原则包括以下内容：

1.各民族公民，无论当事人，还是证人、鉴定人等，都有权使用本民族的语言进行陈述、辩论，有权使用本民族文字书写有关诉讼文书，进行民事诉讼的权利。

2.在少数民族聚居或者多民族共同居住的地区，人民法院应当用当地民族通用的语言、文字进行审理和发布法律文书。

3.人民法院应当对不通晓当地民族通用的语言、文字的诉讼参与人提供翻译。

（九）民事检察监督原则

人民检察院有权对民事诉讼实行法律监督。

人民检察院在民事诉讼中的监督包括对民事审判程序的监督和对民事执行程序的监督。人民检察院实施监督的对象包括对生效的民事判决、裁定和损害国家利益或社会公共利益的调解书的检察监督。

人民检察院对审判程序中审判人员违法行为实施监督。

人民检察院实施监督的方式包括抗诉和提出检察建议。

（十）支持起诉原则

机关、社会团体、企业事业单位对损害国家、集体或者个人民事权益的行为，可以支持受损害的单位或者个人向人民法院起诉。

（十一）线上线下诉讼活动效力同等原则

经当事人同意，民事诉讼活动可以通过信息网络平台在线进行。

民事诉讼活动通过信息网络平台在线进行的，与线下诉讼活动具有同等法律效力。

三、民事诉讼法的基本制度

（一）合议制度

合议制度是我国民事诉讼法的基本法律制度。合议制度是指由三个或三个以上（须是单数）的审判人员组成合议庭，对民事案件进行审判的制度。

1.合议庭。人民法院审理第一审民事案件，由审判员、陪审员共同组成合议庭或者由审判员组成合议庭。适用简易程序审理的民事案件，由审判员一人独任审理。陪审员在执行陪审职务时，与审判员有同等的权利义务。

2.合议庭的组成。合议庭的审判长由院长或者庭长指定审判员一人担任；院长或者庭长参加审判的，由院长或者庭长担任。根据案件的审理程序，合议庭的组成方式如下：

（1）第一审程序中的合议庭组成。按照《民事诉讼法》的规定，人民法院审理第一审民事案件，由审判员、陪审员共同组成合议庭或者由审判员组成合议庭进行审理。

（2）第二审程序中的合议庭组成。人民法院审理第二审民事案件，由审判员组成合议庭进行审理。中级人民法院对第一审适用简易程序审结或者不服裁定提起上诉的第二审民事案件，事实清楚、权利义务关系明确的，经双方当事人同意，可以由审判员一人独任审理。

（3）发回重审的案件的合议庭组成。发回重审的民事案件，原审人民法院应当按照第一审程序另行组成合议庭。

（4）再审案件的合议庭组成。审理再审案件，原来是第一审的，按照第一审程序另行组成合议庭，合议庭由审判员、陪审员共同组成；原来是第二审的或者是上级人民法院提审的，按照第二审程序另行组成合议庭，合议庭由审判员组成。

（5）简单民事案件的审理。依照法律规定，简单民事案件可以由审判员一人进行独任审理。基层人民法院审理的基本事实清楚、权利义务关系明确的第一审民事案件，可以由审判员一人适用普通程序独任审理。

3.不得由审判员一人独任审理的情形。人民法院审理下列民事案件，不得由审判员一人独任审理：

（1）涉及国家利益、社会公共利益的案件；

（2）涉及群体性纠纷，可能影响社会稳定的案件；

（3）人民群众广泛关注或者其他社会影响较大的案件；

（4）属于新类型或者疑难复杂的案件；

（5）法律规定应当组成合议庭审理的案件；

（6）其他不宜由审判员一人独任审理的案件。

4.合议庭对案件的评议。合议庭评议案件，实行少数服从多数的原则。评议应当制作笔录，由合议庭成员签名。评议中的不同意见，必须如实记入笔录。

（二）回避制度

1.回避制度的含义。回避制度是指为了保证案件的公正审判，而要求与案件有一定的利害关系的审判人员或其他有关人员，不得参与本案的审理活动或诉讼活动的审判制度。

2.回避适用的对象。根据《民事诉讼法》的规定，适用回避的人员包括审判人员（包括审判员和人民陪审员）、书记员、翻译人员、鉴定人、勘验人等。

应当注意的是，证人不属于回避的范畴。

3.回避的方式。

（1）当事人申请回避。当事人发现适用回避的对象存在应当回避的情形的，可以向人民法院申请其回避。

（2）自行回避。审判人员或者其他参与诉讼的人员发现自己存在应当回避的情形的，应当主动自行提出回避请求。

（3）要求回避。院长或者审判委员会发现审判人员有应当回避的情形没有自行回避，当事人也没有申请其回避的，应当决定其回避。

4.回避的程序。回避申请提出后，是否准许，由法院决定，具体程序为：

（1）审判人员的回避，由法院院长决定；院长担任审判长或者独任审判员的，由审判委员会决定。

（2）其他人员的回避，由审判长或者独任审判员决定。

法院对当事人提出的回避申请，应当在申请提出 3 日内，以口头或者书面形式作出决定，申请人对决定不服的，可以在接到决定时申请复议一次。复议期间，被申请回避的人员，不停止参与本案的工作。人民法院对复议申请，应当在 3 日内作出复议决定，并通知复议申请人。

5.适用回避的情形。

（1）审判人员有下列情形之一的，应当自行回避，当事人有权申请其回避：

① 是本案当事人或者当事人近亲属的；

② 本人或者其近亲属与本案有利害关系的；

③ 担任过本案的证人、鉴定人、辩护人、诉讼代理人、翻译人员的；

④ 是本案诉讼代理人近亲属的；

⑤ 本人或者其近亲属持有本案非上市公司当事人的股份或者股权的；

⑥ 与本案当事人或者诉讼代理人有其他利害关系，可能影响公正审理的。

（2）审判人员有下列情形之一的，当事人有权申请其回避：

① 接受本案当事人及其受托人宴请，或者参加由其支付费用的活动的；

② 索取、接受本案当事人及其受托人财物或者其他利益的；

③ 违反规定会见本案当事人、诉讼代理人的；

④ 为本案当事人推荐、介绍诉讼代理人，或者为律师、其他人员介绍代理本案的；

⑤ 向本案当事人及其受托人借用款物的；

⑥ 有其他不正当行为，可能影响公正审理的；

（3）审判人员参加案件审理仅参与一次的规定：

① 在一个审判程序中参与过本案审判工作的审判人员，不得再参与该案其他程序的审判。

② 发回重审的案件，在一审法院作出裁判后又进入第二审程序的，原第二审程序中合议庭组成人员不受前述规定的限制。

（三）两审终审制度

两审终审制度是指一个民事案件经过两级人民法院审判后即告终结的制度。

依照两审终审制度，一般的民事诉讼案件，当事人不服第一审人民法院的判决、允许上诉的裁定，可上诉至第二审人民法院；第二审人民法院对案件所做的判决、裁定为生效判决、裁定，当事人不得再上诉。

最高审判机关——最高人民法院所做的第一审判决、裁定，为终审判决、裁定，当事人不得上诉。人民法院两审终审制示意图如图3-3所示。

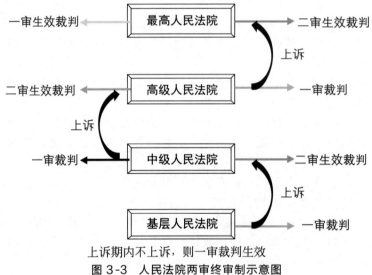

上诉期内不上诉，则一审裁判生效

图 3-3 人民法院两审终审制示意图

（四）公开审判制度

1.公开审判的含义。公开审判是指人民法院审理民事案件，除法律规定的情况外，审判过程及结果应当向群众、社会公开。人民法院审理民事案件以公开审判为原则，不公开审判为例外。

2.法定不公开审理的情形。下列案件，依照法律规定不公开审理：

（1）涉及国家秘密的案件，包括党的秘密、政府的秘密和军队的秘密；

（2）涉及个人隐私的案件；

（3）法律另有规定的案件。

3.依申请不公开审理的情形。下列案件，当事人申请不公开审理的，可以不公开审理：

（1）离婚案件；

（2）涉及商业秘密的案件。

4.公开宣判制度。民事诉讼案件，无论是公开进行审理的，还是不公开进行审理的，宣判时一律公开。

【例03-02】甲公司工程师王某辞职后，将甲公司商业秘密披露给其随后入职的乙公司。甲公司因此向人民法院起诉王某。根据民事诉讼法及相关规定，关于该案件的审理，下列哪种说法是正确的？

A.该案件应当公开审理

B.该案件应当不公开审理

C.甲公司申请不公开审理的，该案件可以不公开审理

D.只有甲公司和乙公司协商一致，该案件才可以不公开审理

【参考答案】C

第二节 民事诉讼的管辖

📚 本节知识要点

本节主要介绍民事诉讼启动时管辖法院的确定。本节的难点在于对各种具体管辖规则的全面细致的掌握。民事诉讼的管辖的主要内容如图 3-4 所示。

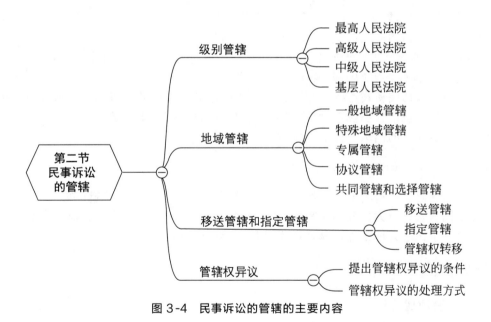

图 3-4 民事诉讼的管辖的主要内容

一、级别管辖

级别管辖是指人民法院系统内划分上下级人民法院之间，受理第一审民事案件的分工和权限。

（一）最高人民法院

最高人民法院管辖的案件包括：

1. 在全国有重大影响的案件；

2. 最高人民法院认为应当由其审理的案件。

（二）高级人民法院

高级人民法院管辖在本辖区有重大影响的第一审民事案件。

（三）中级人民法院

1. 普通中级人民法院。普通中级人民法院的管辖范围包括：

（1）重大涉外案件。这里的"重大涉外案件"，包括争议标的额大的案件、案情复杂的案件、一方当事人人数众多等具有重大影响的案件。关于涉外案件的认定，当事人的国籍、法律事实、诉讼标的三项中只要具备其中一项即可。

（2）在本辖区有重大影响的案件。

（3）最高人民法院确定由中级人民法院管辖的案件：

① 海事、海商案件；

② 知识产权纠纷案件；

③ 重大的涉港澳台民事案件；

④ 诉讼标的金额较大的民事案件。

2. 知识产权法院。知识产权法院属于中级人民法院。

（1）《最高人民法院关于北京、上海、广州知识产权法院案件管辖的规定》规定了知识产权法院管辖所在市辖区内的第一审民事案件，包括：

① 专利、植物新品种、集成电路布图设计、技术秘密、计算机软件民事案件；

② 涉及驰名商标认定的民事案件。

（2）知识产权法院所在市各基层人民法院第一审著作权、商标等知识产权民事判决裁定的上诉案件，由知识产权法院审理；而知识产权法院自己第一审判决、裁定的上诉案件，由知识产权法院所在地的高级人民法院审理。

（四）基层人民法院

基层人民法院管辖第一审民事案件，但《民事诉讼法》另有规定的除外。

基层人民法院管辖大部分的民事第一审案件。即除法律规定由中级、高级和最高人民法院管辖的第一审民事案件以外，其他均由基层人民法院管辖。

二、地域管辖

（一）一般地域管辖

地域管辖是指同级人民法院之间受理第一审民事案件的分工和权限。从体系类型方面来看，地域管辖分为一般地域管辖，特殊地域管辖，专属管辖、共同管辖、选择管辖、协议管辖和合并管辖。

1. 一般地域管辖的含义。一般地域管辖是指以当事人所在地与法院的隶属关系来确定的诉讼管辖。

2.通常规定。一般地域管辖原则上为被告住所地人民法院管辖，即采用原告就被告原则。

（1）被告为公民，由被告住所地法院管辖；被告住所地与经常居住地不一致的，由经常居住地法院管辖。

公民的经常居住地是指公民离开住所地至起诉时已连续居住一年以上的地方，但公民住院就医的地方除外。

（2）被告为法人或非法人组织，由被告主要办事机构所在地法院管辖；主要办事机构所在地不能确定的，由其注册地或登记地法院管辖。

（3）原告、被告均被注销户籍的，由被告居住地人民法院管辖。

（4）当事人的户籍迁出后尚未落户，有经常居住地的，由该地人民法院管辖；没有经常居住地的，由其原户籍所在地人民法院管辖。

（5）双方当事人都被监禁或者被采取强制性教育措施的，由被告原住所地人民法院管辖。被告被监禁或者被采取强制性教育措施一年以上的，由被告被监禁地或者被采取强制性教育措施地人民法院管辖。

3.例外规定。当被告居所地难以确定，或存在其他不方便因素的，由原告住所地人民法院管辖，即采用被告就原告原则。下列情形，由原告住所地人民法院管辖；原告住所地与经常居住地不一致的，由原告经常居住地人民法院管辖：

（1）对不在中华人民共和国领域内居住的人提起的有关身份关系的诉讼。

（2）对下落不明或者宣告失踪的人提起的有关身份关系的诉讼。

（3）对被采取强制性教育措施的人提起的诉讼。

（4）对被监禁的人提起的诉讼。

（5）被告被注销户籍的，由原告住所地法院管辖；原告住所地与经常居住地不一致的，由原告经常居所地法院管辖。

（6）追索赡养费、抚养费、扶养费案件的几个被告的住所地不在同一辖区的，可以由原告住所地法院管辖。

（7）夫妻一方，离开住所地超过一年，另一方起诉离婚的案件，可以由原告住所地法院管辖，夫妻双方离开住所地超过一年，被告无经常居住地的，由原告起诉时被告居住地的法院管辖。

（二）特殊地域管辖

特殊地域管辖是指以被告住所地、诉讼标的所在地、法律事实所在地为标准确定的管辖。特殊地域管辖的重要原则体现在管辖法院与案件存在"密切联系"。

1.因合同纠纷提起的诉讼，由被告住所地或者合同履行地人民法院管辖。不同情形中合同履行地的确定规定如下：

（1）合同约定履行地点的，以约定的履行地点为合同履行地。

（2）合同对履行地点没有约定或者约定不明确，争议标的为给付货币的，接收货币一方所在地为合同履行地；交付不动产的，不动产所在地为合同履行地；其他标的，履行义务一方所在地为合同履行地。即时结清的合同，交易行为地为合同履行地。

（3）合同没有实际履行，当事人双方住所地都不在合同约定的履行地的，由被告住所地人民法院管辖。

（4）财产租赁合同、融资租赁合同以租赁物使用地为合同履行地。合同对履行地有约定的，从其约定。

（5）以信息网络方式订立的买卖合同，通过信息网络交付标的的，以买受人住所地为合同履行地；通过其他方式交付标的的，收货地为合同履行地。合同对履行地有约定的，从其约定。

2.因公司设立、确认股东资格、分配利润、解散等纠纷提起的诉讼，由公司住所地人民法院管辖。

3.因侵权行为提起的诉讼，由侵权行为地或者被告住所地人民法院管辖。这里的"侵权行为地"，包括侵权行为实施地、侵权结果发生地。

信息网络侵权行为实施地包括实施被诉侵权行为的计算机等信息设备所在地，侵权结果发生地包括被侵权人住所地。

因产品、服务质量不合格造成他人财产、人身损害提起的诉讼，产品制造地、产品销售地、服务提供地、侵权行为地和被告住所地人民法院都有管辖权。

（三）专属管辖

专属管辖是指法律规定某些特殊类型的案件专门由特定的法院管辖。专属管辖是排他性管辖，它排除了诉讼当事人以协议方式选择国内的其他法院管辖。专属管辖有以下三类：

1.因不动产提起的诉讼由不动产所在地人民法院专属管辖。并非所有涉及不动产的案件均由不动产所在地的人民法院管辖，而仅指由不动产的权利确认、分割、相邻关系等引起的物权纠纷。

房屋租赁合同纠纷、建筑工程施工合同纠纷、政策性房屋买卖合同纠纷依照不动产纠纷确定管辖。

不动产已经登记的，以不动产登记簿记载的所在地为不动产所在地；不动产未登记的，以不动产实际所在地为不动产所在地。

2.因港口作业发生纠纷提起的诉讼，专属港口所在地法院管辖。

3.继承遗产的诉讼专属于被继承人死亡时住所地或主要遗产所在地法院管辖。遗产有多处且分布在不同法院辖区时：

（1）遗产既有动产又有不动产的，一般以不动产所在地作为主要遗产地；

（2）动产有多项的，则以价值高的动产所在地作为主要遗产地。

（四）协议管辖

协议管辖又称合意管辖或约定管辖，是指双方当事人在民事纠纷发生之前或之后，以书面方式约定特定案件的管辖法院。根据前述规定，协议管辖应当符合下列要求：

（1）协议管辖只适用于合同纠纷或其他财产权益的纠纷，涉及当事人身份关系的民事纠纷不得协议管辖；

（2）协议管辖仅适用于合同纠纷或其他财产权益纠纷中的第一审案件；

（3）协议管辖是要式行为，必须采用书面形式；

（4）当事人选择法院时，不得违反级别管辖和专属管辖的规定。

当事人必须在法律规定的范围内选择管辖法院，但不要求协议选择管辖法院的唯一性。协议选择多个管辖法院的，该多个法院均有管辖权，原告可选择向其中一个人民法院起诉。

合同或者其他财产权益纠纷的当事人可以书面协议选择被告住所地、合同履行地、合同签订地、原告住所地、标的物所在地等与争议有实际联系的地点的人民法院管辖，但不得违反《民事诉讼法》对级别管辖和专属管辖的规定。

经营者使用格式条款与消费者订立管辖协议，未采取合理方式提请消费者注意，消费者主张管辖协议无效的，人民法院应予支持。

（五）共同管辖和选择管辖

1. 共同管辖与选择管辖

共同管辖与选择管辖实际上是一个问题的两个方面：

（1）共同管辖是从法院角度而言的，指法律规定两个以上的法院对某类诉讼都有管辖权；

（2）选择管辖则是从当事人角度而言的，指当两个以上的法院对诉讼都有管辖权时，当事人可以选择其中一个法院提起诉讼。

2. 管辖的确定

两个以上人民法院都有管辖权的诉讼，原告可以向其中一个人民法院起诉；原告向两个以上有管辖权的人民法院起诉的，由最先立案的人民法院管辖。

两个以上人民法院都有管辖权的诉讼，先立案的人民法院不得将案件移送给另一个有管辖权的人民法院。

三、移送管辖和指定管辖

（一）移送管辖

1. 移送管辖的含义。移送管辖是指法院在受理民事案件后，发现自己对案件并无管辖权，依法将案件移送到有管辖权的法院审理。

2. 移送管辖的条件。人民法院移送管辖的案件应当符合下列条件：

（1）法院已经受理了案件；

（2）移送的法院对案件没有管辖权；

（3）移送案件的人民法院认为受移送的法院对案件有管辖权。

3. 移送只能进行一次。受移送的法院即使认为本院对移送来的案件并无管辖权，也不得再自行将案件移送到其他法院，而只能报请上级法院指定管辖。

4. 两个以上法院对案件都有管辖权时，应当由先立案的法院行使管辖权，先立案的法院不得将案件移送至另一有管辖权的法院。

（二）指定管辖

指定管辖是指上级法院以裁定方式指定其下级法院对某一案件行使管辖权。指定管辖的适用范围包括：

1. 移送管辖后，受移送的法院认为自己对移送来的案件也没有管辖权，则应当报请其上级人民法院指定管辖。

2. 有管辖权的法院由于特殊原因不能行使管辖权，报上级法院指定管辖。"特殊原因"是指法律上或者事实上的原因致使按照法律规定受诉的人民法院无法或者难以行使管辖权。例如，某法院的院长为某一案件的当事人，则该法院的法官依照规定均应当回避，因此无法审理该案件。

3. 两个以上的同级人民法院对管辖权发生争议（争着管或争着不管），前述法院通过协商未能解决管辖争议，则应当报共同的上级法院指定管辖。例如，甲省 A 市 B 区和 C 区的基层人民法院发生管辖权争议且协商不成的，则该两个基层法院应当报请其共同上级 A 市中级法院指定管辖。

（三）管辖权转移

管辖权转移是指依据上级法院的决定或同意，将案件的管辖权从原来有管辖权的法院，转移至无管辖权的法院，使无管辖权的法院因而取得管辖权。

管辖权转移在上下级法院之间进行，通常在直接的上下级法院进行，是对级别管辖的变通和个别调整。发生管辖权转移的情形如下：

1.向上转移。向上转移是指管辖权从下级人民法院转移至上级人民法院。

（1）上级人民法院认为下级人民法院管辖的一审案件，由自己审理更为合适，有权决定把案件调上来自己审理。

（2）下级人民法院认为自己管辖的一审案件需要由上级人民法院审理时，报请上级人民法院审理。

2.向下转移。向下转移是指上级人民法院将自己管辖的一审案件交给下级人民法院审理。上级人民法院认为确有必要将本院的第一审案件交由下级人民法院审理的，应当报请其上级人民法院批准。

【例 03-03】甲欲以乙和丙为共同被告提起民事诉讼。经查，甲的住所地和经常居住地均为 A 地；乙的住所地为 B 地，经常居住地为 C 地；丙的住所地和经常居住地均为 D 地。根据民事诉讼法及相关规定，下列哪些人民法院对该案有管辖权？

A. A 地人民法院   B. B 地人民法院

C. C 地人民法院   D. D 地人民法院

【参考答案】CD

四、管辖权异议

管辖权异议是指人民法院受理案件后，被告在答辩期间向受诉人民法院提出的，认为受诉人民法院对受诉的案件无管辖权的意见和主张。

（一）提出管辖权异议的条件

被告提出管辖权异议的，既可以是对地域管辖有异议，也可以是对级别管辖有异议。提出管辖权异议应当具备下列条件：

1.提出管辖权异议的主体条件。在通常情况下，管辖权异议是由被告提出的。参加诉讼的有独立请求权的第三人、无独立请求权的第三人，均无权提出管辖权异议。

2.提出管辖权异议的时间条件。被告应当在收到起诉状副本之日起 15 日内，即提交答辩状期间提出管辖权异议。

（二）管辖权异议的处理方式

经人民法院审查，异议成立的，裁定移送给有管辖权的法院；异议不成立的，裁定驳回。

当事人对驳回管辖权异议的裁定不服的，可以在 10 日内向上一级法院提出上诉，但不得申请再审。

第三节 民事诉讼参加人

本节知识要点

本节主要介绍民事诉讼程序中的参加人，重点内容是诉讼参加人及其确定；诉讼代理人的类型和其具体制度。本节的难点在于共同诉讼中代表人的确定以及有独立请求权第三人和无独立请求权第三人在诉讼中的权利。民事诉讼参加人的主要内容如图 3-5 所示。

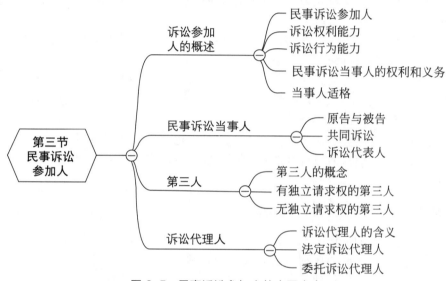

图 3-5 民事诉讼参加人的主要内容

一、诉讼参加人的概述

（一）民事诉讼参加人

1.民事诉讼中的当事人。民事诉讼中的当事人是指因民事权利义务发生争议，以自己的名义进行诉讼，要求法院行使民事裁判权的人。民事诉讼中的当事人包括原告、被告，还包括共同诉讼人、诉讼中的第三人、诉讼代表人。

2.民事诉讼中的诉讼参加人。民事诉讼中的诉讼参加人包括诉讼当事人（原告、被告、诉讼代表人、共同诉讼人、第三人）和诉讼代理人（法定代理人、委托代理人）。

（二）诉讼权利能力

诉讼权利能力是指成为民事诉讼当事人，享有民事诉讼权利和承担民事诉讼义务所必需的诉讼法上的资格。

民事诉讼法中的当事人必须具备当事人能力，这是诉讼要件之一。如果起诉的当事人没有当事人能力，法院将驳回起诉。

《民事诉讼法》第 51 条规定，公民、法人和其他组织可以作为民事诉讼的当事人。法人由其法定代表人进行诉讼。其他组织由其主要负责人进行诉讼。

自然人的诉讼权利能力与法人和非法人组织的诉讼权利能力，在存续时间上是不同的。公民的诉讼权利能力始于出生，终于死亡。法人和非法人组织的诉讼权利能力，始于成立，终于终止。

（三）诉讼行为能力

民事诉讼行为能力是指当事人可以亲自实施民事诉讼行为，并通过自己的行为行使民事诉讼权利和承担民事诉讼义务的法律上的资格。

根据是否具有民事诉讼行为能力，当事人分为具有民事诉讼行为能力人和无民事诉讼行为能力人：

1.具有民事诉讼行为能力人。具有民事诉讼权利能力的成年人（满18周岁的完全民事行为能力人、以自己的劳动收入为主要生活来源的16周岁以上的未成年人）、法人和非法人组织，同时具有民事诉讼行为能力。

具有民事诉讼行为能力的当事人，可以作为民事诉讼当事人亲自参加民事诉讼，也可以委托代理人代为参加民事诉讼。

2.无民事诉讼行为能力人。限制民事行为能力人（8周岁以上的未成年人、不能完全辨认自己行为的成年人）、无民事行为能力人（不满8周岁的未成年人、完全不能辨认自己行为的成年人），为无民事诉讼行为能力人。

限制民事行为能力人和无民事行为能力人，虽然也可以成为民事诉讼中的当事人，但不能亲自实施诉讼行为，而只能通过其法定代理人或由其法定代理人委托的诉讼代理人，代为实施诉讼行为。

（四）民事诉讼当事人的权利和义务

1.民事诉讼当事人的诉讼权利。民事诉讼当事人享有的诉讼权利主要包括：

（1）起诉的权利、反驳的权利和提起反诉的权利；

（2）委托诉讼代理人的权利；

（3）申请回避的权利；

（4）收集和提供证据的权利；

（5）进行陈述、质证和辩论的权利；

（6）选择调解的权利；

（7）自行和解的权利；

（8）申请保全和先予执行的权利；

（9）提起上诉的权利；

（10）申请再审的权利；

（11）申请执行的权利；

（12）查阅、复制本案有关材料的权利。

2.民事诉讼当事人的诉讼义务。民事诉讼当事人承担的诉讼义务主要包括：

（1）依法行使诉讼权利的义务；

（2）遵守诉讼秩序的义务；

（3）履行生效法律文书的义务。

（五）当事人适格

1.适格的当事人。当事人适格是指对于具体案件，有以自己的名义作为本案当事人起诉或应诉，并享有民事诉讼权利，承担人民法院判决要求履行的义务的资格。

当事人适格是针对某一个具体的案件，是否有资格成为诉讼当事人而言的。

当事人是否适格，取决于其与特定的诉讼标的有无直接联系，或法律规定。

2.当事人变更。当事人变更是指在诉讼过程中，根据法律的规定，原诉讼的当事人被变更或变动为新的当事人的一种诉讼现象。当事人变更主要有以下两种情形：

（1）诉讼中当事人死亡。在诉讼中，如果一方当事人死亡，他的民事权利义务将转移给他的继承人，他的诉讼权利义务也将转移给他的继承人，因此发生当事人的变更。

（2）法人或非法人组织合并或分立。在诉讼过程中，如果法人或非法人组织发生合并或分立，其民事权利义务只能由合并或分立后的法人或非法人组织承担，其诉讼权利也只能由合并或分立后的法人或非法人组织承担，由此发生当事人变更。

发生法定的当事人变更的情况以后，新的当事人将继续原当事人的诉讼程序，而不是诉讼程序重新开始。

二、民事诉讼当事人

（一）原告与被告

原告是指为维护自己或自己所管理的他人的民事权益，而以自己的名义向法院起诉，从而引起民事诉讼程序发生的人。

被告是指被原告诉称侵犯原告民事权益或与原告发生民事争议，而由法院通知应诉的人。

原告和被告是民事诉讼中最基本的当事人。双方当事人对立，是民事诉讼得以存在和继续的前提。因此，民事诉讼不能允许自己诉自己，或没有对立的当事人。

（二）共同诉讼

共同诉讼是指当事人一方或双方为两人以上的诉讼。根据形成共同诉讼的原因不同，可将共同诉讼分为普通共同诉讼和必要共同诉讼。

1.普通共同诉讼。普通共同诉讼是指一方或双方当事人为两人以上，其诉讼标的为同一种类，经当事人同意，人民法院认为可以合并审理的案件。

例如，购买同一开发商房屋的多个业主，有多个诉讼主体、多个诉讼标的，由于诉讼标的属于同一种类，因此人民法院在征得诉讼当事人同意的条件下，可以合并审理。

普通共同诉讼是可分之诉。在共同诉讼人数众多的情况下，部分不愿意合并审理的当事人，可以单独提出诉讼，另行审理。但普通共同诉讼之间的判决，具有参照力，避免同类案件的判决不公。

2.必要共同诉讼。必要共同诉讼是指当事人一方或双方为两人以上，诉讼标的为同一标的，人民法院必须合并审理的诉讼。

必要共同诉讼的诉讼标的为同一诉讼标的，如共同继承一份遗产。该案件人民法院必须合并审理，无需征得必要共同诉讼人的同意。

必须共同进行诉讼的当事人没有参加诉讼的，人民法院应当依照法律规定，通知其参加；当事人也可以向人民法院申请追加。

（三）诉讼代表人

诉讼代表人是指由人数众多的一方当事人从本方当事人中推选出来，代表他们的利益实施诉讼行为的人。

代表人诉讼中如果诉讼标的唯一，则为必要共同诉讼；如果诉讼标的为同种类，则为普通共同诉讼。

1.代表人诉讼中的人数。当事人一方或者双方人数众多（10人以上）的情况下，由人数众多一方或者双方推举出代表（2～5人），代表本方当事人进行诉讼活动。每位代表人可以委托1～2人作为诉讼代理人。

2.诉讼人数确定的诉讼代表人。

（1）必要共同诉讼：推选不出代表人的必要共同诉讼中的当事人，可以自己参加诉讼。

（2）普通共同诉讼：推选不出代表人的普通共同诉讼中的当事人，可以另行起诉。

3.诉讼人数不确定的诉讼代表人。对于人数不确定的诉讼代表人，首先由确定的诉讼当事人进行推选；当事人推选不出的，可以由人民法院提出人选与当事人协商；协商不成的，也可以由人民法院在起诉的当事人中指定代表人。

三、第三人

（一）第三人的概念

民事诉讼的第三人是指对原告和被告所争议的诉讼标的有独立的请求权，或者虽然没有独立的请求权，但与案件的处理结果有法律上的利害关系，而参加到正在进行的诉讼中去的人。

根据第三人参加诉讼的根据不同，可以将第三人分为有独立请求权的第三人和无独立请求权的第三人。前者对原告和被告所争议的诉讼标的有独立的请求权，后者仅与他人案件的处理结果有法律上的利害关系。诉讼中的第三人无权提出管辖权异议。

（二）有独立请求权的第三人

有独立请求权的第三人是指对原告和被告所争议的诉讼标的有独立的请求权而参加诉讼的人。

有独立请求权的第三人有权向人民法院提出诉讼请求和事实、理由，成为当事人。第一审程序中未参加诉讼的第三人，申请参加第二审程序的，人民法院可以准许。

（三）无独立请求权的第三人

无独立请求权第三人是指虽然对原告和被告所争议的诉讼标的没有独立的请求权，但与案件的处理结果有法律上的利害关系而参加诉讼的人。

无独立请求权的第三人，可以申请或者由人民法院通知参加诉讼。第一审程序中未参加诉讼的第三人，申请参加第二审程序的，人民法院可以准许。

在一审诉讼中，无独立请求权的第三人无权提出管辖异议，无权放弃、变更诉讼请求或者申请撤诉，被判决承担民事责任的，有权提起上诉。

四、诉讼代理人

（一）诉讼代理人的含义

诉讼代理人是指根据法律规定或当事人的委托，在民事诉讼中，为维护当事人的合法权益而代为进行民事诉讼活动的人。根据代理权限的来源不同，可以将之分为法定诉讼代理人和委托诉讼代理人两类。

诉讼代理人在法定或委托代理的权限范围内，以被代理人的名义参加诉讼行使代理权，享受被代理人在诉讼中的权利。

（二）法定诉讼代理人

法定诉讼代理人是指根据法律规定，代理无诉讼行为能力的当事人进行民事诉讼活动的人。法定代理人是根据法律的直接规定取得代理权的。

无诉讼行为能力人由他的监护人作为法定代理人代为诉讼。法定代理人的代理权包括：

（1）一般性诉讼权利的代理权：申请回避、委托诉讼代理人、参加庭审。

（2）实体性权利的代理权：提出、放弃、变更诉讼请求，自行和解，请求或接受调解等。

（三）委托诉讼代理人

委托诉讼代理人是指根据当事人、法定代表人或法定代理人的委托，代为进行诉讼活动的人。当事人、法定代理人可以委托 1~2 人作为诉讼代理人。下列人员可以被委托为诉讼代理人：

1.律师、基层法律服务工作者。

2.当事人的近亲属或者工作人员。

（1）与当事人有夫妻、直系血亲、三代以内旁系血亲、近姻亲关系以及其他有抚养、赡养关系的亲属，可以以当事人近亲属的名义作为诉讼代理人。

（2）与当事人有合法劳动人事关系的职工，可以以当事人工作人员的名义作为诉讼代理人。

3.当事人所在社区、单位以及有关社会团体推荐的公民。有关社会团体推荐公民担任诉讼代理人的，应当符合下列条件：

（1）社会团体属于依法登记设立或者依法免予登记设立的非营利性法人组织；

（2）被代理人属于该社会团体的成员，或者当事人一方住所地位于该社会团体的活动地域；

（3）代理事务属于该社会团体章程载明的业务范围；

（4）被推荐的公民是该社会团体的负责人或者与该社会团体有合法劳动人事关系的工作人员。

专利代理师经中华全国专利代理师协会推荐，可以在专利纠纷案件中担任诉讼代理人。

诉讼代理人代为承认、放弃、变更诉讼请求，进行和解，提起反诉或者上诉，必须有委托人的特别授权。

【例 03-04】甲发现乙侵犯其专利权，遂委托律师李某作为其诉讼代理人向人民法院提起诉讼。根据民事诉讼法及相关规定，李某的下列哪些行为必须有甲的特别授权？

A.代为进行和解　　　　　　　B.代为放弃诉讼请求

C.代为提出回避申请　　　　　D.代为提起上诉

【参考答案】ABD

第四节　民事诉讼证据

本节知识要点

　　本节主要介绍我国民事诉讼法中的证据类型、证据法定形式、当事人举证、证据交换、质证、鉴定及证据保全等内容。本节的难点在于掌握鉴定制度、当事人出庭制度、证人出庭制度。民事诉讼证据的主要内容如图3-6所示。

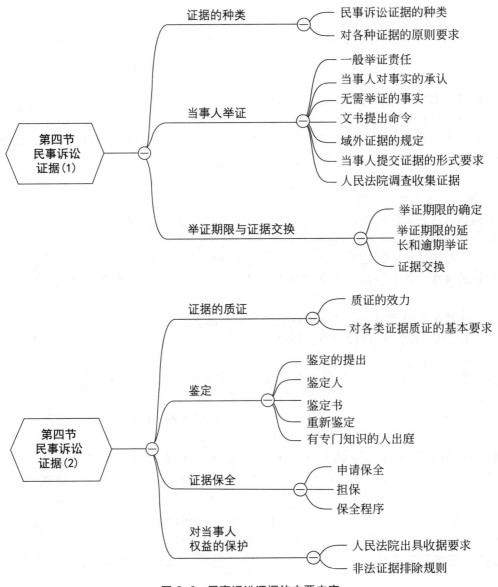

图 3-6　民事诉讼证据的主要内容

一、证据的种类

（一）民事诉讼证据的种类

民事诉讼证据是指在民事诉讼中能够证明案件真实情况的各种资料。只有经过质证和认证的证据，才能作为认定案件事实和裁判的依据。

证据必须查证属实，才能作为认定事实的根据。我国民事诉讼证据有以下8种：

1.书证。书证是指以文字、符号、图案等表示的内容来证明案件待证事实的书面材料，如发票、合同书、遗嘱等。书证是以其所记载的内容来证明案件的有关事实的。

2.物证。物证是指以其存在的外形、特征、质量、性能等来证明案件待证事实的物品。物证的特点是以其客观存在的形态来证明案件的待证事实，其本身不具有任何的思想内容。例如，李某购买了一台电视机，使用中发生爆炸，则该电视机即为物证。电视机上的标签内容证明了该电视机的品牌，根据该标签内容确定了生产厂家，则该标签为书证。

3.视听资料。视听资料是指以声音、图像及其他视听信息来证明案件待证事实的录音资料、影像资料，如录音带、录像带、胶卷、X光片等信息材料。

4.电子数据。电子数据包括下列信息、电子文件：

（1）网页、博客、微博客等网络平台发布的信息；

（2）手机短信、电子邮件、即时通信、通讯群组等网络应用服务的通信信息；

（3）用户注册信息、身份认证信息、电子交易记录、通信记录、登录日志等信息；

（4）文档、图片、音频、视频、数字证书、计算机程序等电子文件；

（5）其他以数字化形式存储、处理、传输的能够证明案件事实的信息。

5.证人证言。证人证言是指当事人之外了解案件有关情况的人向人民法院就自己知道的案件事实所作的陈述。对证人证言的理解应当注意以下几个问题：

（1）证人本身不是证据，其向人民法院陈述的与案件事实有关的内容才是证据。

（2）证人能力与民事行为能力没有直接的关系，限制行为能力甚至无行为能力的人都有可能成为证人，法律只规定不能正确表述意志的人，不能作证；待证事实与其年龄、智力状况或者精神健康状况相适应的无民事行为能力人和限制民事行为能力人，可以作为证人。

（3）证人主体——单位、个人。凡是知道案件情况的单位和个人，都有义务出庭作证。有关单位的负责人应当支持证人作证。

（4）证人不存在回避问题，案件当事人之外的第三人，只要其知晓案件的有关情况，其均可作为证人作证。

6.当事人陈述。当事人陈述是指当事人就案件事实向人民法院所作的陈述。当事人的陈述往往具有两面性：一是可信性，因为当事人是案件的经历者，所以他们对案件情况了解得最全面、真切，陈述具有可信的一面；二是虚假性，这是因为当事人是案件的利害关系人，案件的处理结果关系到他的直接的利益，基于趋利避害的心理，其在陈述中对有利于自己的地方，可能夸大甚至虚构，对不利的情况，则有可能隐瞒，从而使其陈述可能有虚假的成分。

7.鉴定意见。鉴定意见是指鉴定人运用自己的专业知识对案件中的有关专门性问题进行鉴别、分析所作出的结论。

8.勘验笔录。勘验笔录是指勘验人员对被勘验的现场或物品所作的客观记录。人民法院认为有必要的，可以根据当事人的申请或者依职权对物证或者现场进行勘验。勘验时应当保护他人的隐私和尊严。

（二）对各种证据的原则要求

证据必须查证属实，才能作为认定事实的根据。

民事证据，应当满足以下三个基本要求：

1.客观性，即民事证据必须是客观存在的事实。

2.关联性，即民事证据必须与待证的案件事实有内在的联系。

3.合法性，包括两方面的要求：

（1）证据应当按法定要求取得，以法律禁止的手段取得的事实材料，不可以作为民事诉讼证据。

（2）实体法要求某些法律行为必须采用法定形式的，作为证明这些法律行为的事实材料，就应当具备这些法定形式。例如，鉴定意见需要有鉴定人的签章和加盖鉴定机构的公章。

二、当事人举证

（一）一般举证责任

我国《民事诉讼法》规定"当事人对自己提出的主张，有责任提供证据"，学者们将其归纳为"谁主张，谁举证"原则。依此原则，无论是原告、被告，共同诉讼人、诉讼代表人，还是诉讼中的第三人，都有责任对自己的主张提供证据并加以证明。

（二）当事人对事实的承认

当事人对事实的承认又称为自认，是指一方当事人对另一方当事人所主张的事实加以承认。自认的事实与查明的事实不符的，人民法院不予确认。一方当事人在法庭审理中，或者在起诉状、答辩状、代理词等书面材料中陈述的于己不利的事实，或者对于己不利的事实明确表示承认的，另一方当事人无需举证证明。

当事人委托代理人参加诉讼的，除授权委托书明确排除的事项外，代理人的承认视为当事人的自认。

对于涉及身份关系、国家利益、社会公共利益等应当由人民法院依职权调查的事实，不适用前述自认的规定。

（三）无需举证的事实

当事人在诉讼中，对于无需举证的事实不需要举证。无需举证的事实包括：

（1）自然规律以及定理、定律。例如，中午12点是白天，三角形的两边之和大于第三边。

（2）众所周知的事实。例如，中华人民共和国于1949年10月1日成立。

（3）根据法律规定推定的事实。例如，甲、乙刚刚在民政局领取了结婚证，从而可以推定甲、乙均已年满18周岁。因为《民法典》规定的结婚年龄是女不得早于20周岁，男不得早于22周岁。

（4）根据已知的事实和日常生活经验法则推定出的另一事实。例如，已知甲时至今日从未去过国外，因此也就可以推定2020年12月1日甲不可能在美国的某个地方出现过。

（5）已为仲裁机构的生效裁决所证明的事实（预决事实）。

（6）已为人民法院发生法律效力的裁判所确认的事实。例如，某市人民法院的某一生效判决中已经认定甲是被乙故意伤害致死的，因此甲的父母提起民事诉讼要求乙赔偿丧葬费、赡养费、精神损害赔偿时，人民法院无须再次认定甲是被乙杀害这一事实。

（7）已为有效公证书所证明的事实。经过法定程序公证证明的法律事实和文书，人民法院应当将其作为认定事实的根据，但有相反证据足以推翻公证证明的除外。

（8）当事人自认的事实。

对于前述第（2）项至第（5）项规定的事实，当事人有相反证据足以反驳的除外；第（6）项、第（7）项规定的事实，当事人有相反证据足以推翻的除外。

（四）文书提出命令

书证在对方当事人控制之下的，承担举证证明责任的当事人可以在举证期限届满前书面申请人民法院责令对方当事人提交。下列情形，控制书证的当事人应当提交书证：

（1）控制书证的当事人在诉讼中曾经引用过的书证；

（2）为对方当事人的利益制作的书证；

（3）对方当事人依照法律规定有权查阅、获取的书证；

（4）账簿、记账原始凭证；

（5）人民法院认为应当提交书证的其他情形。

控制书证的当事人无正当理由拒不提交书证的，人民法院可以认定对方当事人所主张的书证内容为真实。

（五）域外证据的规定

域外证据的规定是指在我国领域外形成的证据。

当事人提供的公文书证系在中华人民共和国领域外形成的，该证据应当经所在国公证机关证明，或者履行中华人民共和国与该所在国订立的有关条约中规定的证明手续。

中华人民共和国领域外形成的涉及身份关系的证据，应当经所在国公证机关证明并经中华人民共和国驻该国使领馆认证，或者履行中华人民共和国与该所在国订立的有关条约中规定的证明手续。

当事人向人民法院提供的证据是在中国香港、澳门、台湾地区形成的，应当履行相关的证明手续。当事人向人民法院提供外文书证或者外文说明资料应当附有中文译本。

（六）当事人提交证据的形式要求

对当事人提交的证据，形式要求分别如下：

1.书证。书证应当提交原件。提交原件或者原物确有困难的，可以提交复制品、照片、副本、节录本。提交外文书证，必须附有中文译本。这里的提交书证原件确有困难，包括下列情形：

（1）书证原件遗失、灭失或者毁损的；

（2）原件在对方当事人控制之下，经合法通知提交而拒不提交的；

（3）原件在他人控制之下，而其有权不提交的；

（4）原件因篇幅或者体积过大而不便提交的；

（5）承担举证证明责任的当事人通过申请人民法院调查收集或者其他方式无法获得书证原件的。

2.物证。物证应当提交原物。提交原件或者原物确有困难的，可以提交复制品、照片、副本、节录本。

（1）动产证据。以动产作为证据的，应当将原物提交人民法院。原物不宜搬移或者不宜保存的，当事人可以提供复制品、影像资料或者其他替代品。人民法院在收到当事人提交的动产或者替代品后，应当及时通知双方当事人到人民法院或者保存现场查验。

（2）不动产证据。当事人以不动产作为证据的，应当向人民法院提供该不动产的影像资料。人民法院认为有必要的，应当通知双方当事人到场进行查验。

3.视听资料。当事人以视听资料作为证据的，应当提供存储该视听资料的原始载体。

4.电子数据。当事人以电子数据作为证据的，应当提供原件。电子数据的制作者制作的与原件一致的副本，或者直接来源于电子数据的打印件或其他可以显示、识别的输出介质，视为电子数据的原件。

（七）人民法院调查收集证据

1.当事人申请人民法院收集证据。当事人及其诉讼代理人申请人民法院调查收集证据，应当在举证期限届满前提交书面申请。

申请书应当载明被调查人的姓名或者单位名称、住所地等基本情况，所要调查收集的证据名称或者内容，需要由人民法院调查收集证据的原因及其要证明的事实以及明确的线索。

2.调查人员调查收集证据的规定。人民法院调查收集证据，应当由两人以上共同进行。调查材料要由调查人、被调查人、记录人签名、捺印或者盖章。

（1）调查人员调查收集的书证可以是原件也可以是经核对无误的副本或者复制件。是副本或者复制件的，应当在调查笔录中说明来源和取证情况。

（2）调查人员调查收集的物证应当是原物。被调查人提供原物确有困难的，可以提供复制品或者影像资料。提供复制品或者影像资料的，应当在调查笔录中说明取证情况。

（3）人民法院调查收集视听资料、电子数据的，应当要求被调查人提供原始载体。提供原始载体确有困难的，可以提供复制件。提供复制件的，人民法院应当在调查笔录中说明其来源和制作经过。

（4）人民法院调查收集可能需要鉴定的证据，应当遵守相关技术规范，确保证据不被污染。

三、举证期限与证据交换

（一）举证期限的确定

举证期限可以由当事人协商，并经人民法院准许。

人民法院指定举证期限的，适用第一审普通程序审理的案件不得少于 15 日，当事人提供新的证据的第二审案件不得少于 10 日。适用简易程序审理的案件不得超过 15 日。

举证期限届满后，当事人提供反驳证据或者对已经提供的证据的来源、形式等方面的瑕疵进行补正的，人民法院可以酌情再次确定举证期限，该期限不受前述规定的期间限制。

存在下列情形的，举证期限按照如下方式确定：

（1）当事人依照《民事诉讼法》的规定提出管辖权异议的，举证期限中止，自驳回管辖权异议的裁定生效之日起恢复计算；

（2）追加当事人、有独立请求权的第三人参加诉讼或者无独立请求权的第三人经人民法院通知参加诉讼的，人民法院应当依照规定为新参加诉讼的当事人确定举证期限，该举证期限适用于其他当事人；

（3）发回重审的案件，第一审人民法院可以结合案件具体情况和发回重审的原因，酌情确定举证期限；

（4）当事人增加、变更诉讼请求或者提出反诉的，人民法院应当根据案件具体情况重新确定举证期限；

（5）公告送达的，举证期限自公告期届满之次日起计算。

（二）举证期限的延长和逾期举证

1.举证期限的延长。当事人对自己提出的主张应当及时提供证据。

当事人申请延长举证期限的，应当在举证期限届满前向人民法院提出书面申请。

申请理由成立的，人民法院应当准许，适当延长举证期限，并通知其他当事人。延长的举证期限适用于其他当事人。

申请理由不成立的，人民法院不予准许，并通知申请人。

2.逾期举证。当事人应当在举证期限内向人民法院提交证据材料，当事人在举证期限内不提交的，视为放弃举证权利。

当事人逾期提供证据的，人民法院应当责令其说明理由，必要时可以要求其提供相应的证据。当事人因客观原因逾期提供证据，或者对方当事人对逾期提供证据未提出异议的，视为未逾期。

当事人拒不说明逾期举证的理由或者理由不成立的，人民法院根据不同情形可以不予采纳该证据，或者采纳该证据但予以训诫、罚款。

人民法院对逾期提供证据的当事人处以罚款的，可以结合当事人逾期提供证据的主观过错程度、导致诉讼迟延的情况、诉讼标的金额等因素，确定罚款数额。

（三）证据交换

1.证据交换的期限。证据交换的期限是指在答辩期届满后、开庭审理前，人民法院组织当事人相互开示、交换证据的行为。

交换证据的时间可以由当事人协商一致并经人民法院认可，也可以由人民法院指定。当事人申请延期举证经人民法院准许的，证据交换日相应顺延。

2.证据交换的程序。证据交换应当在审判人员的主持下进行。证据交换一般不超过两次，但重大、疑难和案情特别复杂的案件，人民法院认为确有必要再次进行证据交换的除外。

在证据交换的过程中，审判人员对当事人无异议的事实、证据应当记录在卷；对有异议的证据按照需要证明的事实分类记录在卷并记载异议的理由。通过证据交换确定双方当事人争议的主要问题。

四、证据的质证

（一）质证的效力

1.质证的主体。质证是当事人的活动。虽然质证是人民法院完成证据审查认定职责的主要途径，但人民法院不是质证的主体。证据应当在法庭上出示，并由当事人互相质证。未经当事人质证的证据，不能作为认定案件事实的依据。

2.质证的内容。证据的质证，当事人应当主要围绕证据的真实性、合法性以及与待证事实的关联性进行质证，并针对证据有无证明力和证明力大小进行说明和辩论。

能够反映案件真实情况、与待证事实相关联、来源和形式符合法律规定的证据，应当作为认定案件事实的根据。

3.质证的方式。质证的方式是以公开质证为原则，以不公开质证为例外。

（1）不公开质证的情形。对涉及国家秘密、商业秘密和个人隐私的证据应当保密，需要在法庭出示的，不得在公开开庭时出示。

不公开质证并不等于不质证。不公开质证可以理解为，当证据涉及国家秘密、商业秘密和个人隐私的，质证时不得有不应当接触该国家秘密、不应当了解该商业秘密和知晓该隐私的人在场。

（2）人民法院依申请收集的证据的质证。人民法院以当事人申请收集的证据视为当事人举证的证据，因此由申请调取证据的当事人在庭审中出示，并由当事人质证。

（3）人民法院依职权收集的证据的质证。人民法院依职权收集的证据不需要质证。人民法院依职权调取的证据，由法庭出示，并可就调取该证据的情况进行说明，听取当事人意见。

（4）开庭前当事人认可的证据不需要当庭质证。当事人在审理前的准备阶段或者人民法院调查、询问过程中发表过质证意见的证据，视为质证过的证据。

（二）对各类证据质证的基本要求

1.对当事人的陈述进行质证。人民法院认为有必要的，可以要求当事人本人到庭，就案件有关事实接受询问。在询问当事人之前，可以要求其签署保证书。

人民法院应当在询问前责令当事人签署保证书并宣读保证书的内容。保证书应当载明保证据实陈述，绝无隐瞒、歪曲、增减，如有虚假陈述应当接受处罚等内容。当事人应当在保证书上签名、捺印。

当事人无正当理由拒不到场、拒不签署或宣读保证书或者拒不接受询问的，人民法院应当综合案件情况，判断待证事实的真伪。待证事实无其他证据证明的，人民法院应当作出不利于该当事人的认定。

2.对书证、物证、视听资料的质证。对书证、物证、视听资料进行质证时，当事人应当出示证据的原件或者原物。但有下列情况之一的除外：

（1）出示原件或者原物确有困难并经人民法院准许出示复制件或者复制品的；

（2）原件或者原物已不存在，但有证据证明复制件、复制品与原件或原物一致的。

3.对证人证言的质证。

（1）证人出庭作证。人民法院应当要求证人出庭作证，接受审判人员和当事人的询问。人民法院认为证人证言内容涉及国家利益、社会公共利益、公益诉讼、身份确认、恶意诉讼等情形的，可以依职权通知证人出庭作证。当事人申请证人出庭作证的，应当在举证期限届满前向人民法院提交申请书。

未经人民法院通知，证人不得出庭作证，但双方当事人同意并经人民法院准许的除外。

双方当事人同意证人以其他方式作证并经人民法院准许的，证人可以不出庭作证。

无正当理由未出庭的证人以书面等方式提供的证言，不得作为认定案件事实的根据。

证人确有困难不能出庭作证的，经人民法院许可，可以通过书面证言、视听传输技术或者视听资料等方式作证。"确有困难"是指以下情形：

① 因健康原因不能出庭的；

② 因路途遥远，交通不便不能出庭的；

③ 因自然灾害等不可抗力不能出庭的；

④ 其他有正当理由不能出庭的。

（2）签署保证书。人民法院应当要求证人在作证之前签署保证书，并在法庭上宣读保证书的内容。但无民事行为能力人和限制民事行为能力人作为证人的除外。

证人拒绝签署或者宣读保证书的，不得作证，并自行承担相关费用。

（3）证人接受质证。证人应当客观陈述其亲身感知的事实，作证时不得使用猜测、推断或者评论性的语言。证人作证前不得旁听法庭审理，作证时不得以宣读事先准备的书面材料的方式陈述证言。询问证人时其他证人不得在场。

人民法院认为有必要的，可以要求证人之间进行对质。证人故意作虚假陈述，诉讼参与人或者其他人以暴力、威胁、贿买等方法妨碍证人作证，或者在证人作证后以侮辱、诽谤、诬陷、恐吓、殴打等方式对证人打击报复的，人民法院应当根据情节，依照《民事诉讼法》第111条的规定，对行为人予以处罚。

五、鉴定

（一）鉴定的提出

当事人可以就查明事实的专门性问题向人民法院申请鉴定。当事人申请鉴定，可以在举证期限届满前提出。

人民法院在审理案件过程中认为待证事实需要通过鉴定意见证明的，应当向当事人释明，并指定提出鉴定申请的期间。

（二）鉴定人

人民法院准许当事人鉴定申请的，应当组织双方当事人协商确定具备相应资格的鉴定人。当事人协商不成的，由人民法院指定。

经人民法院准许，鉴定人可以调取证据、勘验物证和现场、询问当事人或者证人。

鉴定人应当提出书面鉴定意见，在鉴定书上签名或者盖章。

当事人对鉴定意见有异议或者人民法院认为鉴定人有必要出庭的，鉴定人应当出庭作证。

经人民法院通知，鉴定人拒不出庭作证的，鉴定意见不得作为认定事实的根据。人民法院应当建议有关主管部门或者组织对拒不出庭作证的鉴定人予以处罚。支付鉴定费用的当事人可以要求返还鉴定费用。

鉴定人出庭费用按照证人出庭作证费用的标准计算，由败诉的当事人负担。因鉴定意见不明确或者有瑕疵需要鉴定人出庭的，出庭费用由其自行负担。

（三）鉴定书

人民法院对鉴定人出具的鉴定书，应当审查是否具有下列内容：

（1）委托法院的名称；

（2）委托鉴定的内容、要求；

（3）鉴定材料；

（4）鉴定所依据的原理、方法；

（5）对鉴定过程的说明；

（6）鉴定意见；

（7）承诺书。

鉴定书应当由鉴定人签名或者盖章，并附鉴定人相应资格证明。委托机构鉴定的，鉴定书应当由鉴定机构盖章，并由从事鉴定的人员签名。

人民法院应当组织当事人对鉴定材料进行质证。未经质证的材料，不得作为鉴定的根据。

（四）重新鉴定

当事人申请重新鉴定，存在下列情形之一的，人民法院应予准许：
（1）鉴定人不具备相应资格的；
（2）鉴定程序严重违法的；
（3）鉴定意见明显依据不足的；
（4）鉴定意见不能作为证据使用的其他情形。
重新鉴定的，原鉴定意见不得作为认定案件事实的根据。

（五）有专门知识的人出庭

当事人可以申请人民法院通知有专门知识的人出庭，就鉴定人作出的鉴定意见或者专业问题提出意见。

审判人员可以对有专门知识的人进行询问。经法庭准许，当事人可以对有专门知识的人进行询问，当事人各自申请的有专门知识的人可以就案件中的有关问题进行对质。

有专门知识的人不得参与对鉴定意见质证或者就专业问题发表意见之外的法庭审理活动。具有专门知识的人在法庭上就专业问题提出的意见，视为当事人的陈述。

人民法院准许当事人申请的，相关费用由提出申请的当事人负担。

六、证据保全

（一）申请保全

《民事诉讼法》第84条规定，在证据可能灭失或者以后难以取得的情况下，当事人可以在诉讼过程中向人民法院申请保全证据，人民法院也可以主动采取保全措施。因情况紧急，在证据可能灭失或者以后难以取得的情况下，利害关系人可以在提起诉讼或者申请仲裁前向证据所在地、被申请人住所地或者对案件有管辖权的人民法院申请保全证据。

当事人或者利害关系人根据《民事诉讼法》的规定申请证据保全的，应当在举证期限届满前向人民法院提出。

（二）担保

当事人或者利害关系人申请采取查封、扣押等限制保全标的物使用、流通等保全措施，或者保全可能对证据持有人造成损失的，人民法院应当责令申请人提供相应的担保。

担保方式或者数额由人民法院根据保全措施对证据持有人的影响、保全标的物的价值、当事人或者利害关系人争议的诉讼标的金额等因素综合确定。申请证据保全错误造成财产损失，当事人请求申请人承担赔偿责任的，人民法院应予支持。

（三）保全程序

人民法院进行证据保全，可以要求当事人或者诉讼代理人到场。

根据当事人的申请和具体情况，人民法院可以采取查封、扣押、录音、录像、复制、鉴定、勘验等方法进行证据保全，并制作笔录。

七、对当事人权益的保护

（一）人民法院出具收据要求

人民法院收到当事人提交的证据材料，应当出具收据，注明证据的名称、份数和页数以及收到的时间，由经办人员签名或者盖章。

人民法院应当按照法定程序，全面地、客观地审查核实证据。

（二）非法证据排除规则

当事人对欺诈、胁迫、恶意串通事实的证明，以及对口头遗嘱或者赠与事实的证明，人民法院确信该待证事实存在的可能性能够排除合理怀疑的，应当认定该事实存在。

对以严重侵害他人合法权益、违反法律禁止性规定或者严重违背公序良俗的方法形成或者获取的证据，不得作为认定案件事实的根据。

非法获得的视听资料包括使用法律、法规禁止的手段窃听、窃照所获得的视听资料，以侵害他人隐私权的方式取得的视听资料等。但是，对于所谓"偷录、偷拍证据"的合法性问题要根据具体情况加以判断，不能简单地认为一概合法或一概非法。

【例 03-05】根据民事诉讼法及相关规定，下列哪些说法是正确的？

A.未出庭作证的证人证言不能作为认定案件事实的依据

B.未经质证的证据不能作为认定案件事实的根据

C.涉及商业秘密的证据不得在开庭时公开质证

D.证据应当在法庭上出示，由当事人质证

【参考答案】BCD

▌ 第五节　民事诉讼保全 ▌

📚 本节知识要点

本节主要介绍保全的对象和种类、保全的范围和程序、保全中的担保与反担保。本节的难点在于具体区分诉前、诉中发生财产保全、行为保全和证据保全时在适用条件上的差异。民事诉讼保全的主要内容如图 3-7 所示。

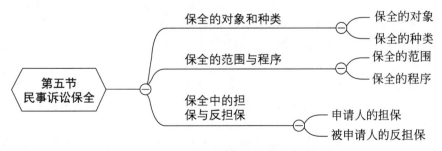

图 3-7　民事诉讼保全的主要内容

一、保全的对象和种类

（一）保全的对象

民事保全是指为保证民事诉讼裁判的执行和诉讼当事人的权利，人民法院根据当事人的申请，或者依据职权，对相关财产采取保全措施，或者命令行为人为或者不为一定行为的制度。根据保全的对象，可以将民事诉讼中的保全分为财产保全、行为保全、证据保全。

财产保全是指人民法院根据当事人的申请，或者依据职权，依法对被申请人的财产采取强制性保护措施，以避免财产被转移、隐匿、损坏。

行为保全是指人民法院根据当事人的申请，或者依据职权，对相关主体的侵害行为或者有采取侵害行为的可能的，要求相关主体为或者不为一定行为的强制措施。

例如，对于侵犯专利权的侵权人，为了避免诉讼过程中该侵权行为进一步实施会给专利权人造成更大的损害，则专利权人可以请求人民法院采取强制措施，要求侵权人停止侵害行为。

（二）保全的种类

1.诉讼前的保全。诉讼前的保全是指利害关系人在起诉前，向有管辖权的人民法院提出申请，对有关财产采取保全措施，或对有关行为采取保全措施的制度。诉前保全包括诉前财产保全、诉前行为保全。

诉前保全措施均应当依据利害关系人的申请，人民法院才能采取保全措施。没有当事人的申请，人民法院不得依职权采取诉前保全措施。人民法院接受申请后，必须在48小时内作出裁定；裁定采取保全措施的，应当立即开始执行。申请人在人民法院采取保全措施后30日内不依法提起诉讼或者申请仲裁的，人民法院应当解除保全。

（1）诉前财产保全

① 申请诉前财产保全应当具备的实质性条件。申请诉前财产保全的，要求利害关系人与他人之间存在争议的法律关系所涉及的财产处于情况紧急的状态下，不立即采取财产保全措施将有可能使利害关系人的合法权益遭受不可弥补的现实危险，即具有一定的现实紧迫性。

② 申请诉前财产保全的程序性条件。申请诉前财产保全的，必须由利害关系人向被保全财产所在地、被申请人住所地或者对案件有管辖权的人民法院提出申请。

（2）诉前行为保全

① 申请诉前行为保全应当具备的实质性条件。权利人或利害关系人有证据证明他人正在实施或者即将实施侵权行为，如不及时制止将会使其合法权益受到难以弥补的损害的，可以在起诉前向人民法院申请采取责令停止有关行为的措施。

② 申请诉前行为保全的程序性条件。申请诉前行为保全的，必须由权利人或利害关系人向对案件有管辖权的人民法院提出申请。

2.诉讼中的保全。诉讼中的保全是指在诉讼过程中，为了保证法院的判决能顺利实施，法院根据当事人的申请，或在必要时依职权决定对有关财产采取保护措施或者对有关行为予以限制的制度。

人民法院对于可能因当事人一方的行为或者其他原因而使判决难以执行或者造成当事人其他损害的案件，根据对方当事人的申请，可以裁定对其财产进行保全、责令其作出一定行为或者禁止其作出一定行为；当事人没有提出申请的，人民法院在必要时也可以裁定采取保全措施。

人民法院接受申请后，对情况紧急的，必须在 48 小时内作出裁定；裁定采取保全措施的，应当立即开始执行。

二、保全的范围与程序

（一）保全的范围

1.财产保全的范围。根据《民事诉讼法》的有关规定，财产保全限于请求的范围或与本案有关的财物。

所谓请求的范围，是指保全的财产其价值与诉讼请求相当或与利害关系人的请求相当；与本案有关的财物，是指本案的标的物，可供将来执行法院判决的财物或利害关系人请求予以保全的财物。

人民法院对抵押物、质押物、留置物可以采取财产保全措施，但不影响抵押权人、质权人、留置权人的优先受偿权。

2.行为保全的范围。行为保全的适用范围限于金钱请求以外的请求，通常是请求相对人为一定的行为（作为）或不为一定的行为（不作为）。

作为方面，包括办理证照手续、转移所有权、交付特定物、返还原物、恢复原状等各类行为；不作为方面，主要包括排除妨碍、停止侵害等行为。

所有上述行为都必须限于与本案请求有关的事项。

（二）保全的程序

1.保全措施。财产保全采取查封、扣押、冻结或者法律规定的其他方法。人民法院保全财产后，应当立即通知被保全财产的人。

财产已被查封、冻结的，不得重复查封、冻结。对申请保全人或者他人提供的担保财产，人民法院应当依法办理查封、扣押、冻结等手续。

2.对保全财产的处置。人民法院对季节性商品、鲜活、易腐烂变质以及其他不宜长期保存的物品采取保全措施时，可以责令当事人及时处理，由人民法院保存价款；必要时，人民法院可予以变卖，保存价款。

人民法院在财产保全中采取查封、扣押、冻结财产措施时，应当妥善保管被查封、扣押、冻结的财产。不宜由人民法院保管的，人民法院可以指定被保全人负责保管；不宜由被保全人保管的，可以委托他人或者申请保全人保管。

由人民法院指定被保全人保管的财产，如果继续使用对该财产的价值无重大影响，可以允许被保全人继续使用；由人民法院保管或者委托他人、申请保全人保管的财产，人民法院和其他保管人不得使用。

3.保全措施的解除。人民法院裁定采取保全措施后，除作出保全裁定的人民法院自行解除或者其上级人民法院决定解除外，在保全期限内，任何单位不得解除保全措施。解除以登记方式实施的保全措施的，应当向登记机关发出协助执行通知书。

4.保全中的救济。当事人对人民法院采取或不采取保全措施的裁定不服的，可以申请复议一次；复议期间不停止执行。法院根据申请人的申请而采取保全措施的，如果由于申请人的错误而导致被申请人因财产保全而受损失的，申请人应承担赔偿责任。

三、保全中的担保与反担保

（一）申请人的担保

1.诉前保全中的担保

申请人申请诉前保全的，应当提供担保，不提供担保的，人民法院裁定驳回申请。

利害关系人申请诉前财产保全的，应当提供相当于请求保全数额的担保；情况特殊的，人民法院可以酌情处理申请诉前行为保全的，担保的数额由人民法院根据案件的具体情况决定。

2.诉中保全中的担保。人民法院采取保全措施，可以责令申请人提供担保，申请人不提供担保的，裁定驳回申请。

在诉讼中，人民法院依申请或者依职权采取保全措施的，应当根据案件的具体情况，决定当事人是否应当提供担保以及担保的数额。

（二）被申请人的反担保

1.财产保全中的反担保。财产纠纷案件，被申请人向法院提供担保的，应当解除保全措施。

2.行为保全中的反担保。由于行为保全制度的目的不在于保护财产，而在于保障权利，因此行为保全措施不因被申请人提供担保而解除。

【例 03-06】根据民事诉讼法及相关规定，下列关于保全的说法哪项是正确的？

A.利害关系人只有在起诉后才可以向人民法院申请采取证据保全措施

B.在诉讼过程当中，人民法院根据当事人申请采取财产保全措施的，应当责令申请人提供担保

C.财产保全不限于请求的范围，也不限于与本案有关的财物

D.申请财产保全有错误的，申请人应当赔偿被申请人因财产保全所遭受的损失

【参考答案】D

第六节　民事审判程序

本节知识要点

本节主要介绍一审普通程序、对妨害民事诉讼的强制措施的具体适用、二审程序以及裁判类型。本节的重点为第一审普通程序，难点为上诉案件的判决或裁定的类型。民事审判程序的主要内容如图 3-8 所示。

一、第一审普通程序

（一）起诉的条件和方式

普通程序是指人民法院审理第一审民事案件通常所适用的程序。

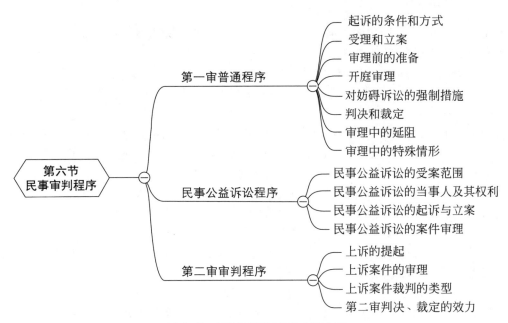

图 3-8　民事审判程序的主要内容

民事诉讼中的起诉是指当事人认为自己的或依法由自己管理、支配的民事权益受到侵害或与他人发生了争议，以自己的名义向人民法院提出诉讼请求，要求人民法院通过审判予以保护的诉讼行为。

民事诉讼奉行的是"不告不理"的原则，没有人起诉，人民法院就不会启动诉讼程序。

1.起诉的条件。《民事诉讼法》第122条规定，起诉必须符合下列条件：

（1）原告是与本案有直接利害关系的公民、法人或其他组织，即原告必须具备民事诉讼权利能力，且必须适格。

（2）有明确的被告。所谓明确的被告，是指原告在起诉时必须在起诉状中载明是谁侵害了其民事权益或者与其发生了争议。

（3）有具体的诉讼请求和事实、理由。原告起诉必须明确指出要求人民法院保护其民事权益的内容，对被告实体权利请求的内容，以及提出诉讼请求的事实依据和理由，这是起诉中的核心内容。

（4）属于人民法院受理民事诉讼的范围和受诉人民法院管辖。

当事人起诉时必须同时具备上述四个条件，缺少其中任何一个条件，人民法院都不能受理，第一审普通程序也无法启动。

2.起诉的方式。当事人提起诉讼，以书面起诉为原则，以口头起诉为例外。

《民事诉讼法》规定，起诉应当向人民法院递交起诉状，并按照被告的人数提交起诉状副本。书写起诉状确有困难的，可以口头起诉，由人民法院记入笔录，并告知对方当事人。起诉状应当写明以下内容：

（1）原告的姓名或名称、身份证号码或社会统一代码、住所、联系方式等信息。

（2）被告的姓名或名称身份证号码或社会统一代码、住所、联系方式等信息。

（3）诉讼请求和所根据的事实与理由。

（4）证据和证据来源，证人姓名和住所。

（二）受理和立案

人民法院在接到当事人的起诉后，应当及时进行审查。审查的内容包括对起诉文件的形式审查和对起诉条件的审查。

1.应当受理的起诉。人民法院应当保障当事人依照法律规定享有的起诉权利。

2.不予受理的情形。根据《民事诉讼法》第127条的规定，人民法院对下列起诉，分别情形，予以处理：

（1）不属于人民法院主管的案件，不予受理。依照《行政诉讼法》的规定，属于行政诉讼受案范围的，告知原告提起行政诉讼。依照法律规定，应当由其他机关处理的争议，告知原告向有关机关申请解决。

（2）仲裁协议优先原则。依照法律规定，双方当事人达成书面仲裁协议申请仲裁、不得向人民法院起诉的，告知原告向仲裁机构申请仲裁。

（3）对不属于本院管辖的案件，不予受理。人民法院对本院没有管辖权的案件，告知原告向有管辖权的人民法院起诉；原告坚持起诉的，裁定不予受理。立案后发现本院没有管辖权的，应当将案件移送有管辖权的人民法院。

（4）重复起诉案件，不予受理。对判决、裁定、调解书已经发生法律效力的案件，当事人又起诉的，告知原告申请再审，但人民法院准许撤诉的裁定除外。

（5）在一定期限内不得起诉的案件又起诉的，不予受理。

3.立案。符合起诉条件的，应当在7日内立案，并通知当事人；不符合起诉条件的，应当在7日内裁定不予立案。原告对裁定不服的，可以提起上诉。

4.裁定驳回起诉的情形。立案后，人民法院发现不符合《民事诉讼法》第122条规定的起诉条件或者属于第127条规定的情形的，裁定驳回起诉。

（三）审理前的准备

审理前的准备是指人民法院受理案件以后，至开庭审理之前，为保证庭审的正常进行，由审判本案的合议庭进行的一系列诉讼活动。

1.在法定期间送达诉讼文书。根据《民事诉讼法》和相关司法解释的规定，法院审理前准备工作的内容之一是在法定期间向当事人送达相关诉讼文书。

（1）人民法院在受理案件后，应当向原告、被告送达案件受理通知书、应诉通知书。

（2）人民法院应当在送达案件受理通知书和应诉通知书的同时向当事人送达举证通知书。

（3）人民法院应当在立案之日起5日内将起诉状副本发送被告，被告应当在收到之日起15日内提出答辩状。人民法院应当在收到答辩状之日起5日内将答辩状副本发送原告。被告在法定期间不提交答辩状的，不影响法院对案件的审理。

2.告知当事人诉讼权利义务及合议庭组成人员。人民法院应当在受理案件通知书和应诉通知书中向当事人告知其所享有的诉讼权利和承担的诉讼义务，或者口头告知。普通程序的审判组织必须采用合议制，为保障当事人申请回避权的充分行使，审理案件的审判人员确定后，应当在3日内告知当事人。

3.确定举证期限。在普通程序中，人民法院指定举证期限原则上不少于15天。

4.召集庭前会议。庭前会议是指在答辩期届满后，人民法院组织双方当事人为开庭进行的实体审理所实施的诉讼准备行为。

5.审阅诉讼材料，调查收集必要的证据。审理前准备阶段的诉讼材料主要包括原告的起诉状和被告提交的答辩状，以及相关的证据材料。对于这些材料，审判人员应当进行认真审核，以便归纳、明确当事人争议的焦点以及确定应当由人民法院自己收集调查的证据的范围。

6.追加当事人。在审理前的准备工作中，如果人民法院发现在共同诉讼中应当参加诉讼的当事人没有参加诉讼，应当通知其参加诉讼，或者由当事人向人民法院申请追加。本案的处理结果如果与第三人存在法律上的利害关系，第三人可以申请参加诉讼，或由人民法院通知其参加诉讼。

7.选择审理案件适用的程序。确定适用普通程序或简易程序审理案件。受诉法院为基层人民法院时，对于简单民事案件或当事人协议适用简易程序的案件，人民法院可以决定适用简易程序审理，其他案件适用普通程序审理。

（四）开庭审理

开庭审理是指人民法院在当事人和其他诉讼参与人的参加下，依照法定程序和方式，全面审查证据、认定案件事实，并依法作出裁判的诉讼活动。

开庭审理可以保障当事人充分行使诉讼权利，并通过主张、辩论、质证等诉讼行为保护自己的合法权益。开庭审理由以下几个既相对独立又相互联系的阶段组成：

1.庭审准备。庭审准备主要完成的工作如下：

（1）告知当事人及其他诉讼参与人出庭日期。人民法院在确定开庭期日后，应当在开庭3日前告知当事人及其他诉讼参与人；当事人或其他诉讼参与人在外地的，应当留有必要的在途时间。

（2）传唤当事人。对于当事人，人民法院应当采用传票传唤的方式告知其出庭；对于诉讼代理人、证人、鉴定人、勘验人、翻译人员，应当用通知书通知其到庭。

（3）发布开庭审理公告。对于公开开庭审理的案件，人民法院应当在开庭3日前发布公告，公告当事人的姓名、案由及开庭的时间和地点。

2.开庭审理。法庭审理应当围绕当事人争议的事实、证据和法律适用等焦点问题进行。依照普通程序开庭审理案件，必须严格按照法定的阶段和顺序进行。

（1）宣布开庭。由审判长或者独任审判员宣布开庭，核对当事人身份，宣布案由和审判人员、书记员名单。告知当事人有关诉讼权利义务，并询问当事人是否提出回避申请；当事人提出回避申请的，人民法院应当依法作出处理。

（2）法庭调查。法庭调查是指审判人员在法庭上对案件事实、证据进行全面审查、核实的诉讼活动。通过双方当事人对案件事实的陈述、举证、质证，人民法院审查、核实、认证，为查清案件事实和正确适用法律提供客观依据。

（3）法庭辩论。法庭辩论是指在审判人员的主持下，当事人及其诉讼代理人就法庭调查的事实、证据，阐明自己的意见，反驳对方的主张，相互进行辩论的诉讼活动。

（4）法庭辩论终结，由审判长或者独任审判员按照原告、被告、第三人的先后顺序征询各方最后意见。

在庭审中，人民法院也可以根据案件的具体情况灵活把握庭审程序的进行，在征得当事人同意的前提下，可以将法庭调查和法庭辩论两个庭审阶段合并进行。

3.法庭笔录。书记员应当将法庭审理的全部活动记入笔录，由审判人员和书记员签名。当事人和其他诉讼参与人认为对自己的陈述记录有遗漏或者差错的，有权申请补正。如果不予补正，应当将申请记录在案。法庭笔录由当事人和其他诉讼参与人签名或者盖章。拒绝签名盖章的，记明情况附卷。

4.合议庭评议和宣判。法庭辩论终结后，当事人不愿调解或调解未能达成协议的，合议庭应当对案件及时进行评议。合议庭评议实行少数服从多数的原则，评议结果及不同意见应当如实记入评议笔录，由合议庭成员签字；合议庭评议应当保密。合议庭评议后，无论是公开审理还是不公开审理的案件，都必须公开宣告判决。

5.审理的期限。审结期限，是从立案之日起至裁判宣告、调解书送达之日止的期间。人民法院适用普通程序审理的第一审民事案件，应当在立案之日起6个月内审结；有特殊情况需要延长的，经本院院长批准，可以延长6个月；还需要延长的，报请上级人民法院批准。

公告期间、鉴定期间、双方当事人和解期间、审理当事人提出管辖权异议以及处理人民法院之间的管辖争议期间不应计算在规定的审理期限之内。

（五）对妨碍诉讼的强制措施

1.妨害民事诉讼行为的构成

对妨害民事诉讼的强制措施是指在民事诉讼中，对有妨害民事诉讼秩序行为的行为人采取的，排除其妨害民事诉讼行为的一种司法强制措施。

妨害民事诉讼的行为是指在民事诉讼过程中，行为主体故意破坏和扰乱正常的诉讼秩序，妨碍民事诉讼活动正常进行的行为。

2.强制措施的适用对象和强制措施类型

（1）拘传。人民法院对必须到庭的被告，经两次传票传唤，无正当理由拒不到庭的，可以拘传。人民法院对必须到庭才能查清案件基本事实的原告，经两次传票传唤，无正当理由拒不到庭的，可以拘传。

（2）训诫、罚款、拘留。诉讼参与人和其他人应当遵守法庭规则。对违反法庭规则的人可以采用训诫、罚款、拘留等强制措施；构成犯罪的，依法追究刑事责任。

（3）当事人之间恶意串通，企图通过诉讼、调解、和解等方式侵害他人合法权益的，人民法院应当驳回其请求，并根据情节轻重予以罚款、拘留；构成犯罪的，依法追究刑事责任。

（4）被执行人与他人恶意串通，通过诉讼、仲裁、调解等方式逃避履行法律文书确定的义务的，人民法院应当根据情节轻重予以罚款、拘留；构成犯罪的，依法追究刑事责任。

（5）单位逃避履行协助调查、执行义务的，人民法院除责令其履行协助义务外，并可以予以罚款。

3.强制措施的内容

（1）罚款。罚款必须经人民法院院长批准。对个人的罚款金额，为人民币10万元以下。对单位的罚款金额，为人民币5万元以上100万元以下。

（2）拘留。拘留的期限，为15日以下。采取拘留措施的，应经人民法院院长批准，作出拘留决定书，由司法警察将被拘留人送交当地公安机关看管。

（3）拘传。拘传必须经人民法院院长批准。拘传应当发拘传票，并直接送达被拘传人；在拘传前，应当向被拘传人说明拒不到庭的后果，经批评教育仍拒不到庭的，可以拘传其到庭。

（4）训诫、责令退出法庭。训诫、责令退出法庭由合议庭或者独任审判员决定。训诫的内容、被责令退出法庭者的违法事实应当记入庭审笔录。

4.对罚款、拘留不服的救济。罚款、拘留应当采用决定书。对决定不服的，可以向上一级人民法院申请复议一次。复议期间不停止执行。

（六）判决和裁定

1.第一审程序中判决的作出。合议庭评议后，宣告判决前，能够调解的，还可以进行调解，调解不成的，应当及时判决。

2.判决书的内容。判决书应当写明判决结果和作出该判决的理由。判决书内容包括：

（1）案由、诉讼请求、争议的事实和理由；

（2）判决认定的事实和理由、适用的法律和理由；

（3）判决结果和诉讼费用的负担；

（4）上诉期间和上诉的法院。

判决书由审判人员、书记员署名，加盖人民法院印章。

3.第一审程序的判决宣告方式。民事判决必须采用书面形式作出。判决的宣告有当庭宣判和择日定期宣判两种方式：

（1）当庭宣判的，应当在10日内向当事人发送判决书；

（2）定期宣判的，宣判后立即向当事人发送判决书。

人民法院在宣告判决时，应当告知当事人上诉权利、上诉期限和上诉的法院。宣告离婚判决时，还必须告知当事人在判决书发生法律效力前不得另行结婚。

4.第一审判决的效力。第一审判决送达当事人后，当事人不服的，有权在判决书送达之日起15日内向上一级人民法院提起上诉；当事人未在判决书送达之日起15日内提起上诉的，该判决为生效判决。

5.第一审程序中的裁定。人民法院在审理案件中作出的裁定，是为了解决诉讼过程中的程序性问题，目的是使人民法院有效地指挥诉讼，清除诉讼中的障碍，推进诉讼进程。裁定可以采取口头形式或者书面形式，而判决必须采取书面形式。裁定适用于下列范围：

（1）不予受理；

（2）对管辖权有异议的；

（3）驳回起诉；

（4）保全和先予执行；

（5）准许或者不准许撤诉；

（6）中止或者终结诉讼；

（7）补正判决书中的笔误；

（8）中止或者终结执行；

（9）撤销或者不予执行仲裁裁决；

（10）不予执行公证机关赋予强制执行效力的债权文书；

（11）其他需要裁定解决的事项。

当事人对上述第（1）项至第（3）项裁定（不予受理的、对管辖权有异议的和驳回起诉的裁定）不服的，有权在裁定书送达之日起10日内向上一级人民法院提起上诉。

其他裁定一经作出，立即生效。裁定书应当写明裁定结果和作出该裁定的理由。裁定书由审判人员、书记员署名，加盖人民法院印章。口头裁定的，记入笔录。

（七）审理中的延阻

1.延期审理。延期审理是指在遇有法定事由时，使人民法院已经确定的开庭期日，或者正在进行的开庭审理无法继续进行，而顺延至另一个期日进行审理的制度。延期审理发生的情形：

（1）必须到庭的当事人和其他诉讼参与人，有正当理由没有到庭的；

（2）当事人临时提出回避申请的；

（3）需要通知新的证人到庭，调取新的证据，重新鉴定、勘验，或者需要补充调查的；

（4）其他应当延期的情形。

延期审理只能发生在开庭审理阶段。延期审理前已进行的诉讼行为对延期后的审理仍然有效。

2.诉讼中止。诉讼中止是指在诉讼进行过程中，出现某种特定情况，使得诉讼无法继续进行或不宜进行，因而法院裁定暂时停止诉讼程序的制度。下列情形下，发生诉讼中止：

（1）一方当事人死亡，需要等待继承人表明是否参加诉讼的；

（2）一方当事人丧失诉讼行为能力，尚未确定法定代理人的；

（3）作为一方当事人的法人或者非法人组织终止，尚未确定权利义务承受人的；

（4）一方当事人因不可抗拒的事由，不能参加诉讼的；

（5）本案必须以另一案的审理结果为依据，而另一案尚未审结的；

（6）其他应当中止诉讼的情形。

3.诉讼终结。诉讼终结是指在诉讼进行过程中，因出现某些特殊情况，诉讼程序继续进行已没有必要或不可能继续进行，从而由人民法院裁定终结诉讼程序的制度。诉讼终结发生情形：

（1）原告死亡，没有继承人，或者继承人放弃诉讼权利的；

（2）被告死亡，没有遗产，也没有应当承担义务的人的；

（3）离婚案件中的一方当事人死亡的；

（4）追索赡养费、扶养费、抚养费以及解除收养关系案件的一方当事人死亡的。

诉讼终结的裁定一经作出即发生法律效力，当事人不得上诉，也不得申请复议，自裁定送达当事人之日起或宣布之日起发生法律效力。

诉讼终结的案件，当事人不得以同一事实和理由，就同一诉讼标的再行起诉，法院也不得再行受理此案。

【例 03-07】 根据民事诉讼法及相关规定，有下列哪些情形的，民事诉讼中止？

A. 一方当事人丧失诉讼行为能力，尚未确定法定代理人的

B. 支付扶养费案件一方当事人死亡的

C. 一方当事人因不可抗拒的事由，不能参加诉讼的

D. 离婚案件一方当事人死亡的

【参考答案】 AC

（八）审理中的特殊情形

1.撤诉。撤诉是指在人民法院受理案件之后、宣告判决之前，当事人要求撤回其提起的诉的行为。撤诉是当事人对其诉讼权利行使处分权的表现，包括申请撤诉和按撤诉处理两种情况。

（1）申请撤诉。申请撤诉是指当事人在人民法院对案件作出实体判决以前，以积极明确的意思表示向人民法院提出撤诉申请的诉讼行为。宣判前，原告申请撤诉的，是否准许，由人民法院裁定。

（2）按撤诉处理。按撤诉处理是指当事人虽然没有提出撤诉申请，但其在诉讼中的一定行为，已经表明他不愿意继续进行诉讼，因而法院依法决定撤销案件，不再继续进行审理的行为。

（3）人民法院不准许撤诉或者不按撤诉处理。当事人申请撤诉或者依法可以按撤诉处理的案件，如果当事人有违反法律的行为需要依法处理的，人民法院可以不准许撤诉或者不按撤诉处理。

2.缺席判决。缺席判决是指人民法院在一方当事人无正当理由拒不参加庭审，或未经许可中途退庭的情况下，依法对案件所作出的判决。缺席判决适用于下列情形：

（1）原告经传票传唤，无正当理由拒不到庭的，或者未经法庭许可中途退庭的，可以按撤诉处理；被告反诉的，可以缺席判决。

（2）被告经传票传唤无正当理由拒不到庭，或者未经法庭许可中途退庭的，人民法院应当按期开庭或者继续开庭审理，对到庭的当事人诉讼请求、双方的诉辩理由以及已经提交的证据及其他诉讼材料进行审理后，可以依法缺席判决。

（3）原告申请撤诉，人民法院裁定不予准许，原告经传票传唤无正当理由拒不到庭的，可以缺席判决。

（4）无民事诉讼行为能力被告人的法定代理人，经传票传唤无正当理由拒不到庭的，可以缺席判决。必要时，人民法院可以拘传其到庭。

【例 03-08】张某诉李某侵权纠纷一案由某人民法院审理。在下列哪些情形下，人民法院可以缺席判决？

A. 张某经人民法院传票传唤，无正当理由拒不到庭

B. 李某经人民法院传票传唤，无正当理由拒不到庭

C. 在开庭审理过程中，李某未经许可中途退庭

D. 宣判前，张某申请撤诉，人民法院裁定不予准许，经传票传唤，无正当理由拒不到庭

【参考答案】BCD

二、民事公益诉讼程序

（一）民事公益诉讼的受案范围

民事公益诉讼以维护社会公共利益为前提。民事公益诉讼适用于污染环境、侵害众多消费者合法权益等损害社会公共利益的行为。

人民法院受理民事公益诉讼案件，不影响同一侵权行为的受害人根据《民事诉讼法》的规定提起私益诉讼。

（二）民事公益诉讼的当事人及其权利

1.民事公益诉讼的原告

（1）法律规定的机关和有关组织

① 有权提起公益诉讼。对污染环境、侵害众多消费者合法权益等损害社会公共利益的行为，法律规定的机关和有关组织可以向人民法院提起诉讼。

② 共同原告。人民法院受理民事公益诉讼案件后，依法可以提起诉讼的其他机关和有关组织，可以在开庭前向人民法院申请参加诉讼。人民法院准许参加诉讼的，列为共同原告。

③ 人民检察院支持起诉。法律规定的机关或者组织提起诉讼的，人民检察院可以支持起诉。

（2）人民检察院

① 起诉前依法进行公告。人民检察院在履行职责中发现破坏生态环境和资源保护、食

品药品安全领域侵害众多消费者合法权益等损害社会公共利益的行为，拟提起公益诉讼的，应当依法公告，公告期间为 30 日。公告期满，法律规定的机关和有关组织不提起诉讼的，人民检察院可以向人民法院提起诉讼。

② 人民检察院的调查取证权利。人民检察院办理公益诉讼案件，可以向有关行政机关以及非法人组织、公民调查收集证据材料；有关行政机关以及非法人组织、公民应当配合；需要采取证据保全措施的，依照《民事诉讼法》《行政诉讼法》相关规定办理。

③ 出庭应诉。人民法院开庭审理人民检察院提起的公益诉讼案件，应当在开庭 3 日前向人民检察院送达出庭通知书。人民检察院应当派员出庭，并应当自收到人民法院出庭通知书之日起 3 日内向人民法院提交派员出庭通知书。派员出庭通知书应当写明出庭人员的姓名、法律职务以及出庭履行的具体职责。

④ 拥有上诉的权利。人民检察院不服人民法院第一审判决、裁定的，可以向上一级人民法院提起上诉。人民法院审理第二审案件，由提起公益诉讼的人民检察院派员出庭，上一级人民检察院也可以派员参加。

2.民事公益诉讼的被告。民事公益诉讼的被告是污染环境、侵害众多消费者合法权益的公民、法人或非法人组织。人民检察院、法律规定的机关和有关组织提起的民事公益诉讼案件中，被告以反诉方式提出诉讼请求的，人民法院不予受理。

3.民事公益诉讼的管辖。市（分、州）人民检察院提起的第一审民事公益诉讼案件，由侵权行为地或者被告住所地中级人民法院管辖。

（三）民事公益诉讼的起诉与立案

1.起诉。民事公益诉讼的提起并不以存在实际损害为前提条件，可以针对那些给社会公众或不特定多数人造成潜在危害的不法行为提起民事公益诉讼。

（1）人民法院受理民事公益诉讼案件，需具备下列条件：

① 民事公益诉讼的原告为法律规定的机关和有关组织。

② 有明确的被告；

③ 有具体的诉讼请求；

④ 有社会公共利益受到损害的初步证据；

⑤ 属于人民法院受理民事诉讼的范围和受诉人民法院管辖。

（2）人民检察院提起民事公益诉讼应当提交下列材料：

① 民事公益诉讼起诉书，并按照被告人数提出副本；

② 被告的行为已经损害社会公共利益的初步证明材料；

③ 检察机关已经履行公告程序的证明材料。

2.立案。人民检察院、法律规定的机关和有关组织依据《民事诉讼法》第 58 条第 2 款的规定提起民事公益诉讼，符合起诉条件的，人民法院应当登记立案。

（四）民事公益诉讼的案件审理

1.民事公益诉讼的审判组织。人民法院审理人民检察院提起的第一审公益诉讼案件，可以适用人民陪审制。

2.人民法院的转送、告知和释明

（1）转送被告起诉文件。人民法院受理民事公益诉讼案件后，应当在立案之日起 5 日内将起诉书副本送达被告。人民检察院已履行诉前公告程序的，人民法院立案后不再进行公告。

（2）告知有关行政主管部门。人民法院受理民事公益诉讼案件后，应当在 10 日内书面告知相关行政主管部门。

（3）向原告释明。法院认为原告提出的诉讼请求不足以保护社会公共利益的，可以向其释明变更或者增加停止侵害、恢复原状等诉讼请求。

3.民事公益诉讼案件的和解与调解。民事公益诉讼案件，当事人可以和解，人民法院可以调解。当事人达成和解或者调解协议后，人民法院应当将和解或者调解协议进行公告。公告期间不得少于 30 日。公告期满后，人民法院经审查和解或者调解协议不违反社会公共利益的，应当出具调解书。和解或者调解协议，违反社会公共利益的，不予出具调解书，继续对案件进行审理，并依法作出裁判。

4.民事公益诉讼的撤诉。民事公益诉讼案件审理过程中，人民检察院诉讼请求全部实现而撤回起诉的，人民法院应予准许。民事公益诉讼案件的原告在法庭辩论终结后申请撤诉的，人民法院不予准许。

5.民事公益诉讼裁判的效力。人民检察院提起公益诉讼案件判决、裁定发生法律效力，被告不履行的，人民法院应当移送执行。民事公益诉讼案件的裁判发生法律效力后，其他依法具有原告资格的机关和有关组织就同一侵权行为另行提起民事公益诉讼的，人民法院裁定不予受理，但法律、司法解释另有规定的除外。

三、第二审审判程序

（一）上诉的提起

上诉是指当事人对第一审法院的判决、裁定，在法定期间内声明不服，依法请求上一级人民法院对上诉请求事项进行审理并撤销原判决、裁定的诉讼行为。

1.提起上诉的条件。

（1）上诉对象为未生效的第一审判决，或者第一审中的三种裁定：①不予受理的裁定；②驳回起诉的裁定；③对管辖权有异议的裁定。

（2）有合法的上诉人和被上诉人。上诉是因对第一审裁判声明不服，请求二审法院予以改判，因此上诉人与被上诉人必须是参加第一审程序的诉讼当事人。

（3）在法定期间提起上诉

① 针对未生效的第一审判决提起上诉。当事人不服地方人民法院第一审判决的，有权在判决书送达之日起 15 日内向上一级人民法院提起上诉。上诉期间从判决书送达之日起计算。

② 针对第一审中的裁定提起上诉。当事人不服地方人民法院第一审裁定的，有权在裁定书送达之日起 10 日内向上一级人民法院提起上诉。上诉期间从裁定书送达之日起计算。

③ 涉外诉讼中上诉期的规定。在中华人民共和国领域内没有住所的当事人，不服第一审人民法院判决、裁定的，有权在判决书、裁定书送达之日起 30 日内提起上诉。

（4）上诉时必须提交上诉状。当事人提起上诉的，只能采用书面形式。当事人不服一审法院裁判提起上诉时，必须递交上诉状；未在法定上诉期间提交上诉状的，视为未上诉，一审裁判发生法律效力。

2.提起上诉的程序。上诉状原则上应当通过原审人民法院提出，并且按照对方当事人或者代表人的人数提出副本。

当事人直接向第二审人民法院上诉的，第二审人民法院应当在 5 日内将上诉状转交给原审人民法院。

原审人民法院收到上诉人提交的上诉状或者是第二审人民法院转交的上诉状后，应当在 5 日内将上诉状副本送达对方当事人，对方当事人在收到之日起 15 日内提出答辩状。人民法院应当在收到答辩状之日起 5 日内将副本送达上诉人。对方当事人不提出答辩状的，不影响人民法院审理。原审人民法院收到上诉状、答辩状，应当在 5 日内连同全部案卷和证据，报送第二审人民法院。

（二）上诉案件的审理

1.上诉案件审理的范围。根据《民事诉讼法》的规定，第二审人民法院应当对上诉请求的有关事实和适用法律进行审查。第二审人民法院审理的事实问题和法律问题，应当限定在上诉人的上诉请求范围以内，即要受当事人上诉请求范围的限制，体现了法院对当事人处分权的尊重。

2.上诉案件的审理方式。第二审人民法院审理上诉案件，以开庭审理为原则，即应当传唤双方当事人和其他诉讼参与人到庭，进行法庭调查、法庭辩论，并在此基础上进行合议庭评议和宣判。在特殊情况下，经合议庭阅卷和调查，询问当事人，对没有提出新的事实、证据或者理由，合议庭认为不需要开庭审理的，第二审也可以不开庭审理。

第二审人民法院审理上诉案件，可以在本院进行，也可以到案件发生地或者原审人民法院所在地进行。

3.二审程序中的和解。在第二审程序中双方当事人达成和解协议的，可以采取下列措施：

（1）请求人民法院对双方达成的和解协议进行审查并制作调解书结案。经法院审查并制作的调解书结案的，该调解书具有强制执行力，且该调解书送达后，原审人民法院的判决即视为撤销。

（2）申请撤回上诉。当事人申请撤回上诉并经人民法院准许后，一方当事人不履行和解协议的，可以申请人民法院强制执行第一审裁判。

（3）申请撤回上诉，也撤回起诉。撤回起诉后，如果当事人不履行和解协议的，原审原告不得再次起诉。

4.上诉案件的审理期限。

（1）对判决不服提出上诉的审理期限。第二审人民法院审理不服判决的上诉案件，应当在第二审人民法院立案之日起 3 个月内审结。有特殊情况需要延长的，报请本院院长批准，由院长根据案件的具体情况，在保证案件审判质量的原则下，予以审批。

（2）对裁定不服提出上诉的审理期限。第二审法院审理不服裁定的上诉案件，应当在第二审人民法院立案之日起 30 日内作出终审裁定，有特殊情况需要延长审理期限的，由本院院长批准。

（三）上诉案件裁判的类型

第二审人民法院宣告判决可以自行宣判，也可以委托原审人民法院或者当事人所在地人民法院代行宣判。上诉案件的裁判按照下列不同情况，分别处理：

1.驳回上诉、维持原判决、裁定。

（1）第二审人民法院对上诉案件，经过审理，认为原判决认定事实清楚，适用法律正确的，判决驳回上诉，维持原判决。

（2）第二审人民法院对上诉案件，经过审理，认为原裁定认定事实清楚，适用法律正确的，以裁定方式驳回上诉，维持原裁定。

（3）原判决、裁定认定事实或者适用法律虽有瑕疵，但裁判结果正确的，第二审人民法院可以在判决、裁定中纠正瑕疵后，予以维持原判决、裁定。

2.依法改判、撤销或者变更。

（1）原判决认定事实错误或者适用法律错误的，以判决方式依法改判。

（2）原判决认定基本事实不清的，可以查清事实后依法改判。

（3）人民法院依照第二审程序审理案件，认为依法不应由人民法院受理的，可以由第二审人民法院直接裁定撤销原裁判，驳回起诉。

（4）原裁定认定事实错误或者适用法律错误的，以裁定方式依法撤销或者变更：

① 第二审人民法院查明第一审人民法院作出的不予受理裁定有错误的，应当在撤销原裁定的同时，指令第一审人民法院立案受理。

② 第二审人民法院查明第一审人民法院作出的驳回起诉裁定有错误的，应当在撤销原裁定的同时，指令第一审人民法院审理。

③ 人民法院依照第二审程序审理案件，认为第一审人民法院受理案件违反专属管辖规定的，应当裁定撤销原裁判并移送有管辖权的人民法院。

3.撤销原判决，发回重审。第二审人民法院经过审理，认为有下列情形之一的，应当裁定撤销原判，发回重审：

（1）原判决认定基本事实不清的。

（2）原判决遗漏当事人或者违法缺席判决的。

（3）原判决严重违反法定程序的。

发回原审法院重审的案件，仍应按一审普通程序另行组成合议庭审理，审理后作出的裁判为一审裁判，当事人不服的仍可以上诉。原审人民法院对发回重审的案件作出判决后，当事人提起上诉的，第二审人民法院不得再次发回重审。

（四）第二审判决、裁定的效力

我国实行两审终审制，第二审法院即终审法院，第二审法院的裁判为终审裁判，其法律效力主要体现在以下三个方面：

1.不得对裁判再行上诉。第二审法院的裁判是对当事人之间实体权利义务的最终确认，一经送达当事人，即发生法律效力，当事人不得就此再行上诉。如果当事人认为第二审法院的裁判有错误，只能按照审判监督程序向法院申请再审。

2.不得重新起诉。当事人不得就同一诉讼标的，以同一事实和理由重新起诉。但是，判决不准离婚、调解和好的离婚案件以及判决维持收养关系的案件、调解维持收养关系的案件除外。

3.具有强制执行的效力。对于第二审法院具有给付内容的裁判，如果义务人拒不履行义务的，对方当事人有权向法院申请强制执行；特殊情况下，人民法院也可以依职权采取强制执行措施，从而保护当事人合法权益的实现。

【例 03-09】根据民事诉讼法的规定，第二审人民法院对上诉案件经过审理，认为原判决认定事实清楚，但适用法律错误的，应当如何处理？

A.发回原审人民法院重审　　　　　B.要求原审人民法院改判

C.裁定撤销原判决　　　　　　　　D.依法改判

【参考答案】CD

第七节 审判监督程序

本节主要介绍启动再审程序的三种方式以及条件。本节的重点是审判监督程序的启动和具体的审判程序。应注意审判监督程序的设置目的是纠正已经生效裁判的错误，因而在完整的审判监督程序中需要解决两个问题：第一，原审裁判是否确有错误，此即再审的启动阶段；第二，原审裁判应当如何纠正，此即再审的审理阶段。审判监督程序的主要内容如图3-9所示。

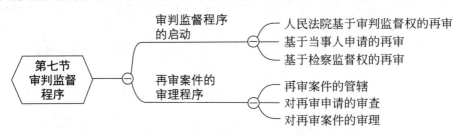

图3-9 审判监督程序的主要内容

一、审判监督程序的启动

（一）人民法院基于审判监督权的再审

已经发生法律效力的判决、裁定、调解书确有错误，是人民法院基于审判监督权应当决定对案件提起再审的事由。

各级人民法院院长对本院已经发生法律效力的判决、裁定、调解书，发现确有错误，认为需要再审的，应当提交审判委员会讨论决定。

最高人民法院对地方各级人民法院已经发生法律效力的判决、裁定、调解书，上级人民法院对下级人民法院已经发生法律效力的判决、裁定、调解书，发现确有错误的，有权提审或者指令下级人民法院再审。

一审宣判后，原审人民法院发现判决有错误，当事人在上诉期内提出上诉的，原审人民法院可以提出原判决有错误的意见，报送第二审人民法院，由第二审人民法院按照第二审程序进行审理；当事人不上诉的，按照审判监督程序处理。

（二）基于当事人申请的再审

当事人申请再审是指当事人和特定的案外人认为生效的民事裁判文书或调解书确有错误，向人民法院申请对案件再次审理的诉讼行为。

1.申请再审的主体。申请再审的主体必须合法：原审中的原告、被告、有独立请求权的第三人和判决其承担义务的无独立请求权的第三人以及上诉人和被上诉人、案外人，均有权提出再审请求。

2.申请再审的对象。

（1）对普通案件生效法律文书提出再审申请。申请再审的对象是已经发生法律效力的判决、裁定和调解书。当事人对已经发生法律效力的调解书，提出证据证明调解违反自愿原则或者调解协议的内容违反法律的，可以申请再审。经人民法院审查属实的，应当再审。

（2）对生效离婚案件提出再审申请。当事人对已经发生法律效力的解除婚姻关系的判决、调解书，不得申请再审。

3.受理再审申请的人民法院。

（1）向作出生效裁判的人民法院的上一级人民法院提出再审申请是原则。当事人对已经发生法律效力的判决、裁定，认为有错误的，可以向上一级人民法院申请再审。

（2）向作出生效裁判的人民法院提出再审申请是例外。当事人一方人数众多或者当事人双方为公民的案件，也可以向原审人民法院申请再审。

4.当事人申请再审的事实和理由。申请再审必须符合法定的事实和理由。根据《民事诉讼法》第 207 条的规定，当事人基于对人民法院的审理、裁判不服时提出的再审申请符合下列情形之一的，人民法院应当再审：

（1）有新的证据，足以推翻原判决、裁定的；

（2）原判决、裁定认定的基本事实缺乏证据证明的；

（3）原判决、裁定认定事实的主要证据是伪造的；

（4）原判决、裁定认定事实的主要证据未经质证的；

（5）对审理案件需要的主要证据，当事人因客观原因不能自行收集，书面申请人民法院调查收集，人民法院未调查收集的；

（6）原判决、裁定适用法律确有错误的；

（7）审判组织的组成不合法或者依法应当回避的审判人员没有回避的；

（8）无诉讼行为能力人未经法定代理人代为诉讼或者应当参加诉讼的当事人，因不能归责于本人或者其诉讼代理人的事由，未参加诉讼的；

（9）违反法律规定，剥夺当事人辩论权利的；

（10）未经传票传唤，缺席判决的；

（11）原判决、裁定遗漏或者超出诉讼请求的；

（12）据以作出原判决、裁定的法律文书被撤销或者变更的；

（13）审判人员审理该案件时有贪污受贿，徇私舞弊，枉法裁判行为的。

5.再审申请不予受理的情形。当事人申请再审，有下列情形之一的，人民法院不予受理：

（1）再审申请被驳回后再次提出申请的；

（2）对再审判决、裁定提出申请的；

（3）在人民检察院对当事人的申请作出不予提出再审检察建议或者抗诉决定后又提出申请的。

前述第（1）项、第（2）项规定情形，人民法院应当告知当事人可以向人民检察院申请再审检察建议或者抗诉，但因人民检察院提出再审检察建议或者抗诉而再审作出的判决、裁定除外。

6.申请再审的期限。根据《民事诉讼法》的规定，当事人申请再审，应当在判决、裁定发生法律效力后 6 个月内提出，该期间不适用中止、中断和延长的规定。但对于因以下事由申请再审的，再审申请期间为知道或应当知道相应情形之日起 6 个月：

（1）有新的证据，足以推翻原判决、裁定的；

（2）原判决、裁定认定事实的主要证据是伪造的；

（3）据以作出原判决、裁定的法律文书被撤销或者变更的；

（4）审判人员审理该案件时有贪污受贿，徇私舞弊，枉法裁判行为的。

当事人对已经发生法律效力的调解书申请再审，应当在调解书发生法律效力后 6 个月内提出。

7.受理再审申请的程序。当事人申请再审的，在人民法院决定再审之前，不停止原判决、裁定的执行。人民法院应当自收到再审申请书之日起 3 个月内审查，符合《民事诉讼法》规定的，裁定再审；不符合规定的，裁定驳回申请。有特殊情况需要延长的，由本院院长批准。

（三）基于检察监督权的再审

1.人民检察院提出抗诉。最高人民检察院对各级人民法院已经发生法律效力的判决、裁定，上级人民检察院对下级人民法院已经发生法律效力的判决、裁定，发现有《民事诉讼法》第 207 条规定情形之一的，或者发现调解书损害国家利益、社会公共利益的，应当提出抗诉。

2.人民检察院提出检察建议。地方各级人民检察院对同级人民法院已经发生法律效力的判决、裁定，发现有《民事诉讼法》第 207 条规定情形之一的，或者发现调解书损害国家利益、社会公共利益的，可以向同级人民法院提出检察建议，并报上级人民检察院备案；也可以提请上级人民检察院向同级人民法院提出抗诉。

各级人民检察院对审判监督程序以外的其他审判程序中审判人员的违法行为，有权向同级人民法院提出检察建议。

人民法院收到再审检察建议后，应当组成合议庭，在 3 个月内进行审查，发现原判决、裁定、调解书确有错误，需要再审的，裁定再审，并通知当事人；经审查，决定不予再审的，应当书面回复人民检察院。

人民检察院行使审判监督的方式如图 3-10 所示。图中，如果生效裁判是基层人民法院作出的，则与之相对应的区、县人民检察院如果认为生效裁判具有法定的再审情形，则可以向该基层人民法院提出检察建议，并报上级市人民检察院备案；也可以提请上级市人民检察院向其同级中级人民法院提出抗诉。如果生效裁判是中级人民法院作出的，则与之相对应的市人民检察院或人民检察院分院如果认为生效裁判具有法定的再审情形，则可以向该中级人民法院提出检察建议，并报上级省（市）人民检察院备案；也可以提请上级省（市）人民检察院向其同级高级人民法院提出抗诉。……如果最高人民检察院发现作出生效裁判的最高人民法院的裁判具有法定的再审情形，则可以直接提出抗诉或检察建议。

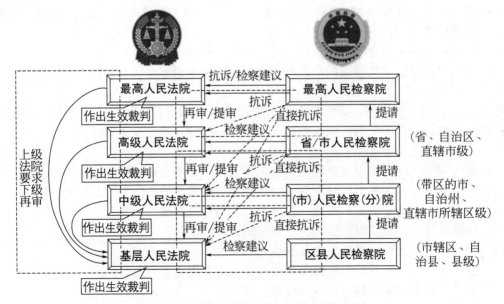

图 3-10　民事诉讼审判监督程序的主要内容

图中虚线表示的是最高人民检察院对下级人民法院，即高级人民法院、中级人民法院、基层人民法院作出的生效裁判具有法定的再审情形，则可以直接提出抗诉，要求再审。高级人民法院对下级中级人民法院、基层人民法院作出的生效裁判具有法定的再审情形，则可以直接提出抗诉，要求再审。中级人民法院对下级基层人民法院作出的生效裁判具有法定的再审情形，则可以直接提出抗诉，要求再审。抗诉向同级人民法院提出，由同级人民法院指示作出生效判决的下级法院再审或者提审。

上级人民检察院对下级人民法院发生法律效力的裁判，认为确有错误的，依照法定的程序和方式，提请同级人民法院进行再审，即通过抗诉行使检察监督权。

3.当事人请求人民检察院提出抗诉。当事人在穷尽法院系统内的救济渠道后，再启动检察监督机制，从而适度限制再审的启动，确保司法的终局性。

4.检察院提出抗诉的程序。人民检察院决定对人民法院的判决、裁定、调解书提出抗诉的，应当制作抗诉书。

5.检察院提出抗诉的效力。

（1）针对生效调解书提出的抗诉。人民检察院依法对损害国家利益、社会公共利益的发生法律效力的判决、裁定、调解书提出抗诉，或者经人民检察院检察委员会讨论决定提出再审检察建议的，人民法院应予受理。

（2）针对生效判决、裁定提出的抗诉。人民检察院对已经发生法律效力的判决以及不予受理、驳回起诉的裁定依法提出抗诉的，人民法院应予受理，但适用特别程序、督促程序、公示催告程序、破产程序以及解除婚姻关系的判决、裁定等不适用审判监督程序的判决、裁定除外。

（3）检察院根据当事人申请认为符合再审条件而提出的抗诉。人民检察院根据当事人的请求，对有明显错误的再审判决、裁定提出抗诉或者再审检察建议的，人民法院应予受理。

二、再审案件的审理程序

（一）再审案件的管辖

因当事人申请裁定再审的案件由中级人民法院以上的人民法院审理，但当事人人数众多或双方都是公民，且选择向基层人民法院申请再审的除外。最高人民法院、高级人民法院裁定再审的案件，由本院再审或者交其他人民法院再审，也可以交原审人民法院再审。

（二）对再审申请的审查

1.人民法院对再审申请的审查。当事人主张的再审事由成立，且符合《民事诉讼法》及其司法解释规定的申请再审条件的，人民法院应当裁定再审。

当事人主张的再审事由不成立，或者当事人申请再审超过法定申请再审期限、超出法定再审事由范围等不符合《民事诉讼法》及其司法解释规定的申请再审条件的，人民法院应当裁定驳回再审申请。再审申请审查期间，有下列情形之一的，裁定终结审查：

（1）再审申请人死亡或者终止，无权利义务承继者或者权利义务承继者声明放弃再审申请的；

（2）在给付之诉中，负有给付义务的被申请人死亡或者终止，无可供执行的财产，也没有应当承担义务的人的；

（3）当事人达成和解协议且已履行完毕的，但当事人在和解协议中声明不放弃申请再审权利的除外；

（4）他人未经授权以当事人名义申请再审的；

（5）原审或者上一级人民法院已经裁定再审的；

（6）其他不应当受理再审申请的情形。

2.决定再审的案件的原判决、裁定、调解书的中止执行。无论是因为人民法院基于审判监督权启动再审，还是人民检察院通过抗诉或者当事人通过申请启动再审，只要人民法院决定再审后，原则上都应当在作出再审裁定的同时，中止原判决、裁定、调解书的执行，并及时通知双方当事人，以避免因为执行而给当事人带来不必要的损失。

按照审判监督程序决定再审的案件，裁定中止原判决、裁定、调解书的执行，但追索赡养费、扶养费、抚养费、抚恤金、医疗费用、劳动报酬等案件，可以不中止执行。

（三）对再审案件的审理

1.再审案件的审理形式。人民法院审理再审案件应当组成合议庭，开庭审理，但按照第二审程序审理，有特殊情况或者双方当事人已经通过其他方式充分表达意见，且书面同意不开庭审理的除外。符合缺席判决条件的，可以缺席判决。

2.再审案件审理适用的审级。人民法院审理再审案件，并无独立程序，须根据原审案件的审理程序和再审审理法院的审级来确定审判程序的适用。

（1）如果再审审理法院是原审法院或与原审法院同级的人民法院，案件原本是第一审法院审结的，再审时仍按第一审程序进行审理，审理后作出的裁判属于未确定的裁判，当事人不服的，可以提起上诉。案件原来是第二审法院审结的，再审时仍按第二审程序进行审理，审理后作出的裁判为终审裁判，当事人不得再提起上诉。

（2）如果再审审理法院是上级人民法院或最高人民法院，则一律适用二审程序进行审理。

3.再审案件审理范围。人民法院应当在具体的再审请求范围内或在抗诉支持当事人请求的范围内审理再审案件。当事人超出原审范围增加、变更诉讼请求的，不属于再审审理范围。但涉及国家利益、社会公共利益，或者当事人在原审诉讼中已经依法要求增加、变更诉讼请求，原审未予审理且客观上不能形成其他诉讼的除外。

4.再审案件的裁判。

（1）维持原判决、裁定。人民法院经再审审理认为，原判决、裁定认定事实清楚、适用法律正确的，应予维持；原判决、裁定认定事实、适用法律虽有瑕疵，但裁判结果正确的，应当在再审判决、裁定中纠正瑕疵后予以维持。

（2）依法改判、撤销或变更。原判决、裁定认定事实、适用法律错误，导致裁判结果错误的，应当依法改判、撤销或者变更。当事人提交新的证据致使再审改判，因再审申请人或者申请检察监督当事人的过错未能在原审程序中及时举证，被申请人等当事人请求补偿其增加的交通、住宿、就餐、误工等必要费用的，人民法院应予支持。

（3）撤销第一、第二审判决，驳回起诉。按照第二审程序再审的案件，人民法院经审理认为不符合《民事诉讼法》规定的起诉条件或者符合《民事诉讼法》第127条规定不予受理情形的，应当裁定撤销一、二审判决，驳回起诉。

（4）针对调解书的再审。人民法院对调解书裁定再审后，按照下列情形分别处理：

① 当事人提出的调解违反自愿原则的事由不成立，且调解书的内容不违反法律强制性规定的，裁定驳回再审申请。

② 人民检察院抗诉或者再审检察建议所主张的损害国家利益、社会公共利益的理由不成立的，裁定终结再审程序。

前述规定情形，人民法院裁定中止执行的调解书需要继续执行的，自动恢复执行。

【例 03-10】依据民事诉讼法的规定，当事人的再审申请符合下列哪些情形的，人民法院应当再审？

A.有新的证据，足以推翻原判决

B.原判决认定事实的主要证据不足

C.原判决适用法律确有错误

D.审判人员在审理该案件时有贪污受贿行为

【参考答案】ABCD

第八节　执行程序

本节知识要点

本节主要介绍民事诉讼裁判的执行程序。本节的重点在于执行程序的流程，即从执行开始到执行结束过程中的相关内容。执行程序的主要内容如图 3-11 所示。

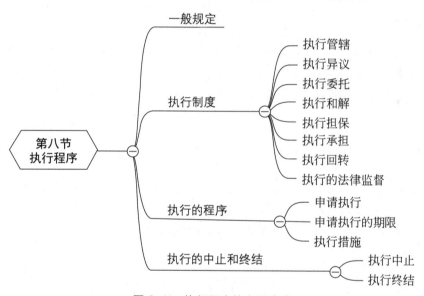

图 3-11　执行程序的主要内容

一、一般规定

1.执行。执行是指人民法院的执行组织依照法定的程序，对发生法律效力的法律文书确定的给付内容，以国家的强制力为后盾，依法采取强制措施，迫使义务人履行义务的行为。执行应当具备以下条件：

（1）执行以生效法律文书为根据；

（2）执行根据必须具备给付内容；

（3）执行必须以负有义务的一方当事人无故拒不履行义务为前提。

2.执行程序。执行程序是指保证具有执行效力的法律文书得以实施的程序。民事诉讼中，民事审判程序不是执行程序的前提，原因在于执行的依据不仅仅是民事判决、裁定、调解书；执行程序也不是民事审判程序的延续，原因在于并非每个民事诉讼案件都需要经过执行程序履行判决、裁定或调解书。对于不涉及给付的裁判，不具有执行力；而部分涉及给付的裁判，当事人自觉履行的，也不需要启动执行程序。

执行程序中不适用辩论原则，不适用调解，但允许和解。

3.执行根据。执行根据是指能够据以执行的法律文书。这种法律文书主要有以下三类：

（1）人民法院制作的具有执行内容的生效法律文书，其中包括民事判决、裁定、调解书和支付令；刑事和行政裁判中的财产部分。

（2）其他机关制作的由人民法院执行的法律文书，其中包括公证机关依法赋予强制执行效力的债权文书，仲裁机构制作的依法由人民法院执行的仲裁裁决书和调解书，以及行政机关依法作出的应由人民法院执行的行政处罚决定和行政处理决定。

（3）人民法院制作的承认并执行外国法院判决、裁定或者外国仲裁机构裁决的裁定书。

人民法院自收到申请执行书之日起超过 6 个月未执行的，申请执行人可以向上一级人民法院申请执行。上一级人民法院经审查，可以责令原人民法院在一定期限内执行，也可以决定由本院执行或者指令其他人民法院执行。

二、执行制度

（一）执行管辖

执行管辖是指人民法院办理执行案件的权限和分工，即执行根据具体应由哪一个法院执行。

发生法律效力的民事判决、裁定，以及刑事判决、裁定中的财产部分，由第一审人民法院或者与第一审人民法院同级的被执行的财产所在地人民法院执行。

（二）执行异议

执行异议是指在执行过程中，案外人对执行标的提出书面异议的，人民法院需进行审查的程序。

当事人、利害关系人认为执行行为违反法律规定的，可以向负责执行的人民法院提出书面异议。当事人、利害关系人提出书面异议的，人民法院应当自收到书面异议之日起 15 日内审查，理由成立的，裁定撤销或者改正；理由不成立的，裁定驳回。当事人、利害关系人对裁定不服的，可以自裁定送达之日起 10 日内向上一级人民法院申请复议。

执行异议审查和复议期间，不停止执行。被执行人、利害关系人提供充分、有效的担保请求停止相应处分措施的，人民法院可以准许；申请执行人提供充分、有效的担保请求继续执行的，应当继续执行。

（三）执行委托

执行委托是指有管辖权的人民法院遇到特殊情况，依法将应由其执行的案件送交有关的法院代为执行。

被执行人或者被执行的财产在外地的，可以委托当地人民法院代为执行。受委托人民法院自收到委托函件之日起 15 日内不执行的，委托人民法院可以请求受委托人民法院的上级人民法院指令受委托人民法院执行。

（四）执行和解

执行和解是指在执行过程中，申请执行人和被执行人自愿协商，达成协议，并经人民法院审查批准后，结束执行程序的行为。

1.执行和解的效力。在执行中，双方当事人自行和解达成协议的，执行员应当将协议内容记入笔录，由双方当事人签名或者盖章。

执行和解是双方当事人行使处分权达成的民事协议，并不具有法定的强制执行力。

申请执行人与被执行人达成和解协议后请求中止执行或者撤回执行申请的，人民法院可以裁定中止执行或者终结执行。

2.不履行和解协议的救济措施。

（1）申请执行人因受欺诈、胁迫与被执行人达成和解协议，或者当事人不履行和解协议的，人民法院可以根据当事人的申请，恢复对原生效法律文书的执行。

（2）一方当事人不履行或者不完全履行在执行中双方自愿达成的和解协议，对方当事人申请执行原生效法律文书的，人民法院应当恢复执行，但和解协议已履行的部分应当扣除。和解协议已经履行完毕的，人民法院不予恢复执行。

（五）执行担保

执行担保是指在执行过程中，经执行权利人的同意，执行义务人或第三人（即担保人）为实现法律文书所确定的权利而向人民法院提供保证，由人民法院决定暂缓执行的制度。

在执行中，被执行人向人民法院提供担保，并经申请执行人同意的，人民法院可以决定暂缓执行及暂缓执行的期限。被执行人逾期仍不履行的，人民法院有权执行被执行人的担保财产或者担保人的财产。

（六）执行承担

执行承担是指在执行程序中由于出现法定情况，被执行人的义务由其他公民、法人或组织履行，人民法院可以变更、追加相关主体进入执行程序。

作为被执行人的公民死亡的，以其遗产偿还债务。作为被执行人的法人或者非法人组织终止的，由其权利义务承受人履行义务。

（七）执行回转

执行回转是指在执行完毕后，原据以执行的判决书、裁定书或其他法律文书因确有错误而被依法撤销，对已被执行的财产，人民法院应当作出裁定，责令取得财产的人返还；拒不返还的，强制执行。

（八）执行的法律监督

人民检察院有权对民事执行活动实行法律监督。

三、执行的程序

（一）申请执行

申请执行是指享有权利的一方当事人根据生效的法律文书，在对方拒不履行义务的情况下，可以向有管辖权的人民法院申请执行。申请执行是当事人依法享有的重要权利。

1.申请执行发生法律效力的判决、裁定。发生法律效力的民事判决、裁定，当事人必须履行。一方拒绝履行的，对方当事人可以向人民法院申请执行，也可以由审判员移送执行员执行。

2.申请执行发生法律效力的调解书。调解书和其他应当由人民法院执行的法律文书，当事人必须履行。一方拒绝履行的，对方当事人可以向人民法院申请执行。

3.申请执行仲裁裁决。对依法设立的仲裁机构的裁决，一方当事人不履行的，对方当事人可以向有管辖权的人民法院申请执行。受申请的人民法院应当执行。

4.申请执行公证债权文书。对公证机关依法赋予强制执行效力的债权文书，一方当事人不履行的，对方当事人可以向有管辖权的人民法院申请执行，受申请的人民法院应当执行。

（二）申请执行的期限

1.申请执行的期间。申请执行的期间为2年。申请执行时效的中止、中断，适用法律有关诉讼时效中止、中断的规定。

2.申请执行时效的起算。申请执行的期间，从法律文书规定履行期间的最后一日起计算；法律文书规定分期履行的，从最后一期履行期限届满之日起计算；法律文书未规定履行期间的，从法律文书生效之日起计算。

（三）执行措施

1. 对财产的执行措施

（1）扣押、冻结、划拨、变价被执行人的金融资产。人民法院有权根据不同情形扣押、冻结、划拨、变价被执行人的财产。人民法院查询、扣押、冻结、划拨、变价的财产不得超出被执行人应当履行义务的范围。

（2）扣留、提取被执行人的收入。人民法院有权扣留、提取被执行人应当履行义务部分的收入。但应当保留被执行人及其所扶养家属的生活必需费用。

（3）查封、扣押、拍卖、变卖被执行人的财产。人民法院有权查封、扣押、冻结、拍卖、变卖被执行人应当履行义务部分的财产。但应当保留被执行人及其所扶养家属的生活必需品。

2. 对行为的执行措施

（1）强制被执行人迁出房屋或退出土地。强制迁出房屋或者强制退出土地，由院长签发公告，责令被执行人在指定期间履行。被执行人逾期不履行的，由执行员强制执行。

强制迁出房屋被搬出的财物，由人民法院派人运至指定处所，交给被执行人。被执行人是公民的，也可以交给他的成年家属。因拒绝接收而造成的损失，由被执行人承担。

（2）强制被执行人履行法律文书指定的行为。对判决、裁定和其他法律文书指定的行为，被执行人未按执行通知履行的，人民法院可以强制执行或者委托有关单位或者其他人完成，费用由被执行人承担。

3. 保障性执行措施

（1）查询被执行人的金融资产。被执行人未按期履行给付金钱义务的，人民法院可以向银行、信用社、证券公司等金融机构发出协助通知，调查询问债务人的金融资产状况，以查明被执行人的履行能力，为扣押、冻结、划拨、变价做好准备。

（2）搜查被执行人的财产。人民法院认为被执行人不履行法律文书确定的义务且隐匿财产的，有权发出搜查令，对被执行人及其住所或财产隐匿地进行搜查。

（3）强制被执行人支付迟延履行期间债务利息及迟延履行金。被执行人未按判决、裁定和其他法律文书指定的期间履行给付金钱义务的，应当加倍支付迟延履行期间的债务利息。

被执行人未按判决、裁定和其他法律文书指定的期间履行其他义务的，应当支付迟延履行金。

（4）办理财产权证照转移手续。在执行中，需要办理有关财产权证照，如不动产权证、土地证、山林所有权证，以及专利证书、商标证书、车辆执照等转移手续的，人民法院可以向有关单位发出协助执行通知书，要求其协助办理更名过户手续，以实现债权人的权利，有关单位必须办理。

（5）报告财产。被执行人未按执行通知履行法律文书确定的义务，应当报告当前以及收到执行通知之日前一年的财产情况。

被执行人拒绝报告或者虚假报告的，人民法院可以根据情节轻重对被执行人或者其法定代理人、有关单位的主要负责人或者直接责任人员予以罚款、拘留。

（6）限制出境。被执行人未履行法律文书确定的义务，且又具有逃避履行法定义务的可能；如果被执行人或被执行单位的法定代表人、负责人出境可能造成案件无法执行，人民法院可以依据申请执行人的书面申请，限制其出境自由，并通知有关单位协助采取限制出境的措施，以保障权利人的利益。必要时，人民法院也可依职权采取限制出境措施。

（7）纳入失信名单，通报征信系统记录不履行义务信息。被执行人拒不履行法律文书确定的义务，人民法院还可以根据情节将其纳入失信被执行人名单，将被执行人不履行或者不完全履行义务的信息向其所在单位、征信机构以及其他相关机构通报。

（8）媒体公布不履行义务信息。被执行人拒不履行法律文书确定的义务，执行法院可以依职权或者依申请执行人的申请，将被执行人不履行法律文书确定义务的信息，通过报纸、广播、电视、互联网等媒体公布，以通过社会舆论的监督，来威慑和督促被执行人履行相关义务。

（9）限制被执行人高消费。被执行人未按执行通知书指定的期间履行生效法律文书确定的给付义务的，人民法院可以发出限制消费令，限制被执行人及其法定代表人、主要负责人、影响债务履行的直接责任人和实际控制人进行高消费和非生活经营必需的消费活动。

被执行人违反限制消费令进行消费的行为属于拒不履行人民法院已经发生法律效力的判决、裁定的行为，经查证属实的，依法予以拘留、罚款；情节严重，构成犯罪的，追究其刑事责任。

四、执行的中止和终结

（一）执行中止

执行中止是指在执行过程中，由于某种特殊情况的发生而暂时停止执行程序，待该情况消除后再恢复执行程序的制度。

根据《民事诉讼法》，在执行过程中，遇到以下情形，人民法院应当裁定中止执行：

（1）申请人表示可以延期执行的；

（2）案外人对执行标的提出确有理由的异议的；

（3）作为一方当事人的公民死亡，需要等待继承人继承权利或者承担义务的；

（4）作为一方当事人的法人或者非法人组织终止，尚未确定权利义务承受人的；

（5）人民法院认为应当中止执行的其他情形。

中止的情形消失后，恢复执行。

（二）执行终结

执行终结是指在执行过程中，由于发生某些特殊情况，执行程序不可能或没有必要继续进行，从而结束执行程序的制度。执行终结是执行程序的非正常结束。

在执行过程中，引起执行终结的情形有：

（1）申请人撤销申请的；

（2）据以执行的法律文书被撤销的；

（3）作为被执行人的公民死亡，无遗产可供执行，又无义务承担人的；

（4）追索赡养费、扶养费、抚养费案件的权利人死亡的；

（5）作为被执行人的公民因生活困难无力偿还借款，无收入来源，又丧失劳动能力的；

（6）人民法院认为应当终结执行的其他情形。

因撤销申请而终结执行后，当事人在申请执行时效期间再次申请执行的，人民法院应当受理。

在执行终结6个月内，被执行人或者其他人对已执行的标的有妨害行为的，人民法院可以依申请排除妨害，并可以依照《民事诉讼法》的规定进行罚款、拘留，甚至是追究刑事责任的处罚。因妨害行为给执行债权人或者其他人造成损失的，受害人可以另行起诉。

【例03-11】根据民事诉讼法的规定，发生法律效力的下列哪些法律文书可以根据当事人的申请由人民法院依法执行？

A. 生效民事判决执行过程中双方当事人自行达成的和解协议

B. 人民法院制作的调解书

C. 依法设立的仲裁机构作出的裁决

D. 人民法院作出的民事裁定

【参考答案】BCD

第九节　涉外民事诉讼程序

本节知识要点

本节主要介绍涉外民事诉讼程序，包括涉外民事诉讼的原则和涉外民事诉讼的管辖规定。涉外民事诉讼程序的主要内容如图 3-12 所示。

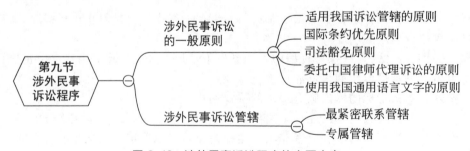

图 3-12　涉外民事诉讼程序的主要内容

一、涉外民事诉讼的一般原则

（一）适用我国诉讼管辖的原则

人民法院审理涉外民事案件，只能适用我国民事诉讼法。具体要求是：

1. 外国人、无国籍人或外国企业和组织在我国起诉、应诉，适用我国民事诉讼法；

2. 凡是属于我国人民法院管辖的案件，我国人民法院享有管辖权；

3. 外国法院的裁判必须经我国法院依法审查并予以承认后，才能在我国领域内发生法律效力。

（二）国际条约优先原则

人民法院审理涉外民事案件，应当遵守我国缔结或参加的国际条约。

国际条约中的规定与国内法有冲突的，适用该国际条约的规定，但是我国声明保留的条款除外。

（三）司法豁免原则

对享有外交特权与豁免的外围人、外国组织或者国际组织提起的民事诉讼，应当依照我国缔结或参加的国际条约以及我国有关法律的规定，赋予其免受我国司法管辖的权利。

（四）委托中国律师代理诉讼的原则

外国人、无国籍人或外国企业和组织在我国起诉、应诉，需要委托律师代理诉讼的，只能委托中国的律师，外国律师不能以律师的身份参加诉讼。

在中华人民共和国领域内没有住所的外国人、无国籍人、外国企业和组织委托中华人民共和国律师或者其他人代理诉讼，从中华人民共和国领域外寄交或者托交的授权委托书，应当经所在国公证机关证明，并经中华人民共和国驻该国使领馆认证，或者履行中华人民共和国与该所在国订立的有关条约中规定的证明手续后，才具有效力。

（五）使用我国通用语言文字的原则

人民法院审理涉外民事案件，应当使用我国通用的语言、文字。当事人要求提供翻译的，可以提供，费用由当事人承担。

二、涉外民事诉讼管辖

（一）最紧密联系管辖

凡是诉讼与我国法院所在地存在一定实际联系的，我国人民法院都有管辖权（实际联系、沾边就管）。

因合同纠纷或者其他财产权益纠纷，对在中华人民共和国领域内没有住所的被告提起的诉讼，如果合同在中华人民共和国领域内签订或者履行，或者诉讼标的物在中华人民共和国领域内，或者被告在中华人民共和国领域内有可供扣押的财产，或者被告在中华人民共和国领域内设有代表机构，可以由合同签订地、合同履行地、诉讼标的物所在地、可供扣押财产所在地、侵权行为地或代表机构住所地人民法院管辖。

（二）专属管辖

因在中华人民共和国领域内履行中外合资经营企业合同、中外合作经营企业合同、中外合作勘探开发自然资源合同发生纠纷提起的诉讼，由中国法院管辖。但是，双方当事人可以通过协议仲裁的方式，选择由外国仲裁机构仲裁解决。

【例03-12】根据民事诉讼法及相关规定，在不违反法律强制性规定的前提下，下列哪些涉外民事纠纷的当事人可以用书面协议选择与争议有实际联系的地点的法院管辖？

A. 涉外婚姻纠纷　　　　　　　B. 涉外收养关系纠纷
C. 涉外财产权益纠纷　　　　　D. 涉外合同纠纷

【参考答案】CD

📖 本章要点回顾

　　民事诉讼中，我国有四级人民法院，级别管辖是根据案件情况确定由哪个级别的人民法院对案件具有管辖权。地域管辖，通常采用原告就被告原则，特殊情况下原告所在地法院有管辖权。地域管辖中还介绍了特殊地域管辖、专属管辖、共同管辖、选择管辖、协议管辖的含义及适用，以及对管辖权异议的处理。

　　诉讼代理人中，基于不同的代理目的，不同类别的诉讼代理人，代理权产生的基础不同，决定了他们的代理权限不同。因此，可以代理权产生的基础、代理的权限范围、代理权的行使、代理的后果、代理权的消灭为一个基本的线索来掌握诉讼代理人的主要内容。

　　民事诉讼证据分为8种，每种证据形式均要符合形式和内容的要求。证人提供的是证人证言；鉴定人提供的是鉴定意见；而专家辅助人对鉴定意见及其他专业性问题发表意见，其陈述相当于当事人陈述。自认，通常情况下可以免除对方的举证责任，但当自认涉及身份关系，或结果影响公共利益时，自认将受到限制。

　　保全分为诉前保全和诉中保全；又分为财产保全、行为保全和证据保全。保全的申请条件与担保条件，需区别不同保全类型予以理解。

　　一审普通程序包括起诉与受理、基本程序阶段、诉的撤回、缺席判决等。审判程序中，延期审理、诉讼中止和诉讼终结，比较难以区分。延期审理是已经确定的开庭期日因特殊原因无法进行。诉讼中止是因为出现了特定情况而使诉讼程序暂时无法继续进行，待阻却诉讼程序的障碍消除后再恢复诉讼。诉讼终结是因为出现了特定情形，诉讼继续进行已无意义，因而需要结束诉讼程序。要重点区别各种制度适用的法定情形，以及法律效果的差异。

　　理解二审案件与一审案件合议庭的组成的不同。理解二审中可调解不可判决的情形，通常存在程序瑕疵，为了不影响当事人的审级利益，可调解不可判决，原因在于我国施行的是两审终审制。

　　注意理解审判监督程序中的提起再审和决定再审。提起再审并不会导致生效判决中止或终结执行，而在决定再审之后，通常会中止生效判决的执行。决定再审后，审判程序将回到一审或二审，再审中的一审或二审与常规的一审、二审的异同，是理解记忆的重点和难点。

　　理解执行中各种执行制度的发生条件和法律效果；执行和解具有民法上的合同效力。执行过程中执行人与被执行人达成和解，并不意味着执行终结，而是中止执行程序。当被执行人未按照和解协议履行时，执行人有权利申请恢复执行或依据和解协议另行提起诉讼。

第四章

《行政复议法》

本章知识点框架

　　本章主要介绍了行政复议的概念与基本原则、行政复议的参加人、行政复议机关，以及行政复议审理程序及行政复议决定等内容。重点需要掌握行政复议参加人及其权利和义务；掌握行政复议程序和决定的规定。本章主要知识点框架如图4-1所示。

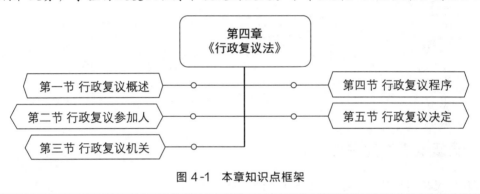

图 4-1　本章知识点框架

第一节　行政复议概述

　　本节主要介绍行政复议的受理和审理机构、行政复议的基本原则、行政复议的受案范围。本节的难点和重点均为行政复议的受案范围、排除范围。行政复议概述的主要内容如图4-2所示。

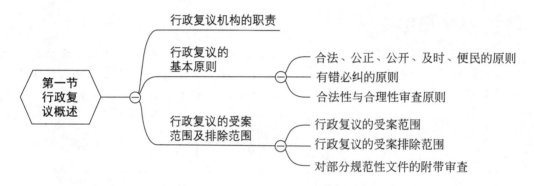

图4-2　行政复议概述的主要内容

一、行政复议机构的职责

　　行政复议是指行政机关根据上级行政机关对下级行政机关的监督权，在当事人的申请和参加下，按照行政复议程序对行政行为进行合法性和适当性审查，并作出裁决解决行政侵权争议的活动。

　　行政复议是为公民、法人和非法人组织提供法律救济的行政监督制度。

　　依照行政复议法，履行行政复议职责的行政机关是行政复议机关。行政复议机关负责法制工作的机构具体办理行政复议事项，履行下列职责：

　　（1）受理行政复议申请；

　　（2）向有关组织和人员调查取证，查阅文件和资料；

　　（3）审查申请行政复议的行政行为是否合法与适当，拟订行政复议决定；

　　（4）处理或者转送对行政复议申请人申请附带审查的有关规定的审查申请；

　　（5）对行政机关违反行政复议法规定的行为依照规定的权限和程序提出处理建议；

　　（6）办理因不服行政复议决定提起行政诉讼的应诉事项；

　　（7）法律、法规规定的其他职责。

　　行政机关中初次从事行政复议的人员，应当通过国家统一法律职业资格考试取得法律职业资格。

二、行政复议的基本原则

（一）合法、公正、公开、及时、便民的原则

合法原则是指复议行为应当依法进行，要求行政复议主体合法，程序合法，依据合法。

公正原则要求行政复议机关在行使复议权时应当公正对待复议当事人，不能有所偏袒，正当、合理行使自由裁量权。

公开原则要求行政复议活动公开进行，行政复议过程公开，行政信息公开。

及时原则是指行政复议机关应当在法律规定的期限内，尽快完成复议审查，并作出决定，及时救济当事人的权益。

便民原则要求行政复议程序应当尽可能为当事人提供便利，如不收取费用、允许口头提出复议申请等。

行政复议过程中，被申请人无权与申请人和解或者请求行政复议机关进行调解。

（二）有错必纠的原则

有错必纠的原则是指行政复议机关发现原行政行为错误违法的，必须及时予以纠正，真正保护行政相对人的合法权益。

（三）合法性与合理性审查原则

合法性与合理性审查原则是指行政复议机关对被申请的行政行为不仅应当审查其合法性，即是否符合法律规定，还应当审查其合理性，即自由裁量权的行使是否正当合理。

复议机关可以变更原行政行为，也可以责令被申请人重新作出行政行为。

【例 04-01】根据行政复议法及相关规定，下列哪些选项属于行政复议机关履行行政复议职责应当遵循的原则？

A. 公开原则   B. 及时原则   C. 合法原则   D. 口头审理原则

【参考答案】ABC

三、行政复议的受案范围及排除范围

（一）行政复议的受案范围

1. 行政处罚行为。行政处罚是行政机关依法对违反行政管理秩序的公民、法人或者非法组织的惩戒，包括行政拘留、暂扣或者吊销许可证和执照、责令停产停业、没收违法所得、没收非法财物、罚款、警告等。

公民、法人或者非法人组织对前述行政处罚不服的，有权提起行政复议。

2. 行政强制行为。行政强制措施是指行政机关为了实现特定的行政管理目的，直接使用强制力限制公民人身权或者财产权的措施。

行政强制执行是指行政机关或者行政机关申请人民法院对不履行行政决定的公民、法人或者非法人组织，依法强制履行义务的行为。

公民、法人或者非法人组织对限制人身自由或者对财产的查封、扣押、冻结等行政强制措施和行政强制执行不服的，有权提起行政复议。

3. 行政许可行为。行政许可是指申请行政机关颁发许可证、执照、资质证、资格证等证书，或者申请行政机关审批、登记有关事项，行政机关拒绝或者在法定期限内不予答复的行为。

公民、法人或者非法人组织认为符合法定条件，行政机关拒绝或者在法定期限内不予答复，公民、法人或者非法人组织不服的，有权提起行政复议。

4.行政确权行为。行政确权是行政机关依职权或应申请，对当事人之间就自然资源的所有权或使用权的归属发生的争议予以甄别、认定，并作出裁决的行为。

公民、法人或者非法人组织对行政机关作出的关于确认土地、矿藏、水流、森林、山岭、草原、荒地、滩涂、海域等自然资源的所有权或者使用权的决定不服的，有权提起行政复议。

5.侵犯经营自主权案件和农民土地承包经营权、农村土地经营权的行为。公民、法人或者非法人组织认为行政机关侵犯其经营自主权或者农村土地承包经营权、农村土地经营权的，有权提起行政复议。

6.违法要求履行义务。法律、法规没有设定义务，但行政机关要求公民履行义务。所谓"违法要求履行义务"，主要是指"三乱"即"乱罚款""乱摊派""乱收费"。其中，"乱罚款"属于行政处罚案件的情形，"乱摊派"和"乱收费"属于行政征收案件。

公民、法人或者非法人组织认为行政机关违法集资、摊派费用或者违法要求履行其他义务的，有权提起行政复议。

7.征收、征用行为。征收是指行政机关为了公共利益的需要，依照法律规定强制从行政相对人处有偿或无偿获取一定财物（费）或劳务的行为。征用则是指行政机关为了公共利益的需要，依照法律规定强制取得原为公民、法人或者非法人组织的财产使用权的行为。

公民、法人或者非法人组织对征收、征用决定及其补偿决定不服的，有权提起行政复议。

8.不履行法定职责。不履行法定职责案件是公民、法人或者非法人组织申请行政机关履行保护人身权利、财产权利、受教育权利的法定职责，认为行政机关拒不履行或者不予答复的，有权提起行政复议。

9.行政给付行为。行政给付案件是指公民申请行政机关依法支付抚恤金、最低生活保障或者社会保险待遇，行政机关没有依法支付的。公民、法人或者非法人组织认为行政机关没有依法支付抚恤金、最低生活保障待遇或者社会保险待遇的，有权提起行政复议。

10.其他行政行为。认为行政机关的其他行政行为侵犯其合法权益的，有权提起行政复议。

（二）行政复议的受案排除范围

1.不服行政机关作出的行政处分或者其他人事处理决定的，不得申请行政复议，应依照有关法律、行政法规的规定提出申诉。

2.不服行政机关对民事纠纷作出的调解或者其他处理的，不得申请行政复议，应依法申请仲裁或者向人民法院提起诉讼。

（三）对部分规范性文件的附带审查

公民、法人或者非法人组织认为行政机关的行政行为所依据的下列规定不合法，在对行政行为申请行政复议时，可以一并向行政复议机关提出对该规定的审查申请：

（1）国务院部门的规定；

（2）县级以上地方各级人民政府及其工作部门的规定；

（3）乡、镇人民政府的规定。

前述可以申请附带审查的规定不含国务院部、委员会规章和地方人民政府规章。规章的审查依照法律、行政法规办理。

【例04-02】根据行政复议法及相关规定，下列哪种情形可以申请行政复议？

A.甲对某行政机关作出的冻结其财产的行政强制措施决定不服的

B.公务员乙对其所在的行政机关对其作出的记大过行政处分不服的

C.丙对某行政机关就其与丁之间的专利侵权纠纷作出的调解不服的

D.戊对某地方人民政府规章不服的

【参考答案】A

第二节　行政复议参加人

本节知识要点

本节主要介绍行政复议的申请人及其确认，第三人的确定及参加行政复议的方式。本节的难点在于行政复议被申请人的确定。涉及委托、批准、共同执法等情形时，需在了解我国行政机关管理关系的基础上，才能正确确定。行政复议参加人的主要内容如图4-3所示。

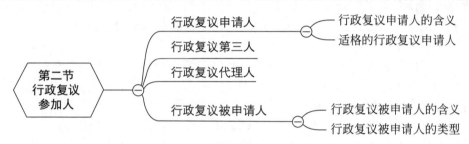

图4-3　行政复议参加人的主要内容

一、行政复议申请人

（一）行政复议申请人的含义

行政复议申请人是依法申请行政复议的公民、法人或者非法人组织，具有以下特征：

（1）享有行政复议申请权的只能是公民、法人或者非法人组织，行使国家权力的机关不能作为行政复议的申请人。

（2）申请人必须是认为自身合法权益受到侵害，并依法提出复议申请的公民、法人或者非法人组织。

（二）适格的行政复议申请人

适格的行政复议申请人是指认为行政主体作出的行政行为侵犯其合法权益，依法以自己的名义向行政复议机关提起行政复议申请，要求对该行政行为复查并依法作出决定的公民、法人或者非法人组织，主要包括行政相对人和行政相关人。

1.行政相对人。行政相对人是指行政行为直接针对的对象。例如，周某驾驶其机动车辆在城市市区道路超速行驶，被交通警察罚款300元，扣6分。在此行政执法行为中，周某为行政相对人。周某对该行政处罚不服的，可以提出行政复议。

2.行政相关人。行政相关人主要包括：

（1）受害人。例如，甲、乙发生口角，甲把乙打伤了。后甲被公安机关处以拘留10天并罚款500元的行政处罚。甲认为公安机关的处罚过重，乙认为公安机关对甲的处罚过轻。

甲可以作为行政相对人提出行政复议，而乙作为行政相关人，也有权提出行政复议。

（2）相邻权人。例如，甲公司取得某市自然资源和规划局的许可，建造了一栋20层楼高的大型商贸大厦。但该大楼严重遮挡了旁边居民赵某家的采光，则赵某有权以市自然资源和规划局对甲公司的行政许可，侵害了其采光权为由，提出行政复议。

（3）公平竞争权人。例如，某社区拟开办一所双语幼儿园。甲、乙均向该区教委提出了申请。甲获得了许可，乙的申请被驳回。乙不服，乙有权以侵害其公平竞争权利为由提出行政复议。

3.其他具有行政复议资格的申请人。

（1）股份制企业的法定代表人有权以企业的名义申请行政复议之外，股东大会、股东会、董事会认为行政机关作出的行政行为侵犯企业合法权益的，也可以以企业的名义申请行政复议。

（2）合伙企业申请行政复议的，应当以核准登记的企业为申请人，由执行合伙事务的合伙人代表该企业参加行政复议。其他合伙组织申请行政复议的，由合伙人共同申请行政复议。

（3）不具备法人资格的非法人组织申请行政复议的，由该组织的主要负责人代表该组织参加行政复议。没有主要负责人的，由共同推选的其他成员代表该组织参加行政复议。

（4）外国人、无国籍人、外国组织在中华人民共和国境内申请行政复议，应当享有与中国公民、法人或者非法人组织相同的申请权。

4.行政复议的代表人。如果同一行政复议案件申请人超过5人的，推选1～5名代表参加行政复议。

5.行政复议申请权的转移与承受。

（1）公民死亡引起的申请权转移，由其近亲属承受。

（2）法人或者非法人组织终止引起的申请权转移，由承受其权利的法人或者非法人组织申请。

（3）有权申请行政复议的公民为无民事行为能力人或者限制民事行为能力人的，由其法定代理人代为申请行政复议。

【例04-03】甲、乙两行政机关依照相关法律规定共同对股份制企业丙公司作出行政处罚决定，丙公司董事会认为该具体行政行为侵犯了企业合法权益，欲申请行政复议。根据行政复议法及相关规定，下列哪些说法是正确的？

A.丙公司董事会可以以自己的名义申请行政复议

B.丙公司董事会可以以企业的名义申请行政复议

C.该行政复议申请应以甲行政机关为行政复议被申请人

D.该行政复议申请可以以乙行政机关为行政复议被申请人

【参考答案】BD

二、行政复议第三人

1.行政复议第三人的确定。行政复议第三人是指同被申请的行政行为有利害关系，参加行政复议的其他公民、法人或者非法人组织。

与行政行为存在利害关系的受害人、相邻权人、公平竞争权人、行政确认或行政裁决案件中的当事人，在一方申请行政复议之后，另一方可以作为第三人参加行政复议。

2.第三人参加行政复议的方式。

（1）被通知参加。行政复议期间，行政复议机关认为申请人以外的公民、法人或者非法人组织与被审查的行政行为有利害关系的，可以通知其作为第三人参加行政复议。

（2）申请参加。申请人以外的公民、法人或者非法人组织与被审查的行政行为有利害关系的，也可以向行政复议机构申请作为第三人参加行政复议，是否准许由行政复议机关决定。

3.第三人不参加行政复议的法律后果。第三人不参加行政复议，不影响行政复议案件的审理。

三、行政复议代理人

行政复议的申请人和第三人可以委托代理人代为参加行政复议。

每个申请人或第三人可以委托1～2名代理人。

申请人、第三人委托代理人的，应当向行政复议机构提交授权委托书。授权委托书应当载明委托事项、权限和期限。

公民在特殊情况下无法书面委托的，可以口头委托。口头委托的，行政复议机构应当核实并记录在卷。申请人、第三人解除或者变更委托的，应当书面报告行政复议机构。

四、行政复议被申请人

（一）行政复议被申请人的含义

行政复议被申请人是作出被申请复议的行政行为的行政机关和法律、法规、规章授权的组织。

行政复议的被申请人必须是运用行政权力，作出有争议的行政行为的行政机关或者法律、法规、规章授权的组织。行政机关在以其他身份参与社会活动时，其行为不会导致其成为行政复议的被申请人。例如，某机关采购办公用品时参与的是民事活动；其向市自然资源和规划局申请获得规划许可建造办公大楼时，其为行政相对人。

（二）行政复议被申请人的类型

1.行政机关作为独立的被申请人。独立作出行政行为或不作为的人民政府和它的工作部门是独立的被申请人。

2.共同被申请人。

（1）若干个行政机关以共同名义作出行政行为的，共同作出行政行为的行政机关为共同被申请人。

（2）行政机关与法律、法规、规章授权的组织以共同的名义作出行政行为的，行政机关和法律、法规、规章授权的组织为共同被申请人。

如果行政机关与非法人组织以共同名义作出行政行为的，非法人组织不能成为被申请人，只有行政机关是被申请人。

3.继续行使被撤销行政机关权限的被申请人。作出被申请行政行为的行政机关在申请提出时已经被撤销，继续行使其权限的行政机关是被申请人。

4.法定授权的组织作为被申请人。法律、法规、规章授权的组织作出行政行为，公民、法人或者非法人组织不服提出行政复议，该法律、法规、规章授权组织为被申请人。

5.批准机关为被申请人。下级行政机关依照法律、法规、规章规定，经上级行政机关批准作出行政行为的，批准机关为被申请人。

6.委托的行政机关为被申请人。行政机关委托的组织所作的行政行为，委托的行政机关是被申请人。

7. 派出机关、派出机构、内设机构作为被申请人。行政机关的派出机关，以及经法律、法规授权的行政机关设立的派出机构、内设机构或者非法人组织对外以自己的名义作出行政行为的，该派出机关、派出机构和内设机构为被申请人。而行政机关设立的派出机构、内设机构或者非法人组织，未经法律、法规授权，对外以自己名义作出行政行为的，则由该行政机关为被申请人。

【例 04-04】根据行政复议法及相关规定，下列关于行政复议被申请人的说法哪些是正确的？

A. 行政机关与法律授权的组织以共同的名义作出具体行政行为的，行政机关和法律授权的组织为共同被申请人

B. 行政机关与法律未授权的组织以共同的名义作出具体行政行为的，仅行政机关为被申请人

C. 行政机关设立的内设机构，未经法律、法规授权，对外以自己名义作出具体行政行为的，该内设机构为被申请人

D. 行政机关设立的内设机构，未经法律、法规授权，对外以自己名义作出具体行政行为的，该行政机关为被申请人

【参考答案】ABD

第三节 行政复议机关

本节知识要点

本节主要介绍行政机关之间的隶属关系和行政复议机关的确定。行政复议机关为行政复议被申请人的上一级行政机关，包括本级人民政府及上一级业务管理机关。行政复议被申请人为垂直管理类型的，行政复议机关只有其上一级机关。本节的难点在于行政复议机关的确定，需在了解我国行政机关管理架构的基础上，才能正确确定。行政复议机关的主要内容如图 4-4 所示。

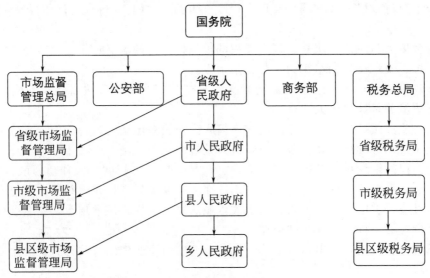

图 4-4　国家行政机关隶属关系示意图

一、行政机关之间的隶属关系

行政复议机关是指依照法律、法规的规定，有权受理行政复议的申请，依法对被申请的行政行为进行合法性、适当性审查，并作出决定的行政机关。行政复议管辖也实行条块结合制度，除实行全国垂直领导的部门外，原则上允许申请人选择向同级政府或者上级主管部门申请行政复议。

由于行政复议是上级行政机关对下级行政机关行使的行政监督，因此行政复议机关是根据作出行政行为的行政机关的隶属关系确定的，也就是说行政复议机关是作出行政行为的行政机关的上级领导和管理机关。

国务院，即中央政府，是最高国家权力机关的执行机关，是最高国家行政机关，下设有：

1.国务院组成部门（包括部委行署共 26 个，均具备行政主体资格）：外交部、国防部、国家发展和改革委员会、科学技术部、教育部、公安部、国家安全部、商务部、司法部、财政部、人力资源和社会保障部、生态环境部、中国人民银行、审计署等。

2.国务院直属特设机构（共 1 个，具备行政主体资格）：国有资产监督管理委员会。

3.国务院直属机构（共 10 个，大部分具备行政主体资格）：海关总署、国家市场监督管理总局、国家税务总局、国家体育总局、国家统计局等。

4.国务院办事机构（共 2 个，不具有行政主体资格）：国务院港澳事务办公室、国务院研究室。

5.国务院直属事业单位（共 9 个，少部分具有行政主体资格）：新华通讯社、中国科学院、中国社会科学院、中国工程院、国务院发展研究中心、中国气象局、中国证券监督管理委员会、中国银行保险监督管理委员会等。

6.国务院部委管理的国家局（共 16 个，大部分具有行政主体资格）：国家信访局、国家能源局、国家知识产权局、国家烟草专卖局、国家文物局、国家药品监督管理局等。

7.各级地方人民政府（均具有行政主体资格）：

（1）省级：省、自治区、直辖市人民政府。

省级人民政府下设有省政府组成部门（如省发展改革委、省科学技术厅、省公安厅、省市场监督管理局等）。

（2）市级：市（辖区的市）、自治州、直辖市所辖区人民政府。

市级人民政府下设有市政府组成部门（如市发展改革委、市科学技术局、市公安局、市市场监督管理局等）。

（3）区县级：市辖区、县、自治县人民政府。

区县级人民政府下设有区、县政府组成部门（如县科学技术局、县公安局、县市场监督管理局等）。

（4）乡镇级：县下设乡、镇人民政府；自治县下设民族乡人民政府。

国家行政机关隶属关系示意图如图 4-5 所示。

二、行政复议机关的确定

（一）县级以上地方各级人民政府工作部门为被申请人的

非垂直管理的县级以上地方各级人民政府工作部门为被申请人的，行政复议机关为本级人民政府和上一级行政机关主管部门两类，从而出现选择管辖。

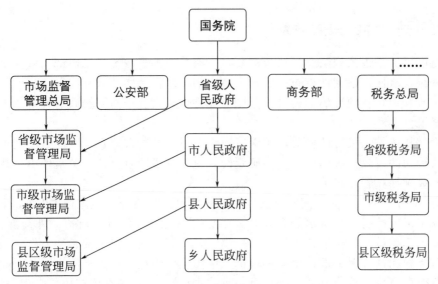

图 4-5　国家行政机关隶属关系示意图

对县级以上地方各级人民政府工作部门的行政行为不服的，可以向该部门的本级人民政府申请行政复议，也可以向上一级主管部门申请行政复议。

法律规定这种情形下的行政复议机关，由申请人进行选择。

例如，某县市场监督管理局对商户甲进行了行政处罚，甲不服时，既可以选择向县政府申请行政复议，也可以向市市场监督管理局申请行政复议。

（二）实行垂直管理的行政机关为被申请人的

对实行中央垂直管理的行政机关和国家安全机关的行政行为不服的，需要向上一级主管部门申请行政复议。例如，海关、金融、税务、外汇等，实行的是中央垂直管理，只能向其上一级主管部门提出行政复议。

（三）省级以下地方各级政府作为被申请人的

对省、自治区、直辖市人民政府以外的地方各级人民政府的行政行为不服的，上一级地方人民政府是行政复议机关。例如，对乡、民族乡、镇政府作出的行政行为不服的，应当向县、自治县、市辖区、不设区的市的人民政府申请行政复议。但是不能向上级政府的主管部门或者更上一级人民政府申请复议。

省、自治区人民政府依法设立的派出机关所属的县级人民政府作为被申请人时的行政复议机关，应当是省、自治区人民政府依法设立的该派出机关。例如，省人民政府依法设立的行政公署所属的县级人民政府作出的行政行为被申请行政复议，复议机关应当是该行政公署。

（四）国务院部门或者省、自治区、直辖市政府作为被申请人的

（1）被申请人为国务院部门的，向该国务院部门申请行政复议。

（2）被申请人为省、自治区、直辖市人民政府的，向该省、自治区、直辖市人民政府申请行政复议。

如果申请人对两个以上国务院部门共同作出的行政行为不服的，依照《行政复议法》的规定，可以向其中任何一个国务院部门提出行政复议申请，由作出行政行为的国务院部门共同作出行政复议决定。

（五）其他情形下的行政复议机关

1. 县级以上地方人民政府依法设立的派出机关作为被申请人时，由设立该派出机关的人民政府作为行政复议机关。

2. 政府工作部门依法设立的派出机构作为被申请人时，设立该派出机构的部门或者该部门的本级地方人民政府作为行政复议机关。

3. 法律、法规授权的组织作为被申请人时，由直接管理该组织的地方人民政府、地方人民政府工作部门或者国务院部门作为行政复议机关。

4. 两个或者两个以上的行政机关作为共同被申请人时，由他们的共同上一级行政机关作为行政复议机关。

5. 继续行使被撤销行政机关职权的行政机关作为被申请人时，由继续行使职权的行政机关的上一级行政机关作为行政复议机关。

有前述所列情形之一的，申请人也可以向行政行为发生地的县级地方人民政府提出行政复议申请，由接受申请的县级地方人民政府先接受复议申请。县级地方人民政府应当自接到该行政复议申请之日起 7 个工作日内，转送有关行政复议机关，并告知申请人。

（六）行政复议机关管辖竞合的处理

两个或两个以上均有管辖权的行政复议机关均收到行政复议申请的，处理规则如下：

首先，申请人就同一事项向两个或者两个以上有权受理的行政机关申请行政复议的，由最先收到行政复议申请的行政机关受理；

其次，同时收到行政复议申请的，由收到行政复议申请的行政机关在 10 日内协商确定；

最后，协商不成的，由其共同上一级行政机关在 10 日内指定受理机关。

协商确定或者指定受理机关所用时间不计入行政复议审理期限。

【例 04-05】甲对国务院专利行政部门作出的不予受理其专利申请决定不服，欲申请行政复议。对此，下列说法哪些是正确的？

A. 甲应当向该部门提出行政复议申请；如果甲对行政复议决定不服，可以向人民法院提起行政诉讼

B. 甲应当向该部门提出行政复议申请；如果甲对行政复议决定不服，可以向国务院申请裁决

C. 甲应当向国务院提出行政复议申请；如果甲对行政复议决定不服，可以向人民法院提起行政诉讼

D. 甲应当向国务院提出行政复议申请；如果甲对行政复议决定不服，不得再向人民法院提起行政诉讼

【参考答案】AB

第四节　行政复议程序

📚 本节知识要点

本节主要介绍行政复议的申请方式、受理条件，在申请人的复议申请无端不受理时如何

处置。明确行政复议案件申请人、被申请人的举证责任是不均等的。本节的重点在于掌握行政复议前置以及行政复议审理过程中发生中止、终止的具体情形。行政复议程序的主要内容如图 4-6 所示。

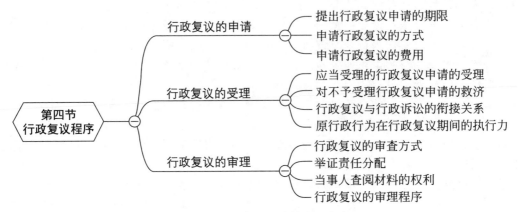

图 4-6　行政复议程序的主要内容

一、行政复议的申请

（一）提出行政复议申请的期限

1.申请行政复议的期限。申请行政复议的，应当自知道该行政行为之日起 60 日内提出；法律规定的申请期限超过 60 日的，依照法律规定。

2.申请期限的起算时间

（1）不服行政机关作出的行政行为的，提出行政复议期限起算点，即知道行政行为的时间点：

① 当场作出行政行为的，自行政行为作出之日起；

② 需要送达的，自受送达人收到（签收）之日起计算；

③ 通过公告形式告知受送达人的，自公告规定的期限届满之日起计算。

（2）对行政机关的不作为不服的，申请行政复议的期限起算点。当事人申请行政机关履行法定职责，行政机关未履行的，行政复议申请期限依照下列规定计算：

① 有履行期限规定的，自履行期限届满之日起计算；

② 没有履行期限规定的，自行政机关收到申请满 60 日起计算。

（3）紧急情况下的特殊期限规定。公民、法人或者非法人组织在紧急情况下请求行政机关履行保护人身权、财产权的法定职责，行政机关不履行的，当事人可以立即申请行政复议，行政复议申请期限不受上述规定的限制。

（4）法定期限的延长。因不可抗力或者其他正当理由耽误法定申请期限的，申请期限自障碍消除之日起继续计算。

（二）申请行政复议的方式

行政复议申请可以书面申请，也可以口头申请。

1.书面申请。申请人书面申请行政复议的，可以采取当面递交、邮寄、传真等方式提出行政复议申请。有条件的行政复议机构可以接受以电子邮件形式提出的行政复议申请。

2.口头申请。申请人口头申请的，行政复议机关应当当场记录申请人的基本情况、行政复议请求、申请行政复议的主要事实、理由和时间，并当场制作行政复议申请笔录交申请人核对或者向申请人宣读，并由申请人签字确认。

（三）申请行政复议的费用

行政复议机关受理行政复议申请，不得向申请人收取任何费用。

行政复议活动所需经费，应当列入本机关的行政经费，由本级财政予以保障。

二、行政复议的受理

（一）应当受理的行政复议申请的受理

1.受理机关审查的内容。公民、法人或者非法人组织认为行政机关的行政行为侵犯其合法权益提出行政复议申请，除不符合行政复议法和行政复议法实施条例规定的申请条件的，行政复议机关必须受理。行政复议申请符合下列规定的，应当予以受理：

（1）有明确的申请人和符合规定的被申请人；

（2）申请人与具体行政行为有利害关系；

（3）有具体的行政复议请求和理由；

（4）在法定申请期限内提出；

（5）属于行政复议法规定的行政复议范围；

（6）属于收到行政复议申请的行政复议机构的职责范围；

（7）其他行政复议机关尚未受理同一行政复议申请，人民法院尚未受理同一主体就同一事实提起的行政诉讼。

2.行政复议的受理期限。行政复议机关收到行政复议申请后，应当在5个工作日内进行审查并作出有关受理的决定：

（1）行政复议申请材料不齐全或者表述不清楚的，可以自收到复议申请之日起5日内书面通知申请人补正；无正当理由逾期不补正的，视为申请人放弃行政复议申请。补正申请材料所用时间不计入行政复议审理期限。

（2）对不符合规定的行政复议申请，应当决定不予受理，并书面告知申请人不予受理的理由。

（3）对符合规定，但是不属于本机关受理的行政复议申请，应当告知申请人向有关行政复议机关提出。

除前述三种情形以外，行政复议申请自行政复议机关负责法制工作的机构收到之日起即为受理。

（二）对不予受理行政复议申请的救济

1.行政救济。公民、法人或者非法人组织依法提出行政复议申请，行政复议机关无正当理由不予受理的，上级行政机关应当责令其受理；必要时，上级行政机关也可以直接受理。

也就是说，上级行政机关认为行政复议机关不予受理行政复议申请的理由不成立的，可以先行督促其受理；经督促仍不受理的，应当责令其限期受理，必要时也可以直接受理；认为行政复议申请不符合法定受理条件的，应当告知申请人。

2.司法救济。当事人向行政复议机关申请复议，而行政复议机关不予受理或者受理之后逾期不作出决定的，申请人可以对这种复议不作为选择起诉。

（1）申请人可以自收到不予受理决定书之日起或者行政复议期满之日起15日内，以行政复议机关不作为为由向人民法院提起行政诉讼，要求人民法院判令复议机关受理或者作出复议决定。

（2）申请人对原行政行为不服，以原行政机关为被告起诉，要求人民法院对原行政行为进行审理。

（三）行政复议与行政诉讼的衔接关系

1.申请人自由选择救济方式。除非法律、法规规定必须先申请行政复议的，当事人可以自由选择申请行政复议还是提起行政诉讼，但是两种救济方式具有择一性，即：

（1）公民、法人或者非法人组织申请行政复议，行政复议机关已经依法受理的，或者法律、法规规定应当先向行政复议机关申请行政复议、对行政复议决定不服再向人民法院提起行政诉讼的，在法定行政复议期限内不得向人民法院提起行政诉讼。

（2）公民、法人或者非法人组织向人民法院提起行政诉讼，人民法院已经依法受理的，不得申请行政复议。

2.复议前置。公民、法人或者非法人组织认为行政机关的行政行为侵犯其已经依法取得的土地、矿藏、水流、森林、山岭、草原、荒地、滩涂、海域等自然资源的所有权或者使用权的，应当先申请行政复议；对行政复议决定不服的，可以依法向人民法院提起行政诉讼。

3.绝对复议终局。根据国务院或者省、自治区、直辖市人民政府对行政区划的勘定、调整或者征收土地的决定，省、自治区、直辖市人民政府确认土地、矿藏、水流、森林、山岭、草原、荒地、滩涂、海域等自然资源的所有权或者使用权的行政复议决定为最终裁决。

4.相对复议终局。国务院部门或者省、自治区、直辖市人民政府作为行政复议机关，对本部门、本政府的行政行为作出的行政复议决定，申请人不服的，既可以向人民法院提起行政诉讼，也可以向国务院申请裁决。国务院按照行政复议法的规定作出最终裁决，当事人不得对国务院的最终裁决提起行政诉讼。

（四）原行政行为在行政复议期间的执行力

在行政复议审理期间，原则上不停止行政行为的执行。

下列例外情形下，可以停止执行行政行为：

（1）被申请人认为需要停止执行的；

（2）行政复议机关认为需要停止执行的；

（3）申请人申请停止执行，行政复议机关认为其要求合理，决定停止执行的；

（4）法律规定停止执行的。

三、行政复议的审理

（一）行政复议的审查方式

行政复议机构审理行政复议案件，应当由2名以上行政复议人员参加。参加人员应当具备一定条件，取得相关资格。

行政复议原则上采取书面审查的方式，但是申请人提出要求或者行政复议机关负责法制工作的机构认为有必要时，可以向有关组织和人员调查情况，听取申请人、被申请人和第三人的意见。

行政复议机构认为必要时，可以实地调查核实证据；对重大、复杂的案件，申请人提出要求或者行政复议机构认为必要时，可以采取听证的方式审理。

行政复议人员向有关组织和人员调查取证时，可以查阅、复制、调取有关文件和资料，向有关人员进行询问。

调查取证时，行政复议人员不得少于2人，并应当向当事人或者有关人员出示证件。被调查单位和人员应当配合行政复议人员的工作，不得拒绝或者阻挠。

需要现场勘验的，现场勘验所用时间不计入行政复议审理期限。

（二）举证责任分配

1.申请人的举证责任。行政复议的申请人享有提供自己合法权益被行政行为侵害的事实和证据的权利。有下列情形之一的，申请人应当提供证明材料：

（1）认为被申请人不履行法定职责的，提供曾经要求被申请人履行法定职责而被申请人未履行的证明材料；

（2）申请行政复议时一并提出行政赔偿请求的，提供受行政行为侵害而造成损害的证明材料；

（3）法律、法规规定需要申请人提供证据材料的其他情形。

2.被申请人的举证责任。

（1）被申请人的举证期限。行政复议被申请人对行政行为的合法性和合理性负举证责任。

行政复议机关负责法制工作的机构应当自行政复议申请受理之日起7日内，将行政复议申请书副本或者行政复议申请笔录复印件发送被申请人。被申请人应当自收到申请书副本或者申请笔录复印件之日起10日内，提出书面答复，并提交当初作出行政行为的证据、依据和其他有关材料。

（2）对被申请人的限制。在行政复议过程中，被申请人不得自行向申请人和其他有关组织或者个人收集证据。被申请人不按照规定提出书面答复，提交当初作出行政行为的证据、依据和其他有关材料的，视为该行政行为没有证据、依据。

（三）当事人查阅材料的权利

1.当事人的申请鉴定权利。行政复议期间涉及专门事项需要鉴定的，当事人可以自行委托鉴定机构进行鉴定，也可以申请行政复议机构委托鉴定机构进行鉴定。鉴定费用由当事人承担。鉴定所用时间不计入行政复议审理期限。

2.申请人查阅材料的权利。《行政复议法》规定了查阅被申请人提供资料的制度，这是执行行政公开原则的重要制度，为申请人有效主张和维护其法律权利提供了条件。

行政复议机关应当为申请人、第三人查阅有关材料提供必要条件。

申请人和第三人查阅资料的内容，是被申请人提出的书面答复和其他有关材料；查阅资料的例外，是涉及国家秘密、商业秘密或者个人隐私的材料。除了法定例外事项，禁止行政机关设置其他理由拒绝申请人和第三人行使查阅权。

3.复议申请的撤回。行政复议申请人有权提出撤回其行政复议申请。在行政复议决定作出前，申请人可以说明理由，撤回行政复议申请，行政复议终止。

申请人撤回行政复议申请的，不得再以同一事实和理由提出行政复议申请。如果申请人能够证明撤回行政复议申请违背其真实意思表示的，则可以再次提出复议申请。

（四）行政复议的审理程序

1.审理期限。行政复议机关应当自受理申请之日起60日内作出行政复议决定。但是法律规定的行政复议期限少于60日的除外。不能在规定期限内作出行政复议决定的，经行政复议机关的负责人批准，可以适当延长；延长期限最多不超过30日。

2.行政复议审理期间行政机关改变原行政行为。行政复议期间被申请人改变原行政行为的，不影响行政复议案件的审理。但是，申请人依法撤回行政复议申请的除外。

3.行政复议期间的和解。在行政复议期间，申请人和被申请人达成和解的，需满足下列条件：

（1）和解的适用范围：对行政机关行使法律、法规规定的自由裁量权作出的行政行为不服。对于行政赔偿和行政补偿，只能调解，不能和解。

（2）和解的原则：平等、自愿、合法。

（3）达成和解的时机：应当在行政复议决定作出之前达成和解。

（4）对和解内容的限制：和解内容不损害社会公共利益和他人合法权益的，行政复议机构应当准许。

（5）和解的程序：申请人和被申请人达成书面和解协议，之后向行政复议机构提交；在获得行政复议机构的准许之后，行政复议程序结束。

4.行政复议期间的调解。有下列情形之一的，行政复议机关可以按照自愿、合法的原则进行调解：

（1）公民、法人或者非法人组织对行政机关行使法律、法规规定的自由裁量权作出的行政行为不服申请行政复议的；

（2）当事人之间的行政赔偿或者行政补偿纠纷。

当事人经调解达成协议的，行政复议机关应当制作行政复议调解书。调解书应当载明行政复议请求、事实、理由和调解结果，并加盖行政复议机关印章。行政复议调解书经双方当事人签字，即具有法律效力。调解未达成协议或者调解书生效前一方反悔的，行政复议机关应当及时作出行政复议决定。

5.行政复议的中止。行政复议期间有下列情形之一，影响行政复议案件审理的，行政复议中止：

（1）作为申请人的自然人死亡，其近亲属尚未确定是否参加行政复议的。

（2）作为申请人的自然人丧失参加行政复议的能力，尚未确定法定代理人参加行政复议的。

（3）作为申请人的法人或者非法人组织终止，尚未确定权利义务承受人的。

（4）作为申请人的自然人下落不明或者被宣告失踪的。

（5）申请人、被申请人因不可抗力，不能参加行政复议的。

（6）案件涉及法律适用问题，需要有权机关作出解释或者确认的。

（7）案件审理需要以其他案件的审理结果为依据，而其他案件尚未审结的。

（8）其他需要中止行政复议的情形。

行政复议中止的原因消除后，应当及时恢复行政复议案件的审理。

行政复议机构中止、恢复行政复议案件的审理，应当告知有关当事人。

6.行政复议的终止。行政复议期间有下列情形之一的，行政复议终止：

（1）申请人要求撤回行政复议申请，行政复议机构准予撤回的。

（2）作为申请人的自然人死亡，没有近亲属或者其近亲属放弃行政复议权利的。

（3）作为申请人的法人或者非法人组织终止，其权利义务的承受人放弃行政复议权利的。

（4）申请人与被申请人依照行政复议法实施条例规定，经行政复议机构准许达成和解的。

（5）申请人对行政拘留或者限制人身自由的行政强制措施不服申请行政复议后，因申请人同一违法行为涉嫌犯罪，该行政拘留或者限制人身自由的行政强制措施变更为刑事拘留的。

依照行政复议法实施条例规定的自然人死亡、自然人丧失行政复议能力、法人或非法人组织终止而导致行政复议中止的，满60日行政复议中止的原因仍未消除的，行政复议终止。

7.对规范性文件的附带审查。

（1）依申请对规范性文件的附带审查。申请人在申请行政复议时，一并提出对行政复议法规定的可以附带的抽象行政行为进行审查的，行政复议机关对该规定有权处理的，应当在30日内依法处理；无权处理的，应当在7个工作日内按照法定程序转送有权处理的行政机关依法处理，有权处理的行政机关应当在60日内依法处理。处理期间，中止对行政行为的审查。

（2）依职权对规范性文件的附带审查。行政复议机关在对被申请人作出的行政行为进行审查时，认为其依据不合法，本机关有权处理的，应当在30日内依法处理；无权处理的，应当在7个工作日内按照法定程序转送有权处理的国家机关依法处理。处理期间，中止对行政行为的审查。

【例04-06】根据行政复议法及相关规定，关于行政复议机关对行政复议申请的审查，下列说法哪些是正确的？

A. 原则上采取书面审查

B. 行政复议机构审理行政复议案件，应当由3名以上行政复议人员参加

C. 行政复议机关认为必要时，可以听取被申请人意见

D. 行政复议机关认为必要时，可以向有关人员调查情况

【参考答案】ACD

第五节　行政复议决定

本节知识要点

本节主要介绍行政复议决定的类型及效力。行政复议决定的类型根据具体行政行为的不同而不同。行政复议决定的主要内容如图4-7所示。

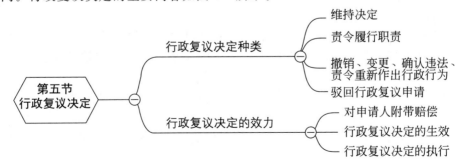

图4-7　行政复议决定的主要内容

一、行政复议决定种类

（一）维持决定

维持决定是指行政复议机关维护支持行政行为的决定，使该行政行为保持或者取得法律效力。作出维持决定的需同时满足下列5个条件：

（1）事实清楚，即对行政行为所认定的事实没有疑义，各方面能够达到一致的认识或者通过复议审查消除了疑义的。

（2）证据确凿，即有关事实的证据达到确实可靠的程度，足以使有关的反驳不能成立。

（3）适用依据正确，即行政行为所适用的法律、法规和其他依据是有效正确的，案件事实与依据之间存在正确的关系或者联系。

（4）程序合法，即行政行为处理案件时所采用的程序符合法律法规规定，尊重当事人的程序权利，遵守法律对程序的要求。

（5）内容适当，即行政行为规定的权利义务具有合理性和正当性，符合客观情形和法律正义的一般要求。

（二）责令履行职责

责令履行法定职责的决定，是指行政复议机关对被申请人以不作为形式违反法定职责构成侵权，要求其履行法定义务的处理。责令履行法定职责的条件应满足：

（1）确认不作为违法，即责令履行法定职责的前提是要确定存在被申请人应当履行的法定职责，确认存在没有履行职责的事实以及这种不履行对申请人的合法权益构成了侵害和行政违法。

（2）要求履行法定义务，即责令履行法定职责的，还要确定继续履行法定职责仍然有实际意义和法律意义，并规定履行的期限和履行的法定内容。

（三）撤销、变更、确认违法、责令重新作出行政行为

1.对违法行政行为的处理决定。撤销、变更、确认违法、责令重新作出行政行为的决定，均是行政复议机关对违法行政行为的处理。

（1）撤销决定。行政行为被撤销以后就不再有而且以后也不会有法律约束力，除非复议决定本身丧失法律效力。

被申请人不按照规定提出书面答复，提交当初作出行政行为的证据、依据和其他有关材料的，视为该行政行为没有证据、依据，决定撤销该行政行为。

（2）变更决定。变更决定是行政复议机关全部或部分改变原行政行为的内容，用复议机关的决定替代原行政行为。根据行政复议法实施条例的规定，变更决定适用于以下两种情形：

① 行政行为认定事实清楚，证据确凿，程序合法，但是明显不当或者适用依据错误的；

② 行政行为认定事实不清，证据不足，但是经行政复议机关审理查明事实清楚，证据确凿的。

在适用变更决定时，行政复议机关在申请人的行政复议请求范围内，不得作出对申请人

更为不利的行政复议决定。

（3）确认违法决定。确认违法决定是对行政行为违法性质和违法状态的确定或者认定。

作出确认违法决定的情形，是原来的行政行为确实构成违法，但是由于客观情况变化而使撤销或者变更已经没有实际意义。

（4）重新作出行政行为的复议决定。重新作出行政行为，是对行政行为作出撤销决定和确认违法决定后，仍然存在需要行政机关作出处理的事项，行政复议机关要求被申请人履行职责作出处理决定的决定。行政复议机关要求被申请人重新作出行政行为的：

① 被申请人不得以同一事实和理由作出与原来的行政行为相同或者基本相同的行政行为。

② 被申请人应当在法律、法规、规章规定的期限内重新作出行政行为；法律、法规、规章未规定期限的，重新作出行政行为的期限为 60 日。

③ 公民、法人或者非法人组织对被申请人重新作出的行政行为不服，可以依法申请行政复议或者提起行政诉讼。

2.撤销、变更、确认违法、责令重新作出行政行为，所针对的原行政行为应当满足的条件。行政复议机关作出撤销、变更、确认违法、责令重新作出行政行为的复议决定时，原行政行为应当存在下列情形之一：

（1）主要事实不清、证据不足的。主要事实是决定案件性质和主要情节的事实，非主要事实的不清楚，不能构成撤销的理由。证据不足是指行政行为所认定的事实尚缺乏充分的证据支持，所以不能认定案件事实。

（2）适用依据错误的。适用依据的错误包括对依据的选择错误，以及将依据运用到具体案件的对象错误。按照合法行政原则，行政行为产生效力必须有正确的依据，因而依据错误会导致行政行为的违法。

（3）违反法定程序的。法定程序是行政行为合法性的要件之一，因而违反法定程序可以独立地构成行政行为违法的理由。

（4）超越职权或者滥用职权的。超越职权是对法定职责范围的违反，滥用职权是对法定职权授予目的的违反。行政机关只能在法律授予权限内活动是依法行为原则的第一要求，所以超越权限和滥用职权是严重的行政违法行为。

（5）行政行为明显不当的。它是指行政机关行使裁量权作出行政行为，达到了明显不适当的程度，如严重的不合理、不公平和不公正。

（四）驳回行政复议申请

驳回行政复议申请的决定，适用于以下两种情形：

（1）申请人认为行政机关不履行法定职责申请行政复议，行政复议机关受理后发现该行政机关没有相应法定职责或者在受理前已经履行法定职责的。

（2）受理行政复议申请后，发现该行政复议申请不符合行政复议法和行政复议法实施条例规定的受理条件的。例如，复议申请受理后，发现申请人已经向人民法院提起行政诉讼，人民法院已经依法受理的，应当驳回其行政复议申请。

如果上级行政机关认为行政复议机关驳回行政复议申请的理由不成立的，应当责令其恢复审理。

【例 04-07】根据行政复议法及相关规定，具体行政行为具有下列哪些情形的，行政复议机关可以决定撤销、变更该具体行政行为或者确认该具体行政行为违法？

A. 主要事实不清、证据不足的	B. 违反法定程序的

C. 滥用职权的	D. 具体行政行为明显不当的

【参考答案】ABCD

二、行政复议决定的效力

（一）对申请人附带赔偿

1. 申请人提出赔偿请求的。申请人在申请行政复议时一并提出了行政赔偿请求，行政复议机关对符合国家赔偿法的有关规定应当给予赔偿的，在决定撤销、变更行政行为或者确认行政行为违法时，应当同时决定被申请人依法给予赔偿。

根据《中华人民共和国国家赔偿法》第9条第2款，申请国家赔偿可以先向赔偿义务机关提出，也可以在申请行政复议时一并提出。如果对不予赔偿或者赔偿数额有异议，申请人可以依法提起行政诉讼。

2. 申请人没有提出赔偿请求的。申请人在申请行政复议时没有提出行政赔偿请求的，行政复议机关可以在法定情形下直接作出有赔偿效果的决定。

这里的《法定情形》是指行政复议机关依法决定撤销或者变更罚款、撤销违法集资、没收财物、征收财物、摊派费用以及对财产的查封、扣押、冻结等行政行为时，应当同时责令被申请人返还财产，解除对财产的查封、扣押、冻结措施，或者赔偿相应的价款。

（二）行政复议决定的生效

行政复议机关作出行政复议决定，应当制作行政复议决定书，并加盖印章，行政复议决定书一经送达，即发生法律效力。

公民、法人或者非法人组织对行政复议决定不服的，可以依照《行政诉讼法》的规定向人民法院提起行政诉讼，但是法律规定行政复议决定为最终裁决的除外。

（三）行政复议决定的执行

1. 对被申请人的效力。被申请人不履行或者无正当理由拖延履行行政复议决定的，行政复议机关或者有关上级行政机关应当责令其限期履行，对直接负责的主管人员和其他直接责任人员依法给予警告、记过、记大过的行政处分。经责令履行仍拒不履行的，依法给予直接负责的主管人员和其他直接责任人员降级、撤职、开除的行政处分。

2. 对申请人的效力。维持行政行为的行政复议决定，由作出行政行为的行政机关依法强制执行，或者申请人民法院强制执行。变更行政行为的行政复议决定，由行政复议机关依法强制执行，或者申请人民法院强制执行。

【例04-08】行政机关对甲公司处以没收财物的行政处罚。甲公司不服，申请行政复议，但没有提出行政赔偿请求。行政复议机关经审查决定撤销原处罚决定。根据行政复议法的规定，行政复议机关对赔偿事宜应当如何处理？

A. 根据不告不理的原则，对行政赔偿事宜不予考虑

B. 通知甲公司增加复议请求

C. 在作出复议决定的同时，告知甲公司就行政赔偿事宜另行申请行政复议

D. 在作出复议决定的同时，责令被申请人返还财物或者赔偿相应的价款

【参考答案】D

行政复议被申请人对其行政行为的合法性负有举证责任。

对抽象行政行为的附带审查仅限于三种规定：乡、镇人民政府的规定，县级以上地方各级人民政府及其工作部门的规定，国务院部门的规定。不包括国务院的规定。

申请人对行政行为不服时，可以提出行政复议，对行政复议决定不服的再提起行政诉讼，也可以直接提出行政诉讼。但是法律规定只能复议不能诉讼的，行政复议决定为最终决定。法律规定必须先复议后诉讼的，不得直接提起诉讼。

行政赔偿可以由申请人提出行政复议时提出，也可以由复议机关依照职权直接作出行政赔偿决定。

第五章

《行政诉讼法》

 本章知识点框架

　　本章主要介绍了行政诉讼的受案范围、行政诉讼的基本原则、行政诉讼的管辖、行政诉讼参加人、行政诉讼的审判程序、行政诉讼证据等特殊制度与规则，以及行政赔偿的内容。重点需要理解行政诉讼的受案范围、管辖、诉讼参加人的有关规定；掌握行政诉讼的程序和判决的规定；理解行政赔偿基本制度和程序。本章主要知识点框架如图 5-1 所示。

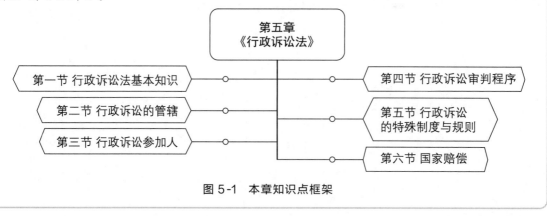

图 5-1　本章知识点框架

第一节 行政诉讼法基本知识

📚 **本节知识要点**

本节主要介绍行政诉讼与行政复议的关系、行政诉讼与民事诉讼的关系、行政诉讼法的效力、行政诉讼的原则及受案范围和排除范围。本节重点掌握行政诉讼的受案范围及排除范围。受案范围与行政复议非常类似，排除范围情形较多，是本节的难点所在。行政诉讼法基本知识的主要内容如图 5-2 所示。

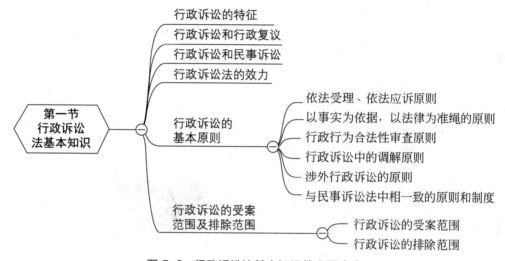

图 5-2　行政诉讼法基本知识的主要内容

一、行政诉讼的特征

行政诉讼是法院应公民、法人或者非法人组织的请求，通过审查行政行为合法性的方式，解决特定范围内行政争议的活动。

公民、法人或者非法人组织认为行政机关和行政机关工作人员的行政行为侵犯其合法权益，有权依照《中华人民共和国行政诉讼法》（以下简称《行政诉讼法》）向人民法院提起诉讼。

前述所称行政行为，包括法律、法规、规章授权的组织作出的行政行为。

行政诉讼包括下列特征：

1.行政诉讼是法院通过审判方式解决特定范围内行政争议的一种司法活动。

2.行政诉讼是通过审查行政行为合法性的方式解决行政争议的活动：

（1）被诉行政行为的合法性审查不适用调解；

（2）被告对行政行为合法性负举证责任；

（3）行政诉讼的裁判以确认、撤销、维持判决为主要形式等。

3.行政诉讼当事人的地位具有特殊性：

（1）行政诉讼的原告恒定为作为行政管理相对一方的公民、法人或者非法人组织；

（2）行政诉讼的被告恒定为作为行政主体的行政机关和法律、法规、规章授权的组织；

（3）行政诉讼原告享有起诉权、撤诉权，而被告不享有起诉权和反诉权；

（4）行政诉讼被告对行政行为合法性承担举证责任。

二、行政诉讼和行政复议

1.行政诉讼和行政复议的区别。

（1）审理机关不同。行政复议是由作出行政行为的行政机关的上级行政机关审理，而行政诉讼则是由作出行政行为的行政机关所在地的人民法院审理。

（2）法律依据不同。行政复议依据的是《行政复议法》及《行政复议法实施条例》，而行政诉讼则是依据《行政诉讼法》。

（3）审理的程序不同。法律、法规规定应当先向行政机关申请复议，对复议决定不服再向人民法院提起诉讼的，依照法律、法规的规定。

行政复议只有一级，即行政复议决定作出后行政复议程序即终止，对行政复议决定不服只能依法向人民法院提起行政诉讼。

行政诉讼则对一审法院作出判决不服还可向上级法院提起上诉，适用两审终审制。

行政复议实行行政首长负责制，即行政复议结论的决定权由行政机关层级审批，行政首长最终决定。而行政诉讼实行合议制。

（4）结案方式不同。行政复议可以由行政机关为申请人和被申请人调解，申请人与被申请人也可自愿达成和解，而行政诉讼除行政赔偿、补偿以及行政机关行使法律、法规规定的自由裁量权的案件可以调解以外，一般不适用调解。

（5）审理的内容不同。行政复议既要审查行政行为的合法性，也要审查其适当性，并可依法作出复议决定。行政诉讼原则上只审查行政行为的合法性，虽也对适当性进行审查，但一般不就行政机关的行政行为的适当性作出裁决。

（6）收费形式不同。人民法院审理行政案件，应当收取诉讼费用。行政复议机关受理行政复议申请不得向申请人收取任何费用。

人民法院审理行政案件，应当收取诉讼费用。诉讼费用由败诉方承担，双方都有责任的由双方分担。收取诉讼费用的具体办法另行规定。

2.行政诉讼和行政复议的关系。公民、法人或者非法人组织对行政复议决定不服的，可以依法向人民法院提起行政诉讼，但是法律规定行政复议决定为最终裁决的除外。行政复议机关已经依法受理行政复议的，在法定行政复议期限内不得向人民法院提起行政诉讼。

法律、法规规定应当先向行政复议机关申请行政复议、对行政复议决定不服再向人民法院提起行政诉讼的，在法定行政复议期限内不得向人民法院提起行政诉讼。

公民、法人或者非法人组织向人民法院提起行政诉讼，人民法院已经依法受理的，不得申请行政复议。

三、行政诉讼和民事诉讼

1.行政诉讼和民事诉讼的区别

（1）诉讼客体和诉讼目的不同。行政诉讼的客体是行政争议，其目的是审查行政行为的合法性，为公民、法人或者非法人组织提供法律救济。民事诉讼的客体是民事争议，其目的是解决民事纠纷，保障当事人的民事权益的实现。

（2）诉讼主体不同。行政诉讼主体具有恒定性，被告只能是国家行政机关或法律、法规、规章授权的组织；原告是认为行政行为侵害其合法权益的公民、法人或者非法人组织。民事诉讼就没有上述限制，当事人的诉讼地位没有恒定性，被告既可以是公民、法人，也可以是行政机关。行政机关在民事诉讼中，既可以做原告，也可以做被告。

（3）当事人的诉讼权利义务不同。行政诉讼中，当事人双方的权利义务不完全对等。例如，行政诉讼的被告不享有起诉权、反诉权等。在民事诉讼中，双方当事人享有的诉讼权利和承担的诉讼义务完全对等，当事人都对自己的主张负有举证义务。

（4）可否适用调解不同。行政诉讼中，人民法院审理行政案件，以审判为原则，以调解为例外。只有在案件涉及行政赔偿、补偿以及行政机关行使法律、法规规定的自由裁量权的才可以调解，并且调解应当遵循自愿、合法原则，不得损害国家利益、社会公共利益和他人合法权益。在民事诉讼中，调解是一项重要原则，调解贯穿于法院审理民事案件的全过程。法院既可以调解的方式进行审理，也可以调解的方式结案。

（5）判决和执行方式不同。在行政诉讼中，法院审理的重点是被诉行政行为的合法性，法院有权对行政行为作出维持、撤销、变更、履行等判决，但通常不对当事人在行政法上的权利义务直接作出判决。民事诉讼审理的是民事争议，法院有权作出确认判决、给付判决和变更判决，此类判决可以直接决定当事人的民事权利义务。

行政诉讼判决的执行措施也不同于民事诉讼，法律对原告、被告规定了不同的执行措施，且被告行政机关依法享有对部分判决的直接强制执行手段。民事诉讼判决裁定的强制执行，则全部要由法院进行，而且强制执行措施普遍适用于民事诉讼原告和被告。

2. 行政诉讼和民事诉讼的关系

（1）附带关系。行政诉讼解决的相当一部分行政争议与民事争议交织在一起，解决行政争议成为解决民事争议的前提条件。行政附带民事诉讼，体现了诉讼经济原则，便于当事人双方解决争议，也可以避免出现一事多判的矛盾结果。

（2）先后关系。在民事诉讼过程中，如果出现行政争议的先决性或行政行为合法性的审查问题，通常情况下，民事诉讼应当中止，等待行政诉讼的判决结果。行政案件的审判须以相关民事案件的审理结果为依据时，民事审判先行。

（3）互补关系。行政诉讼和民事诉讼应当相互衔接，构成给当事人提供法律救济的完整体系。在行政争议与民事纠纷难以区分的情况下，如果当事人不可能通过民事诉讼解决争端，人民法院则应当为当事人提供行政诉讼的救济。

四、行政诉讼法的效力

1. 空间效力。《行政诉讼法》适用于我国国家主权所及的一切空间领域。

我国香港和澳门特别行政区不适用《行政诉讼法》。地方性法规、自治条例和单行条例只能在制定主体所辖行政区域范围内有效。

2. 时间效力。《行政诉讼法》不具有溯及既往的效力。

3. 对人的效力。《行政诉讼法》原则上采取属地主义原则。

凡在我国领域内进行行政诉讼的，无论当事人为中国公民、法人还是外国公民、外国组织或无国籍人，均适用《行政诉讼法》。

外交代表享有行政管辖豁免。除非派遣国政府明确表示放弃豁免或者外交人员从事与公务无关的活动，否则《行政诉讼法》对其没有约束力。

4. 对事的效力。对事的效力是指《行政诉讼法》对行政案件的适用范围，即人民法院的受案范围。

五、行政诉讼的基本原则

（一）依法受理、依法应诉原则

1. 依法受理原则。人民法院应当保障公民、法人和非法人组织的起诉权利，对应当受理的行政案件依法受理。

行政机关及其工作人员不得干预、阻碍人民法院受理行政案件。

2. 依法应诉原则。被诉行政机关负责人应当出庭应诉。不能出庭的，应当委托相应的工作人员出庭。"行政机关负责人"包括行政机关的正职、副职负责人以及其他参与分管的负责人。行政机关负责人出庭应诉的，可以另行委托 1～2 名诉讼代理人。行政机关负责人不能出庭的，应当委托行政机关相应的工作人员出庭，不得仅委托律师出庭。

（二）以事实为依据，以法律为准绳的原则

人民法院审理行政案件，以事实为依据，以法律为准绳。

1. 以事实为依据的含义包括：

（1）行政机关调查认定的事实；

（2）与本案有关的其他事实；

（3）行政诉讼程序事实：法院要审查的不是原告行为是否合法的事实，而是行政行为认定的事实。

2. 以法律为准绳中的"法律"是指：

（1）行政实体法；

（2）行政程序法；

（3）行政诉讼法。

（三）行政行为合法性审查原则

人民法院审理行政案件，对行政行为是否合法进行审查。

1. 行政行为合法性审查的范围

（1）从对象来看，人民法院审查的是行政机关。

（2）从内容来看，人民法院以审查行政行为的合法性为原则。

2. 行政行为合法性审查原则的意义

（1）行政行为合法性审查原则明确了行政机关与人民法院之间的制约关系。

（2）行政行为合法性审查原则具体化了公民、法人或者非法人组织的行政诉讼权利，对诉讼当事人、人民法院等诉讼主体进行诉讼活动具有指导意义。

（四）行政诉讼中的调解原则

1. 行政诉讼中的调解原则的内容。人民法院审理行政案件，不适用调解。但是，行政赔偿、补偿以及行政机关行使法律、法规规定的自由裁量权的案件可以调解。

调解应当遵循自愿、合法原则，不得损害国家利益、社会公共利益和他人合法权益。当事人在调解中对民事权益的处分，不能作为审查被诉行政行为合法性的根据。

2.行政诉讼中调解的程序。人民法院审理行政赔偿、补偿以及行政机关行使法律、法规规定的自由裁量权的行政案件，认为法律关系明确、事实清楚，在征得当事人双方同意后，可以迳行调解。

经人民法院准许，第三人可以参加调解。人民法院认为有必要的，可以通知第三人参加调解。当事人一方或者双方不愿调解、调解未达成协议的，人民法院应当及时判决。当事人自行和解或者调解达成协议后，请求人民法院按照和解协议或者调解协议的内容制作判决书的，人民法院不予准许。

3.行政诉讼调解书。调解达成协议，人民法院应当制作调解书。调解书应当写明诉讼请求、案件的事实和调解结果。调解书由审判人员、书记员署名，加盖人民法院印章，送达双方当事人。调解书经双方当事人签收后，即具有法律效力。调解书生效日期根据最后收到调解书的当事人签收的日期确定。

4.行政诉讼调解的公开与不公开。人民法院审理行政案件，调解过程不公开，但当事人同意公开的除外。调解协议内容不公开，但为保护国家利益、社会公共利益、他人合法权益，人民法院认为确有必要公开的除外。

（五）涉外行政诉讼的原则

涉外行政诉讼除应遵循行政诉讼法的基本原则外，还应遵循适用于涉外行政诉讼的特有原则。外国人、无国籍人、外国组织在中华人民共和国进行行政诉讼，委托律师代理诉讼的，应当委托中华人民共和国律师机构的律师。

涉外行政诉讼需遵循两项原则：

1.同等原则，是指外国人、无国籍人、外国组织，在我国进行行政诉讼时，可以享有我国公民、组织在行政诉讼中所享有的同样的诉讼权利；同时也应承担我国公民、组织在行政诉讼中所应承担的同样的诉讼义务。

外国人、无国籍人、外国组织在中华人民共和国进行行政诉讼，同中华人民共和国公民、组织有同等的诉讼权利和义务。

2.对等原则，是指外国法院对中国公民、组织的行政诉讼权利加以限制的，中国法院对其公民、组织的行政诉讼权利实行同样的限制。

（六）与民事诉讼法中相一致的原则和制度

行政诉讼法中与民事诉讼法相一致的原则和制度包括：

（1）独立行使审判权原则；

（2）当事人的法律地位平等原则；

（3）当事人有权辩论原则；

（4）使用本民族语言文字原则；

（5）人民检察院实行法律监督原则；

（6）合议、回避、公开审判和两审终审原则。

【例05-01】根据行政诉讼法及相关规定，关于人民法院审理行政案件应当遵循的制度，下列哪些说法是正确的？

A.依法实行合议制度   B.依法实行回避制度

C.依法实行公开审判制度   D.依法实行两审终审制度

【参考答案】ABCD

六、行政诉讼的受案范围及排除范围

（一）行政诉讼的受案范围

公民、法人或者非法人组织对行政机关及其工作人员的行政行为不服，依法提起诉讼的，属于人民法院行政诉讼的受案范围。

1.与行政复议受案范围相同的案件。前述《行政复议法》中公民、法人或者非法人组织对下列行政行为不服有权申请行政复议的，也可以提起行政诉讼：

（1）行政处罚行为；

（2）行政强制行为；

（3）行政许可行为；

（4）行政确权行为；

（5）侵犯经营自主权案件和农民土地承包经营权、农村土地经营权的行为；

（6）违法要求履行义务；

（7）征收、征用行为；

（8）不履行法定职责；

（9）行政给付行为。

2.下列案件，也属于行政诉讼的受案范围：

（1）滥用权力排除、限制竞争案件。侵犯公民公平竞争权的案件是指公民、法人和非法人组织认为行政机关滥用行政权力排除或者限制竞争而引起的行政诉讼案件。公民、法人或者非法人组织认为行政机关滥用行政权力排除或者限制竞争的，有权提起行政诉讼。

（2）行政合同（协议）案件。公民、法人或者非法人组织认为行政机关不依法履行、未按照约定履行或者违法变更、解除政府特许经营协议、土地房屋征收补偿协议等协议的，属于受案范围。公民、法人或者非法人组织认为行政机关不依法履行、未按照约定履行或者违法变更、解除政府特许经营协议、土地房屋征收补偿协议等协议的，有权提起行政诉讼。

（3）其他侵犯人身权、财产权案件。公民、法人或者非法人组织认为行政机关侵犯其他人身权、财产权等合法权益的，有权提起行政诉讼。

（4）法律、法规规定的其他行政案件。除前述规定外，人民法院受理法律、法规规定可以提起诉讼的其他行政案件。

3.经过行政复议的案件。经过行政复议的案件，当事人对复议决定不服的，可以提起行政诉讼，法律规定复议决定（裁决）为终局决定（裁决）的除外。

（二）行政诉讼的排除范围

下列行为不属于人民法院行政诉讼的受案范围：

1.国防、外交等国家行为。国家行为是指国务院、中央军事委员会、国防部、外交部等根据宪法和法律的授权，以国家的名义实施的有关国防和外交事务的行为，以及经宪法和法律授权的国家机关宣布紧急状态、实施戒严和总动员等行为。国家行为不属于行政诉讼的受案范围。

2.抽象行政行为。抽象行政行为是指行政法规、规章或者行政机关制定、发布的具有普遍约束力的决定、命令。抽象行政行为包括：

（1）国务院制定行政法规的行为；

（2）国务院各部委制定部门规章的行为；

（3）省级人民政府、市级人民政府制定地方规章的行为；

（4）行政机关制定、发布具有普遍约束力的决定、命令的行为。

公民、法人或者非法人组织在对行政行为提起诉讼时，可要求一并审查行政行为所依据的规范性文件。

3.行政机关对其工作人员的内部管理行为。行政机关对行政机关工作人员的奖惩、任免的决定，是行政机关作出的涉及公务员权利义务的各类决定的统称。除奖惩、任免决定之外，行政机关的内部人事管理行为还包括行政机关对其工作人员作出的培训、考核、离退休工资、休假等方面的决定。行政机关工作人员对决定不服的，可按照公务员法进行申诉。

4.《行政复议法》规定了两种最终裁决的情形

（1）《行政复议法》第14条规定，对国务院部门的行政行为不服的，向作出该行政行为的国务院部门申请行政复议。对行政复议决定不服的，可以向人民法院提起行政诉讼；也可以向国务院申请裁决，国务院依照《行政复议法》的规定作出最终裁决。

（2）《行政复议法》第30条第2款规定，根据国务院或者省、自治区、直辖市人民政府对行政区划的勘定、调整或者征收土地的决定，省、自治区、直辖市人民政府确认土地、矿藏、水流、森林、山岭、草原、荒地、滩涂、海域等自然资源的所有权或者使用权的行政复议决定为最终裁决。

5.公安、国家安全等机关依照刑事诉讼法的明确授权实施的行为。公安、国家安全的国家机关，具有行政机关和侦查机关的双重身份，可以对刑事犯罪嫌疑人实施刑事强制措施，也可以对公民实施行政处罚、行政强制措施。对刑事犯罪嫌疑人实施的刑事强制措施，是法律赋予的司法职责，不属于行政行为，因此不属于行政诉讼的受案范围。对于其实施的执行处罚、行政强制措施，属于其履行行政职权的行为，属于行政诉讼的受案范围。

6.调解行为以及法律规定的仲裁行为。调解行为和仲裁行为本质不是行政行为。即使调解和仲裁行为由行政机关实施，也不是行政行为。行政调解是行政机关劝导发生民事争议的当事人自愿达成协议的一种行政活动，协议内容出自民事争议当事人的自我愿望，没有公权力的强制性，对当事人没有行政强制力，不属于可诉范围。

7.行政指导行为。行政指导行为是行政机关以倡导、示范、建议、咨询等方式，引导公民自愿配合，从而达到行政管理目的的行为，属于非权力行政方式。公民是否遵从行政指导，完全取决于自己的意愿。因此，行政指导行为不具有强制力，不属于行政诉讼的受案范围。

8.驳回当事人对行政行为提起申诉的重复处理行为。重复处理行为是指行政机关根据公民的申请或者申诉，对原有的生效行政行为作出的没有任何改变的二次决定。人民法院不受理重复处理行为的主要原因是维护公共行政的稳定性和效率。对于重复起诉，已经立案的，裁定驳回起诉。

9.行政机关作出的不产生外部法律效力的行为。对外性是可诉的行政行为的重要特征。行政机关在行政管理时对内部所实施的行为，如行政机关的内部沟通、会签意见、内部报批等，不对外发生法律效力，不对公民、法人或者非法人组织的合法权益产生影响，不属于可诉行为。

10.行政机关在作出行政行为之前的过程性行为。行政机关在作出行政行为之前，常常要为作出行政行为进行准备、论证、研究、层报、咨询等，这些行为尚不具备最终的法律效力，因此不具有可诉性。

11.行政机关根据人民法院的生效裁判、协助执行通知书作出的执行行为。行政机关根据人民法院的生效裁判、协助执行通知书作出的执行行为，不属于行政诉讼受案范围。这是因为行政机关依照法院生效裁判作出的行政行为，本质上属于履行生效裁判的行为，并非行政机关自身依职权主动作出的行为，不具有可诉性。

但是，行政机关在执行或协助执行生效裁判时自行扩大执行范围或者采取违法方式实施，被执行人就此提出行政诉讼的，属于人民法院的受案范围。

12.行政机关内部事务行为。上级行政机关基于内部层级监督关系，对下级行政机关作出的听取报告、执行检查、督促履责等行为，属于行政机关上下级之间管理的内部事务，这类行为不直接涉及当事人的权利义务，不属于行政诉讼受案范围。

13.行政机关针对信访事项作出的登记等行为。信访处理行为是指行政机关针对信访事项作出的登记、受理、交办、转送、复查、复核意见等行为，对信访人不具有强制力，对信访人的实体权利不产生实质影响，因此不具有可诉性。

14.对公民、法人或者非法人组织权利义务不产生实际影响的行为。对公民、法人或者非法人组织的权利义务不产生实际影响的行为，主要是指行政机关作出行政行为之前实施的各种准备行为，如行政机关开会讨论、征求意见等。由于行政行为尚未作出，最终的法律结论没有形成，起诉的客体没有形成，因此不属于行政诉讼的受案范围。

【例05-02】根据行政诉讼法的规定，下列哪些事项属于人民法院行政诉讼的受案范围？

A.李某认为行政机关对其作出的罚款决定侵犯了其合法权益

B.张某认为交警王某节日期间对其违章停车开具罚款单侵犯了其合法权益

C.丙认为税务机关的征税行为侵犯了其合法权益

D.丁认为行政机关发布的《小商品批发市场管理办法》侵犯了其合法权益

【参考答案】AC

第二节 行政诉讼的管辖

本节知识要点

本节主要介绍行政诉讼案件的级别管辖、地域管辖，以及特殊情形下的裁定管辖，包括移送管辖、指定管辖、移转管辖，还介绍了管辖权异议的提出及处理。行政诉讼管辖与民事诉讼管辖在管辖制度方面是一致的，但管辖法院的确定却有很大的不同。需要对比掌握。本节的重点在于对行政诉讼案件级别管辖的把握，以及对经过行政复议的案件的管辖规定。行政诉讼的管辖的主要内容如图5-3所示。

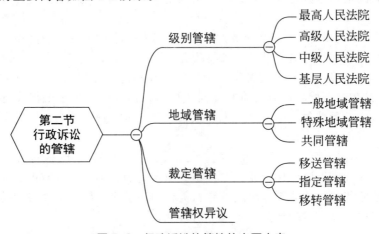

图5-3　行政诉讼的管辖的主要内容

一、级别管辖

（一）最高人民法院

最高人民法院管辖全国范围内重大、复杂的第一审行政案件。

（二）高级人民法院

高级人民法院管辖本辖区内重大、复杂的第一审行政案件。经最高人民法院批准，高级人民法院可以根据审判工作的实际情况，确定若干人民法院跨行政区域管辖行政案件。

（三）中级人民法院

1.中级人民法院管辖下列第一审行政案件：
（1）对国务院部门或者县级以上地方人民政府所作的行政行为提起诉讼的案件。
（2）海关处理的案件。
（3）本辖区内重大、复杂的案件，即：
① 社会影响重大的共同诉讼、集团诉讼案件；
② 重大涉外行政案件；
③ 涉及我国香港特别行政区、澳门特别行政区、台湾地区的案件；
④ 其他重大、复杂案件。
（4）其他法律规定由中级人民法院管辖的案件。

2.当事人越级向中级人民法院起诉时的处理。当事人以案件重大、复杂为由，认为有管辖权的基层人民法院不宜行使管辖权，或者认为行政行为所依据的国务院部门和地方人民政府及其部门制定的规范性文件不合法一并请求对该规范性文件进行审查，向中级人民法院起诉，中级人民法院应当根据不同情况在7日内分别作出以下处理：
（1）决定自行审理；
（2）指定本辖区其他基层人民法院管辖；
（3）书面告知当事人向有管辖权的基层人民法院起诉。

（四）基层人民法院

基层人民法院管辖第一审行政案件。对各级地方人民政府（包括县级、市级、省级）的工作部门所作的行政行为提起诉讼的案件，均由基层人民法院管辖。

二、地域管辖

（一）一般地域管辖

一般地域管辖采取"原告就被告"原则。行政案件由最初作出行政行为的行政机关所在地人民法院管辖。

经过复议的案件，作出原行政行为的行政机关所在地与复议机关所在地的人民法院均有管辖权。复议机关作共同被告的案件（即复议机关维持了原行政行为的案件），以作出原行政行为的行政机关确定案件的级别管辖。

经最高人民法院批准，高级人民法院可以根据审判工作的实际情况，确定若干人民法院跨行政区域管辖行政案件。

（二）特殊地域管辖

特殊地域管辖的案件是指：

1.对限制人身自由的行政强制措施提起的诉讼。对限制人身自由的行政强制措施不服而提起的诉讼，由被告所在地或者原告所在地法院管辖。这里的"原告所在地"，包括原告的户籍所在地、经常居住地和被限制人身自由地。

对行政机关基于同一事实，既采取限制公民人身自由的行政强制措施，又采取其他行政强制措施或者行政处罚不服的，由被告所在地或者原告所在地的人民法院管辖。

2.因不动产而提起的行政诉讼。因不动产而提起的行政诉讼，由不动产所在地的人民法院管辖。这里的"因不动产而提起的行政诉讼"是指因行政行为导致不动产物权变动而提起的诉讼。

不动产已登记的，以不动产登记簿记载的所在地为不动产所在地；不动产未登记的，以不动产实际所在地为不动产所在地。

（三）共同管辖

1.共同管辖的情形。共同管辖是指两个以上的法院对同一个诉讼案件都有合法的管辖权的情况。

（1）经过复议的案件，行政复议机关和原行政机关所在地的人民法院都有权管辖。

（2）采取限制人身自由的行政强制措施案件，被告所在地的法院与原告户籍地、住所地、被限制人身自由地的法院都有权管辖。

（3）临界不动产案件，有关行政区域的人民法院都有权管辖。

2.管辖法院的确定

（1）管辖法院由原告选择确定。两个以上人民法院都有管辖权的案件，原告可以选择其中一个人民法院提起诉讼。

（2）最先立案的人民法院管辖。原告向两个以上有管辖权的人民法院均提起诉讼的，由最先立案的人民法院管辖。

（3）受诉人民法院一并管辖。受诉人民法院一并管辖，即在限制人身自由的强制措施案件中，行政机关基于同一事实，同时采取其他行政强制措施或者行政处罚的，原告可以选择法院，受诉人民法院可以一并管辖，通过一个诉讼程序审查若干个行政行为。

（4）协商管辖或者指定管辖。人民法院对管辖权发生争议，由争议双方协商解决。协商不成的，报它们的共同上级人民法院指定管辖。

三、裁定管辖

（一）移送管辖

移送管辖是指受诉人民法院在决定受理之后发现案件不属于自己管辖，将案件移送给有管辖权的法院。

人民法院发现受理的案件不属本院管辖的，应当移送有管辖权的人民法院，受移送的人民法院应当受理。受移送的人民法院认为受移送的案件按照规定不属于本院管辖的，应当报请上级人民法院指定管辖，不得再自行移送。发生移送管辖时应符合的条件：

（1）移送案件的法院已经决定受理，即诉讼程序已经开始但未审结。

（2）移送案件的法院对本案无管辖权，必须移送。

（3）受到移送的法院认为自己也无管辖权的，不能再次移送。

（4）必须作出移送案件的裁定。受诉法院合议庭提出移送意见，报经法院院长批准之后裁定。受移送的法院不得拒收、退回或再自行移送。

（5）法院在裁定移送之前，应当听取当事人的意见，但当事人不服案件被移送的，无权采取提起上诉等救济方式。

（二）指定管辖

指定管辖是指当管辖不明或者有管辖权的法院不宜行使管辖权时，由上级人民法院以指定的方式确定案件的管辖。

有管辖权的人民法院由于特殊原因不能行使管辖权的，由上级人民法院指定管辖。人民法院对管辖权发生争议，由争议双方协商解决。协商不成的，报它们的共同上级人民法院指定管辖。

（三）移转管辖

移转管辖又称管辖权转移，是指基于上级法院裁定，下级法院将自己管辖的行政案件转交上级法院审理。

上级人民法院有权审理下级人民法院管辖的第一审行政案件。下级人民法院对其管辖的第一审行政案件，认为需要由上级人民法院审理或者指定管辖的，可报请上级人民法院决定。

四、管辖权异议

管辖权异议是指行政诉讼当事人对受理案件的法院提出的管辖权方面的异议。

人民法院受理案件后，被告提出管辖异议的，应当在收到起诉状副本之日起 15 日内提出。

对当事人提出的管辖异议，人民法院应当进行审查。异议成立的，裁定将案件移送有管辖权的人民法院；异议不成立的，裁定驳回。当事人对裁定不服的，有权在裁定送达后 10 日内提出上诉。

人民法院对管辖异议审查后确定有管辖权的，不因当事人增加或者变更诉讼请求等改变管辖，但违反级别管辖、专属管辖规定的除外。

有下列情形之一的，当事人提出的管辖异议人民法院不予审查：

（1）人民法院发回重审或者按第一审程序再审的案件，当事人提出管辖异议的；

（2）当事人在第一审程序中未按照法律规定的期限和形式提出管辖异议，在第二审程序中提出的。

【例 05-03】甲不服某具体行政行为，向两个有管辖权的人民法院分别提起了行政诉讼。根据行政诉讼法及相关规定，该行政诉讼应由下列哪个人民法院管辖？

A. 最先受理的人民法院

B. 最先立案的人民法院

C. 该两个人民法院的共同上级人民法院

D. 该两个人民法院的共同上级人民法院指定的人民法院

【参考答案】B

第三节 行政诉讼参加人

本节知识要点

本节主要介绍行政诉讼原告、被告的确定，以及行政诉讼中的第三人、代理人；还介绍发生共同诉讼时，代表人的确定。本节的重点在于对经过复议的案件被告的确定，掌握"单独告""共同告""选择告"适用的情形；难点在于多种情形下行政诉讼被告资格的确认。行政诉讼参加人的主要内容如图 5-4 所示。

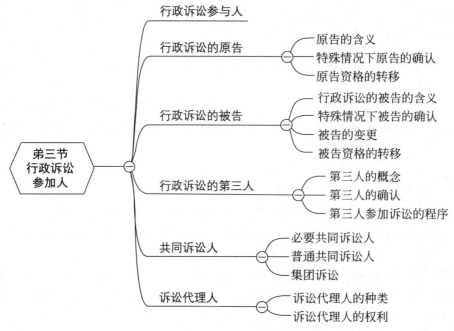

图 5-4　行政诉讼参加人的主要内容

一、行政诉讼参与人

1.行政诉讼当事人。行政诉讼当事人是指因行政行为发生争议，以自己名义进行诉讼，并受人民法院裁判拘束的主体，包括一审的原告、被告，二审的上诉人、被上诉人。

行政诉讼当事人具有一定的稳定性，即原告是公民、法人或者非法人组织，而被告是行政机关或者法律、法规、规章授权的组织。这是行政诉讼"民告官"的特征，也是行政诉讼当事人与民事诉讼当事人的区别之一。

2.行政诉讼参加人。行政诉讼参加人是指在整个或者部分诉讼过程中参加行政诉讼，对行政诉讼程序能够产生重大影响的人，包括当事人和诉讼代理人。

3.行政诉讼参与人。行政诉讼参与人除包括行政诉讼参加人之外，还包括证人、鉴定人、翻译人、勘验人等，这类诉讼参与人，在法律上与案件没有利害关系，但是他们在诉讼中享有特殊的诉讼地位。

4.诉讼代表人。就诉讼地位而言，诉讼代表人兼有当事人和代理人的双重属性。从类型来看，诉讼代表人可以分为：

（1）组织的代表人和集团诉讼的代表人；

（2）推选的代表人和指定的代表人；

（3）单一代表人和多个代表人等。

当事人一方人数众多的共同诉讼，可以由当事人推选代表人进行诉讼。代表人的诉讼行为对其所代表的当事人发生效力，但代表人变更、放弃诉讼请求或者承认对方当事人的诉讼请求，应当经被代表的当事人同意。

二、行政诉讼的原告

（一）原告的含义

行政行为的相对人以及其他与行政行为有利害关系的公民、法人或者非法人组织，有权提起诉讼。因此，原告包含两种"人"：一是行政行为的相对人；二是与行政行为有利害关系的人。有下列情形之一的，属于《行政诉讼法》规定的"与行政行为有利害关系"：

（1）被诉的行政行为涉及其相邻权或者公平竞争权的；

（2）在行政复议等行政程序中被追加为第三人的；

（3）要求行政机关依法追究加害人法律责任的；

（4）撤销或者变更行政行为涉及其合法权益的；

（5）为维护自身合法权益向行政机关投诉，具有处理投诉职责的行政机关作出或者未作出处理的；

（6）其他与行政行为有利害关系的情形。

（二）特殊情况下原告的确认

1.受害人的原告资格。受害人是指受到其他公民（加害人）违法行为侵害的人。在发生侵害时，行政机关可能有两种做法导致提起行政诉讼：

（1）行政机关不予处理。在此情形下，受害人以原告身份起诉行政机关不作为的，加害人为第三人。

（2）行政机关处罚了加害人。在此情况下，存在下列三种情形：

① 受害人认为行政机关对加害人的处罚过轻，加害人对处罚行为无异议的，受害人提起了行政诉讼的，则加害人为第三人；

② 加害人认为行政机关处罚过重，受害人无异议的，加害人提起行政诉讼的，受害人为第三人；

③ 如果加害人认为行政处罚过重而起诉，受害人认为处罚过轻同时起诉，在这种情况下，受害人和加害人都是原告，但不是共同原告。

2.相邻权人的原告资格。相邻权主要包括截水、排水、通行、通风、采光等权利。如果被诉行政行为侵害了有关公民的相邻权，利害关系即告成立。

3.公平竞争权人的原告资格。公民、法人或者非法人组织认为行政机关滥用行政权力排除或者限制竞争的，可以向法院起诉。例如，A省政府规定，在进入A省啤酒市场销售之前，必须取得A省质量监督检验部门颁发的质量合格许可证。B省甲公司以A省政府滥用行政权力，为其带来经济损失为由提起行政诉讼的，人民法院应当受理。

4.债权人的原告资格。债权人以行政机关对债务人所作的行政行为损害债权实现为由提起行政诉讼的，人民法院应当告知其就民事争议提起民事诉讼，但行政机关作出行政行为时依法应予保护或者应予考虑的除外。

例如，甲向乙借款 200 万元，以自己的房屋做抵押并向当地区房管局办理了抵押登记手续。后甲为逃避债务，在还款期限即将届至时将该房屋低价卖给了丙，并办理了房屋过户手续。乙知道后提起行政诉讼，状告区房管局办理的过户手续不合法，侵害了他的利益的，人民法院应当受理。区房管局在为甲、丙办理房屋过户手续之前，有义务通知抵押权人乙而未尽到责任，因此乙的行政诉讼应当受理。

5. 合伙组织的原告资格。合伙企业向人民法院提起诉讼的，应当以核准登记的字号为原告。未依法登记领取营业执照的个人合伙的全体合伙人为共同原告；全体合伙人可以推选代表人，被推选的代表人，应当由全体合伙人出具推选书。

6. 个体工商户的原告资格。个体工商户向人民法院提起诉讼的，以营业执照上登记的经营者为原告。有字号的，以营业执照上登记的字号为原告，并应当注明该字号经营者的基本信息。

7. 股份制企业的原告资格。股份制企业的股东大会、股东会、董事会等认为行政机关作出的行政行为侵犯企业经营自主权的，可以企业名义提起诉讼。

8. 联营企业、中外合资或合作企业的原告资格。联营企业、中外合资或者合作企业的联营、合资、合作各方，认为联营、合资、合作企业权益或者自己一方合法权益受行政行为侵害的，可以自己的名义提起诉讼。

9. 非国有企业的原告资格。非国有企业被行政机关注销、撤销、合并、强令兼并、出售、分立或者改变企业隶属关系的，该企业或者其法定代表人可以提起诉讼。

企业的法定代表人起诉时是以自己的名义，而不是以企业的名义。

10. 非营利法人的原告资格。事业单位、社会团体、基金会、社会服务机构等非营利法人的出资人、设立人认为行政行为损害法人合法权益的，可以自己的名义提起诉讼。

11. 业主委员会的原告资格。业主委员会对于行政机关作出的涉及业主共有利益的行政行为，可以自己的名义提起诉讼。业主委员会不起诉的，专有部分占建筑物总面积过半数或者占总户数过半数的业主可以提起诉讼。

12. 投诉举报者的原告资格。为维护自身合法权益，向行政机关投诉，具有处理投诉职权的行政机关作出或者未作出处理的，公民、法人或者非法人组织具有原告主体资格。

原告的投诉举报行为被限制在以"维护自身合法权益"为目的。那些"职业打假人""投诉专业户"不具有原告资格。

（三）原告资格的转移

1. 自然人原告资格的转移

（1）继承取得。有权提起诉讼的公民死亡时，其近亲属可以以自己的名义提起诉讼。

（2）公民因被限制人身自由，其近亲属的代理诉讼：

① 人身不自由，通信尚自由。公民因被限制人身自由而不能提起诉讼的，其近亲属可以依其口头或者书面委托以该公民的名义提起诉讼。

② 人身、通信均不自由。近亲属起诉时无法与被限制人身自由的公民取得联系，近亲属可以先行起诉，并在诉讼中补充提交委托证明。

《行政诉讼法》规定的"近亲属"，包括配偶、父母、子女、兄弟姐妹、祖父母、外祖父母、孙子女、外孙子女和其他具有扶养、赡养关系的亲属。

2. 法人或非法人组织原告资格的转移。有权提起诉讼的法人或者非法人组织终止，承受其权利的法人或者非法人组织可以提起诉讼。

三、行政诉讼的被告

（一）行政诉讼的被告的含义

行政诉讼的被告是指由原告指控其行政行为违法，经人民法院通知应诉的行政机关或法律、法规、规章授权的组织。行政诉讼的被告具有下列三层含义：

1. 被告是行政机关或者法律、法规、规章授权的组织。

2. 被告应当是对被诉行政行为承担实体法律责任的行政机关主体，具有下列5种情形：

（1）行政行为的作出机关是被告。例如，在行政处理决定书上加盖公章的行政机关。

（2）委托的行政机关是被告。受托的组织应当以委托机关的名义作出行政行为，后果也应当由委托的行政机关承担。

（3）行政机构的所属机关是被告。行政机构在没有法律、法规和规章授权的情况下，以自己的名义作出行政行为，或者超越法定授权的种类作出行政行为的，都应当由所属的行政机关承担后果。例如，派出所作出拘留裁决，超越治安管理处罚法有关"警告、500元以下罚款"的授权，应当由所属的公安局承担违法拘留的后果。

（4）作出撤销行政机关的决定或者继续行使职权的行政机关是被告。作出行政行为的行政机关被撤销的，应当由继续行使其职权的行政机关承担行政行为的法律后果；没有继续行使职权的行政机关的，由作出撤销决定的行政机关承担被诉行政行为的法律后果。

（5）其他依照法律规定应当对被诉行政行为承担法律后果的行政机关是被告。

3. 被告由人民法院通知应诉。被原告指控，并且被法院通知应诉，这是被告的程序特征。原告指控与法院通知应诉这两个方面必须结合一致，缺少任何一方面都不能成立。

（二）特殊情况下被告的确认

一般原则是作出行政行为的行政机关是被告。其具体的确认情形如下：

1. 行政复议案件被告的确认

（1）复议机关决定维持原行政行为。复议机关决定维持原行政行为的，作出原行政行为的行政机关和复议机关是共同被告。原告只起诉作出原行政行为的行政机关或者复议机关的，人民法院应当告知原告追加被告。原告不同意追加的，人民法院应当将另一机关列为共同被告。行政复议决定既有维持原行政行为内容，又有改变原行政行为内容或者不予受理申请内容的，作出原行政行为的行政机关和复议机关为共同被告。

"复议机关决定维持原行政行为"是指包括复议机关驳回复议申请或者复议请求的情形，但以复议申请不符合受理条件为由驳回的（视为"复议机关不作为"）除外。

（2）复议机关决定改变原行政行为。复议机关改变原行政行为的，复议机关是被告。

"复议机关改变原行政行为"是指复议机关改变原行政行为的处理结果。复议机关改变原行政行为所认定的主要事实和证据、改变原行政行为所适用的规范依据，但未改变原行政行为处理结果的，视为复议机关维持原行政行为。

复议机关确认原行政行为无效，属于改变原行政行为。复议机关确认原行政行为违法，属于改变原行政行为，但复议机关以违反法定程序为由确认原行政行为违法的（没有改变处理结果，视为"维持"）除外。

（3）复议机关不作为

① 复议机关在法定期间内不作复议决定，当事人对原行政行为不服提起诉讼的，应当以作出原行政行为的行政机关为被告。

② 复议机关在法定期间内不作复议决定，或者以复议申请不符合受理条件为由驳回复议申请的，当事人对复议机关不作为不服提起诉讼的，应当以复议机关为被告。

2.委托行政的被告确认。行政机关委托的公务组织作出行政行为的，委托的行政机关是被告。存在下列情形的，由委托机关承担后果：

（1）委托的行政机关不得以受委托组织违法为由推卸自己的责任。如果受委托的组织利用委托职权实施违法行为的，仍然要由委托的行政机关对外承担法律责任。委托机关对外履行了法律责任之后，可以按照规定追究受委托组织的责任。

（2）《行政诉讼法》规定的"授权"只有法律、法规、规章授权等形式，规章以下的规范性文件的"授权"视为委托。

没有法律、法规或者规章规定，行政机关授权其内设机构、派出机构或者非法人组织行使行政职权的，属于《行政诉讼法》规定的委托。当事人不服提起诉讼的，应当以该行政机关为被告。

3.经上级机关批准而作出行政行为的被告确认。当事人不服经上级行政机关批准的行政行为，向人民法院提起诉讼的，以在对外发生法律效力的文书上署名的机关为被告。

对于经上级机关批准作出的行政行为，确认被告时采用形式主义，即无论批准机关和被批准的机关在行政行为的作出过程中起到了什么样的作用，都以在作出生效处理决定书上盖章的机关为被告。

4.派出机关作出行政行为的被告确认。派出机关是根据宪法和地方各级人民代表大会和地方各级人民政府组织法的规定由人民政府设立的，如行政公署、区公所和街道办事处，都有被告资格。

派出机构则是人民政府的工作部门根据法律与需要而设立的。派出机构是否有被告资格，取决于是否有法律、法规、规章授权：

（1）如果法律、法规、规章对派出机构有授权，派出机构就取得行政主体资格和诉讼主体资格，无论它作出的行政行为是否超越了授权范围，都是法律后果的承担者，应当做被告。

（2）如果法律、法规、规章没有给派出机构授权，无论该派出机构是否以自己名义作出行政行为，它在法律上都不是行政行为的法律主体和后果承担者，不能以该派出机构为被告，而应以所属的行政机关为被告。

5.若干行政机关共同作出同一行政行为的被告确认。两个以上行政机关作出同一行政行为的，共同作出行政行为的行政机关是共同被告。

行政行为是由两个以上的行政机关或法律、法规、规章授权的组织作出的，原告只起诉其中一个而不同意追加共同作出行政行为的其他行政主体时，人民法院将通知没有被起诉的行政主体作为第三人参加诉讼。

6.行政机关组建机构的被告确认。行政机关组建并赋予行政管理职能但不具有独立承担法律责任能力的机构，以自己的名义作出行政行为，当事人不服提起诉讼的，应当以组建该机构的行政机关为被告。

7.内部机构的被告确认。这类机构是否可以做被告，关键在于是否有法律、法规和规章的授权：

（1）法律、法规或者规章授权行使行政职权的行政机关内设机构、派出机构或者非法人组织，超出法定授权范围实施行政行为，当事人不服提起诉讼的，应当以实施该行为的机构或者组织为被告。

（2）没有法律、法规、规章授权的，内设机构没有独立承担法律责任的能力，应当由负责组建或设立的行政机关负责，即被告应当是设立或组建的行政机关。

8.不作为案件被告的确认。行政机关不作为案件被告的确认的标准有两个：

（1）形式标准，即公民是否提出了申请，以及哪个行政机关接到了申请。按照形式标准，在公民提出了申请的情况下，行政机关不实施任何法律行为的，以接到申请的行政机关为被告。如果公民向行政机关提出了申请，接到申请的行政机关认为不属于自己职权范围的，应当书面告知正确的行政机关或者将申请材料转送有职权的行政机关，在这种情况下，主管行政机关是被告。

（2）实质标准，即接到申请的行政机关是否有作为的职责。只有承担作为职责的行政机关才能做被告。

通常的做法是以实质标准为主，以形式标准为辅。

9.事业单位、行业协会的被告资格。当事人对高等院校等事业单位以及律师协会、注册会计师协会等行业协会依据法律、法规、规章的授权实施的行政行为不服提起诉讼的，以该事业单位、行业协会为被告。当事人对高等院校等事业单位以及律师协会、注册会计师协会等行业协会受行政机关委托作出的行为不服提起诉讼的，以委托的行政机关为被告。

（三）被告的变更

在第一审程序中，人民法院征得原告的同意后，可以变更被告。如果法院认为原告所起诉的被告不适格，人民法院应当告知原告变更被告；原告不同意变更的，裁定驳回起诉。

（四）被告资格的转移

1.被告资格转移的条件。有被告资格的行政机关或授权组织，被撤销或者职权变更的，在法律上该主体已被消灭，或者作出决定的主体不再享有相关的职权。

2.被告资格的承继。有被告资格的主体被撤销或者职权变更的，其被告资格转移给其他行政机关：

（1）有承继行政主体。行政机关被撤销或者职权变更后，其职权继续由其他行政主体行使的，如职权归入新组建的行政机关，分别由两个以上机关行使或者被收归人民政府，被告是继续行使职权的机关。

（2）无承继行政主体。行政机关被撤销或者职权变更，没有继续行使其职权的行政机关的，以其所属的人民政府为被告；实行垂直领导的，以垂直领导的上一级行政机关为被告。

【例05-04】甲公司不服某县卫生管理部门作出的罚款2万元的行政处罚，向所在市卫生管理部门申请复议，该市卫生管理部门改为罚款1万元，甲公司仍然不服，欲提起行政诉讼。根据行政诉讼法及相关规定，下列关于被告的哪种说法是正确的？

A.应当以该县卫生管理部门为被告

B.应当以该市卫生管理部门为被告

C.应当以该县卫生管理部门和该市卫生管理部门为共同被告

D.应当以该县人民政府为被告

【参考答案】B

四、行政诉讼的第三人

（一）第三人的概念

行政诉讼的第三人是指因与被提起行政诉讼的行政行为有利害关系，通过申请或法院通知形式，参加到诉讼中来的当事人。

公民、法人或者非法人组织与被诉行政行为有利害关系但没有提起诉讼，或者与案件处理结果有利害关系的，可以作为第三人申请参加诉讼，或者由人民法院通知参加诉讼。人民法院判决其承担义务或者减损其权益的第三人，有权提出上诉或者申请再审。

（二）第三人的确认

1.行政诉讼第三人的类型。行政诉讼的第三人独立于原告、被告，其诉讼主张与原告或者被告可能一致或者部分一致。第三人总体上可以分为原告型第三人和被告型第三人。

（1）原告型第三人，是指享有诉权的公民没有在法定期限内起诉，而是参加他人提起的行政诉讼的第三人，如行政裁决案卷中没有起诉的一方当事人。

（2）被告型第三人，是指应当作为被告参加诉讼，但因原告不指控，而被法院通知作为第三人参加诉讼的行政机关。例如，若干行政机关共同作出行政行为的，原告坚持起诉其中一个，其他没有被诉的行政机关作为第三人参加诉讼。

2.行政处罚案件中的受害人或加害人。在行政处罚案件中，加害人不服处罚作为原告起诉，受害人则可以作为第三人参加诉讼；如果受害人对此处罚不服，而以原告身份向法院起诉，加害人可以作为第三人参加诉讼。

3.行政处罚案件中的共同被处罚人。在一个行政处罚案件中，行政机关处罚两个以上的违法行为人，其中一部分向人民法院起诉，而另一部分被处罚人没有起诉的，可以作为第三人参加诉讼。

在一个行政处罚案件中有多个参与人，行政机关处罚了部分参与人，且被处罚的参与人对行政处罚不服提起行政诉讼的，其他没有被处罚的参与人无权作为第三人参加诉讼。

4.行政裁决案件中的当事人。公民、法人或者非法人组织之间发生民事权益纠纷由行政机关确权裁决，一部分当事人不服向法院起诉，另一部分可以作为第三人参加诉讼。

5.两个以上行政机关作出相互矛盾的行政行为。两个以上行政机关作出相互矛盾的行政行为，非被告的行政机关可以是第三人。

6.与行政机关共同署名作出处理决定的非行政组织。这种组织既不是行政机关也不是授权组织，不能做被告，但赔偿责任不能免除。该组织作为第三人参加诉讼，以承担相应的法律责任。

7.共同行政行为，应当追加被告而原告不同意追加的。如果应当有两个或两个以上的正确被告，而原告只起诉其中部分被告，不同意起诉其他具有被告资格的行政机关的，原则上这些行政机关作为第三人参加诉讼，但行政复议机关作为共同被告的除外。

（三）第三人参加诉讼的程序

1.第三人参加诉讼的时间。第三人参加行政诉讼，须在原、被告的诉讼程序已开始，判决未作出以前。

2.第三人参加诉讼的途径

（1）第三人本人申请参加诉讼。申请参加的第三人应当向人民法院提出申请，经法院准许后参加诉讼。法院同意的，书面通知第三人；法院不同意的，裁定驳回申请。申请人不服裁定的，可在收到裁定书之日起10日内提出上诉。

（2）法院通知作为第三人参加诉讼。人民法院通知作为第三人参加诉讼的，第三人有权拒绝。

3.第三人享有当事人的诉讼地位

（1）第三人参加之诉。人民法院判决其承担义务或减损其权益的，第三人有权提出上诉。

（2）第三人未参加之诉。《行政诉讼法》规定的第三人，因不能归责于本人的事由未参加诉讼，但有证据证明发生法律效力的判决、裁定、调解书损害其合法权益的，可以依照《行政诉讼法》的规定，自知道或者应当知道其合法权益受到损害之日起 6 个月内，向上一级人民法院申请再审。

五、共同诉讼人

（一）必要共同诉讼人

必要共同诉讼是指当事人一方或双方为两人以上，诉讼标的是同一行政行为的诉讼。必要共同诉讼中的当事人即为必要共同诉讼人。

1.必要共同诉讼的客体是同一个行政行为。这里的"同一个行政行为"是指行政机关以一个意思表示为目的作出了一个处理决定。该处理决定可能是由几个行政机关作出的，或者针对了多个行政相对人。二者必具其一，或者兼具。

2.必要共同诉讼人因同一行政行为而发生了不可分割的法律或者事实联系，其实质是一个案件、一个行政行为，只是诉讼当事人为多数。

共同诉讼人必须共同参加诉讼。必要共同诉讼的当事人没有参加诉讼的，人民法院应当通知其参加；当事人也可以向人民法院申请参加。

如果遗漏了必要共同诉讼人，人民法院应当通知其参加诉讼：

（1）如果是共同被告，人民法院应当在征求原告同意的基础上追加，被追加的被告无权拒绝。

（2）如果是共同原告，人民法院有义务通知未起诉的其他共同原告参加诉讼，并应当通知其他当事人。应当追加的原告，已明确表示放弃实体权利的，可以不追加；既不愿意参加诉讼，也不放弃实体权利的，应追加为第三人，其不参加诉讼，不能阻碍人民法院对案件的审理和裁判。

3.共同诉讼人都是独立的法律主体，有独立的诉讼法律地位，一个人的行为对其他共同诉讼人没有法律上的约束力。他们各自以自己的名义参加诉讼，并对各自的行为负责，各自可以提出自己的诉讼请求。

4.共同诉讼人主要有以下情形：

（1）两个以上的当事人，因共同违法而被一个行政机关在一个处罚决定书中分别予以处罚；

（2）法人或组织因违法而被处罚，该法人或组织的负责人或直接行为人同时被一个处罚决定处罚；

（3）两个以上共同受害人，对行政机关的同一行政行为均表示不服而诉诸法院，这些起诉的共同受害人就成为共同原告人；

（4）两个以上行政机关以一个共同行政决定形式，处理或处罚了一个或若干个当事人。

（二）普通共同诉讼人

普通共同诉讼人是指诉讼标的是同类行政行为，法院认为可以合并审理，且同意合并审理的两人以上参加诉讼的当事人。

所谓同类行政行为，是指两个以上的处理同类事实、适用相同法律的行政行为。例如，某环境卫生管理部门以违反"门前三包"的规定为由，对相邻的八家商店分别处以罚款，对这 8 家商店分别作出的 8 份处罚行为是同类行政行为，如果这八家商店均不服，或有两家以上的商店不服，分别以自己的名义在几乎相同的时间里向人民法院提起诉讼，人民法院认为可以合并审理，分别裁决。

由此可以看出，同类行政行为发生的是几个案件而非一个案件，共同诉讼人之间在事实上或法律上并无当然的不可分割的联系，仅仅因为诉讼标的属于同一种类，即被诉行政行为有相同、相类似的性质，所以人民法院根据程序节约原则，在程序上将这些案件统一起来，决定实行合并审理。

（三）集团诉讼

行政诉讼中的集团诉讼是指由人数众多的原告推选诉讼代表人参加且法院的判决及于全体利益关系人的行政诉讼。《行政诉讼法》规定，当事人一方人数众多的共同诉讼，可以由当事人推选代表人进行诉讼。代表人的诉讼行为对其所代表的当事人发生效力，但代表人变更、放弃诉讼请求或者承认对方当事人的诉讼请求，应当经被代表的当事人同意。集团诉讼具有以下特点：

（1）原告方人数众多。这里的"人数众多"，一般指 10 人以上。

（2）原告方实行诉讼代表制。当事人一方人数众多的，由当事人推选代表人。当事人推选不出的，可以由人民法院在起诉的当事人中指定代表人。

（3）集团诉讼的代表人必须是当事人。代表人变更、放弃诉讼请求或者承认对方当事人的诉讼请求，应当经被代表的当事人同意。

（4）法院的裁判效力不仅及于诉讼代表人，也及于其他未亲自参加诉讼的当事人。

（5）诉讼代表人为 2～5 人。代表人可以委托 1～2 人作为诉讼代理人。

六、诉讼代理人

（一）诉讼代理人的种类

行政诉讼代理人是指以当事人名义，在代理权限内，代理当事人进行行政诉讼活动的人。行政诉讼代理人分为下列三种：

1. 法定代理人。法定代理人是指依法直接享有代理权限，代替无诉讼行为能力的公民进行行政诉讼的人。法定代理人的代理权直接根据法律设定而产生，不以被代理人的意志为转移。没有诉讼行为能力的公民，由其法定代理人代为诉讼。法定代理人互相推诿代理责任的，由人民法院指定其中一人代为诉讼。

法定代理是全权代理。法定代理人所作的一切诉讼行为，被视为是被代理当事人本人所为的诉讼行为，具有同等的法律效力。

2. 指定代理人。指定代理人是指由人民法院指定代理无诉讼行为能力的当事人进行行政诉讼的人。指定代理的条件是：

（1）被代理人属于无诉讼行为能力的公民；

（2）被代理人无法定代理人，或者虽有法定代理人但法定代理人互相推诿代理责任或者不能行使代理权；

（3）由法院依职权指定，无需被指定人同意。

3. 委托代理人。委托代理人是指受当事人、法定代理人委托，代为进行行政诉讼的人。

委托代理权是在委托人与受托人双方意思表示一致的基础上，并由委托人授权委托而产生的，既非源于法律，也非源于单方指定行为。当事人、法定代理人可以委托 1～2 名诉讼代理人。下列人员可以被委托为诉讼代理人：

（1）律师、基层法律服务工作者。

（2）当事人的近亲属，包括当事人的配偶、父母、子女、兄弟姐妹、祖父母、外祖父母、孙子女、外孙子女和其他具有扶养、赡养关系的亲属。

（3）当事人的工作人员。这里的"工作人员"是指与当事人有合法劳动人事关系的职工，其可以当事人工作人员的名义作为诉讼代理人。以当事人的工作人员身份参加诉讼活动，应当提交以下证据之一加以证明：

① 缴纳社会保险记录凭证；

② 领取工资凭证；

③ 其他能够证明其为当事人工作人员身份的证据。

（4）当事人所在社区、单位以及有关社会团体推荐的公民。这里的"有关社会团体推荐的公民"担任诉讼代理人的，应当符合下列条件：

① 社会团体属于依法登记设立或者依法免予登记设立的非营利性法人组织；

② 被代理人属于该社会团体的成员，或者当事人一方住所地位于该社会团体的活动地域；

③ 代理事务属于该社会团体章程载明的业务范围；

④ 被推荐的公民是该社会团体的负责人或与该社会团体有合法劳动人事关系的工作人员。

专利代理师经中华全国专利代理师协会推荐，可以在专利行政案件中担任诉讼代理人。

（二）诉讼代理人的权利

诉讼代理人根据其执业资格的不同，所拥有的权限也有所区别。

1.诉讼代理人为执业律师的。代理诉讼的律师有权按照规定查阅、复制本案有关材料，有权向有关组织和公民调查，收集与本案有关的证据。对涉及国家秘密、商业秘密和个人隐私的材料，应当依照法律规定保密。

2.诉讼代理人为公民的。当事人和其他诉讼代理人有权按照规定查阅、复制本案庭审材料，但涉及国家秘密、商业秘密和个人隐私的内容除外。

【例 05-05】根据行政诉讼法及相关规定，下列关于行政诉讼参加人的哪些说法是正确的？

A. 当事人一方人数 5 人以上的共同诉讼，应当推选代表人进行诉讼

B. 当事人一方或者双方为二人以上，因同一行政行为发生的行政案件为共同诉讼

C. 公民、法人或者非法人组织与被诉行政行为有利害关系但没有提起诉讼的，不能参加诉讼

D. 人民法院判决第三人承担义务或者减损第三人权益的，第三人有权依法提起上诉

【参考答案】BD

第四节　行政诉讼审判程序

📚 本节知识要点

本节主要介绍行政诉讼案件的起诉与受理、立案条件；一审、二审、审判监督程序的具体内容，以及相应的行政诉讼判决与裁定类型。本节的难点是多种情形下立案难问题的解

决，重点掌握第一审程序的判决与裁定的适用类型。行政诉讼审判程序的主要内容如图 5-5
所示。

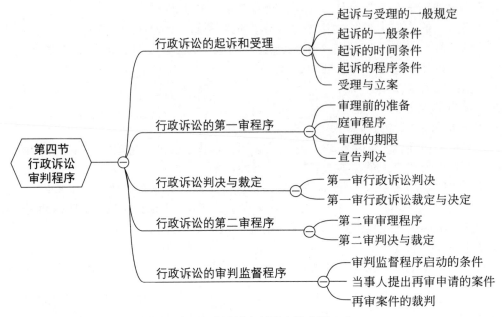

图 5-5　行政诉讼审判程序的主要内容

一、行政诉讼的起诉和受理

（一）起诉与受理的一般规定

起诉与受理是行政诉讼开始必经的两个环节。起诉是从原告角度而言的，是公民、法人
或非法人组织行使自己的诉讼权利的体现，是向人民法院请求启动行政诉讼程序的主张；受
理是从人民法院角度而言的，是人民法院对符合法定条件起诉的认可与接受。只有人民法院
受理了公民、法人或非法人组织的起诉，才能启动行政诉讼程序。

行政诉讼的启动，采用不告不理的原则，即人民法院不能主动开始行政诉讼程序。

（二）起诉的一般条件

《行政诉讼法》规定，提起诉讼应当符合下列条件：

1.原告适格，即原告是行政行为的相对人以及其他与行政行为有利害关系的公民、法人
或者非法人组织。这包括四层含义：

（1）原告需是公民、法人或非法人组织，不能是行使行政职权的行政主体；

（2）侵犯原告合法权益的是行政主体作出的行政行为；

（3）原告必须是认为自己的合法权益受到了侵害，而不是为了保护他人的权益或公共
利益；

（4）原告是自己认为自己的合法权益受到了侵害，是否真正受到侵害，不影响原告行使
起诉的权利。

2.有明确的被告。

（1）原告提供被告的名称等信息足以使被告与其他行政机关相区别的，可以认定为《行
政诉讼法》规定的"有明确的被告"。

（2）起诉状列写被告信息不足以认定明确的被告的，人民法院可以告知原告补正；原告补正后仍不能确定明确的被告的，人民法院裁定不予立案。

3.有具体的诉讼请求和事实根据。这里的"有具体的诉讼请求"包括：

（1）请求判决撤销或者变更行政行为；

（2）请求判决行政机关履行法定职责或者给付义务；

（3）请求判决确认行政行为违法；

（4）请求判决确认行政行为无效；

（5）请求判决行政机关予以赔偿或者补偿；

（6）请求解决行政协议争议；

（7）请求一并审查规章以下规范性文件；

（8）请求一并解决相关民事争议；

（9）其他诉讼请求。

当事人单独或者一并提起行政赔偿、补偿诉讼的，应当有具体的赔偿、补偿事项以及数额；请求一并审查规章以下规范性文件的，应当提供明确的文件名称或者审查对象；请求一并解决相关民事争议的，应当有具体的民事诉讼请求。

当事人未能正确表达诉讼请求的，人民法院应当要求其明确诉讼请求。

4.属于人民法院受案范围和受诉人民法院管辖。

（1）属于《行政诉讼法》明确规定的人民法院的受案范围。根据《行政诉讼法》的规定，只有对一定范围的行政行为才能提起行政诉讼，国家行为等不受司法审查。

（2）属于受诉人民法院管辖。根据原告起诉的被告的身份不同和被告所处的地理位置不同，《行政诉讼法》确定了级别管辖和地域管辖。只有受诉人民法院既满足级别管辖条件又满足地域管辖条件时，人民法院才能受理原告的起诉。当原告将起诉状递交给没有管辖权的人民法院时，该人民法院应当告知其向有管辖权的法院起诉；立案后发现本院没有管辖权的，应当将案件移送有管辖权的人民法院。

（三）起诉的时间条件

1.没有经过复议、直接起诉的一般时间条件。公民、法人或者非法人组织直接向人民法院提起诉讼的，应当自知道或者应当知道作出行政行为之日起 6 个月内提出。不同情形下的起诉期限的计算如下：

（1）作为被告的行政机关所作为的行政行为

① 知内容、知起诉期限的，6 个月内有诉权。对于行政机关作为的行政行为，行政诉讼的起诉期限从公民、法人或者非法人组织知道行政机关作出行政行为之日起计算 6 个月，且以行政机关明确告知其诉权和起诉期限为标准。

② 知内容，但不知起诉期限的，自知道起诉期限起 6 个月内有诉权，且最长不超过自知道内容起 1 年。行政机关作出行政行为时，未告知公民、法人或者非法人组织起诉期限的，起诉期限从公民、法人或者非法人组织知道或者应当知道起诉期限之日起计算，但从知道或者应当知道行政行为内容之日起最长不得超过 1 年。

③ 内容、起诉期限均不知的，知内容起 6 个月内有诉权，但最长不超过行政行为作出之日起 5 年或 20 年：公民、法人或者非法人组织不知道行政机关作出的行政行为内容的，其起诉期限从知道或者应当知道该行政行为内容之日起计算，但最长不得超过《行政诉讼法》规定的最长起诉期限；因不动产提起诉讼的案件自行政行为作出之日起超过 20 年，其他案件自行政行为作出之日起超过 5 年提起诉讼的，人民法院不予受理。

（2）对保护人身权、财产权请求的不作为

① 一般情况下，2个月后的6个月内有诉权：公民、法人或者非法人组织申请行政机关履行保护其人身权、财产权等合法权益的法定职责，行政机关在接到申请之日起2个月内不履行的，公民、法人或者非法人组织可以向人民法院提起诉讼。法律、法规对行政机关履行职责的期限另有规定的，从其规定。

② 紧急情况下，提出请求后的6个月内有诉权：公民、法人或者非法人组织在紧急情况下请求行政机关履行保护其人身权、财产权等合法权益的法定职责，行政机关不履行的，提起诉讼不受前述规定期限的限制。

2.没有经过复议、直接起诉的特别期限条件。特别期限条件是指满足由其他单行法律所规定的起诉期限条件的，为《行政诉讼法》所认可，人民法院予以受理的情形。例如，《专利法》规定，专利申请人对国务院专利行政部门的复审决定不服的，可以自收到通知之日起3个月内向人民法院起诉。超过3个月的诉讼时效，专利申请人即丧失了提起诉讼的权利，人民法院不予受理。

3.经过复议才起诉的案件的期限条件。

（1）复议机关作为的案件。公民、法人或者非法人组织不服行政复议提起行政诉讼的，在收到复议决定书之日起15日内向人民法院提起诉讼。

公民、法人或者非法人组织向复议机关申请行政复议后，复议机关作出维持决定的，应当以复议机关和原行政机关为共同被告，并以复议决定送达时间确定起诉期限。

（2）复议机关不作为的案件。若复议机关逾期不作决定的，当事人可以在复议期满之日起15日内向人民法院提起诉讼。

4.不计算在起诉期限内的情形。

（1）公民因人身自由受到限制而不能行使诉权。因人身自由受到限制而不能提起诉讼的，被限制人身自由的时间不计算在起诉期限内。

（2）原告因意志外的原因而不能行使诉权。公民、法人或者非法人组织因不可抗力或者其他不属于其自身的原因耽误起诉期限的，被耽误的时间不计算在起诉期限内。

5.可以申请延长起诉期限的情形。公民、法人或者非法人组织因不可抗力或者其他不属于自身的原因以外的其他特殊情况耽误起诉期限的，在障碍消除后10日内，可以申请延长期限，是否准许由人民法院决定。

（四）起诉的程序条件

1.行政争议的两种救济途径：行政复议和行政诉讼。行政复议和行政诉讼均是解决行政争议的救济方式，通常情况下，当事人可以选择其一适用或者先后适用，但特殊情况下，需依照法律规定复议前置或复议终局。

（1）当事人自由选择救济方式。对属于人民法院受案范围的行政案件，除非法律、法规规定必须先申请行政复议的，当事人可以自由选择申请行政复议还是提起行政诉讼，或者先提起行政复议，对复议决定不服再提起行政诉讼，但是两种救济方式不得同时适用，只能择其一。

法律、法规未规定行政复议为提起行政诉讼必经程序，公民、法人或者非法人组织既提起诉讼又申请行政复议的，由先立案的机关管辖；同时立案的，由公民、法人或者非法人组织选择。公民、法人或者非法人组织已经申请行政复议，在法定复议期间又向人民法院提起诉讼的，人民法院裁定不予立案。

例如，甲因为开车不礼让行人，被某交通分局罚款200元。甲不服，既可以选择提起行政复议，对复议决定不服再提起行政诉讼，也可以直接提起行政诉讼。但是，甲不得同时既提起行政复议，又提起行政诉讼。如果甲同时向复议机关申请复议又向人民法院起诉的，由最先立案的机关受理。

法律、法规未规定行政复议为提起行政诉讼必经程序，公民、法人或者非法人组织向复议机关申请行政复议后，又经复议机关同意撤回复议申请，在法定起诉期限内对原行政行为提起诉讼的，人民法院应当依法立案。

（2）复议前置。法律、法规规定应当先向行政机关申请复议，对复议决定不服再向人民法院提起诉讼的，公民、法人或者非法人组织应当先申请复议，未申请复议直接提起诉讼的，人民法院裁定不予立案。例如，根据《行政复议法》的规定，公民、法人或者非法人组织认为行政机关的行政行为侵犯其已经依法取得的土地、矿藏、水流、森林、山岭、草原、荒地、滩涂、海域等自然资源的所有权或者使用权的，应当先申请行政复议；对行政复议决定不服的，可以依法向人民法院提起行政诉讼。

（3）复议机关不作为。复议机关不受理复议申请或者在法定期限内不作出复议决定，公民、法人或者非法人组织不服，依法向人民法院提起诉讼的，人民法院应当依法立案。

2.起诉的方式。公民、法人或者非法人组织起诉时，原则上应采用书面方式，应当向人民法院递交起诉状，并按照被告人数提出副本。书写起诉状确有困难的，可以口头起诉，由人民法院记入笔录，出具注明日期的书面凭证，并告知对方当事人。

（五）受理与立案

1.受理。受理是指人民法院对公民、法人或者非法人组织的起诉进行审查，对符合法定条件的起诉决定立案审理，从而启动行政诉讼程序的职权行为。

依照《行政诉讼法》的规定，人民法院应当就起诉状内容和材料是否完备以及是否符合《行政诉讼法》规定的起诉条件进行审查。

2.立案的条件。公民、法人或者非法人组织的起诉符合《行政诉讼法》第49条规定的应当予以立案：

（1）原告是行政行为的相对人以及其他与行政行为有利害关系的公民、法人或者非法人组织；

（2）有明确的被告；

（3）有具体的诉讼请求和事实根据；

（4）属于人民法院受案范围和受诉人民法院管辖。

3.当场立案。对当事人依法提起的诉讼，人民法院能够判断符合起诉条件的，应当当场接收起诉状，并登记立案，依法保障当事人行使诉讼权利。下列情形，应当当场立案：

（1）复议机关不作为的案件。依照《行政诉讼法》的规定，复议机关不受理复议申请或者在法定期限内不作出复议决定，公民、法人或者非法人组织不服，依法向人民法院提起诉讼的，人民法院应当依法立案。

（2）申请复议又撤回的案件。法律、法规未规定行政复议为提起行政诉讼必经程序，公民、法人或者非法人组织向复议机关申请行政复议后，又经复议机关同意撤回复议申请，在法定起诉期限内对原行政行为提起诉讼的，人民法院应当依法立案。

（3）因为未交费被视为撤回，后完成交费的案件。原告或者上诉人未按规定的期限预交案件受理费，又不提出缓交、减交、免交申请，或者提出申请未获批准的，按自动撤诉处理。在按撤诉处理后，原告或者上诉人在法定期限内再次起诉或者上诉，并依法解决诉讼费预交问题的，人民法院应予立案。

（4）对行政机关新的行政行为的起诉案件。人民法院判决撤销行政机关的行政行为后，公民、法人或者非法人组织对行政机关重新作出的行政行为不服向人民法院起诉的，人民法院应当依法立案。

（5）原告无法律文书的行政案件。行政机关作出行政行为时，没有制作或者没有送达法律文书，公民、法人或者非法人组织只要能证明行政行为存在，并在法定期限内起诉的，人民法院应当依法立案。

4．当场不能决定是否立案的。当场不能判断是否符合起诉条件的，应当接收起诉状，出具注明收到日期的书面凭证，并在 7 日内决定是否立案：

（1）决定立案的，向当事人发出立案通知书。

（2）决定不予立案的，向当事人发出裁定不予立案通知书。当事人对不予立案的裁定不服的，可以自收到之日起 10 日内提起上诉。

7 日内仍不能作出判断的，应当先予立案。

5．当场能够决定不能立案的。

（1）确定不符合起诉条件。对于当事人依法提起的诉讼，人民法院认为不符合起诉条件的，作出不予立案的裁定。裁定书应当载明不予立案的理由。原告对裁定不服的，可以提起上诉。

（2）起诉状需要补正。对于当事人依法提起的诉讼，人民法院认为起诉状内容欠缺或者有其他错误的，应当给予指导和释明，并一次性告知当事人需要补正的内容、补充的材料及期限。不得未经指导和释明即以起诉不符合条件为由不接收起诉状。

当事人在指定期限内补正并符合起诉条件的，应当登记立案。当事人拒绝补正或者经补正仍不符合起诉条件的，退回诉状并记录在册；坚持起诉的，裁定不予立案，并载明不予立案的理由。

6．对于人民法院不规范行为的投诉。对于不接收起诉状、接收起诉状后不出具书面凭证，以及不一次性告知当事人需要补正的起诉状内容的，当事人可以向上级人民法院投诉，上级人民法院应当责令改正，并对直接负责的主管人员和其他直接责任人员依法给予处分。

7．越级起诉——向上一级人民法院起诉。人民法院既不立案，又不作出不予立案裁定的，当事人可以向上一级人民法院起诉。上一级人民法院认为符合起诉条件的，应当立案审理，也可以指定其他下级人民法院立案、审理。

8．裁定驳回起诉。有下列情形之一，已经立案的，人民法院应当裁定驳回起诉：

（1）立案之后发现不符合《行政诉讼法》第 49 条规定的起诉条件的；

（2）超过法定起诉期限且无《行政诉讼法》第 48 条规定的不可抗力或不属于自身原因等情形的；

（3）错列被告且拒绝变更的；

（4）未按照法律规定由法定代理人、指定代理人、代表人为诉讼行为的；

（5）未按照法律、法规规定先向行政机关申请复议的；

（6）重复起诉的案件；

（7）撤回起诉后无正当理由再行起诉的；

（8）行政行为对其合法权益明显不产生实际影响的；

（9）诉讼标的已为生效裁判或者调解书所羁束的；

（10）行政给付案件中裁定驳回起诉的情形；

（11）其他不符合法定起诉条件的情形。

前述所列情形可以补正或者更正的，人民法院应当指定期间责令补正或者更正；在指定期间已经补正或者更正的，应当依法审理。

人民法院经过阅卷、调查或者询问当事人，认为不需要开庭审理的，可以迳行裁定驳回起诉。裁定驳回起诉的案件，原告再次起诉的，如果符合起诉条件的，人民法院应予受理。

二、行政诉讼的第一审程序

行政诉讼第一审程序是指人民法院自立案至作出第一审判决的诉讼程序。

（一）审理前的准备

审理前的准备，包括：

（1）组成合议庭；

（2）交换诉状；

（3）处理管辖异议；

（4）人民法院对案件材料的初步审查；

（5）人民法院审查的其他内容。

（二）庭审程序

根据《行政诉讼法》的规定，行政诉讼第一审程序必须进行开庭审理。人民法院开庭审理必须依据法定程序进行。一般的庭审程序分为6个阶段：

（1）开庭准备；

（2）开庭审理；

（3）法庭调查；

（4）法庭辩论；

（5）合议庭评议；

（6）宣读判决。

（三）审理的期限

行政诉讼中关于审理期限的规定如下：

（1）人民法院审理第一审普通行政案件，应当自立案之日起至裁判宣告之日止，6个月内作出判决。

（2）有特殊情况需要延长的，由高级人民法院批准；高级人民法院审理第一审案件需要延长的，由最高人民法院批准；基层人民法院审理第一审行政案件申请延长期限的，应当直接报请高级人民法院批准，同时报中级人民法院备案。

（3）鉴定、处理管辖权异议，中止诉讼，附带的民事诉讼的审理期间不计算在内。

（四）宣告判决

人民法院对公开审理和不公开审理的案件，一律公开宣告判决。

宣告判决时，必须告知当事人上诉权利、上诉期限和上诉的人民法院。

人民法院应当公开发生法律效力的判决书、裁定书，供公众查阅，但涉及国家秘密、商业秘密和个人隐私的内容除外。

三、行政诉讼判决与裁定

（一）第一审行政诉讼判决

行政诉讼判决是指人民法院审理行政案件终结时，根据审理所查清的事实，依据法律规定对行政案件实体问题作出的结论性处理决定。

行政诉讼第一审判决是人民法院在第一审程序中所作出的判决，是人民法院对案件作出的判定，当事人对其不服的，有权向上一级人民法院提出上诉。

1.判决驳回原告的诉讼请求。行政行为证据确凿，适用法律、法规正确，符合法定程序的，或者原告申请被告履行法定职责或者给付义务理由不成立的，人民法院判决驳回原告的诉讼请求。有下列情形之一的，人民法院应当判决驳回原告的诉讼请求：

（1）起诉被告不作为理由不能成立的；

（2）被诉行政行为合法但存在合理性问题的；

（3）被诉行政行为合法，但因法律、政策变化需要变更或者废止的；

（4）其他应当判决驳回诉讼请求的情形。

2.判决撤销或部分撤销，并可以判决被告重新作出行政行为。撤销判决是指人民法院经过对案件的审查，认定被诉行政行为部分或者全部违法，从而部分或全部撤销被诉行政行为，并可以责令被告重新作出行政行为的判决。撤销判决是人民法院对被诉行政行为效力的部分或全部的否定，是对原告权益的保护，因而撤销判决在行政诉讼中占有重要地位。

（1）行政行为具有下列情形之一的，人民法院可以作出撤销判决：

① 主要证据不足。主要证据不足是指被诉行政行为缺乏必要的证据，不足以证明被诉行政行为所认定的事实情况。

② 适用法律、法规错误。适用法律、法规错误是指行政机关作出行政行为时错误地适用了法律、法规或者法律、法规的条款。

③ 违反法定程序。违反法定程序是指行政机关在实施行政行为时违反了法律规定的作出该行政行为应当遵循的步骤、顺序、方式和时限等要求。只要行政行为违反程序，不管实体决定正确与否，都构成撤销该行政行为的理由。

④ 超越职权。超越职权是指行政机关实施行政行为时超越了法律、法规授予其的权力界限，实施了无权实施的行政行为。

⑤ 滥用职权。滥用职权是指行政机关具备实施行政行为的权力，并且其行为形式上也合法，然而行政机关行使权力的目的，违反了法律法规赋予其该项权利的目的，这属于权力的不正当行使。

⑥ 明显不当。明显不当是指被诉行政行为明显不合理，这里主要指行政机关行使行政裁量权作出的行政行为明显逾越了合理的限度。

（2）判决被告重新作出行政行为对行政机关的拘束力。人民法院判决被告重新作出行政行为的，被告不得以同一的事实和理由作出与原行政行为基本相同的行政行为。

行政机关以同一的事实和理由重新作出与原行政行为基本相同的行政行为，人民法院应当根据《行政诉讼法》的规定判决撤销或者部分撤销，并按照行政机关拒绝履行判决、裁定、调解书给予相应的处理。

人民法院判决被告重新作出行政行为，被告重新作出的行政行为与原行政行为的结果相同，但主要事实或者主要理由有改变的，不属于以同一的事实和理由作出与原行政行为基本相同的行政行为。

人民法院以违反法定程序为由，判决撤销被诉行政行为的，行政机关重新作出行政行为不受"被告不得以同一的事实和理由作出与原行政行为基本相同的行政行为"规定的限制。

3.判决被告履行法定职责。

(1) 判决被告履行法定职责的适用。判决被告履行法定职责是指人民法院经过审理，查明被告不履行法定职责的，判决被告在一定期限内履行。

原告请求被告履行法定职责的理由成立，被告违法拒绝履行或者无正当理由逾期不予答复的，人民法院可以判决被告在一定期限内依法履行原告请求的法定职责；尚需被告调查或者裁量的，应当判决被告针对原告的请求重新作出处理。

(2) 判决被告履行法定职责的行政赔偿责任。行政机关不履行、拖延履行法定职责，致使公民、法人或者非法人组织的合法权益遭受损害的，人民法院应当判决行政机关承担行政赔偿责任。在确定赔偿数额时，应当考虑该不履行、拖延履行法定职责的行为在损害发生过程和结果中所起的作用等因素。

4.行政给付判决。行政给付判决是指人民法院经过审理，查明被告依法负有给付义务的，判决被告履行给付义务。原告申请被告依法履行支付抚恤金、最低生活保障待遇或者社会保险待遇等给付义务的理由成立，被告依法负有给付义务而拒绝或者拖延履行义务的，人民法院可以判决被告在一定期限内履行相应的给付义务。

5.判决确认违法但不撤销。确认违法判决是指人民法院通过对被诉行政行为的审查，确认被诉行政行为违法的一种判决形式。

(1) 确认违法但不撤销判决。有下列情形之一的，人民法院作出确认行政行为违法的判决，但不撤销被诉行政行为：

① 被诉行政行为依法应当撤销，但撤销会给国家利益、社会公共利益造成重大损害的；

② 行政行为程序轻微违法，但对原告权利不产生实际影响的。

(2) 只需确认原行政行为违法的判决。行政行为有下列情形之一的，不需要撤销或者判决履行，人民法院判决确认违法：

① 被诉行政行为违法，但不具有可撤销内容的；

② 被告改变原违法行政行为，原告仍要求确认原行政行为违法的；

③ 被告不履行或者拖延履行法定职责，但判决责令履行法定职责已无实际意义的。

(3) 判决确认违法的行政赔偿责任。人民法院判决确认违法的，可以同时判决责令被告采取补救措施；给原告造成损失的，依法判决被告承担赔偿责任。

人民法院经审理认为被诉行政行为违法，可能给原告造成损失，经释明，原告请求一并解决行政赔偿争议的，人民法院可以就赔偿事项进行调解；调解不成的，应当一并判决。人民法院也可以告知其就赔偿事项另行提起诉讼。

原告或者第三人的损失系由其自身过错和行政机关的违法行政行为共同造成的，人民法院应当依据各方行为与损害结果之间有无因果关系以及在损害发生和结果中作用力的大小，确定行政机关相应的赔偿责任。

6.确认无效判决。

(1) 判决确认无效的适用。原告申请确认行政行为无效的，经人民法院审理确认行政行为重大且明显违法的，应当判决确认无效。

无效行政行为是具有重大明显违法的行政行为，该行为自始无效。

(2) 行政行为被确认无效的赔偿责任。人民法院判决确认无效的，可以同时判决责令被告采取补救措施；给原告造成损失的，依法判决被告承担赔偿责任。

人民法院经审理认为被诉行政行为无效，可能给原告造成损失，经释明，原告请求一并解决行政赔偿争议的，人民法院可以就赔偿事项进行调解；调解不成的，应当一并判决。人民法院也可以告知其就赔偿事项另行提起诉讼。

7. 变更判决。变更判决是指人民法院经审理认定行政处罚行为的行政处罚明显不当，或者其他行政行为涉及对款额的确定、认定确有错误的，运用国家审判权直接改变行政行为的判决。变更判决适用于下列两种情形：

（1）行政处罚明显不当。行政处罚明显不当是指行政处罚虽然在形式上不违法，但处罚结果明显不公正，损害了公民、法人或者非法人组织的合法权益。

在实践中，明显不当的典型表现形式就是畸轻畸重，即行政机关实际作出的行政处罚与被处罚人的违法行为应受到的行政处罚，相差过于悬殊。行政机关在作出行政处罚时，同样情况不同对待，或者不同情况同样对待也构成明显不当。

（2）其他行政行为涉及对款额的确定、认定确有错误。这里主要指数额计算有误的情形。此类情形是刚性的，如判决撤销后交给行政机关重做，不利于提高效率，法院有权予以直接变更。人民法院判决变更，不得加重原告的义务或者减损原告的权益。但利害关系人同为原告，且诉讼请求相反的除外。

人民法院审理行政案件不得对行政机关未予处罚的人直接给予行政处罚。

8. 关于行政协议诉讼的判决。行政协议案件是指原告认为行政机关不依法履行、未按照约定履行或者违法变更、解除政府特许经营协议、土地房屋征收补偿协议等协议而提起的行政诉讼。

（1）基于被告行为违法的判决。被告不依法履行、未按照约定履行前述行政协议的，人民法院判决被告承担继续履行、采取补救措施或者赔偿损失等责任。

（2）基于被告行为合法的判决。被告变更、解除行政协议合法，但未依法给予补偿的，人民法院判决给予补偿。

9. 经过行政复议的案件的特殊性。复议机关决定维持原行政行为的，人民法院应当在审查原行政行为合法性的同时，一并审查复议决定的合法性。

（1）复议维持案件判决的针对性。人民法院对原行政行为作出判决的同时，应当对复议决定一并作出相应判决。复议维持案件，原告单独起诉原行政机关或复议机关的：

① 原告起诉针对的行政行为，人民法院应当作出相应的判决；

② 原告未起诉作出行政行为（原行政行为或复议决定）的行政机关，人民法院依职权追加了作出原行政行为的行政机关或者复议机关为共同被告的，对原行政行为或者复议决定可以作出相应判决。

（2）复议决定与原行政行为均违法。

① 人民法院判决撤销原行政行为和复议决定的，可以判决作出原行政行为的行政机关重新作出行政行为。

② 人民法院判决作出原行政行为的行政机关履行法定职责或者给付义务的，应当同时判决撤销复议决定。

（3）原行政行为合法，复议决定违法。

① 复议决定改变原行政行为错误，人民法院判决撤销复议决定时，可以一并责令复议机关重新作出复议决定或者判决恢复原行政行为的法律效力。

② 人民法院可以判决撤销复议决定或者确认复议决定违法，同时判决驳回原告针对原行政行为的诉讼请求。

（4）不应当受理的案件，裁定驳回起诉。原行政行为不符合复议或者诉讼受案范围等受理条件，复议机关作出维持决定的，人民法院应当裁定一并驳回对原行政行为和复议决定的起诉。

（5）行政复议案件中的行政赔偿。原行政行为被撤销、确认违法或者无效，给原告造成损失的，应当由作出原行政行为的行政机关承担赔偿责任；因复议决定加重损害的，由复议机关对加重部分承担赔偿责任。

【例 05-06】 根据行政诉讼法及相关规定，下列有关人民法院第一审判决的说法哪些是正确的？

A. 人民法院判决被告重新作出行政行为的，被告不得以同一的事实和理由作出与原行政行为基本相同的行政行为

B. 原告申请被告履行法定职责理由不成立的，人民法院判决驳回原告的诉讼请求

C. 行政行为违反法定程序，但认定事实清楚且适用法律、法规正确的，人民法院判决维持该行政行为

D. 行政行为证据确凿，适用法律、法规正确，符合法定程序的，人民法院判决驳回原告的诉讼请求

【参考答案】 ABD

（二）第一审行政诉讼裁定与决定

1. 行政诉讼裁定的适用。行政诉讼裁定是指人民法院在审理行政案件过程中或者执行案件的过程中，就程序问题所作出的判定。行政诉讼中的裁定，主要适用于下列事项：

（1）不予受理；

（2）驳回起诉；

（3）管辖异议；

（4）终结诉讼；

（5）中止诉讼；

（6）移送或者指定管辖；

（7）诉讼期间停止行政行为的执行或者驳回停止执行的申请；

（8）财产保全；

（9）先予执行；

（10）准许或者不准许撤诉；

（11）补正裁判文书中的笔误；

（12）中止或者终结执行；

（13）提审、指令再审或者发回重审；

（14）准许或者不准许执行行政机关的行政行为；

（15）其他需要裁定的事项。

裁定书应当写明裁定结果和作出该裁定的理由。裁定书由审判人员、书记员署名，加盖人民法院印章。口头裁定的，记入笔录。

对一审法院作出的不予受理裁定、驳回起诉裁定和管辖权异议裁定，当事人可以在一审法院作出裁定之日起 10 日内向上一级人民法院提出上诉；逾期不提出上诉的，一审法院的裁定即发生法律效力。

除以上三类裁定之外的其他所有裁定，当事人无权申请复议或提出上诉，一经宣布或者送达即发生法律效力。

2. 行政诉讼决定。行政诉讼决定是指人民法院为了保证行政诉讼的顺利进行，依法对行政诉讼中的某些特殊事项所作的处理。行政诉讼决定的适用范围包括：

（1）有关回避事项的决定；

（2）对妨害行政诉讼的行为采取强制措施的决定；

（3）人民法院基于审判监督的再审决定；

（4）有关诉讼期限事项的决定。

无论何种性质的决定，一经宣布或送达，即发生法律效力，义务人必须履行相关义务。对决定不服，不得提出上诉。法律规定当事人可以申请复议的，当事人有权申请复议，但复议期间不停止决定的执行。

四、行政诉讼的第二审程序

（一）第二审审理程序

1.第二审程序的启动。当事人只要对第一审裁判不服，就可以提起上诉。当事人在上诉期限内提起上诉是启动行政诉讼第二审程序的唯一动因。双方当事人均没有在上诉期限内提起上诉的，第一审判决或者裁定即发生法律效力。当事人提起上诉的期限规定如下：

（1）针对第一审判决书的上诉期限。当事人不服人民法院第一审判决的，有权在判决书送达之日起 15 日内向上一级人民法院提起上诉。

（2）针对第一审中裁定的上诉期限。当事人不服人民法院第一审裁定的，有权在裁定书送达之日起 10 日内向上一级人民法院提起上诉。

2.上诉案件中当事人的诉讼地位。第一审人民法院作出判决和裁定后，当事人均提起上诉的，上诉各方均为上诉人。诉讼当事人中的一部分人提出上诉，没有提出上诉的对方当事人为被上诉人，其他当事人依原审诉讼地位列明。

例如，甲、乙机关分别是第一审案件的原告、被告，丙是原告型第三人。如果甲、丙均不服判决提起了上诉，则甲、丙均为上诉人，乙为被上诉人。如果仅丙提起了上诉，则丙是上诉人，乙是被上诉人，甲为原审原告。

3.上诉案件的审理

（1）审判组织和审判形式。人民法院审理上诉案件，应当开庭审理。经过阅卷、调查和询问当事人，对没有提出新的事实、证据或者理由，人民法院认为不需要开庭审理的，也可以不开庭审理。

（2）审理的范围。人民法院审理上诉案件，应当对原审人民法院的判决、裁定和被诉行政行为进行全面审查，不受上诉范围的限制。

（3）第三人在第二审中提出行政赔偿请求的处理。当事人在第二审期间提出行政赔偿请求的，第二审人民法院可以进行调解；调解不成的，应当告知当事人另行起诉。

4.审理期限。人民法院第二审行政案件，应当自收到上诉状之日起 3 个月内作出终审判决。有特殊情况需要延长的，由高级人民法院批准。

高级人民法院审理上诉案件需要延长的，由最高人民法院批准。

（二）第二审判决与裁定

人民法院审理上诉案件，按照下列情形，分别处理：

1.判决驳回起诉。第一审人民法院作出实体判决后，第二审人民法院认为不应当立案的，在撤销第一审人民法院判决的同时，可以迳行驳回起诉。

2.驳回上诉，维持原判决、裁定。驳回上诉，维持原判判决、裁定是指第二审人民法院通过对上诉案件的审理，确认一审判决、裁定认定事实清楚，适用法律、法规正确，从而判决或者裁定驳回上诉人上诉，维持原判决、裁定。

维持原判必须同时具备两个条件：

（1）原判决、裁定认定事实清楚，即一审判决、裁定对行政行为的合法性裁判有可靠的事实基础和确凿的证据支持；

（2）适用法律、法规正确，即一审法院适用法律、法规恰如其分。

3.依法改判、撤销或者变更。依法改判、撤销或者变更是指全部或部分否定第一审裁判内容的第二审判决。原判决、裁定认定事实错误或者适用法律、法规错误的，依法改判、撤销或者变更。人民法院审理上诉案件，需要改变原审判决的，应当同时对被诉行政行为作出判决。依法改判是指第二审人民法院直接改正第一审判决、裁定的错误内容的判决形式。

依法改判适用于下列两种情形：

（1）原判决认定事实清楚，但适用法律、法规错误。一审判决认定事实正确，只是适用法律、法规错误，第二审人民法院应在正确适用法律、法规后，依法更正一审判决的内容。

（2）原判决认定事实不清、证据不足。原判决认定事实不清、证据不足或者由于违反法定程序可能影响案件正确判决的，第二审人民法院可以在查清事实后改判。

在一审判决认定事实不清楚的情况下，如果一审法院由于主、客观原因，难以或者不可能查清事实，第二审人民法院则可以在查清事实后，依法对一审判决作出改判。

4.裁定发回重审。原审判决遗漏了必须参加诉讼的当事人或者诉讼请求的，第二审人民法院应当裁定撤销原审判决，发回重审。

第二审人民法院裁定发回原审人民法院重新审理的行政案件，原审人民法院应当另行组成合议庭进行审理。原审人民法院对发回重审的案件作出判决后，当事人提起上诉的，第二审人民法院不得再次发回重审。

5.原审判决遗漏行政赔偿请求。原审判决遗漏行政赔偿请求，第二审人民法院经审查认为依法不应当予以赔偿的，应当判决驳回行政赔偿请求。

原审判决遗漏行政赔偿请求，第二审人民法院经审理认为依法应当予以赔偿的，在确认被诉行政行为违法的同时，可以就行政赔偿问题进行调解；调解不成的，应当就行政赔偿部分发回重审。

当事人在第二审期间提出行政赔偿请求的，第二审人民法院可以进行调解；调解不成的，应当告知当事人另行起诉。

【例05-07】根据行政诉讼法及相关规定，当事人在第二审期间才提出行政赔偿请求的，第二审人民法院应当如何处理？

A.直接就行政赔偿请求进行审理，并作出判决

B.就赔偿问题进行调解，调解不成将全案发回重审

C.就赔偿问题进行调解，调解不成将行政赔偿部分发回重审

D.就赔偿问题进行调解，调解不成告知当事人就赔偿问题另行起诉

【参考答案】D

五、行政诉讼的审判监督程序

（一）审判监督程序启动的条件

1.启动审判监督程序的对象条件。提起审判监督程序的对象，即人民法院的判决、裁定、调解书，必须已经发生法律效力。

2.启动审判监督程序的主体条件。有权利启动审判监督程序的主体有三类，分别为：

（1）行政诉讼案件当事人。

（2）人民法院，即作出生效判决的人民法院及其上级人民法院。

（3）人民检察院，即作出生效判决的人民法院的上级人民检察院（同级检察院只能提出检察建议）。

3.启动审判监督程序的法定理由。《行政诉讼法》第91条规定，发生法律效力的判决、裁定存在下列情形之一的，当事人提出再审请求的，人民法院应当再审：

（1）不予立案或者驳回起诉确有错误的；

（2）有新的证据，足以推翻原判决、裁定的；

（3）原判决、裁定认定事实的主要证据不足、未经质证或者系伪造的；

（4）原判决、裁定适用法律、法规确有错误的；

（5）违反法律规定的诉讼程序，可能影响公正审判的；

（6）原判决、裁定遗漏诉讼请求的；

（7）据以作出原判决、裁定的法律文书被撤销或者变更的；

（8）审判人员在审理该案件时有贪污受贿、徇私舞弊、枉法裁判行为的。

当事人对已经发生法律效力的判决、裁定，认为确有错误的，可以向上一级人民法院申请再审，但判决、裁定不停止执行。

4.人民法院启动再审的理由。

（1）人民法院院长提出再审。各级人民法院院长对本院已经发生法律效力的判决、裁定，发现有《行政诉讼法》第91条规定情形之一，或者发现调解违反自愿原则或者调解书内容违法，认为需要再审的，应当提交审判委员会讨论决定。

（2）上级人民法院提出再审。最高人民法院对地方各级人民法院已经发生法律效力的判决、裁定，上级人民法院对下级人民法院已经发生法律效力的判决、裁定，发现有《行政诉讼法》第91条规定情形之一，或者发现调解违反自愿原则或者调解书内容违法的，有权提审或者指令下级人民法院再审。

（3）因规范性文件不合法引起的再审。各级人民法院院长对本院已经发生法律效力的判决、裁定，发现规范性文件合法性认定错误，认为需要再审的，应当提交审判委员会讨论。

最高人民法院对地方各级人民法院已经发生法律效力的判决、裁定，上级人民法院对下级人民法院已经发生法律效力的判决、裁定，发现规范性文件合法性认定错误的，有权提审或者指令下级人民法院再审。

5.人民检察院提出抗诉或检察建议。最高人民检察院对各级人民法院已经发生法律效力的判决、裁定，上级人民检察院对下级人民法院已经发生法律效力的判决、裁定，发现有《行政诉讼法》第91条规定情形之一，或者发现调解书损害国家利益、社会公共利益的，应当提出抗诉。

地方各级人民检察院对同级人民法院已经发生法律效力的判决、裁定，发现有《行政诉讼法》第91条规定情形之一，或者发现调解书损害国家利益、社会公共利益的，可以向同级人民法院提出检察建议，并报上级人民检察院备案；也可以提请上级人民检察院向同级人民法院提出抗诉。

各级人民检察院对审判监督程序以外的其他审判程序中审判人员的违法行为，有权向同级人民法院提出检察建议。

6.当事人提起审判监督程序的期限。当事人向上一级人民法院申请再审，应当在判决、裁定或者调解书发生法律效力后6个月内提出。有下列情形之一的，当事人应当在自知道或者应当知道之日起6个月内提出再审申请：

（1）有新的证据，足以推翻原判决、裁定的；

（2）原判决、裁定认定事实的主要证据是伪造的；

（3）据以作出原判决、裁定的法律文书被撤销或者变更的；

（4）审判人员审理该案件时有贪污受贿、徇私舞弊、枉法裁判行为的。

（二）当事人提出再审申请的案件

1.当事人申请再审应当提交的材料。当事人申请再审的，应当提交再审申请书等材料。人民法院认为有必要的，可以自收到再审申请书之日起 5 日内将再审申请书副本发送对方当事人。对方当事人应当自收到再审申请书副本之日起 15 日内提交书面意见。人民法院可以要求申请人和对方当事人补充有关材料，询问有关事项。

2.人民法院对当事人再审申请的处理。人民法院应当自再审申请案件立案之日起 6 个月内审查，有特殊情况需要延长的，由本院院长批准。人民法院根据审查再审申请案件的需要决定是否询问当事人；新的证据可能推翻原判决、裁定的，人民法院应当询问当事人。

审查再审申请期间，再审申请人申请人民法院委托鉴定、勘验的，人民法院不予准许。

当事人主张的再审事由成立，且符合《行政诉讼法》及其司法解释规定的申请再审条件的，人民法院应当裁定再审。当事人主张的再审事由不成立，或者当事人申请再审超过法定申请再审期限、超出法定再审事由范围等不符合《行政诉讼法》及其司法解释规定的申请再审条件的，人民法院应当裁定驳回再审申请。

3.当事人请求人民检察院抗诉。有下列情形之一的，当事人可以向人民检察院申请抗诉或者检察建议：

（1）人民法院驳回再审申请的；

（2）人民法院逾期未对再审申请作出裁定的；

（3）再审判决、裁定有明显错误的。

人民法院基于抗诉或者检察建议作出再审判决、裁定后，当事人申请再审的，人民法院不予立案。

（三）再审案件的裁判

再审裁判是指人民法院按照审判监督程序所作出的裁判。

1.再审裁判的形式。再审裁判，既可以采用判决形式，也可以采用裁定形式。

2.再审裁判的类型。

（1）依法改判或裁定发回重审。人民法院审理再审案件，认为原生效判决、裁定确有错误，在撤销原生效判决或者裁定的同时，可以对生效判决、裁定的内容作出相应裁判，也可以裁定撤销生效判决或者裁定，发回作出生效判决、裁定的人民法院重新审理。

（2）指令受理或审理。人民法院审理再审案件，对原审法院不予立案或者驳回起诉错误的，应当分别情况作如下处理：

① 第二审人民法院维持第一审人民法院不予立案裁定错误的，再审法院应当撤销第一审、第二审人民法院裁定，指令第一审人民法院受理。

② 第二审人民法院维持第一审人民法院驳回起诉裁定错误的，再审法院应当撤销第一审、第二审人民法院裁定，指令第一审人民法院审理。

（3）维持原判决。人民法院经过再审审理，认为原审判决认定事实和适用法律均无不当时，人民法院应当裁定撤销原中止执行的裁定，继续执行原判决。

3.再审判决、裁定的效力。再审判决、裁定的效力，取决于再审人民法院按照哪一种程序审理。发生法律效力的判决、裁定是由第一审人民法院作出的，按照第一审程序审理；发生法律效力的判决、裁定是由第二审人民法院作出的，按照第二审程序审理。

人民法院按照审判监督程序再审的案件，如果按照第一审程序审理，再审人民法院所作出的判决、裁定，当事人可以上诉。

人民法院按照审判监督程序再审的案件，如果按照第二审程序审理，所作的判决、裁定是发生法律效力的判决、裁定，当事人不得上诉。上级人民法院按照审判监督程序提审的，按照第二审程序审理，所作的判决、裁定是终审的判决、裁定。

凡原审人民法院审理再审案件，必须另行组成合议庭。

【例 05-08】根据行政诉讼法及相关规定，下列关于审判监督程序的说法哪些是正确的？

A.当事人对已经发生法律效力的判决，认为确有错误的，可以向上一级人民法院申请再审

B.原判决遗漏当事人，当事人提出再审申请的，人民法院应当再审

C.据以作出原判决的法律文书被撤销，当事人提出再审申请的，人民法院应当再审

D.人民检察院发现人民法院已经发生法律效力的判决遗漏诉讼请求的，应当提出抗诉

【参考答案】ABC

第五节 行政诉讼的特殊制度与规则

本节知识要点

本节主要介绍行政诉讼案件的证据规定、原被告的举证责任、法律适用以及行政诉讼程序中的特殊规定，包括诉讼中原行政行为的执行力、撤诉与缺席判决的规定、妨害诉讼行为的排除以及案件审理中的延阻情形。本节的重点在于掌握行政诉讼举证规则，难点在于行政诉讼案件审理中发生中止、终结程序的条件。行政诉讼的特殊制度与规则的主要内容如图5-6所示。

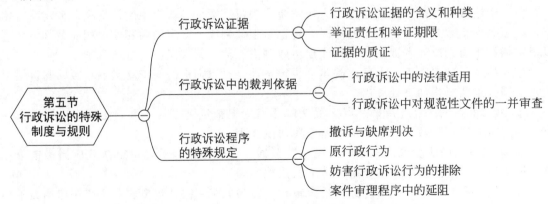

图 5-6　行政诉讼的特殊制度与规则的主要内容

一、行政诉讼证据

（一）行政诉讼证据的含义和种类

1.行政诉讼证据的含义。行政诉讼证据是指在行政诉讼过程中，一切用来证明案件事实情况的材料。它既包括当事人向人民法院提交的证据，也包括人民法院在必要情况下依法收集的证据。行政诉讼中的证据只有经过法庭审查属实，才能作为认定案件事实的根据。

行政诉讼证据具有如下特征：

（1）行政诉讼证据来源的特定性。行政机关在行政诉讼过程中必须遵循先取证后裁决规则，在充分全面掌握了证据的前提下，才能作出行政行为。因此，行政诉讼证据主要是在行政程序中已产生或确定的证据。

（2）行政诉讼证据责任分配的特殊性。"谁主张，谁举证"是民事诉讼分配举证责任的基本规则；而在行政诉讼中，被告对被诉行政行为的合法性承担举证责任是基本规则。原告是在特定情况下，对特定情况承担举证责任。

（3）行政诉讼证据证明对象的特殊性。民事诉讼证据所要证明的是双方当事人在民事法律关系中的某种事实或行为；而行政诉讼证据则要证明行政行为是否合法。

2.行政诉讼证据的种类。行政诉讼中的证据包括下列9种：

（1）书证。书证是指以文字、符号、图形所记载或表示的内容、含义来证明案件事实的证据。

（2）物证。物证是指以自己的存在、形状、质量等外部特征和物质属性来证明案件事实的物品。

（3）视听资料。视听资料是指利用现代科技手段记载法律事件和法律行为的证据，具有较强的准确性和逼真性。

（4）电子数据。电子数据是指以电子形式存在，可用作证据使用的材料和信息。

（5）证人证言。证人证言是指证人就自己了解的案件事实向法院所作的陈述，它一般是以口头形式表现出来的，当事人可以向人民法院提供书面证人证言。

（6）当事人的陈述。当事人的陈述，即案件当事人在诉讼中就案件事实向人民法院所作的陈述。

（7）鉴定意见。鉴定意见是指鉴定人运用自己的专业知识，利用专门的设备和材料，对某些专门问题所作的结论性意见。

（8）勘验笔录。勘验笔录是指审判人员在诉讼过程中对与争议有关的现场、物品等进行查验、测量、拍照后制作的笔录。

（9）现场笔录。现场笔录是行政诉讼特有的证据种类，是指行政机关及其工作人员在执行行政职务的过程中，在实施行政行为时，对某些事项当场所作的书面记录。

（二）举证责任和举证期限

1.被告的举证责任和举证期限。与民事诉讼法确定的"谁主张，谁举证"不同，行政诉讼中对举证责任的分配具有特殊性，即被告行政机关在行政诉讼中承担主要的举证责任，原告只在特定情况下对特定情况承担举证责任。

（1）被告的举证责任。被告对作出的行政行为负有举证责任，应当提供作出该行政行为的证据和所依据的规范性文件。原告可以提供证明行政行为违法的证据。原告提供的证据不成立的，不免除被告的举证责任。

经过复议的案件，作出原行政行为的行政机关和复议机关对原行政行为合法性共同承担举证责任，可以由其中一个机关实施举证行为。复议机关对复议决定的合法性承担举证责任。

复议机关作共同被告的案件，复议机关在复议程序中依法收集和补充的证据，可以作为人民法院认定复议决定和原行政行为合法的依据。

被告认为原告起诉超过法定期限的，由被告承担举证责任。

（2）被告的举证期限。被告应当在收到人民法院发送的起诉状副本之日起15日内向人民法院提交作出行政行为的证据和所依据的规范性文件。

被告不提供或者无正当理由逾期提供证据的，视为被诉行政行为没有相应的证据。但是，被诉行政行为涉及第三人合法权益，第三人提供证据的除外。

被告在作出行政行为时已经收集了证据，但因不可抗力等正当事由不能提供的，经人民法院准许，可以延期提供。

被告申请延期提供证据的，应当在收到起诉状副本之日起15日内以书面方式向人民法院提出。人民法院准许延期提供的，被告应当在正当事由消除后15日内提供证据。逾期提供的，视为被诉行政行为没有相应的证据。

原告或者第三人提出了其在行政处理程序中没有提出的理由或者证据的，经人民法院准许，被告可以补充证据。

（3）被告举证的限制。在诉讼过程中，被告及其诉讼代理人不得自行向原告、第三人和证人收集证据。

2.原告的举证责任和举证期限。

（1）原告起诉被告不履行法定职责。在起诉被告不履行法定职责的案件中，原告应当提供其向被告提出申请的证据。但有下列情形之一的除外：

① 被告应当依职权主动履行法定职责的，即行政机关法定职责的履行不以原告申请为前提。例如，警察甲在路上看到乙正在遭受不法侵害，甲有主动履行保护公民安全的义务，不以乙向其提出请求为前提，因此在此类案件中，原告不必举证其曾经向被告提出过申请。

② 原告因正当理由不能提供证据的。例如，甲向某机关提交申请材料请求获得某项行政许可，但由于受理机关登记制度不健全未进行受理登记。甲提起诉讼时，因没有行政机关出具的受理凭证而无法证明其曾提出过申请，因此免除甲的举证责任。

（2）原告要求获得行政赔偿、行政补偿。在行政赔偿、行政补偿的案件中，原告应当对行政行为造成的损害提供证据。在行政赔偿、行政补偿的案件中，因被告的原因而导致原告无法就损害情况举证的，应当由被告就该损害情况承担举证责任。

对于各方主张损失的价值无法认定的，应当由负有举证责任的一方当事人申请鉴定，但法律、法规、规章规定行政机关在作出行政行为时依法应当评估或者鉴定的除外；负有举证责任的当事人拒绝申请鉴定的，由其承担不利的法律后果。

当事人的损失因客观原因无法鉴定的，人民法院应当结合当事人的主张和在案证据，遵循法官职业道德，运用逻辑推理和生活经验、生活常识等，酌情确定赔偿数额。

（3）原告的举证期限。原告或者第三人应当在开庭审理前或者人民法院指定的交换证据清单之日提供证据。因正当事由申请延期提供证据的，经人民法院准许，可以在法庭调查中提供。逾期提供证据的，人民法院应当责令其说明理由；拒不说明理由或者理由不成立的，视为放弃举证权利。原告或者第三人在第一审程序中无正当事由未提供而在第二审程序中提供的证据，人民法院不予接纳。

3.人民法院依职权要求当事人提供、补充证据。人民法院有权要求当事人提供或者补充证据。对于当事人无争议，但涉及国家利益、公共利益或者他人合法权益的事实，人民法院可以责令当事人提供或者补充有关证据。

人民法院有权向有关行政机关及非法人组织、公民调取证据。但是，不得为证明行政行为的合法性调取被告作出行政行为时未收集的证据。人民法院依职权调查取证限于如下两种情形：

（1）相关事实认定涉及国家利益、公共利益或者他人合法权益；

（2）涉及依职权追加当事人、中止诉讼、终结诉讼、回避等程序性事项。

（三）证据的质证

1.对当事人陈述的质证。人民法院认为有必要的，可以要求当事人本人或者行政机关执法人员到庭，就案件有关事实接受询问。在询问之前，可以要求其签署保证书。

保证书应当载明据实陈述、如有虚假陈述愿意接受处罚等内容。当事人或者行政机关执法人员应当在保证书上签名或者捺印。

负有举证责任的当事人拒绝到庭、拒绝接受询问或者拒绝签署保证书，待证事实又欠缺其他证据加以佐证的，人民法院对其主张的事实不予认定。

2.申请证人出庭作证。当事人申请证人出庭作证的，应当在举证期限届满前提出，并经人民法院许可。人民法院准许证人出庭作证的，应当在开庭审理前通知证人出庭作证。有下列情形之一，原告或者第三人要求相关行政执法人员出庭说明的，人民法院可以准许：

（1）对现场笔录的合法性或者真实性有异议的；

（2）对扣押财产的品种或者数量有异议的；

（3）对检验的物品取样或者保管有异议的；

（4）对行政执法人员身份的合法性有异议的；

（5）需要出庭说明的其他情形。

当事人在庭审过程中要求证人出庭作证的，法庭可以根据审理案件的具体情况，决定是否准许以及是否延期审理。

【例05-09】根据行政诉讼法及相关规定，下列有关行政诉讼证据的说法哪些是正确的？

A.原告不承担任何举证责任

B.被告对作出的具体行政行为负有举证责任

C.在诉讼过程当中，被告不得自行向原告和证人收集证据

D.原告可以提供证明被诉具体行政行为违法的证据，其提供的证据不成立的，可免除被告对被诉具体行政行为合法性的举证责任

【参考答案】BC

二、行政诉讼中的裁判依据

（一）行政诉讼中的法律适用

行政诉讼中的法律适用是指人民法院按照法定程序将法律、法规以及法院决定参照的规章具体运用于各种行政案件，对被诉行政行为的合法性进行审查的活动。

1.审理行政诉讼案件的法律依据。人民法院审理行政案件，以法律和行政法规、地方性法规为依据。地方性法规适用于本行政区域内发生的行政案件。

人民法院审理民族自治地方的行政案件，并以该民族自治地方的自治条例和单行条例为

依据。人民法院审理行政案件，参照规章。

2.审理行政案件适用司法解释。人民法院审理行政案件，适用最高人民法院司法解释的，应当在裁判文书中援引。

人民法院审理行政案件，可以在裁判文书中引用合法有效的规章及其他规范性文件。

（二）行政诉讼中对规范性文件的一并审查

1.行政诉讼一并审查规范性文件的范围。公民、法人或者非法人组织认为行政行为所依据的国务院部门和地方人民政府及其部门制定的规范性文件不合法，在对行政行为提起诉讼时，可以一并请求对该规范性文件进行审查。行政诉讼一并审查的规范性文件不含规章。

2.请求一并审查规范性文件案件的管辖。公民、法人或者非法人组织在对行政行为提起诉讼时一并请求对所依据的规范性文件审查的，由行政行为案件管辖法院一并审查。

3.提出一并审查规范性文件请求的时机。公民、法人或者非法人组织请求人民法院一并审查规范性文件的，应当在第一审开庭审理前提出；有正当理由的，也可以在法庭调查中提出。

4.人民法院对规范性文件的审查程序。人民法院在对规范性文件审查过程中，发现规范性文件可能不合法的，应当听取规范性文件制定机关的意见。

制定机关申请出庭陈述意见的，人民法院应当准许。行政机关未陈述意见或者未提供相关证明材料的，不能阻止人民法院对规范性文件进行审查。

5.人民法院对规范性文件的审查结果。

（1）人民法院认为规范性文件合法的处理。人民法院经审查认为行政行为所依据的规范性文件合法的，应当作为认定行政行为合法的依据。

（2）人民法院认为规范性文件不合法的处理。人民法院在审理行政案件中，经审查认为行政行为所依据的国务院部门和地方人民政府及其部门制定的规范性文件（不含规章）不合法，不作为认定行政行为合法的依据，并向制定机关提出处理建议。

三、行政诉讼程序的特殊规定

（一）撤诉与缺席判决

1.撤诉。

（1）申请撤诉。人民法院对行政案件宣告判决或者裁定前，原告申请撤诉的，或者被告改变其所作的行政行为，原告同意并申请撤诉的，是否准许，由人民法院裁定。

准许撤诉的法律效力为：

① 原告以同一事实和理由不得再次起诉。人民法院裁定准许原告撤诉后，原告以同一事实和理由重新起诉的，人民法院不予立案。

② 原告申请再审。准予撤诉的裁定确有错误，原告申请再审的，人民法院应当通过审判监督程序撤销原准予撤诉的裁定，重新对案件进行审理。

当事人申请撤诉或者依法可以按撤诉处理的案件，当事人有违反法律的行为需要依法处理的，人民法院可以不准许撤诉或者不按撤诉处理。

法庭辩论终结后原告申请撤诉，人民法院可以准许，但涉及国家利益和社会公共利益的除外。

（2）视为撤诉。当事人经人民法院传票传唤，无正当理由拒不到庭，或者未经法庭许可中途退庭的，人民法院可以按照撤诉处理。

2.缺席判决。缺席判决是与对席判决相对而言的，是指人民法院在开庭审理时，在一方当事人或双方当事人未到庭陈述辩论的情况下，经审理所作的判决。

行政诉讼中发生缺席判决的情形主要包括：

（1）因原告方不在场发生的缺席判决。原告或者上诉人申请撤诉，人民法院裁定不予准许的，原告或者上诉人经传票传唤，无正当理由拒不到庭，或者未经法庭许可中途退庭的，人民法院可以缺席判决。

（2）因被告方不在场发生的缺席判决。经人民法院传票传唤，被告无正当理由拒不到庭，或者未经法庭许可中途退庭的，可以缺席判决。

（3）第三人不在场不影响案件审理。第三人经传票传唤无正当理由拒不到庭，或者未经法庭许可中途退庭的，不发生阻止案件审理的效果。

（二）原行政行为

1.诉讼期间被诉行政行为的执行。行政行为是由国家行政机关行使国家权力作出的行为，具有执行力。诉讼期间，不停止行政行为的执行。但有下列情形之一的，裁定停止执行：

（1）被告认为需要停止执行的；

（2）原告或者利害关系人申请停止执行，人民法院认为该行政行为的执行会造成难以弥补的损失，并且停止执行不损害国家利益、社会公共利益的；

（3）人民法院认为该行政行为的执行会给国家利益、社会公共利益造成重大损害的；

（4）法律、法规规定停止执行的。

当事人对停止执行或者不停止执行的裁定不服的，可以申请复议一次。

2.被告在诉讼中改变被诉行政行为的处理。在诉讼程序中，被诉行政机关改变被诉行政行为的，可能引起案件审理程序的变化。

（1）被告可以改变原行政行为的时机。被诉行政机关既可以在第一审期间，也可以在第二审期间和再审期间改变被诉行政行为。被诉行政机关改变被诉行政行为的，应当书面告知人民法院。

（2）被告改变被诉行政行为的通知义务。被告在第一审期间改变被诉行政行为的，应当书面告知人民法院。

（3）被诉行政行为改变后，审理的内容取决于原告的选择，具体如下：

① 仍坚持告原行政行为。原来的是作为的行政行为的，被告改变原违法行政行为，原告仍要求确认原行政行为违法的，人民法院应当依法作出确认判决；原来的是不作为的行政行为的，原告起诉被告不作为，在诉讼中被告作出行政行为，原告不撤诉的，人民法院应当就不作为依法作出确认判决。

② 改变为告新的行政行为。原告或者第三人对改变后的行政行为不服提起诉讼的，人民法院应当就改变后的行政行为进行审理。

【例05-10】根据行政诉讼法及相关规定，下列哪些说法是错误的？

A.人民法院审理行政案件，一律公开审理

B.行政诉讼期间，应当停止具体行政行为的执行

C.人民法院审理行政案件，一律不适用调解

D.人民法院对行政案件宣告判决或者裁定前，原告不得申请撤诉

【参考答案】ABCD

（三）妨害行政诉讼行为的排除

1. 自然人是妨害行政诉讼行为的主体。诉讼参与人或者其他人有下列行为之一的，人民法院可以根据情节轻重，予以训诫、责令具结悔过或者处1万元以下的罚款、15日以下的拘留；构成犯罪的，依法追究刑事责任：

（1）有义务协助调查、执行的人，对人民法院的协助调查决定、协助执行通知书，无故推拖、拒绝或者妨碍调查、执行的；

（2）伪造、隐藏、毁灭证据或者提供虚假证明材料，妨碍人民法院审理案件的；

（3）指使、贿买、胁迫他人作伪证或者威胁、阻止证人作证的；

（4）隐藏、转移、变卖、毁损已被查封、扣押、冻结的财产的；

（5）以欺骗、胁迫等非法手段使原告撤诉的；

（6）以暴力、威胁或者其他方法阻碍人民法院工作人员执行职务，或者以哄闹、冲击法庭等方法扰乱人民法院工作秩序的；

（7）对人民法院审判人员或者其他工作人员、诉讼参与人、协助调查和执行的人员恐吓、侮辱、诽谤、诬陷、殴打、围攻或者打击报复的。

2. 单位是妨害行政诉讼行为的主体。人民法院对有前述规定的行为之一的单位，可以对其主要负责人或者直接责任人员依照前述规定予以罚款、拘留；构成犯罪的，依法追究刑事责任。

3. 妨害诉讼行为的适用。对妨害诉讼处以罚款、拘留的，罚款、拘留可以单独适用，也可以合并适用。对同一妨害行政诉讼行为的罚款、拘留不得连续适用。发生新的妨害行政诉讼行为的，人民法院可以重新予以罚款、拘留。

罚款、拘留须经人民法院院长批准。当事人不服的，可以向上一级人民法院申请复议一次。复议期间不停止执行。

4. 恶意诉讼。当事人之间恶意串通，企图通过诉讼等方式侵害国家利益、社会公共利益或者他人合法权益的，人民法院应当裁定驳回起诉或者判决驳回其请求，并根据情节轻重予以罚款、拘留；构成犯罪的，依法追究刑事责任。

（四）案件审理程序中的延阻

1. 延期审理。延期审理是指人民法院把已定的审理日期或正在进行的审理，推迟至另一日期审理的制度。有下列情形之一的，可以延期开庭审理：

（1）应当到庭的当事人和其他诉讼参与人有正当理由没有到庭的；

（2）当事人临时提出回避申请，且无法及时作出决定的；

（3）需要通知新的证人到庭，调取新的证据，重新鉴定、勘验，或者需要补充调查的；

（4）其他应当延期的情形。

2. 诉讼程序中止。在诉讼过程中，有下列情形之一的，中止诉讼：

（1）原告死亡，须等待其近亲属表明是否参加诉讼的；

（2）原告丧失诉讼行为能力，尚未确定法定代理人的；

（3）作为一方当事人的行政机关、法人或者非法人组织终止，尚未确定权利义务承受人的；

（4）一方当事人因不可抗力的事由不能参加诉讼的；

（5）案件涉及法律适用问题，需要送请有权机关作出解释或者确认的；

（6）案件的审判须以相关民事、刑事或者其他行政案件的审理结果为依据，而相关案件尚未审结的；

（7）其他应当中止诉讼的情形。

中止诉讼的原因消除后，恢复诉讼。

3.诉讼程序终结。在诉讼过程中，有下列情形之一的，终结诉讼：

（1）原告死亡，没有近亲属或者近亲属放弃诉讼权利的；

（2）作为原告的法人或者非法人组织终止后，其权利义务的承受人放弃诉讼权利的。

因原告死亡、原告丧失诉讼行为能力，作为一方当事人的行政机关、法人或者非法人组织终止而导致诉讼程序中止，中止诉讼满 90 日仍无人继续诉讼的，裁定终结诉讼，但有特殊情况的除外。

【例 05-11】根据行政诉讼法及相关规定，下列关于行政诉讼的说法哪些是正确的？

A.对人民法院管辖权异议的裁定不服的，原告可以提起上诉

B.经人民法院两次合法传唤，原告无正当理由拒不到庭的，人民法院可以缺席判决

C.被告在人民法院对行政案件宣告判决前改变其所作的具体行政行为，原告同意并申请撤诉的，人民法院应当终结诉讼

D.原告在人民法院对行政案件宣告判决前申请撤诉的，是否准许，由人民法院裁定

【参考答案】ABD

第六节　国家赔偿

本节知识要点

本节主要介绍国家赔偿的含义、行政赔偿的范围、行政赔偿案件当事人的确定及行政赔偿程序。本节的难点在于行政赔偿机关的确定及启动诉讼程序进行救济时需要满足的前提。国家赔偿的主要内容如图 5-7 所示。

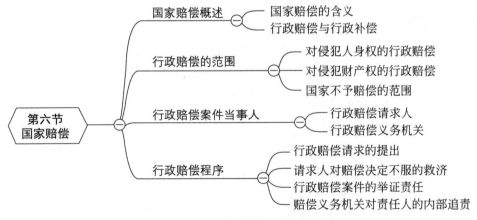

图 5-7　国家赔偿的主要内容

一、国家赔偿概述

（一）国家赔偿的含义

国家赔偿是指国家对国家机关及其工作人员违法行使职权或存在过错等原因造成的损害

给予受害人赔偿的制度。这里的"国家机关"，包括依照《宪法》和《地方各级人民代表大会和地方各级人民政府组织法》设置的行政机关、审判机关和检察机关。国家机关工作人员是指上述机关履行职务的工作人员。此外，其还包括法律、法规授权的组织，行政机关委托的组织和人员。

国家机关和国家机关工作人员行使职权，有国家赔偿法规定的侵犯公民、法人和非法人组织合法权益的情形，造成损害的，受害人有依照国家赔偿法取得国家赔偿的权利。

国家机关及其工作人员行使职权的行为，不同于国家机关的民事行为，也不同于国家机关工作人员的个人行为。对于国家机关及其工作人员的民事和个人行为，国家不承担赔偿责任。

国家赔偿分为行政赔偿和司法赔偿。

（二）行政赔偿与行政补偿

1.行政赔偿。行政赔偿是指行政机关及其工作人员在行使职权过程中违法侵犯公民、法人或非法人组织的合法权益并造成损害，国家对此承担赔偿责任。

行政机关或者行政机关工作人员作出的行政行为侵犯公民、法人或者非法人组织的合法权益造成损害的，由该行政机关或者该行政机关工作人员所在的行政机关负责赔偿。

行政机关赔偿损失后，应当责令有故意或者重大过失的行政机关工作人员承担部分或者全部赔偿费用。

2.行政补偿。行政补偿是指国家对行政机关及其工作人员在行使职权过程中，因合法行为损害公民、法人或者非法人组织合法权益而采取的补救措施。

3.行政赔偿与行政补偿的区别。行政赔偿的范围小于行政补偿。行政赔偿受国家赔偿法的限制，国家并非对所有的行政侵权行为都承担赔偿责任，如对国防外交等国家行为，一般认为实行国家豁免，国家给公民、法人或非法人组织造成的损害不承担赔偿责任。

行政补偿的原因行为除合法性这一限制外，没有其他的限制。行政机关及其工作人员的合法行为给公民、法人或非法人组织的合法权益造成了多大的损害，国家就补偿多少。

二、行政赔偿的范围

行政赔偿的范围是指国家对行政机关及其工作人员在行使行政职权时，侵犯公民、法人或非法人组织的合法权益造成损害的哪些行为承担赔偿责任。

（一）对侵犯人身权的行政赔偿

行政机关及其工作人员在行使行政职权时有下列侵犯人身权情形之一的，受害人有取得赔偿的权利：

（1）违法拘留或者违法采取限制公民人身自由的行政强制措施的；

（2）非法拘禁或者以其他方法非法剥夺公民人身自由的；

（3）以殴打、虐待等行为或者唆使、放纵他人以殴打、虐待等行为造成公民身体伤害或者死亡的；

（4）违法使用武器、警械造成公民身体伤害或者死亡的；

（5）造成公民身体伤害或者死亡的其他违法行为。

（二）对侵犯财产权的行政赔偿

行政机关及其工作人员在行使行政职权时有下列侵犯财产权情形之一的，受害人有取得赔偿的权利：

（1）违法实施罚款、吊销许可证和执照、责令停产停业、没收财物等行政处罚的；

（2）违法对财产采取查封、扣押、冻结等行政强制措施的；

（3）违法征收、征用财产的；

（4）造成财产损害的其他违法行为。

（三）国家不予赔偿的范围

属于下列情形之一的，国家不承担赔偿责任：

（1）行政机关工作人员与行使职权无关的个人行为；

（2）因公民、法人和非法人组织自己的行为而致使损害发生的；

（3）法律规定的其他情形，主要包括不可抗力、紧急避险、意外事件、第三人过错和正当防卫等；

（4）国家行为、公务员管理行为等一般也不属于国家赔偿的范围。

三、行政赔偿案件当事人

（一）行政赔偿请求人

行政赔偿请求人是指合法权益受到行政机关及其工作人员的侵害，依法有权请求行政赔偿的人，一般为直接受害的公民、法人或者非法人组织。

（1）受害的公民、法人和非法人组织有权要求赔偿。

（2）受害的公民死亡，其继承人和其他有扶养关系的亲属有权要求赔偿。

（3）受害的法人或者非法人组织终止的，其权利承受人有权要求赔偿。

（二）行政赔偿义务机关

行政赔偿义务机关是指代表国家接受行政赔偿请求、参加行政赔偿程序、履行赔偿责任的具体机关。我国国家赔偿法采取的是"谁侵权，谁赔偿"的原则：

（1）行政机关及其工作人员行使行政职权侵犯公民、法人和非法人组织的合法权益造成损害的，该行政机关为赔偿义务机关。

（2）两个以上行政机关共同行使行政职权时侵犯公民、法人和非法人组织的合法权益造成损害的，共同行使行政职权的行政机关为共同赔偿义务机关。

共同赔偿义务机关之间负连带责任，受害人可以向共同赔偿义务机关中的任何一个赔偿义务机关要求赔偿，该赔偿义务机关应先予赔偿，然后要求其他行政机关负担部分赔偿费用。

（3）法律、法规授权的组织在行使授予的行政权力时侵犯公民、法人和非法人组织的合法权益造成损害的，被授权的组织为赔偿义务机关。

（4）受行政机关委托的组织或者个人在行使受委托的行政权力时侵犯公民、法人和非法人组织的合法权益造成损害的，委托的行政机关为赔偿义务机关。

（5）赔偿义务机关被撤销的，继续行使其职权的行政机关为赔偿义务机关；没有继续行使其职权的行政机关的，撤销该赔偿义务机关的行政机关为赔偿义务机关。

（6）经复议机关复议的，最初造成侵权行为的行政机关为赔偿义务机关，但复议机关的复议决定加重损害的，复议机关对加重的部分履行赔偿义务。

四、行政赔偿程序

行政赔偿程序是指受害人依法取得国家赔偿权利，行政机关或者人民法院依法办理行政赔偿事务应当遵守的方式、步骤、顺序、时限等手续的总称。

（一）行政赔偿请求的提出

1.提出行政赔偿请求的时机。如果就行政行为申请复议或者提起行政诉讼的，既可以向复议机关或人民法院一并提出赔偿请求，也可以待复议或诉讼后就赔偿问题另行向赔偿义务机关提出。

2.单独请求司法救济需以向行政机关提出为前提。受害人单独提出赔偿请求的，必须先向赔偿义务机关提出赔偿请求。如果赔偿义务机关拒绝，受害人可以直接请求人民法院确认加害行为的违法性和赔偿义务机关的赔偿责任。

3.请求救济时可一并提出。只有在当事人对行政行为不服，申请行政复议或者提起行政诉讼时，才可以一并提出。

4.可以同时提出数项赔偿请求。赔偿请求人根据受到的不同损害，可以同时提出数项赔偿要求。

（二）请求人对赔偿决定不服的救济

赔偿义务机关在规定期限内未作出是否赔偿的决定，赔偿请求人可以自期限届满之日起3个月内，向人民法院提起诉讼。

赔偿请求人对赔偿的方式、项目、数额有异议的，或者赔偿义务机关作出不予赔偿决定的，赔偿请求人可以自赔偿义务机关作出赔偿或者不予赔偿决定之日起3个月内，向人民法院提起诉讼。

（三）行政赔偿案件的举证责任

人民法院审理行政赔偿案件，赔偿请求人和赔偿义务机关对自己提出的主张，应当提供证据。

赔偿义务机关采取行政拘留或者限制人身自由的强制措施期间，被限制人身自由的人死亡或者丧失行为能力的，赔偿义务机关的行为与被限制人身自由的人的死亡或者丧失行为能力是否存在因果关系，赔偿义务机关应当提供证据。

（四）赔偿义务机关对责任人的内部追责

赔偿义务机关赔偿损失后，应当责令有故意或者重大过失的工作人员或者受委托的组织或者个人承担部分或者全部赔偿费用。

对有故意或者重大过失的责任人员，有关机关应当依法给予处分；构成犯罪的，应当依法追究刑事责任。

【例05-12】根据国家赔偿法及相关规定，下列哪些说法是正确的？

A.赔偿请求人根据受到的不同损害，可以同时提出数项行政赔偿请求

B.赔偿请求人可以在提起行政诉讼时一并提出行政赔偿请求

C.存在共同赔偿义务机关的，赔偿请求人应当向所有共同赔偿义务机关同时要求赔偿

D. 人民法院审理行政赔偿案件时，行政机关对赔偿请求人的赔偿数额，负有举证责任

【参考答案】AB

本章知识点回顾

行政诉讼的受案范围主要确定的是公民、法人或非法人组织对行政机关的行政行为不服提起的诉讼，需要注意被行政诉讼排除在外的行政行为。

行政诉讼中原告、被告是恒定的，即原告一定是公民、法人或非法人组织，而被告一定是国家行政机关。国家行政机关不能成为行政诉讼的原告。

根据被告行政机关的不同，相应确定行政诉讼的级别管辖和地域管辖，一个纵坐标一个横坐标，从而确定具有管辖权的人民法院。

原告提起诉讼请求时，人民法院裁定不予立案的，原告可以上诉。人民法院既不立案，又不作出不予立案裁定的，当事人可以"飞跃"起诉，即向上一级人民法院起诉。涉及法院不受理、不给书面凭证、不一次性告知补正内容的，当事人可以投诉。

行政诉讼中裁判方式多样化，根据行政行为特征而设计。总的原则是只审合法性，不审合理性，除非"明显不当"或者数额计算错误，通常不作出变更判决，以尊重国家赋予行政机关的行政权力为原则。

行政诉讼证据制度的重点是举证责任的分配及要求。行政诉讼证据比民事诉讼证据多一个种类，即"现场笔录"。现场笔录是行政机关作出行政行为时制作的。在举证责任分配中需要关注原告承担举证责任的情形；在举证责任要求中，需要关注被告承担举证责任的具体要求。

行政诉讼程序中原行政行为如何处理，在诉讼过程中行政机关改变了原行政行为时该如何处理等，是行政诉讼中特有的制度与规则，需加以重视。

被诉行政机关在第一审、第二审和再审期间，均可依法改变被诉行政行为，但另一方当事人仍不提出撤诉申请，法院应当继续对原行政行为进行审理，并作出裁判。

国家赔偿本质是一种救济制度，不同于国家补偿、民事赔偿等制度。是否属于行政赔偿范围，要根据侵权主体是否是在行使行政权力，并且不属于国家享有豁免权的情形。经过行政复议的赔偿中，复议机关与原行政机关不是共同赔偿义务机关，原则上最初造成侵权行为的行政机关为赔偿义务机关，不过复议机关的复议决定加重损害的，复议机关对加重的部分履行赔偿义务，二者之间不存在连带责任。

第六章

《著作权法》

 本章知识点框架

    本章介绍了著作权法保护的客体及著作权的内容，并对软件著作权的特殊规定、信息网络传播权的保护进行了简要介绍。重点需要熟悉著作权的主体、客体和内容；熟悉著作权的保护期限和限制；掌握著作权保护的相关规定。本章主要知识点框架如图 6-1 所示。

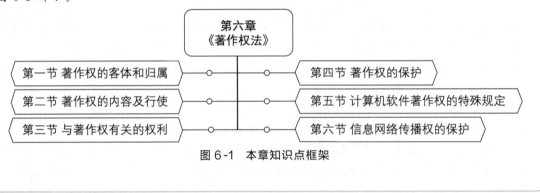

图 6-1　本章知识点框架

第一节 著作权的客体和归属

本节知识要点

本节主要介绍著作权法保护的客体及不予保护的对象。作品的种类很多，包括文字作品、美术作品、视听作品等9类。著作权产生过程不同，存在不同的归属情形，但对于合作完成、委托完成等方式，在众多知识产权类别中，归属具有一致性。本节的重点在于作品的归属，难点在于对作品种类的概念性区分。著作权的客体和归属的主要内容如图6-2所示。

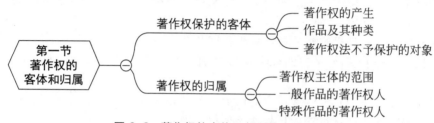

图6-2 著作权的客体和归属的主要内容

一、著作权保护的客体

（一）著作权的产生

著作权自作品创作完成之日起产生。

著作权法所称创作，是指直接产生文学、艺术和科学作品的智力活动。

为他人创作进行组织工作，提供咨询意见、物质条件，或者进行其他辅助工作，均不视为创作。

（二）作品及其种类

著作权法所称作品，是指文学、艺术和科学领域内具有独创性并能以一定形式表现的智力成果。著作权法中的作品包括：

1.文字作品。文字作品是指小说、诗词、散文、论文等以文字形式表现的作品。

文字作品一般形式：小说、诗歌、散文、剧本、论文、专著、教材、编辑作品、书信、译文、译著等。

2.口述作品。口述作品是指即兴的演说、授课、法庭辩论等以口头语言形式表现的作品。如诗歌或散文的朗诵，则不属于口述作品。

单纯的事实陈述、日常会话因其不具有独创性而不能成为口述作品。

3.音乐、戏剧、曲艺、舞蹈、杂技艺术作品。

音乐作品，是指歌曲、交响乐等能够演唱或演奏的带词或者不带词的作品。

戏剧作品，是指话剧、歌剧、地方戏等供舞台演出的作品。

曲艺作品，是指相声、快板、大鼓、评书等以说唱为主要形式表演的作品。

舞蹈作品，是指通过连续的动作、姿势、表情等表现思想情感的作品。

杂技艺术作品，是指杂技、魔术、马戏等通过形体动作和技巧表现的作品。

4.美术、建筑作品。

美术作品，是指绘画、书法、雕塑等以线条、色彩或者其他方式构成的有审美意义的平面或立体造型艺术作品。

建筑作品，是指以建筑物或者构筑物形式表现的有审美意义的作品。

5.摄影作品。摄影作品是指借助器械在感光材料或者其他介质上记录客观物体形象的艺术作品。

6.视听作品。视听作品是指摄制在一定介质上，由一系列有伴音或者无伴音的画面组成，并且借助适当装置放映或者以其他方式传播的作品。

7.工程设计图、产品设计图、地图、示意图等图形作品和模型作品。图形作品是指为施工、生产绘制的工程设计图、产品设计图，以及反映地理现象、说明事物原理或者结构的地图、示意图等作品。模型作品是指为展示、试验或者观测等用途，根据物体的形状和结构，按照一定比例制成的立体作品。

8.计算机软件。计算机软件是指计算机程序及其文档。

受计算机软件保护条例保护的软件必须由开发者独立开发，并已固定在某种有形物体上。

计算机软件保护条例对软件著作权的保护不延及开发软件所用的思想、处理过程、操作方法或者数学概念等。计算机软件是软件著作权保护的客体。

9.符合作品特征的其他智力成果。法律、行政法规规定的其他作品，如民间文学艺术作品等。

（三）著作权法不予保护的对象

1.违禁作品。著作权人和与著作权有关的权利人（邻接权人）行使权利，不得违反宪法和法律，不得损害公共利益。国家对作品的出版、传播依法进行监督管理。

违禁作品是指我国依法禁止出版和传播的作品。违禁作品的作者同样享有著作权，可以禁止他人随意使用、传播，但同时违禁作品的著作权应该受到相应的限制，不享有与作品出版、传播有关的权利。

2.不违禁但不受著作权法保护的对象。下列内容不属于违禁作品但不受著作权法的保护：

（1）法律、法规，国家机关的决议、决定、命令和其他具有立法、行政、司法性质的文件，及其官方正式译文。

（2）单纯事实消息。单纯事实消息是指通过报纸、期刊、广播电台、电视台等媒体报道的消息。

（3）历法、通用数表、通用表格和公式。

3.违法作品的著作权限制。对于不经著作权人许可，汇编、改编、翻译、注释、整理已有作品而产生的演绎作品，仍然受著作权法的保护，但演绎著作权人行使著作权时不得侵犯原作品的著作权。

【例06-01】根据著作权法的规定，下列哪些属于著作权法所保护的作品？

A.每日头条的新闻事件　　　　　B.杂技艺术作品

C.工程设计图　　　　　　　　　D.国家机关的决定

【参考答案】BC

二、著作权的归属

（一）著作权主体的范围

《中华人民共和国著作权法》（以下简称《著作权法》）第 9 条规定，著作权人包括：（1）作者；（2）其他依照《著作权法》享有著作权的自然人、法人或者非法人组织。

因此，著作权主体包括：

1.中国公民、法人或非法人组织。中国公民、法人或者非法人组织的作品，不论是否发表，依照《著作权法》享有著作权。

2.外国人、无国籍人及其受保护的条件。

（1）国籍标准，即外国人、无国籍人所属国家与中国签订有相互给予国民著作权保护的协议或者共同参加了国际条约，因此其创作的作品受我国著作权法保护，享有著作权。

（2）经常居住地国标准，即外国人、无国籍人的经常居所地国家与中国签订有相互给予国民著作权保护的协议或者共同参加了国际条约，因此其创作的作品受我国著作权法保护，享有著作权。

（3）出版标准。外国人、无国籍人，只要其作品首先在中国境内出版的，依照《著作权法》享有著作权。外国人、无国籍人的作品在中国境外首先出版后，30 日内在中国境内出版的，视为该作品同时在中国境内出版。

未与中国签订协议或者共同参加国际条约的国家的作者以及无国籍人的作品首次在中国参加的国际条约的成员国出版的，或者在成员国和非成员国同时出版的，受著作权法保护。

【例 06-02】根据著作权法及相关规定，下列哪些说法是正确的？

A.中国公民的作品不论是否发表，依照著作权法享有著作权

B.著作权自作品创作完成之日起产生

C.无国籍人的作品首先在中国境内出版的，依法享有著作权

D.无国籍人的作品未在我国境内出版的，依照其经常居住地国同我国签订的协议或者共同参加的国际条约享有的著作权，受我国著作权法保护

【参考答案】ABCD

（二）一般作品的著作权人

《著作权法》第 11 条规定："著作权属于作者，本法另有规定的除外。创作作品的自然人是作者。由法人或者非法人组织主持，代表法人或者非法人组织意志创作，并由法人或者非法人组织承担责任的作品，法人或者非法人组织视为作者。"

1.作者的认定。在作品上署名的自然人、法人或者非法人组织为作者，且该作品上存在相应权利，但有相反证明的除外。作者等著作权人可以向国家著作权主管部门认定的登记机构办理作品登记。

与著作权有关的权利（邻接权）参照适用前述规定。

2.自然人作者。创作作品的自然人是作者。

创作是一种事实行为，而非法律行为，不受自然人行为能力状况的限制，但创作成果必须符合作品的条件，创作主体才能取得作者身份。

3.单位作者。创作本来只能是具有直接思维能力的自然人特有的活动，但单位也可在特定情形下通过其特定机构或自然人行使或表达其自由意志，因而单位也可被拟制为作者。

由法人或者非法人组织主持，代表法人或者非法人组织意志创作，并由法人或者非法人

组织承担责任的作品，法人或者非法人组织视为作者。

4.著作权的继受主体。著作权的继受主体是指因发生继承、赠与、遗赠或受让等法律事实而取得著作财产权的人。

继受著作权人包括继承人、受赠人、受遗赠人、受让人、作品原件的合法持有人、组织和国家。

5.著作权集体管理组织。著作权人和邻接权的权利人可以授权著作权集体管理组织行使著作权或者邻接权。依法设立的著作权集体管理组织是非营利法人，被授权后可以以自己的名义为著作权人和邻接权的权利人主张权利，并可以作为当事人进行涉及著作权或者邻接权的诉讼、仲裁、调解活动。

著作权集体管理组织根据授权向使用者收取使用费。使用费的收取标准由著作权集体管理组织和使用者代表协商确定，协商不成的，可以向国家著作权主管部门申请裁决，对裁决不服的，可以向人民法院提起诉讼；当事人也可以直接向人民法院提起诉讼。

著作权集体管理组织应当将使用费的收取和转付、管理费的提取和使用、使用费的未分配部分等总体情况定期向社会公布，并应当建立权利信息查询系统，供权利人和使用者查询。国家著作权主管部门应当依法对著作权集体管理组织进行监督、管理。

著作权集体管理组织的设立方式、权利义务、使用费的收取和分配，以及对其监督和管理等由国务院另行规定。

(三) 特殊作品的著作权人

1.演绎作品、汇编作品的著作权人。

(1) 演绎者的著作权。改编、翻译、注释、整理已有作品而产生的作品，其著作权由改编、翻译、注释、整理人享有，但行使著作权时不得侵犯原作品的著作权。

(2) 汇编者的著作权。汇编若干作品、作品的片段或者不构成作品的数据或者其他材料，对其内容的选择或者编排体现独创性的作品，为汇编作品，其著作权由汇编人享有，但行使著作权时不得侵犯原作品的著作权。

(3) 双重许可。使用改编、翻译、注释、整理、汇编已有作品而产生的作品进行出版、演出和制作录音录像制品，应当取得该作品的著作权人和原作品的著作权人许可，并支付报酬。

2.合作作品的著作权人。合作作品是指两人以上共同创作的作品。两人以上合作创作的作品，著作权由合作作者共同享有。没有参加创作的人，不能成为合作作者。

合作作品的著作权由合作作者通过协商一致行使；不能协商一致，又无正当理由的，任何一方不得阻止他方行使除转让、许可他人专有使用、出质以外的其他权利，但是所得收益应当合理分配给所有合作作者。

合作作品可以分割使用的，作者对各自创作的部分可以单独享有著作权，但行使著作权时不得侵犯合作作品整体的著作权。

合作作者之一死亡后，其对合作作品享有的《著作权法》中规定的财产权无人继承又无人受遗赠的，由其他合作作者享有。

3.视听作品的著作权人。视听作品中的电影作品、电视剧作品的著作权由制作者享有，但编剧、导演、摄影、作词、作曲等作者享有署名权，并有权按照与制作者签订的合同获得报酬。

前述规定以外的视听作品的著作权归属由当事人约定；没有约定或者约定不明确的，由制作者享有，但作者享有署名权和获得报酬的权利。

视听作品中的剧本、音乐等可以单独使用的作品的作者有权单独行使其著作权。

4.职务作品的著作权人。职务作品指自然人为完成法人或者非法人组织工作任务所创作的作品。这里的"工作任务"是指自然人在该法人或该组织中应当履行的职责。

（1）一般归属。职务作品中除"特殊归属"的情形以外，著作权由作者享有，但法人或者非法人组织有权在其业务范围内优先使用。

职务作品完成两年内，未经单位同意，作者不得许可第三人以与单位使用的相同方式使用该作品。职务作品完成两年内，经单位同意，作者许可第三人以与单位使用的相同方式使用作品所获报酬，由作者与单位按约定的比例分配。

作品完成两年的期限，自作者向单位交付作品之日起计算。

（2）特殊归属。有下列情形之一的职务作品，作者享有署名权，著作权的其他权利由法人或者非法人组织享有，法人或者非法人组织可以给予作者奖励：

① 主要是利用法人或者非法人组织的物质技术条件创作，并由法人或者非法人组织承担责任的工程设计图、产品设计图、地图、示意图、计算机软件等职务作品。这里的"物质技术条件"是指该法人或者该组织为自然人完成创作专门提供的资金、设备或者资料。

② 报社、期刊社、通讯社、广播电台、电视台的工作人员创作的职务作品。

③ 法律、行政法规规定或者合同约定著作权由法人或者非法人组织享有的职务作品。

5.委托作品的著作权人。受委托创作的作品，著作权的归属由委托人和受托人通过合同约定。合同未作明确约定或者没有订立合同的，著作权属于受托人。

委托作品著作权属于受托人的情形，委托人在约定的使用范围内享有使用作品的权利。

双方没有约定使用作品范围的，委托人可在委托创作的特定目的范围内免费使用该作品。

6.合意完成自传体作品。当事人合意以特定人物经历为题材完成的自传体作品，当事人对著作权权属有约定的，依其约定；没有约定的，著作权归该特定人物享有，执笔人或整理人对作品完成付出劳动的，著作权人可以向其支付适当的报酬。

7.美术、摄影作品原件所有权人的权利。作品原件所有权的转移，不改变作品著作权的归属，但美术、摄影作品原件的展览权由原件所有人享有。

美术、摄影作品的原件所有人，可以对美术、摄影作品原件进行展览或再出售。

作者将未发表的美术、摄影作品的原件所有权转让给他人，受让人展览该原件不构成对作者发表权的侵犯。

8.原著作权人死亡或终止。

（1）著作权属于自然人的，自然人死亡后，其著作权中的各项财产权在《著作权法》规定的保护期内，依照《民法典》之继承编的规定转移。

（2）著作权属于法人或者非法人组织的，法人或者非法人组织变更、终止后，其著作权中的财产权在《著作权法》规定的保护期内，由承受其权利义务的法人或者非法人组织享有；没有承受其权利义务的法人或者非法人组织的，由国家享有。

9.作者身份不明的作品著作权归属。作者身份不明的作品由作品原件的所有人行使除署名权以外的著作权。作者身份确定后，由作者或者其继承人行使著作权。

【例06-03】某公司委托设计师李某为其将要举办的大赛设计赛徽，双方约定了赛徽的使用范围，但未约定其著作权归属。该公司使用赛徽一段时间后，双方对该赛徽的著作权归属产生了争议。根据著作权法及相关规定，下列哪种说法是正确的？

A.该公司享有该赛徽的著作权

B.该公司和李某共同享有该赛徽的著作权

C.李某享有该赛徽的著作权，有权要求该公司停止使用

D.李某享有该赛徽的著作权，但该公司在约定的使用范围内享有使用的权利

【参考答案】D

第二节　著作权的内容及行使

本节知识要点

本节详细介绍著作权的内容，包括人身权、财产权，以及它们的具体规定。法律对著作权人的权利予以保护的同时也在让位于大利益方面对著作权人的权利有一定的限制。著作权中的财产权可以转让、许可、质押。但与专利权、注册商标专用权不同的是，由于著作权中的财产权种类很多，因此转让、许可、质押著作权中的某一项或多项财产权时，不意味着其他权利一并转让。著作权的保护期限，因著作权人的不同而不同，因著作权的内容不同而不同，因著作权的形式不同而不同。本节的重点在于理解并能够区分不同类型的财产权，以及著作权的限制内容。著作权的内容及行使的主要内容如图 6-3 所示。

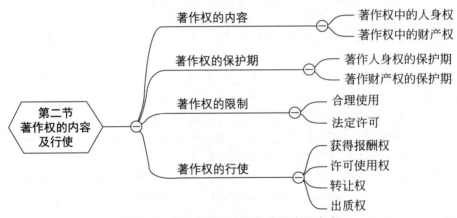

图 6-3　著作权的内容及行使的主要内容

一、著作权的内容

（一）著作权中的人身权

《著作权法》第 10 条规定的著作权中包括的人身权如下：

1.发表权，即决定作品是否公之于众的权利。发表权属于一次性权利。作品的发表，应当是首次向社会公开。著作权法所称已经发表的作品，是指著作权人自行或者许可他人公之于众的作品。

2.署名权，即表明作者身份，在作品上署名的权利。作者有权署名，也有权不署名；有权决定署名的方式，如署其本名、笔名、别名或假名。使用他人作品的，应当指明作者姓名、作品名称，否则即侵犯了作者的署名权；但是，当事人另有约定或者由于作品使用方式的特性无法指明的除外。

3.修改权，即修改或者授权他人修改作品的权利。著作权人许可他人将其作品摄制成视听作品的，视为已同意对其作品进行必要的改动。

4.保护作品完整权，即保护作品不受歪曲、篡改的权利。对作品的歪曲、篡改和割裂，必须达到有损作者声誉的程度才构成对作者此项权利的侵犯。

（二）著作权中的财产权

《著作权法》第10条规定的著作权中包括的财产权如下：

1.复制权，即以印刷、复印、拓印、录音、录像、翻录、翻拍、数字化等方式将作品制作一份或者多份的权利。

复制可以是有形的，也可以是无形的，前者如印刷或复印等，后者如录音、录像或转为电子作品等。

2.发行权，即以出售或者赠与方式向公众提供作品的原件或者复制件的权利。

发行是向不特定公众提供作品。例如，图书的销售行为即是行使发行权。

发行权受到权利用尽原则的限制，即权利人对其作品实施发行行为之后就失去了对已经发行的作品原件或者复制件的支配权。

3.出租权，即有偿许可他人临时使用视听作品、计算机软件的原件或者复制件的权利，计算机软件不是出租的主要标的的除外。出租权的客体包括：

（1）视听作品；

（2）计算机软件的原件或者复制件。

4.展览权，即公开陈列美术作品、摄影作品的原件或者复制件的权利。

展览权的客体是美术作品和摄影作品，并且可以是原件，也可以是复制件。

对于美术作品原件转移后的展览权，法律规定由原件所有人享有。

5.表演权，即公开表演作品，以及用各种手段公开播送作品的表演的权利。表演权可分为：

（1）现场表演，指使用各种设备和技术手段公开播送作品的表演和演奏。

（2）机械表演，如通过录音、录像等设备播放视听作品。

6.放映权，即通过放映机、幻灯机等技术设备公开再现美术、摄影、视听作品等的权利。

7.广播权，即以有线或者无线方式公开传播或者转播作品，以及通过扩音器或者其他传送符号、声音、图像的类似工具向公众传播广播的作品的权利，但不包括信息网络传播权利。

8.信息网络传播权，即以有线或者无线方式向公众提供，使公众可以在其选定的时间和地点获得作品的权利。

与广播权等不同的是，公众可以在其选定的时间和地点获得作品，具有"人机交互"的特性。

9.摄制权，即以摄制视听作品的方法将作品固定在载体上的权利。

未经许可将一部乐曲作为电影的音系或未经许可将美术或摄影作品摄入电影、电视等也构成侵犯摄制权。

10.改编权，即改变作品，创作出具有独创性的新作品的权利。

改编权是作者享有的一项独占权利，作者的改编权可以自己行使，也可以授权他人行使。

11.翻译权，即将作品从一种语言文字转换成另一种语言文字的权利，如将中文译成外文或者少数民族文字。

12.汇编权，即将作品或者作品的片段通过选择或者编排，汇集成新作品的权利。

13.应当由著作权人享有的其他权利。

【例 06-04】 根据著作权法及相关规定，下列哪项属于著作权中的财产权？

A.决定作品是否公之于众的权利　　B.授权他人改编作品的权利

C.授权他人修改作品的权利　　D.表明作者身份，在作品上署名的权利

【参考答案】 B

二、著作权的保护期

（一）著作人身权的保护期

1.署名权、修改权、保护作品完整权的保护期不受限制。

2.作者死亡后，署名权、修改权、保护作品完整权，由作者的继承人或者受遗赠人保护。著作权无人继承又无人受遗赠的，其署名权、修改权和保护作品完整权由著作权行政管理部门保护。

3.发表权的保护。

（1）自然人的发表权。

① 单一自然人作者。自然人的作品，其发表权的保护期为作者终生及其死亡后 50 年，截止于作者死亡后第 50 年的 12 月 31 日。

② 合作自然人作者。如果是合作作品，自然人作品的发表权截止于最后死亡的作者死亡后第 50 年的 12 月 31 日。

③ 自然人生前未发表的。作者生前未发表的作品，如果作者未明确表示不发表，作者死亡后 50 年内，其发表权可由继承人或者受遗赠人行使；没有继承人又无人受遗赠的，由作品原件的所有人行使。

（2）法人或者非法人组织的发表权，作品自创作完成后 50 年内未发表的，著作权法不再保护。

（3）视听作品的发表权，作品自创作完成后 50 年内未发表的，著作权法不再保护。

（二）著作财产权的保护期

1.自然人的作品，其各项财产权的保护期为作者终生及其死亡后 50 年，截止于作者死亡后第 50 年的 12 月 31 日。

对于作者死亡后保护期的计算，死亡后第一年是作者去世的次年，应从这一年算起到第 50 年的 12 月 31 日截止。

2.合作作品，自然人作品的各项财产权截止于最后死亡的作者死亡后第 50 年的 12 月 31 日。

3.作者身份不明的作品，其著作权中的财产权的保护期截止于作品首次发表后第 50 年的 12 月 31 日。作者身份确定后，适用《著作权法》关于自然人著作权保护期限的有关规定。

4.法人或者非法人组织的财产权的保护期为 50 年，截止于作品首次发表后第 50 年的 12 月 31 日。

5.视听作品著作权中的财产权，保护期为 50 年，截止于作品首次发表后第 50 年的 12 月 31 日。

【例 06-05】 甲和乙于 2018 年合作创作了一部话剧剧本，后甲于 2019 年 3 月 5 日去世，甲没有继承人也未设立遗嘱。乙于 2020 年 5 月 19 日去世。根据著作权法及相关规定，下列哪些说法是正确的？

A. 甲去世前，该剧本的著作权由甲和乙共同享有

B. 2019 年 3 月 6 日至 2020 年 5 月 18 日，该剧本的表演权由乙享有

C. 该剧本的著作权中的改编权保护期截止于 2070 年 5 月 19 日

D. 乙去世后，该剧本的改编权由乙的继承人享有

【参考答案】 ABD

三、著作权的限制

（一）合理使用

合理使用是指根据法律规定，使用他人已经发表的作品，可以不经著作权人许可，不向其支付报酬，但应当指明作者姓名或者名称、作品名称，并且不得影响该作品的正常使用，也不得不合理地损害著作权人的合法权益。合理使用的情形包括：

（1）为个人学习、研究或者欣赏，使用他人已经发表的作品；

（2）为介绍、评论某一作品或者说明某一问题，在作品中适当引用他人已经发表的作品；

（3）为报道新闻，在报纸、期刊、广播电台、电视台等媒体中不可避免地再现或者引用已经发表的作品；

（4）报纸、期刊、广播电台、电视台等媒体刊登或者播放其他报纸、期刊、广播电台、电视台等媒体已经发表的关于政治、经济、宗教问题的时事性文章，但著作权人声明不许刊登、播放的除外；

（5）报纸、期刊、广播电台、电视台等媒体刊登或者播放在公众集会上发表的讲话，但作者声明不许刊登、播放的除外；

（6）为学校课堂教学或者科学研究，翻译、改编、汇编、播放或者少量复制已经发表的作品，供教学或者科研人员使用，但不得出版发行；

（7）国家机关为执行公务在合理范围内使用已经发表的作品；

（8）图书馆、档案馆、纪念馆、博物馆、美术馆、文化馆等为陈列或者保存版本的需要，复制本馆收藏的作品；

（9）免费表演已经发表的作品，该表演未向公众收取费用，也未向表演者支付报酬，且不以营利为目的；

（10）对设置或者陈列在公共场所的艺术作品进行临摹、绘画、摄影、录像；

（11）将中国公民、法人或者非法人组织已经发表的以国家通用语言文字创作的作品翻译成少数民族语言文字作品在国内出版发行；

（12）以阅读障碍者能够感知的无障碍方式向其提供已经发表的作品；

（13）法律、行政法规规定的其他情形。

前述规定适用于对与著作权有关的权利的限制。

（二）法定许可

为实施义务教育和国家教育规划而编写出版教科书，可以不经著作权人许可，在教科书中汇编已经发表的作品片段或者短小的文字作品、音乐作品或者单幅的美术作品、摄影作

品、图形作品，但应当按照规定向著作权人支付报酬，指明作者姓名或者名称、作品名称，并且不得侵犯著作权人依照《著作权法》享有的其他权利。

前述规定适用于对与著作权有关的权利的限制。

【例 06-06】 根据著作权法及相关规定，下列哪种行为可以不经著作权人许可，不向其支付报酬？

A. 教师甲在教学课件中为了说明某一问题，适当引用他人已经发表的某篇论文

B. 学生乙为说明某一问题，在作品中引用他人未发表的作品

C. 某国家机关为执行公务，使用丙拍摄的并未发表过的照片

D. A 刊物转载丁在 B 刊物上发表且声明不得转载的一篇论文

【参考答案】 A

四、著作权的行使

（一）获得报酬权

使用作品的付酬标准可以由当事人约定，也可以按照国家著作权主管部门会同有关部门制定的付酬标准支付报酬。当事人约定不明确的，按照国家著作权主管部门会同有关部门制定的付酬标准支付报酬。

出版者、表演者、录音录像制作者、广播电台、电视台等依照《著作权法》有关规定使用他人作品的，不得侵犯作者的署名权、修改权、保护作品完整权和获得报酬的权利。

（二）许可使用权

著作权人可以许可他人行使其财产权，并有依照约定或者根据《著作权法》的有关规定获得报酬的权利。使用许可合同未明确许可的权利，未经著作权人同意，另一当事人不得行使。

使用他人作品应当同著作权人订立许可使用合同。许可使用合同包括下列主要内容：

（1）许可使用的权利种类；

（2）许可使用的权利是专有使用权或者非专有使用权；

（3）许可使用的地域范围、期间；

（4）付酬标准和办法；

（5）违约责任；

（6）双方认为需要约定的其他内容。

（三）转让权

著作权人可以全部或者部分转让其著作权中的财产权，并有依照约定或者根据《著作权法》的有关规定获得报酬的权利。转让作品使用权的，应当订立书面合同。权利转让合同的主要内容有：

（1）作品的名称；

（2）转让的权利种类、地域范围；

（3）转让价金；

（4）交付转让价金的日期和方式；

（5）违约责任；

（6）双方认为需要约定的其他内容。

转让合同中未明确约定转让的权利，未经著作权人同意，另一方当事人不得行使。

（四）出质权

以著作权中的财产权出质的，由出质人和质权人依法办理出质登记。

【例 06-07】 根据著作权法及相关规定，下列关于著作权转让的说法哪些是正确的？

A.著作权人可以全部或者部分转让其依法享有的著作权中的人身权

B.著作权转让合同应当采用书面形式

C.与著作权人订立著作权转让合同的，应当向著作权行政管理部门备案

D.著作权转让合同中著作权人未明确转让的权利，未经著作权人同意，另一方当事人不得行使

【参考答案】 BD

第三节　与著作权有关的权利

本节知识要点

本节主要介绍与著作权有关的权利，即邻接权，其包括因为图书、报刊对作品的出版，表演，录音录像，广播电台、电视台播放而产生的相关权利。邻接权是在原有著作权的基础上产生的，因此邻接权的行使，不得损害原著作权的利益。本节的难点在于区分和掌握每种邻接权包含的权利，以及对权利的限制、权利的保护期限。与著作权有关的权利的主要内容如图 6-4 所示。

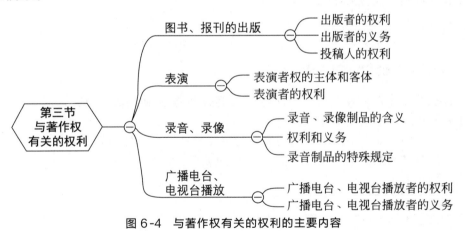

图 6-4　与著作权有关的权利的主要内容

一、图书、报刊的出版

（一）出版者的权利

出版者享有下列权利：

1.图书出版者对著作权人交付出版的作品，按照合同约定享有的专有出版权受法律保

护，他人不得出版该作品。

2.图书出版合同中约定图书出版者享有专有出版权但没有明确其具体内容的，视为图书出版者享有在合同有效期限内和在合同约定的地域范围内以同种文字的原版、修订版出版图书的专有权利。

3.图书出版者经作者许可，可以对作品修改、删节。报社、期刊社可以对作品作文字性修改、删节。对内容的修改，应当经作者许可。

4.作品被报社、期刊社刊登后，除著作权人声明不得转载、摘编的外，其他报刊可以转载或者作为文摘、资料刊登。著作权人声明不得转载、摘编其作品的，应当在报纸、期刊刊登该作品时附带声明。

5.出版者有权许可或者禁止他人使用其出版的图书、期刊的版式设计。版式设计权的保护期为 10 年，截止于使用该版式设计的图书、期刊首次出版后第 10 年的 12 月 31 日。

（二）出版者的义务

出版者具有下列义务：

1.图书出版者出版图书应当和著作权人订立出版合同，并支付报酬。

2.图书出版者应当按照合同约定的出版质量、期限出版图书。

3.图书出版者重印、再版作品的，应当通知著作权人，并支付报酬。图书脱销后，图书出版者拒绝重印、再版的，著作权人有权终止合同。著作权人寄给图书出版者的两份订单在 6 个月内未能得到履行，视为图书脱销。

（三）投稿人的权利

著作权人向报社、期刊社投稿的，自稿件发出之日起 15 日内未收到报社通知决定刊登的，或者自稿件发出之日起 30 日内未收到期刊社通知决定刊登的，可以将同一作品向其他报社、期刊社投稿。双方另有约定的除外。

二、表演

（一）表演者权的主体和客体

表演者权的主体是指表演者。表演者权的客体是指表演活动，即通过演员的声音、表情、动作公开再现作品或演奏作品。

外国人、无国籍人在中国境内的表演，受著作权法保护。外国人、无国籍人根据中国参加的国际条约对其表演享有的权利，受著作权法保护。

（二）表演者的权利

1.人身权。表演者享有下列两项著作权中的人身权：

（1）表明表演者身份；

（2）保护表演形象不受歪曲。

2.财产权。表演者享有下列四项著作权中的财产权：

（1）许可他人从现场直播和公开传送其现场表演，并获得报酬；

（2）许可他人录音、录像，并获得报酬（首次固定权）；

（3）许可他人复制、发行、出租录有其表演的录音、录像制品，并获得报酬；

（4）许可他人通过信息网络向公众传播其表演，并获得报酬。

被许可人以前述方式使用作品的，还应当取得著作权人许可，并支付报酬。

3.表演者权利的保护期限。表演者的人身权利，其保护期不受限制，表演者的财产权利的保护期为 50 年，截止于该表演发生后第 50 年的 12 月 31 日。

4.职务表演。演员为完成本演出单位的演出任务进行的表演为职务表演，演员享有表明身份和保护表演形象不受歪曲的权利，其他权利归属由当事人约定。当事人没有约定或者约定不明确的，职务表演的权利由演出单位享有。职务表演的权利由演员享有的，演出单位可以在其业务范围内免费使用该表演。

三、录音、录像

（一）录音、录像制品的含义

录音制作者是指录音制品的首次制作人；录音制品是指任何对表演的声音和其他声音的录制品。

录像制作者是指录像制品的首次制作人；录像制品是指视听作品以外的任何有伴音或者无伴音的连续相关形象、图像的录制品。

外国人、无国籍人在中国境内制作、发行的录音制品，受著作权法保护。外国人、无国籍人根据中国参加的国际条约对其制作、发行的录音制品享有的权利，受著作权法保护。

（二）权利和义务

1.录音、录像制作者的权利。

（1）录音、录像制作者对其制作的录音录像制品，享有许可他人复制、发行、出租、通过信息网络向公众传播并获得报酬的权利。

（2）录音、录像制作者对其制品享有的权利的保护期为 50 年，截止于该制品首次制作完成后第 50 年的 12 月 31 日。

2.被许可人的义务。被许可人复制、发行、通过信息网络向公众传播录音录像制品，应当同时取得著作权人、表演者许可，并支付报酬；被许可人出租录音录像制品，还应当取得表演者许可，并支付报酬。

（三）录音制品的特殊规定

1.录音制作者的权利。将录音制品用于有线或者无线公开传播，或者通过传送声音的技术设备向公众公开播送的，应当向录音制作者支付报酬。

2.法定许可。录音制作者使用他人已经合法录制为录音制品的音乐作品制作录音制品，可以不经著作权人许可，但应当按照规定支付报酬；著作权人声明不许使用的不得使用。

四、广播电台、电视台播放

（一）广播电台、电视台播放者的权利

1.广播电台、电视台有权禁止未经其许可的下列行为：

（1）将其播放的广播、电视以有线或者无线的方式转播；

（2）将其播放的广播、电视录制以及复制；

（3）将其播放的广播、电视通过信息网络向公众传播。

广播电台、电视台行使前述规定的权利，不得影响、限制或者侵害他人行使著作权或者

与著作权有关的权利。

2.前述权利的保护期为50年，截止于该广播、电视首次播放后第50年的12月31日。

（二）广播电台、电视台播放者的义务

（1）广播电台、电视台播放他人未发表的作品，应当取得著作权人许可，并支付报酬。

（2）广播电台、电视台播放他人已发表的作品，可以不经著作权人许可，但应当按照规定支付报酬。

（3）电视台播放他人的视听作品、录像制品，应当取得视听作品著作权人或者录像制作者许可，并支付报酬；播放他人的录像制品，还应当取得著作权人许可，并支付报酬。

【例 06-08】 根据著作权法及相关规定，下列哪种说法是正确的？

A.录音、录像制作者使用他人作品制作录音录像制品，可以不经著作权人许可，但支付报酬

B.录音制作者使用他人已经合法录制为录音制品的音乐作品制作录音制品，可以不经著作权人许可，并且无需支付报酬

C.录音制作者使用他人已经合法录制为录音制品的音乐作品制作视听制品，可以不经著作权人许可，但应当支付报酬

D.录音、录像制作者对其制作的录音录像制品，享有许可他人通过信息网络向公众传播并获得报酬的权利

【参考答案】 D

第四节　著作权的保护

本节知识要点

本节主要介绍侵犯著作权的行为方式及侵权人应当承担的民事责任、行政责任、刑事责任。2020年对《著作权法》的修改，加大了惩罚力度，调高了侵权赔偿的上限和行政处罚的上限。本节的重点在于区分不同侵权方式的危害程度，继而判定侵权人应当承担的法律责任类型和方式。另外，还需要关注新著作权法修改、增加的内容。著作权的保护的主要内容如图 6-5 所示。

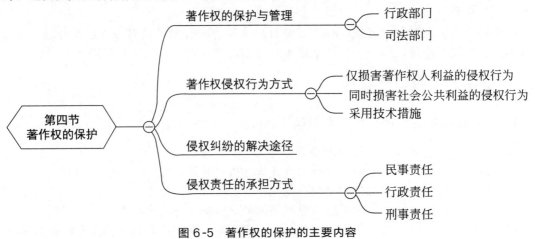

图 6-5　著作权的保护的主要内容

一、著作权的保护与管理

（一）行政部门

国家著作权主管部门主管全国的著作权管理工作；县级以上地方主管著作权的部门负责本行政区域的著作权管理工作。国家著作权主管部门可以查处在全国有重大影响的侵权行为。

行为人侵犯著作权的行为同时损害公共利益的，由主管著作权的部门负责查处。

主管著作权的部门对涉嫌侵犯著作权和邻接权的行为进行查处时，可以询问有关当事人，调查与涉嫌违法行为有关的情况；对当事人涉嫌违法行为的场所和物品实施现场检查；查阅、复制与涉嫌违法行为有关的合同、发票、账簿以及其他有关资料；对于涉嫌违法行为的场所和物品，可以查封或者扣押。

主管著作权的部门依法行使前述规定的职权时，当事人应当予以协助、配合，不得拒绝、阻挠。

（二）司法部门

著作权民事纠纷案件，由中级以上人民法院管辖。各高级人民法院根据本辖区的实际情况，可以确定若干基层人民法院管辖第一审著作权民事纠纷案件。

二、著作权侵权行为方式

（一）仅损害著作权人利益的侵权行为

著作权侵权行为是指未经著作权人同意，又无法律上的依据，使用他人作品或行使著作权人专有权的行为。行为人的下列行为，构成对著作权人著作权利的侵犯：

（1）未经著作权人许可，发表其作品的；

（2）未经合作作者许可，将与他人合作创作的作品当作自己单独创作的作品发表的；

（3）没有参加创作，为谋取个人名利，在他人作品上署名的；

（4）歪曲、篡改他人作品的；

（5）剽窃他人作品的；

（6）未经著作权人许可，以展览、摄制视听作品的方法使用作品，或者以改编、翻译、注释等方式使用作品的；

（7）使用他人作品，应当支付报酬而未支付的；

（8）未经视听作品、计算机软件、录音录像制品的著作权人、表演者或者录音录像制作者许可，出租其作品或者录音录像制品的；

（9）未经出版者许可，使用其出版的图书、期刊的版式设计的；

（10）未经表演者许可，从现场直播或者公开传送其现场表演，或者录制其表演的；

（11）其他侵犯著作权以及与著作权有关的权利的行为。

（二）同时损害社会公共利益的侵权行为

下列侵权行为，如果同时损害公共利益的，除应当承担相应的民事责任之外，还应当承担行政责任；构成犯罪的，依法追究刑事责任：

（1）未经著作权人许可，复制、发行、表演、放映、广播、汇编、通过信息网络向公众传播其作品的。

（2）出版他人享有专有出版权的图书的。

（3）未经表演者许可，复制、发行录有其表演的录音录像制品，或者通过信息网络向公众传播其表演的。

（4）未经录音录像制作者许可，复制、发行、通过信息网络向公众传播其制作的录音录像制品的。复制品的出版者、制作者不能证明其出版、制作有合法授权的，复制品的发行者或者视听作品、计算机软件、录音录像制品的复制品的出租者不能证明其发行、出租的复制品有合法来源的，应当承担法律责任。

在诉讼程序中，被诉侵权人主张其不承担侵权责任的，应当提供证据证明已经取得权利人的许可，或者具有《著作权法》规定的不经权利人许可而可以使用的情形。

（5）未经许可，播放、复制或者通过信息网络向公众传播广播、电视的。

（6）未经著作权人或者邻接权人许可，故意避开或者破坏技术措施的，故意制造、进口或者向他人提供主要用于避开、破坏技术措施的装置或者部件的，或者故意为他人避开或者破坏技术措施提供技术服务的，法律、行政法规另有规定的除外。

（7）未经著作权人或者邻接权人许可，故意删除或者改变作品、版式设计、表演、录音录像制品或者广播、电视上的权利管理信息的，知道或者应当知道作品、版式设计、表演、录音录像制品或者广播、电视上的权利管理信息未经许可被删除或者改变，仍然向公众提供的，法律、行政法规另有规定的除外。

（8）制作、出售假冒他人署名的作品的。

【例 06-09】根据著作权法及相关规定，下列哪些行为侵犯了著作权或与著作权有关的权利？

A. 张某未经王某许可，将王某刚刚创作完成的小说上传到知乎平台

B. 刘某将其学生创作完成的作品，署上自己的名字予以发表

C. 甲出版社未经乙出版社的许可，使用了其出版的图书的版式设计

D. 丙电视台未经歌星柳某的许可，录制了其表演并进行网络传播

【参考答案】ABCD

（三）采用技术措施

1. 技术措施的作用。为保护著作权和邻接权，权利人可以采取技术措施。

未经权利人许可，任何组织或者个人不得故意避开或者破坏技术措施，不得以避开或者破坏技术措施为目的制造、进口或者向公众提供有关装置或者部件，不得故意为他人避开或者破坏技术措施提供技术服务。但是，法律、行政法规规定可以避开的情形除外。

著作权法中所称的技术措施，是指用于防止、限制未经权利人许可浏览、欣赏作品、表演、录音录像制品或者通过信息网络向公众提供作品、表演、录音录像制品的有效技术、装置或者部件。

2. 法定许可。下列情形可以避开技术措施，但不得向他人提供避开技术措施的技术、装置或者部件，不得侵犯权利人依法享有的其他权利：

（1）为学校课堂教学或者科学研究，提供少量已经发表的作品，供教学或者科研人员使用，而该作品无法通过正常途径获取；

（2）不以营利为目的，以阅读障碍者能够感知的无障碍方式向其提供已经发表的作品，而该作品无法通过正常途径获取；

（3）国家机关依照行政、监察、司法程序执行公务；

（4）对计算机及其系统或者网络的安全性能进行测试；

（5）进行加密研究或者计算机软件反向工程研究。

前述规定适用于对邻接权的限制。

3.侵权行为。未经权利人许可，不得进行下列行为：

（1）故意删除或者改变作品、版式设计、表演、录音录像制品或者广播、电视上的权利管理信息，但由于技术上的原因无法避免的除外；

（2）知道或者应当知道作品、版式设计、表演、录音录像制品或者广播、电视上的权利管理信息未经许可被删除或者改变，仍然向公众提供。

三、侵权纠纷的解决途径

1.调解。在人民法院、仲裁委员会或有关组织的主持下，著作权人、邻接权人可以自愿进行协商解决。

2.仲裁。申请仲裁是指争议双方在争议发生前或争议发生后，根据达成的书面仲裁协议或者著作权合同中的仲裁条款，向仲裁机构申请仲裁。

3.诉讼。当事人没有书面仲裁协议，也没有在著作权合同中订立仲裁条款的，可以直接向人民法院起诉。

因侵犯著作权行为提起的民事诉讼，由《著作权法》所规定的侵权行为的实施地、侵权复制品储藏地或者查封扣押地、被告住所地人民法院管辖。

前述规定的侵权复制品储藏地是指大量或者经常性储存、隐匿侵权复制品所在地；查封扣押地是指海关、版权、市场监管等行政机关依法查封、扣押侵权复制品所在地。

人民法院审理案件，对于侵犯著作权或者邻接权的，可以没收违法所得、侵权复制品以及进行违法活动的财物。

人民法院的裁判结果具有强制执行力。

4.诉前财产保全、行为保全。著作权人或者邻接权人有证据证明他人正在实施或者即将实施侵犯其权利、妨碍其实现权利的行为，如不及时制止将会使其合法权益受到难以弥补的损害的，可以在起诉前依法向人民法院申请采取财产保全、责令作出一定行为或者禁止作出一定行为等措施。

5.诉前证据保全。为制止侵权行为，在证据可能灭失或者以后难以取得的情况下，著作权人、邻接权人可以在起诉前向人民法院申请保全证据。

四、侵权责任的承担方式

（一）民事责任

1.侵犯著作权承担民事责任的方式。行为人侵犯著作权人的著作权的，应当根据情况，承担下列一项或多项民事责任：

（1）停止侵害；

（2）消除影响；

（3）赔礼道歉；

（4）赔偿损失；

（5）其他民事责任。

2.赔偿数额的计算。侵犯著作权或者邻接权的，侵权人应当按照权利人因此受到的实际损失或者侵权人的违法所得给予赔偿；权利人的实际损失或者侵权人的违法所得难以计算的，可以参照该权利使用费给予赔偿。对故意侵犯著作权或者邻接权，情节严重的，可以在按照上述方法确定数额的 1 倍以上 5 倍以下给予赔偿。

权利人的实际损失、侵权人的违法所得、权利使用费难以计算的，由人民法院根据侵权行为的情节，判决给予 500 元以上 500 万元以下的赔偿。

赔偿数额还应当包括权利人为制止侵权行为所支付的合理开支。

人民法院为确定赔偿数额，在权利人已经尽了必要举证责任，而与侵权行为相关的账簿、资料等主要由侵权人掌握的，可以责令侵权人提供与侵权行为相关的账簿、资料等；侵权人不提供，或者提供虚假的账簿、资料等的，人民法院可以参考权利人的主张和提供的证据确定赔偿数额。

人民法院审理著作权纠纷案件，应权利人请求，对侵权复制品，除特殊情况外，责令销毁；对主要用于制造侵权复制品的材料、工具、设备等，责令销毁，且不予补偿；或者在特殊情况下，责令禁止前述材料、工具、设备等进入商业渠道，且不予补偿。

（二）行政责任

1. 侵犯著作权承担行政责任。对于同时损害公共利益的侵权行为，除应当承担相应的民事责任之外，还应当由主管著作权的部门责令停止侵权行为，予以警告，没收违法所得，没收、无害化销毁处理侵权复制品以及主要用于制作侵权复制品的材料、工具、设备等，违法经营额 5 万元以上的，可以并处违法经营额 1 倍以上 5 倍以下的罚款；没有违法经营额、违法经营额难以计算或者不足 5 万元的，可以并处 25 万元以下的罚款。

2. 行为人受到行政处罚的救济。当事人对行政处罚不服的，可以自收到行政处罚决定书之日起 3 个月内向人民法院起诉，期满不起诉又不履行的，著作权行政管理部门可以申请人民法院执行。

（三）刑事责任

1. 侵犯著作权罪

（1）法律规定

《中华人民共和国刑法》（以下简称《刑法》）第 217 条规定，以营利为目的，有下列侵犯著作权或者与著作权有关的权利的情形之一，违法所得数额较大或者有其他严重情节的，处 3 年以下有期徒刑，并处或者单处罚金；违法所得数额巨大或者有其他特别严重情节的，处 3 年以上 10 年以下有期徒刑，并处罚金：

① 未经著作权人许可，复制发行、通过信息网络向公众传播其文字作品、音乐、美术、视听作品、计算机软件及法律、行政法规规定的其他作品的；

② 出版他人享有专有出版权的图书的；

③ 未经录音录像制作者许可，复制发行、通过信息网络向公众传播其制作的录音录像的；

④ 未经表演者许可，复制发行录有其表演的录音录像制品，或者通过信息网络向公众传播其表演的；

⑤ 制作、出售假冒他人署名的美术作品的；

⑥ 未经著作权人或者与著作权有关的权利人许可，故意避开或者破坏权利人为其作品、录音录像制品等采取的保护著作权或者与著作权有关的权利的技术措施的。

（2）犯罪的构成

① 本罪客体是他人著作权及其邻接权。

② 客观行为表现为违反《著作权法》的规定，侵犯他人著作权。《著作权法》规定了多种侵犯他人著作权的表现形式，但《刑法》仅规定了前述6种行为可以成立侵犯著作权罪。

③ 主体既可以是自然人，也可以是单位。出版单位与他人事前通谋，向其出售、出租或者以其他形式转让该出版单位的名称、书号、刊号、版号，他人实施侵犯著作权行为，构成犯罪的，对该出版单位应当以共犯论处。

④ 主观方面只能是故意，并且具有营利目的。

成立本罪还要求违法所得数额较大或者有其他严重情节。违法所得数额较大是犯罪客观方面的内容，但其他严重情节则涉及其他方面。

2. 销售侵权复制品罪

（1）法律规定。《刑法》第218条规定，以营利为目的，销售明知是《刑法》第217条规定的侵权复制品，违法所得数额巨大或者有其他严重情节的，处5年以下有期徒刑，并处或者单处罚金。

（2）犯罪的构成。自然人或者单位以营利为目的，销售明知是侵权复制品的物品，违法所得数额巨大的行为，构成销售侵权复制品罪。

侵权复制品是指犯侵犯著作权罪而形成的复制品，即《刑法》第217条规定的侵权复制品。

犯罪主体必须是侵犯著作权罪主体以外的自然人或者单位，侵犯著作权罪主体销售侵权复制品的，仅成立侵犯著作权罪，不再认定为本罪；但如果销售的不是自己非法复制的侵权复制品，则成立数罪。

犯罪主观方面必须明知自己所销售的是他人犯侵犯著作权罪而形成的侵权复制品，并具有营利目的。

【例06-10】根据著作权法及相关规定，下列哪些属于侵犯著作权应当承担的民事责任？

A. 停止侵害   B. 赔偿损失

C. 消除影响   D. 罚款

【参考答案】ABC

第五节　计算机软件著作权的特殊规定

本节知识要点

本节主要介绍软件著作权的客体、归属和内容，以及侵犯软件著作权的行为。本节的难点在于把握享有软件著作权不以登记为条件，以及对软件著作权人的限制。计算机软件著作权的特殊规定的主要内容如图6-6所示。

一、软件著作权的客体及归属

（一）软件著作权的客体和主体

1. 软件著作权的客体。软件著作权的客体是计算机软件。

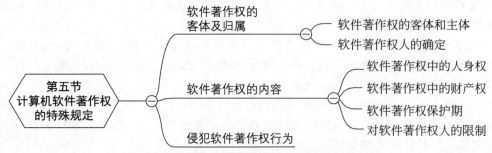

图 6-6　计算机软件著作权的特殊规定的主要内容

计算机软件是指计算机程序及其有关文档。

（1）计算机程序，是指为了得到某种结果可以由计算机等具有信息处理能力的装置执行的代码化指令序列，或者可以被自动转换成代码化指令序列的符号化指令序列或者符号化语句序列。同一计算机程序的源程序和目标程序为同一作品。

（2）文档，是指用来描述程序的内容、组成、设计、功能规格、开发情况、测试结果及使用方法的文字资料和图表等，如程序设计说明书、流程图、用户手册等。

2.软件著作权的主体。软件著作权人是指依照《计算机软件保护条例》的规定，对软件享有著作权的自然人、法人或者非法人组织。软件著作权自软件开发完成之日起产生，而不以软件登记为前提条件。软件登记机构发放的登记证明文件是登记事项的初步证明。

软件著作权的主体是软件开发者，《计算机软件保护条例》另有规定的除外。

（二）软件著作权人的确定

1.软件开发者。

（1）单位开发者，是指实际组织开发、直接进行开发，并对开发完成的软件承担责任的法人或者非法人组织。

（2）自然人开发者，是指依靠自己具有的条件独立完成软件开发，并对软件承担责任的自然人。

2.合作开发软件的著作权归属。由两个以上的自然人、法人或者非法人组织合作开发的软件，其著作权的归属由合作开发者签订书面合同约定。

无书面合同或者合同未作明确约定，合作开发的软件可以分割使用的，开发者对各自开发的部分可以单独享有著作权；但行使著作权时，不得扩展到合作开发的软件整体的著作权。

合作开发的软件不能分割使用的，其著作权由各合作开发者共同享有，通过协商一致行使；不能协商一致，又无正当理由的，任何一方不得阻止他方行使除转让权以外的其他权利，但是所得收益应当合理分配给所有合作开发者。

3.委托开发软件的著作权归属。接受他人委托开发的软件，其著作权的归属由委托人与受托人签订书面合同约定。无书面合同或者合同未作明确约定的，其著作权由受托人享有。

4.国家项目开发软件的著作权归属。由国家机关下达任务开发的软件，著作权的归属与行使由项目任务书或者合同规定。项目任务书或者合同中未作明确规定的，软件著作权由接受任务的法人或者非法人组织享有。

5.职务开发软件的著作权归属。自然人在法人或者非法人组织中任职期间所开发的软件，软件著作权由该法人或者非法人组织享有，该法人或者非法人组织可以对开发软件的自然人进行奖励。

二、软件著作权的内容

（一）软件著作权中的人身权

软件著作权中的人身权包括发表权、署名权和修改权：

1. 发表权，即决定软件是否公之于众的权利。

2. 署名权，即表明开发者身份，在软件上署名的权利。

3. 修改权，即对软件进行增补、删节，或者改变指令、语句顺序的权利。

（二）软件著作权中的财产权

软件著作权中的财产权包括复制权、发行权、出租权、信息网络传播权和翻译权等。

1. 复制权，即将软件制作一份或者多份的权利。

2. 发行权，即以出售或者赠与方式向公众提供软件的原件或者复制件的权利。

3. 出租权，即有偿许可他人临时使用软件的权利，但是软件不是出租的主要标的的除外。

4. 信息网络传播权，即以有线或者无线方式向公众提供，使公众可以在其选定的时间和地点获得软件的权利。

5. 翻译权，即将原软件从一种自然语言文字转换成另一种自然语言文字的权利。

6. 软件著作权人的许可权，是指软件著作权人可以许可他人行使其软件著作权，并有权获得报酬。

7. 软件著作权人的转让权，是指软件著作权人可以全部或者部分转让其软件著作权，并有权获得报酬。

8. 应当由软件著作权人享有的其他权利。

【例06-11】根据著作权法及相关规定，下列关于计算机软件的说法哪些是错误的？

A. 受著作权保护的计算机软件为计算机程序，不包括有关文档

B. 同一计算机程序的源程序和目标程序为两个不同的作品

C. 未经登记的计算机软件不受我国著作权法保护

D. 对软件著作权的保护延及开发软件所用的处理过程和操作方法

【参考答案】ABCD

（三）软件著作权保护期

自然人的软件著作权，保护期为自然人终生及其死亡后50年，截止于自然人死亡后第50年的12月31日；软件是合作开发的，截止于最后死亡的自然人死亡后第50年的12月31日。

法人或者非法人组织的软件著作权，保护期为50年，截止于软件首次发表后第50年的12月31日，但软件自开发完成之日起50年内未发表的，计算机软件保护条例不再保护。

（四）对软件著作权人的限制

1. 软件的合法复制品所有人享有的权利。

（1）根据使用的需要把该软件装入计算机等具有信息处理能力的装置内。

（2）为了防止复制品损坏而制作备份复制品。这些备份复制品不得通过任何方式提供给他人使用，并在所有人丧失该合法复制品的所有权时，负责将备份复制品销毁。

（3）为了把该软件用于实际的计算机应用环境或者改进其功能、性能而进行必要的修改；但是，除合同另有约定外，未经该软件著作权人许可，不得向任何第三方提供修改后的软件。

2.为了学习和研究的使用。为了学习和研究软件内含的设计思想和原理，通过安装、显示、传输或者存储软件等方式使用软件的，可以不经软件著作权人许可，不向其支付报酬。

3.相似软件。软件开发者开发的软件，由于可供选用的表达方式有限而与已经存在的软件相似的，不构成对已经存在的软件的著作权的侵犯。

4.不承担赔偿责任的使用情形。软件的复制品持有人不知道也没有合理理由应当知道该软件是侵权复制品的，不承担赔偿责任；但是，应当停止使用、销毁该侵权复制品。如果停止使用并销毁该侵权复制品将给复制品使用人造成重大损失的，复制品使用人可以在向软件著作权人支付合理费用后继续使用。

三、侵犯软件著作权行为

1.应当承担民事责任的侵犯软件著作权行为。除《著作权法》或者《计算机软件保护条例》另有规定外，下列行为属于侵害软件著作权人利益的行为：

（1）未经软件著作权人许可，发表或者登记其软件的；

（2）将他人软件作为自己的软件发表或者登记的；

（3）未经合作者许可，将与他人合作开发的软件作为自己单独完成的软件发表或者登记的；

（4）在他人软件上署名或者更改他人软件上的署名的；

（5）未经软件著作权人许可，修改、翻译其软件的；

（6）其他侵犯软件著作权的行为。

2.软件著作权侵权行为中同时侵害社会公共利益的行为。除《著作权法》、《计算机软件保护条例》或者其他法律、行政法规另有规定外，未经软件著作权人许可，有下列侵权行为的，同时损害社会公共利益的，承担行政责任；触犯刑律的，依照《刑法》关于侵犯著作权罪、销售侵权复制品罪的规定，依法追究刑事责任：

（1）复制或者部分复制著作权人的软件的；

（2）向公众发行、出租、通过信息网络传播著作权人的软件的；

（3）故意避开或者破坏著作权人为保护其软件著作权而采取的技术措施的；

（4）故意删除或者改变软件权利管理电子信息的；

（5）转让或者许可他人行使著作权人的软件著作权的。

有前述第（1）项或者第（2）项行为的，可以并处每件100元或者货值金额5倍以下的罚款；有前述第（3）项、第（4）项或者第（5）项行为的，可以并处20万元以下的罚款。

第六节　信息网络传播权的保护

本节知识要点

本节主要介绍著作权中的信息网络传播权的有关规定，难点在于如何把握权利人对侵犯信息网络传播权的维权措施。信息网络传播权的保护的主要内容如图 6-7 所示。

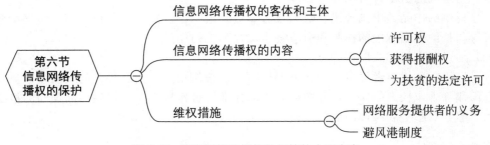

图 6-7　信息网络传播权的保护的主要内容

一、信息网络传播权的客体和主体

1.信息网络传播权的客体，包括：
（1）作品；
（2）表演；
（3）录音录像制品。
2.信息网络传播权的主体，包括：
（1）著作权人；
（2）表演者；
（3）录音录像制作者。

二、信息网络传播权的内容

（一）许可权

未经权利人许可，任何组织或者个人不得进行下列行为：
（1）故意删除或者改变通过信息网络向公众提供的作品、表演、录音录像制品的权利管理电子信息，但由于技术上的原因无法避免删除或者改变的除外。
（2）通过信息网络向公众提供明知或者应知未经权利人许可被删除或者改变权利管理电子信息的作品、表演、录音、录像制品。

（二）获得报酬权

获得报酬权是指信息网络传播权利人依法享有的因作品、表演、录音录像制品通过信息网络向公众提供而获得报酬的权利，传播者应当取得权利人许可，并依法支付报酬。

（三）为扶贫的法定许可

为扶助贫困，通过信息网络向农村地区的公众免费提供中国公民、法人或者非法人组织已经发表的种植养殖、防病治病、防灾减灾等与扶助贫困有关的作品和适应基本文化需求的作品，网络服务提供者应当在提供前公告拟提供的作品及其作者、拟支付报酬的标准。自公告之日起 30 日内，著作权人不同意提供的，网络服务提供者不得提供其作品；自公告之日起满 30 日，著作权人没有异议的，网络服务提供者可以提供其作品，并按照公告的标准向著作权人支付报酬。网络服务提供者提供著作权人的作品后，著作权人不同意提供的，网络服务提供者应当立即删除著作权人的作品，并按照公告的标准向著作权人支付提供作品期间的报酬。为扶贫的法定许可的条件：

（1）提供的作品是中国公民、法人或者非法人组织已经发表的种植养殖、防病治病、防灾减灾等与扶助贫困有关的作品和适应基本文化需求的作品。

（2）通过公告的方式取得许可。

（3）网络服务提供者提供著作权人的作品后，著作权人不同意提供的，网络服务提供者应当立即删除著作权人的作品，并按照公告的标准向著作权人支付提供作品期间的报酬。

（4）服务对象是农村地区的公众。

三、维权措施

（一）网络服务提供者的义务

著作权行政管理部门为了查处侵犯信息网络传播权的行为，可以要求网络服务提供者提供涉嫌侵权的服务对象的姓名（名称）、联系方式、网络地址等资料。

网络服务提供者无正当理由拒绝提供或者拖延提供涉嫌侵权的服务对象的姓名（名称）、联系方式、网络地址等资料的，由著作权行政管理部门予以警告；情节严重的，没收主要用于提供网络服务的计算机等设备。

（二）避风港制度

1. 权利人通知书维权。对提供信息存储空间或者提供搜索、链接服务的网络服务提供者，权利人认为其服务所涉及的作品、表演、录音录像制品，侵犯自己的信息网络传播权或者被删除、改变了自己的权利管理电子信息的，可以向该网络服务提供者提交书面通知，要求网络服务提供者删除该作品、表演、录音录像制品，或者断开与该作品、表演、录音录像制品的链接。通知书应当包含下列内容：

（1）权利人的姓名（名称）、联系方式和地址；

（2）要求删除或者断开链接的侵权作品、表演、录音录像制品的名称和网络地址；

（3）构成侵权的初步证明材料。

权利人应当对通知书的真实性负责。

2. 网络服务提供者收到通知书即刻删除义务。网络服务提供者接到权利人的通知书后，应当立即删除涉嫌侵权的作品、表演、录音录像制品，或者断开与涉嫌侵权的作品、表演、录音录像制品的链接，并同时将通知书转送提供作品、表演、录音录像制品的服务对象；服务对象网络地址不明、无法转送的，应当将通知书的内容同时在信息网络上公告。

3. 服务对象的反通知。服务对象接到网络服务提供者转送的通知书后，认为其提供的作品、表演、录音录像制品未侵犯他人权利的，可以向网络服务提供者提交书面说明，要求恢复被删除的作品、表演、录音录像制品，或者恢复与被断开的作品、表演、录音录像制品的链接。书面说明应当包含下列内容：

（1）服务对象的姓名（名称）、联系方式和地址；

（2）要求恢复的作品、表演、录音录像制品的名称和网络地址；

（3）不构成侵权的初步证明材料。

服务对象应当对书面说明的真实性负责。

4. 网络服务提供者收到反通知的恢复服务义务。网络服务提供者接到服务对象的书面说明后，应当立即恢复被删除的作品、表演、录音录像制品，或者可以恢复与被断开的作品、表演、录音录像制品的链接，同时将服务对象的书面说明转送权利人。权利人不得再通知网络服务提供者删除该作品、表演、录音录像制品，或者断开与该作品、表演、录音录像制品的链接。

【例 06-12】根据信息网络传播权保护条例的规定，在下列哪些情形下，个人或者组织可以避开技术措施，但不得向他人提供避开技术措施的技术、装置或者部件，也不得侵犯权利人依法享有的其他权利？

A. 为学校课堂教学，通过信息网络向少数教学人员提供已经发表的作品，而该作品只能通过信息网络获取

B. 不以营利为目的，通过信息网络以盲人能够感知的独特方式向盲人提供已经发表的文字作品，而该作品只能通过信息网络获取

C. 国家机关依照行政、司法程序执行公务

D. 在信息网络上对计算机及其系统或者网络的安全性能进行测试

【参考答案】ABCD

📖 本章知识点回顾

　　著作权的归属内容比较复杂，财产权的权利内容丰富，著作权属于作者，但归属不仅仅区分职务、非职务、合作与委托，还包括美术作品所有权转让时的著作权归属、作者身份不详书稿持有人对著作权享有的规定等。

　　著作权包括人身权和财产权。其中著作权中的人身权保护期限不受限制，而财产权的保护期限又因为著作权人为自然人或单位不同而不同。

　　著作权的限制，包括合理使用和法定许可制度。

　　著作权的邻接权的权利内容，包括出版者、表演者、录制者、广播电视组织者的权利内容，其中表演者包含人身权，其他邻接权均是财产权。

　　本章需要重点掌握著作权保护的内容。侵犯著作权包括侵犯著作权人的权利和侵害社会公众利益的行为。著作权集体管理组织被授权后，可以以自己的名义向侵权者提起诉讼或仲裁。

第七章

《商标法》

本章知识点框架

　　本章主要介绍了注册商标专用权的客体和主体、注册商标专用权的取得程序及内容、注册商标的无效宣告和撤销程序、驰名商标，以及注册商标专用权的保护规定，新增了恶意商标注册、商标国际注册及商标代理的具体内容。重点需要掌握商标的概念；熟悉商标注册申请的条件与程序；熟悉商标审查的程序；熟悉注册商标的续展、变更、转让和使用许可；掌握商标专用权的保护和驰名商标的特殊保护；还要重点掌握新增知识点的相关规定。本章主要知识点框架如图7-1所示。

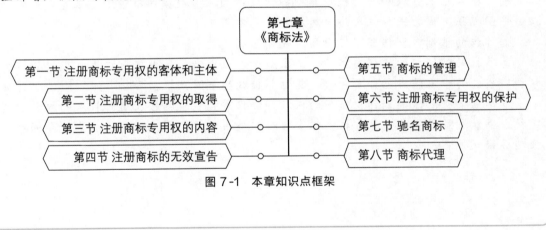

图 7-1　本章知识点框架

第一节 注册商标专用权的客体和主体

📚 **本节知识要点**

本节主要介绍商标注册的类型及要素，商标注册的条件，不得作为商标使用和不得作为注册商标的标志。本节的重点在于对不得作为商标使用以及不得作为商标注册规定的把握。注册商标专用权的客体和主体的主要内容如图 7-2 所示。

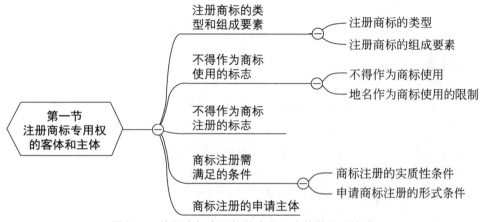

图 7-2 注册商标专用权的客体和主体的主要内容

一、注册商标的类型和组成要素

（一）注册商标的类型

经商标局核准注册的商标为注册商标，包括商品商标、服务商标和集体商标、证明商标；商标注册人享有商标专用权，受法律保护。因此，注册商标包括如下四种类型：

1.商品商标，是指商品生产者在自己生产或经营的商品上使用的商标。

2.服务商标，是指用来将一个企业的服务与其他企业的服务区别开来的看得见的标志，如航空公司、保险公司、建筑公司、银行、旅店等单位使用的标志，以及电台、电视台使用的呼号、符号等。

3.集体商标，是指以团体、协会或者非法人组织名义注册，供该组织成员在商事活动中使用，以表明使用者在该组织中的成员资格的标志。

4.证明商标，是指由对某种商品或者服务具有监督能力的组织所控制，而由该组织以外的单位或者个人使用于其商品或者服务，用以证明该商品或者服务的原产地、原料、制造方法、质量或者其他特定品质的标志。

（二）注册商标的组成要素

注册商标应当具备法定的构成要素。任何能够将自然人、法人或者非法人组织的商品（或服务）与他人的商品（或服务）区别开的标志，包括文字、图形、字母、数字、三维标志、颜色组合和声音等，以及上述要素的组合，均可以作为商标申请注册。除此之外的气味等商标、动态商标等不能在我国注册。

二、不得作为商标使用的标志

（一）不得作为商标使用

《中华人民共和国商标法》（以下简称《商标法》）第10条规定，下列标志不得作为商标使用：

（1）同中华人民共和国的国家名称、国旗、国徽、国歌、军旗、军徽、军歌、勋章等相同或者近似的，以及同中央国家机关的名称、标志、所在地特定地点的名称或者标志性建筑物的名称、图形相同的；

（2）同外国的国家名称、国旗、国徽、军旗等相同或者近似的，但经该国政府同意的除外；

（3）同政府间国际组织的名称、旗帜、徽记等相同或者近似的，但经该组织同意或者不易误导公众的除外；

（4）与表明实施控制、予以保证的官方标志、检验印记相同或者近似的，但经授权的除外；

（5）同"红十字""红新月"的名称、标志相同或者近似的；

（6）带有民族歧视性的；

（7）带有欺骗性，容易使公众对商品的质量等特点或者产地产生误认的；

（8）有害于社会主义道德风尚或者有其他不良影响的。

（二）地名作为商标使用的限制

1.原则：县级以上行政区划的地名或者公众知晓的外国地名，不得作为商标。

2.例外情形：地名具有其他含义或者作为集体商标、证明商标组成部分的，可以作为商标使用；已经注册的使用地名的商标继续有效。

三、不得作为商标注册的标志

《商标法》第11条规定，下列标志不得作为商标注册：

（1）仅有本商品的通用名称、图形、型号的。

（2）仅直接表示商品的质量、主要原料、功能、用途、重量、数量及其他特点的。

（3）其他缺乏显著特征的。

前述所列标志经过使用取得显著特征，并便于识别的，可以作为商标注册。

《商标法》第12条规定，以三维标志申请注册商标的，仅由商品自身的性质产生的形状、为获得技术效果而需有的商品形状或者使商品具有实质性价值的形状，不得注册。

【例07-01】根据商标法及相关规定，下列哪些标志不得作为商标使用？

A.同"红十字""红新月"的名称、标志近似的标志

B.带有欺骗性，容易使公众对商品的质量等特点或者产地产生误认的

C.仅直接表示商品的质量、主要原料、功能、用途、重量、数量及其他特点的

D.仅有本商品的通用名称、图形、型号的

四、商标注册需满足的条件

（一）商标注册的实质性条件

1.有显著特征，便于识别。申请注册的商标，应当有显著特征，便于识别。商标的显著特征可以通过两种途径获得：

（1）注册商标的显著特征是标志本身固有的显著性特征，如立意新颖、设计独特的商标。

（2）注册商标的显著特征是通过使用获得显著特征，如直接叙述商品质量等特点的叙述性标志经过使用取得显著特征，并便于识别的。

2.注册商标不得与他人的在先权利相冲突。申请注册的商标，不得与他人在先取得的合法权利相冲突。与他人的在先权利相冲突表现在：

（1）未经授权，代表人以自己的名义将被代表人的商标进行注册，被代表人提出异议的，不予注册并禁止使用。

（2）就同一种商品或者类似商品申请注册的商标与他人在先使用的未注册商标相同或者近似，申请人与该他人具有前述规定以外的合同、业务往来关系或者其他关系而明知该他人商标存在，该他人提出异议的，不予注册。

（3）申请商标注册不得损害他人现有的在先权利，也不得以不正当手段抢先注册他人已经使用并有一定影响的商标。

（二）申请商标注册的形式条件

申请商标注册或者办理其他商标事宜，应当使用中文。

依照《商标法》及其实施条例规定提交的各种证件、证明文件和证据材料是外文的，应当附送中文译文；未附送的，视为未提交该证件、证明文件或者证据材料。

【例07-02】根据商标法及相关规定，下列哪些说法是正确的？

A.申请注册的商标应当具有新颖性

B.申请注册的商标应当有显著特征，便于识别

C.申请注册的商标不得与他人在先取得的合法权利相冲突

D.申请注册的商标应当富有美感

【参考答案】BC

五、商标注册的申请主体

1.自然人、法人、非法人组织。《商标法》规定，自然人、法人或者非法人组织在生产经营活动中，对其商品或者服务需要取得商标专用权的，应当向商标局申请商标注册。两个以上的自然人、法人或者非法人组织可以共同向商标局申请注册同一商标，共同享有和行使该商标的专用权。

2.外国人或外国企业。外国人或者外国企业在中国申请商标注册的，应当按其所属国和中华人民共和国签订的协议或者共同参加的国际条约办理，或者按对等原则办理。

第二节 注册商标专用权的取得

本节知识要点

本节主要介绍注册商标专用权的取得需要经过申请、审查、初步审定公告等环节以及商标的国际申请受马德里体系的规制。对恶意商标注册，国家进行严厉打击，不仅惩罚申请人，对于代理机构也要进行相应处罚。本节的重点在于异议程序、对恶意商标注册申请的规制的规定。注册商标专用权的取得的主要内容如图 7-3 所示。

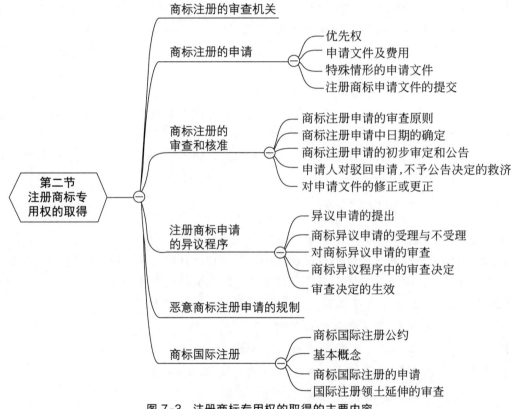

图 7-3 注册商标专用权的取得的主要内容

一、商标注册的审查机关

1.商标局、商标评审委员会。国务院工商行政管理部门商标局主管全国商标注册和管理的工作。国务院工商行政管理部门设立商标评审委员会，负责处理商标争议事宜。

2.商标管理行政机关的职责及责任。对商标注册申请和商标复审申请应当及时进行审查。

从事商标注册、管理和复审工作的国家机关工作人员必须秉公执法，廉洁自律，忠于职守，文明服务。商标局、商标评审委员会以及从事商标注册、管理和复审工作的国家机关工作人员不得从事商标代理业务和商品生产经营活动。

工商行政管理部门应当建立健全内部监督制度，对负责商标注册、管理和复审工作的国家机关工作人员执行法律、行政法规和遵守纪律的情况，进行监督检查。

从事商标注册、管理和复审工作的国家机关工作人员玩忽职守、滥用职权、徇私舞弊，违法办理商标注册、管理和复审事项，收受当事人财物，牟取不正当利益，构成犯罪的，依法追究刑事责任；尚不构成犯罪的，依法给予处分。

3.商标管理行政机关的回避制度。商标局、商标评审委员会工作人员有下列情形之一的，应当回避，当事人或者利害关系人可以要求其回避：

（1）是当事人或者当事人、代理人的近亲属的。

（2）与当事人、代理人有其他关系，可能影响公正的。

（3）与申请商标注册或者办理其他商标事宜有利害关系的。

二、商标注册的申请

（一）优先权

1.外国优先权。商标注册申请人自其商标在外国第一次提出商标注册申请之日起 6 个月内，又在中国就相同商品以同一商标提出商标注册申请的，依照该外国同中国签订的协议或者共同参加的国际条约，或者按照相互承认优先权的原则，可以享有优先权。

依照前述规定要求优先权的，应当符合下列规定：

（1）申请人应当在提出商标注册申请的时候提出书面声明，并且在 3 个月内提交第一次提出的商标注册申请文件的副本；未提出书面声明或者逾期未提交商标注册申请文件副本的，视为未要求优先权。

（2）申请人提交的第一次提出商标注册申请文件的副本应当经受理该申请的商标主管机关证明，并注明申请日期和申请号。

2.本国优先权。商标在中国政府主办的或者承认的国际展览会展出的商品上首次使用的，自该商品展出之日起 6 个月内，该商标的注册申请人可以享有优先权。

依照前述要求优先权的，应当在提出商标注册申请的时候提出书面声明，并且在 3 个月内提交展出其商品的展览会名称、在展出商品上使用该商标的证据、展出日期等证明文件；未提出书面声明或者逾期未提交证明文件的，视为未要求优先权。

（二）申请文件及费用

申请人为申请商标注册所申报的事项和所提供的材料应当真实、准确、完整。

首次申请商标注册，申请人应当提交申请书、商标图样、证明文件并交纳申请费。

申请商标注册，应当按照公布的商品和服务分类表填报。每一件商标注册申请应当向商标局提交《商标注册申请书》1 份、商标图样 1 份；以颜色组合或者着色图样申请商标注册的，应当提交着色图样，并提交黑白稿 1 份；不指定颜色的，应当提交黑白图样。

商标图样应当清晰，便于粘贴，用光洁耐用的纸张印制或者用照片代替，长和宽应当不大于 10 厘米，不小于 5 厘米。

（三）特殊情形的申请文件

申请注册的商标具有下列情形的，应当提交相应的申请文件，规定如下：

1.以三维标志申请商标注册的，应当在申请书中予以声明，说明商标的使用方式，并提交能够确定三维形状的图样，提交的商标图样应当至少包含三面视图。

2.以颜色组合申请商标注册的，应当在申请书中予以声明，说明商标的使用方式。

3.以声音标志申请商标注册的，应当在申请书中予以声明，提交符合要求的声音样本，对申请注册的声音商标进行描述，说明商标的使用方式。对声音商标进行描述，应当以五线谱或者简谱对申请用作商标的声音加以描述并附加文字说明；无法以五线谱或者简谱描述的，应当以文字加以描述；商标描述与声音样本应当一致。

4.集体商标、证明商标的注册申请

(1)申请集体商标注册的，应当附送主体资格证明文件并应当详细说明该集体组织成员的名称和地址。

以地理标志作为集体商标申请注册的，应当附送主体资格证明文件并应当详细说明其所具有的或者其委托的机构具有的专业技术人员、专业检测设备等情况，以表明其具有监督使用该地理标志商品的特定品质的能力。

申请以地理标志作为集体商标注册的团体、协会或者非法人组织，应当由来自该地理标志标示的地区范围内的成员组成。

以地理标志作为集体商标注册的，其商品符合使用该地理标志条件的自然人、法人或者非法人组织，可以要求参加以该地理标志作为集体商标注册的团体、协会或者非法人组织，该团体、协会或者非法人组织应当依据其章程接纳为会员；不要求参加以该地理标志作为集体商标注册的团体、协会或者非法人组织的，也可以正当使用该地理标志，该团体、协会或者非法人组织无权禁止。

(2)申请证明商标注册的，应当附送主体资格证明文件并应当详细说明其所具有的或者其委托的机构具有的专业技术人员、专业检测设备等情况，以表明其具有监督该证明商标所证明的特定商品品质的能力。

以地理标志作为证明商标注册的，其商品符合使用该地理标志条件的自然人、法人或者非法人组织可以要求使用该证明商标，控制该证明商标的组织应当允许。

(3)申请以地理标志作为集体商标、证明商标注册的，还应当附送管辖该地理标志所标示地区的人民政府或者行业主管部门的批准文件。

外国人或者外国企业申请以地理标志作为集体商标、证明商标注册的，申请人应当提供该地理标志以其名义在其原属国受法律保护的证明。

地理标志是指标示某商品来源于某地区，该商品的特定质量、信誉或者其他特征，主要由该地区的自然因素或者人文因素所决定的标志。

商标中有商品的地理标志，而该商品并非来源于该标志所标示的地区，误导公众的，不予注册并禁止使用；但是，已经善意取得注册的继续有效。

5.商标为外文或者包含外文的，应当说明含义。

6.申请人用药品商标注册的，应当附送卫生行政部门发给的药品生产企业许可证或者药品经营企业许可证副本；申请烟草制品的商标注册的，应当附送国家烟草主管机关批准生产的证明文件。

(四)注册商标申请文件的提交

商标注册申请人应当按规定的商品分类表填报使用商标的商品类别和商品名称，提出注册申请。

商标注册申请人可以通过一份申请就多个类别的商品申请注册同一商标。

商标注册申请等有关文件，可以以书面方式或者数据电文方式提出。

【例 07-03】 根据商标法及相关规定，下列关于证明商标、集体商标的说法哪些是正确的？

A. 地理标志可以作为证明商标申请注册

B. 地理标志可以作为集体商标申请注册

C. 商标中有商品的地理标志，而该商品并非来源于该标志所标示的地区，误导公众的，不予注册，但可以使用

D. 商标中有商品的地理标志，而该商品并非来源于该标志所标示的地区，已经善意注册的可以继续使用

【参考答案】 ABD

三、商标注册的审查和核准

（一）商标注册申请的审查原则

1. 诚实信用原则。申请注册和使用商标，应当遵循诚实信用原则。商标使用人应当对其使用商标的商品质量负责。各级工商行政管理部门应通过商标管理，制止欺骗消费者的行为。

2. 先申请原则。

（1）先申请制为主，先使用制为辅。两个或者两个以上的商标注册申请人，在同一种商品或者类似商品上，以相同或者近似的商标申请注册的，初步审定并公告申请在先的商标；同一天申请的，初步审定并公告使用在先的商标，驳回其他人的申请，不予公告。

（2）同日申请，使用在先原则。两个或者两个以上的申请人，在同一种商品或者类似商品上，分别以相同或者近似的商标在同一天申请注册的，各申请人应当自收到商标局通知之日起 30 日内提交其申请注册前在先使用该商标的证据。

（3）同日申请，且同时使用或均未使用过的。同日使用或者均未使用的，各申请人可以自收到商标局通知之日起 30 日内自行协商，并将书面协议报送商标局。

不愿协商或者协商不成的，商标局通知各申请人以抽签的方式确定一个申请人，驳回其他人的注册申请。商标局已经通知但申请人未参加抽签的，视为放弃申请，商标局应当书面通知未参加抽签的申请人。

（二）商标注册申请中日期的确定

1. 申请日的确定。《商标法》规定，商标注册的申请日期以商标局收到申请文件的日期为准。

（1）递交时或期限内补正后符合受理条件的，收到日为申请日。

（2）递交时或经过补正仍不符合受理条件的，不予受理。

2. 递交日的确定。向商标局提交文件的递交日确定规则如下：

（1）当事人向商标局或者商标评审委员会提交文件，以书面方式提交的，以商标局或者商标评审委员会所存档案记录为准。

（2）当事人以数据电文方式提交的，以商标局或者商标评审委员会数据库记录为准，但是当事人确有证据证明商标局或者商标评审委员会档案、数据库记录有错误的除外。

（3）当事人以邮寄方式递交文件的：

①通过邮政企业邮寄的，以寄出的邮戳日为准。

②通过邮政企业以外的快递企业递交的，以快递企业收寄日为准；收寄日不明确的，以

商标局或者商标评审委员会实际收到日为准。

3.送达日期的确定。

（1）推定收到日。商标局向当事人送达各种文件的日期，邮寄的，以当事人收到的邮戳日为准；邮戳日不清晰或者没有邮戳的，自文件发出之日起满15日，视为送达当事人。以数据电文方式送达的，自文件发出之日起满15日视为送达当事人，但是当事人能够证明文件进入其电子系统日期的除外。

（2）直接递交的，以递交日为准。

（3）文件无法邮寄或者无法直接递交的，可以通过公告的方式送达当事人，自公告发布之日起满30日，该文件视为已经送达。

（三）商标注册申请的初步审定和公告

1.商标注册申请的初步审查。商标局针对申请人提出的商标注册申请包含的类别，逐一进行审查。

2.审查结果。

（1）符合规定的。商标局对受理的商标注册申请，依法应当在收到申请文件之日起9个月内审查完毕，对符合《商标法》规定的，予以初步审定公告。

（2）不符合规定的。申请注册的商标，凡不符合《商标法》有关规定或者同他人在同一种商品或者类似商品上已经注册的或者初步审定的商标相同或者近似的，由商标局驳回申请，不予公告，书面通知申请人并说明理由。

（3）一标多类中的多项申请部分符合规定的，申请人可以将该申请中初步审定的部分申请分割成另一件申请。需要分割的，申请人应当自收到商标局《商标注册申请部分驳回通知书》之日起15日内，向商标局提出分割申请。分割后的申请保留原申请的申请日期，生成新的申请号，并予以公告。

（四）申请人对驳回申请，不予公告决定的救济

1.提出复审请求。商标注册申请人对商标局作出的驳回申请，不予公告的决定不服的，可以自收到通知之日起15日内向商标评审委员会提出复审（审查程序中的复审一）。

2.对复审请求的审查。商标评审委员会审理不服商标局驳回商标注册申请决定的复审案件，应当针对商标局的驳回决定和申请人申请复审的事实、理由、请求及评审时的事实状态进行审理。

商标评审委员会审理不服商标局驳回商标注册申请决定的复审案件，发现申请注册的商标有违反《商标法》第10条（不得作为商标使用）、第11条（不得注册为商标）、第12条（不得作为三维标志商标注册）和第16条第1款（伪地理标志）规定情形，商标局并未依据上述条款作出驳回决定的，可以依据上述条款作出驳回申请的复审决定。商标评审委员会作出复审决定前应当听取申请人的意见。

3.复审审查的期限。商标评审委员会应当自收到申请之日起9个月内作出决定，并书面通知申请人。有特殊情况需要延长的，经国务院工商行政管理部门批准，可以延长3个月。

4.对复审决定不服的救济。复审请求人对复审决定不服的，可以自收到通知之日起30日内向人民法院起诉。

（五）对申请文件的修正或更正

1.商标申请文件的修正。在审查过程中，商标局认为商标注册申请内容需要说明或者修

正的，可以要求申请人作出说明或者修正。申请人未作出说明或者修正的，不影响商标局作出审查决定。

商标局认为对商标注册申请内容需要说明或者修正的，申请人应当自收到商标局通知之日起 15 日内作出说明或者修正。

2.商标申请文件的更正。商标注册申请人或者注册人发现商标申请文件或者注册文件有明显错误的，可以申请更正。商标局依法在其职权范围内作出更正，并通知当事人。

前述所称更正错误不涉及商标申请文件或者注册文件的实质性内容。

商标注册申请人或者商标注册人依照《商标法》的规定提出更正申请的，应当向商标局提交更正申请书。符合更正条件的，商标局核准后更正相关内容；不符合更正条件的，商标局不予核准，书面通知申请人并说明理由。

已经刊发初步审定公告或者注册公告的商标经更正的，刊发更正公告。

【例 07-04】根据商标法及相关规定，下列关于商标注册申请的说法哪些是正确的？

A. 商标注册申请应当按商品分类表填报使用商标的商品类别和商品名称

B. 在不同类别的商品上申请注册同一商标的，应当按商品分类表提出注册申请

C. 商标注册申请人发现商标申请文件有不涉及实质内容的明显错误的，可以申请更正

D. 注册商标专用权人可以单独转让其注册商标

【参考答案】ABCD

四、注册商标申请的异议程序

（一）异议申请的提出

1.异议申请的期限。对初步审定的商标，异议人应自公告之日起 3 个月内提出异议申请。公告期满无异议的，予以核准注册，发给"商标注册证"，并予公告。

2.异议理由和提出异议的主体

（1）在先权利人、利害关系人。相对异议理由（《商标法》第 33 条）：在先权利人、利害关系人认为违反《商标法》第 13 条第 2 款（未注册国际驰名商标在中国的保护）和第 3 款（已注册国际驰名商标在中国的保护）、第 15 条（恶意抢注）、第 16 条第 1 款（伪地理标志）、第 30 条（应当驳回的申请）、第 31 条（先申请制＋先使用制）、第 32 条（损害他人在先权利）的规定，且损害其利益的，可以向商标局提出异议。

（2）任何人。绝对异议理由（《商标法》第 33 条）：任何人认为违反《商标法》第 4 条（恶意注册）、第 10 条（不得作为商标使用）、第 11 条（不得注册为商标）、第 12 条（不得作为三维标志商标注册）、第 19 条第 4 款（不正当代理）规定的，可以向商标局提出异议。

3.商标异议申请的提出方式。异议人对初步审定公告的商标提出异议的，应当书面向商标局提出。对商标局初步审定予以公告的商标提出异议的，异议人应当提交商标异议申请书，明确异议请求和事实依据，并附送有关证据材料。

异议人应当向商标局提交下列商标异议材料一式两份并标明正、副本：

（1）商标异议申请书；

（2）异议人的身份证明；

（3）以违反《商标法》第 13 条第 2 款和第 3 款、第 15 条、第 16 条第 1 款、第 30 条、第 31 条、第 32 条规定为由提出异议的，异议人作为在先权利人或者利害关系人的证明。

（二）商标异议申请的受理与不受理

1.商标异议申请的不受理。商标异议申请有下列情形的，商标局不予受理，书面通知申请人并说明理由：

（1）未在法定期限内提出的；

（2）申请人主体资格、异议理由不符合《商标法》关于商标异议规定的；

（3）无明确的异议理由、事实和法律依据的；

（4）同一异议人以相同的理由、事实和法律依据针对同一商标再次提出异议申请的。

2.商标异议申请的受理。商标局收到商标异议申请书后，经审查，符合受理条件的，予以受理，向申请人发出受理通知书。

商标局应当将商标异议材料副本及时送交被异议人，限其自收到商标异议材料副本之日起30日内答辩。被异议人不答辩的，不影响商标局作出决定。

当事人需要在提出异议申请或者答辩后补充有关证据材料的，应当在商标异议申请书或者答辩书中声明，并自提交商标异议申请书或者答辩书之日起3个月内提交；期满未提交的，视为当事人放弃补充有关证据材料。但是，在期满后生成或者当事人有其他正当理由未能在期满前提交的证据，在期满后提交的，商标局将证据交对方当事人并质证后可以采信。

（三）对商标异议申请的审查

1.审查期限。对初步审定公告的商标提出异议的，商标局应当听取异议人和被异议人陈述事实和理由，经调查核实后，自公告期满之日起12个月内作出是否准予注册的决定，并书面通知异议人和被异议人。有特殊情况需要延长的，经国务院工商行政管理部门批准，可以延长6个月。

2.审查程序的中止。商标评审委员会在对被异议人提出的复审请求进行复审的过程中，所涉及的在先权利的确定必须以人民法院正在审理或者行政机关正在处理的另一案件的结果为依据的，可以中止审查。

中止原因消除后，应当恢复审查程序。

（四）商标异议程序中的审查决定

1. 异议不成立的审查决定

（1）异议不成立的审查决定的效力。异议不成立的，商标局作出准予注册决定的，发给"商标注册证"，并予公告。经审查异议不成立而准予注册的商标，商标注册申请人取得商标专用权的时间自初步审定公告3个月期满之日起计算。自该商标公告期满之日起至准予注册决定作出前，对他人在同一种或者类似商品上使用与该商标相同或者近似的标志的行为不具有追溯力；但是，因该使用人的恶意而给商标注册人造成的损失，应当给予赔偿。

（2）异议人不服审查决定的救济。异议人对商标局作出的准予商标注册决定不服的，可依照《商标法》第44条、第45条的规定向商标评审委员会请求宣告该注册商标无效。

2. 异议成立的审查决定

（1）异议成立的审查决定的效力。异议成立的，商标局作出不予注册的决定。

（2）被异议人对不予注册决定的救济。被异议人，即注册商标申请人，对商标局作出的异议成立，不予批准商标注册的决定不服的，可以自收到通知之日起15日内向商标评审委员会申请复审（审查程序中的复审二）。

商标评审委员会审理不服商标局不予注册决定的复审案件，应当针对商标局的不予注册决定和申请人申请复审的事实、理由、请求及原异议人提出的意见进行审理。

商标评审委员会审理不服商标局不予注册决定的复审案件，应当通知原异议人参加并提出意见。原异议人的意见对案件审理结果有实质影响的，可以作为评审的依据；原异议人不参加或者不提出意见的，不影响案件的审理。

商标评审委员会应当自收到申请之日起 12 个月内作出复审决定，并书面通知异议人和被异议人。有特殊情况需要延长的，经国务院工商行政管理部门批准，可以延长 6 个月。

被异议人对商标评审委员会的决定不服的，可以自收到通知之日起 30 日内向人民法院起诉。人民法院应当通知异议人作为第三人参加诉讼。

（五）审查决定的生效

1.商标局审查决定的生效。根据《商标法》的规定，商标局作出的审查决定，当事人不服的，可以在法定期限内向商标评审委员会寻求救济。法定期限届满，当事人对商标局作出的驳回申请决定、不予注册决定不向商标评审委员会申请复审的，审查决定生效。

2.商标评审委员会的复审决定的生效。法定期限内，当事人就商标局作出的审查决定向商标评审委员会申请复审的，商标局的审查决定不生效。

商标评审委员会受理复审申请后作出的复审决定，当事人未在法定期限内向人民法院起诉的，复审决定生效；当事人不服的，可以在法定期限内向人民法院提起行政诉讼。人民法院可以判决维持复审决定，或者判决撤销复审决定，要求商标评审委员会重新审查复审请求。

【例 07-05】根据商标法及相关规定，对初步审定公告的商标，自公告之日起 3 个月内，在先权利人、利害关系人可以基于下列哪些理由提起异议？

A.就类似商品申请注册的商标是复制他人未在中国注册的驰名商标，容易导致混淆的

B.就相同商品申请注册的商标是翻译他人未在中国注册的驰名商标，容易导致混淆的

C.申请的注册商标是带有民族歧视性的

D.以不正当手段抢先注册他人已经使用并有一定影响的商标的

【参考答案】ABCD

五、恶意商标注册申请的规制

1. 商标恶意注册的情形

（1）申请人不以使用为目的的恶意商标注册申请（《商标法》第 4 条）。

（2）申请注册的商标属于对未在中国注册的驰名商标，进行复制、摹仿或者翻译的（《商标法》第 13 条第 2 款）。

（3）申请注册的商标属于对已经在中国注册的驰名商标，进行复制、摹仿或者翻译的（《商标法》第 13 条第 3 款）。

（4）未经授权，商标代理人或代表人不得以自己的名义将被代理人或者被代表人的商标进行注册（《商标法》第 15 条第 1 款）。

（5）基于合同、业务往来关系或者其他关系明知他人在先使用的商标存在而申请注册该商标的（《商标法》第 15 条第 2 款）。

（6）申请商标注册损害他人现有的在先权利，或者以不正当手段抢先注册他人已经使用

并有一定影响的商标的（《商标法》第 32 条）。

(7) 以欺骗或者其他不正当手段申请商标注册的。

(8) 其他违反诚实信用原则，违背公序良俗，或者有其他不良影响的。

2. 对恶意注册行为的规制

(1) 代理机构。商标代理机构知道或者应当知道属于《商标法》第 4 条、第 15 条、第 32 条情形的，不得接受其委托。

(2) 审查。对申请注册的商标，商标注册部门发现属于违反《商标法》第 4 条规定情形的，应当依法驳回，不予公告。

(3) 异议。对初步审定公告的商标，在公告期内，因属于恶意注册情形而被提出异议的，商标注册部门经审查认为异议理由成立，应当依法作出不予注册决定。对申请驳回复审和不予注册复审的商标，商标注册部门经审理认为属于恶意注册情形的，应当依法作出驳回或者不予注册的决定。

(4) 无效宣告。对已注册的商标，属于恶意注册情形，在法定期限内被提出宣告注册商标无效申请的，商标注册部门经审理认为宣告无效理由成立，应当依法作出宣告注册商标无效的裁定。对已注册的商标，商标注册部门发现属于恶意注册情形的，应当依据《商标法》第 44 条规定，宣告该注册商标无效。

3. 法律责任

(1) 恶意注册申请人。对恶意申请商标注册的申请人，依据《商标法》第 68 条第 4 款的规定，由申请人所在地或者违法行为发生地县级以上市场监督管理部门根据情节给予警告、罚款等行政处罚。有违法所得的，可以处违法所得 3 倍最高不超过 3 万元的罚款；没有违法所得的，可以处 1 万元以下的罚款。

(2) 商标代理机构。代理恶意注册商标申请的商标代理机构，依据《商标法》第 68 条的规定，由行为人所在地或者违法行为发生地县级以上市场监督管理部门责令限期改正，给予警告，处 1 万元以上 10 万元以下的罚款。

对直接负责的主管人员和其他直接责任人员给予警告，处 5000 元以上 5 万元以下的罚款。

构成犯罪的，依法追究刑事责任。情节严重的，知识产权管理部门可以决定停止受理该商标代理机构办理商标代理业务，予以公告。对代理恶意注册商标申请的商标代理机构，由知识产权管理部门对其负责人进行整改约谈。

六、商标国际注册

（一）商标国际注册公约

1. 商标国际注册。商标国际注册是指根据《商标国际注册马德里协定》（以下简称《马德里协定》）、《商标国际注册马德里协定有关议定书》（以下简称《马德里议定书》）及《商标国际注册马德里协定及该协定有关议定书的共同实施细则》（以下简称《共同实施细则》）的规定办理的马德里商标国际注册。马德里商标国际注册申请包括以中国为原属国的商标国际注册申请、指定中国的领土延伸申请及其他有关的申请。

2. 马德里体系。根据《马德里协定》与《马德里议定书》建立的马德里联盟缔约方间的商标注册体系，即马德里体系。

马德里体系由设在瑞士日内瓦的世界知识产权组织（WIPO）国际局管理，国际局也是马德里联盟的秘书处。1985 年，中国成为《巴黎公约》的成员国，这是加入《马德里协定》的一个先决条件。马德里体系的组成如下：

（1）《马德里协定》，是马德里联盟内缔约方之间进行商标注册的条约。1989 年 10 月 4 日，中国成为《马德里协定》的第 28 个成员国，《马德里协定》是我国加入的第一个程序性知识产权国际条约。

（2）《马德里议定书》，是一个平行于《马德里协定》的国际条约，在一定程度上弥补了《马德里协定》的不足，如延长了驳回期限、增加了语种等。1995 年 12 月 1 日，中国正式成为《马德里议定书》的第 4 个缔约方。

《巴黎公约》的成员国可成为《马德里协定》或《马德里议定书》的成员，符合条件的政府间组织可以成为《马德里议定书》的成员。

（二）基本概念

1. 原属国，《马德里议定书》规定可以从申请人设有真实有效的工商营业场所的缔约方、申请人住所所在缔约方或申请人国籍所在缔约方中任选其一作为其原属国。

2. 申请来源，确定了原属国也就确定了申请的来源。

3. 原属局，指原属国负责商标注册的主管机关。我国原属局是国家知识产权局。

4. 基础注册，指在原属局获得的国内商标注册。

5. 基础申请，指向原属局提交的商标国内注册申请。

6. 后期指定，一个商标在国际局注册以后，想在原来的基础上增加新的指定缔约方，可以向原属局提出后期指定申请；新的指定和原国际注册共用一个国际注册号，专用期相同，方便管理。

7. 国际注册证，指由国际局颁发给马德里商标申请人的证书，证明商标国际注册申请符合形式要件的要求，已由国际局登记在案并转发给被指定缔约方进行进一步审查。

8. 优先权，如果商标申请人在向其原属局提交商标申请的 6 个月之内提交了国际注册申请，该国际专利申请即享有优先权。

9. 中心打击，是指自国际注册之日起 5 年内，国际注册与其基础申请或基础注册之间存在依附关系，在此期间，若某国际注册的基础注册被注销或宣布无效，或其基础申请被驳回，那么该国际注册在所有被指定缔约方都不再予以保护。中心打击的救济方式为：将国际注册转换为国家或地区注册。

10. 被指定缔约方的驳回，指被指定缔约方主管局经实质审查，认为领土延伸申请违反了被指定缔约方有关的法律规定，对该领土延伸申请的商标作出不予保护的决定。

11. 被指定缔约方的保护，指被指定缔约方主管局经实质审查，对符合本国法律的领土延伸申请的商标给予保护。

（三）商标国际注册的申请

1. 商标国际申请的提出

（1）申请人的资格。申请人应当在中国设有真实有效的工商营业场所，或者申请人在中国设有住所，或者申请人具有中国国籍。

（2）提交申请的方式。国际注册申请应由国家知识产权局提交给国际局，申请人可以选择自行办理国际注册事宜或者委托代理人办理。

（3）提交的文件。申请国际注册的，需提交中文书式（马德里商标国际注册申请书式一）和相应的外文（英文或法文）书式各一份，国内"商标注册证"或受理通知书复印件，以及申请人资格证明（营业执照复印件、居住证明复印件、身份证件复印件）。

（4）申请书和语言的选择。目前我国只接受法语和英语两种语言的申请。

2. 国家局进行的审查

（1）受理及文件传递。国家知识产权局对国内企业提交的国际注册申请仅进行形式审查，不进行实质审查。国家知识产权局将形式审查合格的国际注册外文申请书递交国际局。

（2）书式审查。申请手续基本齐备，但需要补正的，国家知识产权局通知申请人或其代理人在收到补正通知之日起 15 日内补正，未在规定期限内补正的，视为放弃申请。

（3）费用审查。国家知识产权局认为申请书填写无误或者经补正符合要求的，向申请人寄发缴费通知单。申请人或代理人未在规定时间内缴费的，视为放弃申请。

3. 国际局进行的审查

（1）国际局的形式审查。国际局对商标国际注册申请只进行形式审查。经过形式审查，国际局认为商标国际注册申请不符合有关规定的，国际局将向国家知识产权局、商标申请人或其代理人寄送不规范通知，提出修改意见。

（2）国际局的注册登记。对形式审查合格的国际注册申请，国际局在国际注册簿上进行登记并颁发国际注册证。商标国际注册的有效期为 10 年，自国际注册之日起计算。

（3）颁发国际注册证。根据《共同实施细则》，国际局应向申请人颁发国际注册证。国际注册证由国际局向申请人或其代理人直接寄送，或者应原属局要求通过原属局转交，也可以从国际局网站下载。国际局对商标国际注册有关事项进行公告，国家知识产权局不再另行公告。

（四）国际注册领土延伸的审查

1. 主管局的审查与核准。对于符合法律规定的商标，被指定缔约方给予保护，并向国际局发出核准保护的声明。《马德里协定》和《马德里议定书》规定，被指定缔约方可以不再公告准予保护的商标；即使公告，申请人也无义务缴纳公告费。其他机构亦无权要求注册人在被指定缔约方公告其商标。

2. 主管局的驳回。

（1）驳回通知书。对于不符合被指定缔约方法律规定的申请，被指定缔约方主管局有权予以驳回。对不符合被指定缔约方法律规定的国际注册领土延伸申请，被指定缔约方主管局应该向国际局发送驳回通知书。

由国际局将驳回通知书送达申请人或其代理人，在国际注册簿上登记并予以公告。

（2）期限要求。驳回通知书应在规定的期限内发送给国际局。《马德里协定》缔约方主管局行使驳回权利的期限为 12 个月；《马德里议定书》缔约方主管局行使驳回权利的期限是 18 个月。

（3）驳回通知书的传送。无论被指定缔约方主管局的驳回是临时驳回还是终局驳回，其通知书都应该由被指定缔约方主管局发送给国际局。国际局收到驳回通知书后，在其注册簿上登记、予以公告，并将通知书转发给申请人或其代理人，而不是通过原属局转发给申请人。

（4）驳回后的救济。收到临时驳回通知书后，申请人应当决定是否要求复审或提起诉讼。

3. 商标国际注册的异议程序。对指定中国的领土延伸申请，自世界知识产权组织《国际商标公告》出版的次月 1 日起 3 个月内，符合《商标法》第 33 条规定条件的异议人可以向商标局提出异议申请。商标局在驳回期限内将异议申请的有关情况以驳回决定的形式通知国际局。被异议人可以自收到国际局转发的驳回通知书之日起 30 日内进行答辩，答辩书及相关证据材料应当通过依法设立的商标代理机构向商标局提交。

4.商标国际注册后续业务

（1）后期指定。后期指定是指商标获得国际注册后，商标注册人就该国际注册向其他缔约方申请给予保护。后期指定的有效期从后期指定日期开始计算，到该后期指定所依据的国际注册的有效期终止日为止。

（2）转让。转让是指国际注册所有人将其国际注册商标专用权让与他人的法律行为。国际注册商标可以全部转让，也可以部分转让。全部转让是指商标在全部被指定缔约方、全部商品和服务上的转让；部分转让则仅涉及部分商品或服务，或者仅涉及部分被指定缔约方。

（3）删减、放弃、注销。删减是指申请人在全部或部分缔约方对商品和服务进行限定。放弃是指申请人在部分缔约方放弃对全部商品或服务的保护。注销是指申请人在全部缔约方对全部或部分商品和服务进行注销。删减和放弃都不会导致在国际注册簿删除商品或服务；注销会导致部分商品或服务或者整个商标在国际注册簿上被删除。

在部分商品或服务被注销之后，将不能再就此部分商品或服务进行后期指定。删减可以在全部或者部分被指定缔约方删除部分商品或服务，或者是修改商品或服务的表述，或者是对商品或服务进行细化或限定；放弃是在部分被指定缔约方放弃全部商品或服务的保护。

删减和放弃的商品或服务可以通过后期指定的形式重新指定。

第三节　注册商标专用权的内容

本节知识要点

本节主要介绍注册商标专用权的有效期及续展规定，以及注册商标专用权作为一种无形知识产权，可以转让、使用许可、质押融资的规定。本节的重点在于对注册商标专用权转让时的审批规定。对于相近、相似的注册商标，转让人需一并转让，否则不予批准。注册商标专用权的内容的主要内容如图 7-4 所示。

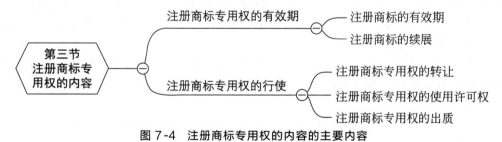

图 7-4　注册商标专用权的内容的主要内容

一、注册商标专用权的有效期

（一）注册商标的有效期

注册商标的有效期为 10 年，自核准注册之日起计算。

（二）注册商标的续展

1.续展期。注册商标有效期满，需要继续使用的，应当在期满前 12 个月内向商标局提交商标续展注册申请书，按照规定办理续展手续。

每次续展注册的有效期为 10 年，自该商标上一届有效期满次日起计算。

商标局核准商标注册续展申请的，应当发给相应证明，并予以公告。

2.宽展期。注册商标权利人没有按照规定在续展期内办理续展手续的，可以给予 6 个月的宽展期。

3.注销。注册商标权利人在宽展期满仍未办理续展手续的，注销其注册商标。

商标注册人申请注销其注册商标或者注销其商标在部分指定商品上的注册的，应当向商标局提交商标注销申请书，并交回原"商标注册证"。原"商标注册证"作废，并予以公告。

商标注册人申请注销其注册商标或者注销其商标在部分指定商品上的注册，经商标局核准注销的，该注册商标专用权或者该注册商标专用权在该部分指定商品上的效力自商标局收到其注销申请之日起终止。未注销部分，重新核发"商标注册证"，并予以公告。

注册商标期满不再续展的，自注销之日起 1 年内，商标局对与该商标相同或者近似的商标注册申请，不予核准。

二、注册商标专用权的行使

（一）注册商标专用权的转让

1.转让商标的权利。转让商标的权利是指商标权人依法享有的将其注册商标依法定程序和条件，转让给他人的权利。

2.转让手续的办理。转让注册商标的，转让人和受让人应当签订转让协议，并共同向商标局提出申请，进行批准登记。

向商标局办理提交转让注册商标申请书等手续的，转让人和受让人应当共同办理。商标局核准转让注册商标申请的，发给受让人相应证明，并予以公告。

3.近似商标应当一并转让的要求。转让注册商标的，商标注册人对其在同一种商品上注册的近似的商标，或者在类似商品上注册的相同或者近似的商标，应当一并转让。

转让注册商标，商标注册人对其在同一种或者类似商品上注册的相同或者近似的商标未一并转让的，由商标局通知其限期改正；期满未改正的，视为放弃转让该注册商标的申请，商标局应当书面通知申请人。

4.注册商标专用权的继承。注册商标专用权因转让以外的继承等其他事由发生移转的，接受该注册商标专用权的当事人应当凭有关证明文件或者法律文书到商标局办理注册商标专用权移转手续。

拥有注册商标专有权的公司与其他公司合并，发生公司主体变更，注册商标可以由新公司继承，但需要向商标局提出转让申请。

5.不予核准转让的情形。对容易导致混淆或者有其他不良影响的转让，商标局不予核准，书面通知申请人并说明理由。

6.受让人获得商标专用权。转让注册商标经核准后，予以公告。受让人自公告之日起享有商标专用权。受让人应当保证使用该注册商标的商品质量。

【例 07-06】根据商标法及相关规定，下列关于注册商标转让的说法哪些是正确的？

A.转让人可以单独向商标局提出转让申请

B. 商标注册人对其在同一种商品上注册的近似的商标应当一并转让

C. 对容易导致混淆或者有其他不良影响的转让，商标局不予核准

D. 受让人自商标转让协议签订之日起享有商标专用权

【参考答案】 BC

（二）注册商标专用权的使用许可权

1. 许可使用注册商标的权利。许可使用注册商标的权利是指商标权人可以通过签订商标使用许可合同许可他人使用其注册商标的权利。

2. 许可使用的类型。商标使用许可的类型主要有独占使用许可、排他使用许可、普通使用许可等。

3. 许可人和被许可人的义务。

（1）许可人的义务。许可人应当监督被许可人使用其注册商标的商品质量。

许可他人使用其注册商标的，许可人应当在许可合同有效期内向商标局备案并报送备案材料。备案材料应当说明注册商标使用许可人、被许可人、许可期限、许可使用的商品或者服务范围等事项。许可他人使用其注册商标的备案，由商标局公告。商标使用许可合同未经备案的，不影响该许可合同的效力，但不得对抗善意第三人。

（2）被许可人的义务。被许可人应当保证使用该注册商标的商品质量。

经许可使用他人注册商标的，必须在使用该注册商标的商品上标明被许可人的名称和商品产地。违反前述规定的，由工商行政管理部门责令限期改正；逾期不改正的，责令停止销售，拒不停止销售的，处 10 万元以下的罚款。

（三）注册商标专用权的出质

以注册商标专用权出质的，出质人与质权人应当签订书面质权合同，并共同向商标局提出质权登记申请，由商标局公告。

第四节 注册商标的无效宣告

本节知识要点

本节主要介绍已经获得批准注册的商标的无效宣告规定。注册商标的无效既可以依申请也可以依职权。申请人因为宣告理由属于绝对理由还是相对理由的不同而不同。被宣告无效的注册商标专用权，自始即无效。申请人或者注册商标专用权人对无效宣告决定不服的，可以通过行政诉讼进行救济。本节的重点在于区分注册商标存在的无效宣告理由属于绝对理由还是相对理由，进而确定适格的申请主体。注册商标的无效宣告的主要内容如图 7-5 所示。

一、无效宣告的客体

无效宣告的客体为已经获得批准注册的商标。

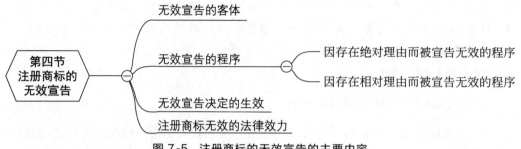

图 7-5　注册商标的无效宣告的主要内容

二、无效宣告的程序

（一）因存在绝对理由而被宣告无效的程序

之所以称之为"绝对理由"，是因为被宣告或被请求宣告无效的注册商标的存在，损害了社会公共利益，即被损害的对象是不特定的。因此，以"绝对理由"请求宣告注册商标无效的主体可以是国家机关"商标局"，也可以是除权利人之外的任何其他单位或个人。

所谓的"绝对理由"，是指注册商标违反《商标法》关于恶意注册（第 4 条）、不得作为商标使用（第 10 条）或者不得作为注册商标使用（第 11 条、第 12 条）、不正当代理（第 19 条第 4 款）的规定，以及以欺骗手段或者其他不正当手段取得注册商标专用权的情形。

因绝对理由宣告注册商标无效的程序，因为主体不同，所以无效宣告的程序也不同，具体如下：

1. 商标局依职权宣告注册商标无效

（1）商标局作出宣告注册商标无效的决定，应当书面通知当事人。

（2）当事人对商标局的决定不服的，可以自收到通知之日起 15 日内向商标评审委员会申请复审（无效宣告程序中的复审）。

（3）商标评审委员会审理不服商标局作出宣告注册商标无效决定的复审案件，应当针对商标局的决定和申请人申请复审的事实、理由及请求进行审理。

（4）商标评审委员会应当自收到申请之日起 9 个月内作出决定，并书面通知当事人。有特殊情况需要延长的，经国务院工商行政管理部门批准，可以延长 3 个月。

（5）当事人对商标评审委员会的决定不服的，可以自收到通知之日起 30 日内向人民法院起诉。

2. 商标评审委员会依申请宣告注册商标无效

（1）其他单位或者个人认为注册商标存在绝对无效理由的，可以请求商标评审委员会宣告该注册商标无效。

（2）商标评审委员会收到申请后，应当书面通知有关当事人，并限期提出答辩。

（3）商标评审委员会审理请求宣告注册商标无效的案件，应当针对当事人申请和答辩的事实、理由及请求进行审理。

（4）商标评审委员会根据当事人的请求或者实际需要，可以决定对评审申请进行口头审理。商标评审委员会决定对评审申请进行口头审理的，应当在口头审理 15 日前书面通知当事人，告知口头审理的日期、地点和评审人员。当事人应当在通知书指定的期限内作出答复。申请人不答复也不参加口头审理的，其评审申请视为撤回，商标评审委员会应当书面通知申请人；被申请人不答复也不参加口头审理的，商标评审委员会可以缺席评审。

（5）商标评审委员会应当自收到申请之日起 9 个月内作出维持注册商标或者宣告注册商标无效的裁定，并书面通知当事人。有特殊情况需要延长的，经国务院工商行政管理部门批准，可以延长 3 个月。

（6）当事人对商标评审委员会的裁定不服的，可以自收到通知之日起 30 日内向人民法院起诉。人民法院应当通知商标裁定程序的对方当事人作为第三人参加诉讼。

（二）因存在相对理由而被宣告无效的程序

之所以称之为"相对理由"，是因为注册商标的存在，损害了在先权利人、利害关系人的利益，即损害的是相对人的利益。

根据《商标法》第 45 条第 1 款的规定，在先权利人、利害关系人因相对理由而请求启动无效宣告程序，是指请求人认为已经获得注册的商标，违反《商标法》第 13 条第 2 款（未注册国际驰名商标在中国的保护）和第 3 款（已注册国际驰名商标在中国的保护）、第 15 条（恶意抢注）、第 16 条第 1 款（伪地理标志）、第 30 条（应当驳回的申请）、第 31 条（先申请制＋先使用制）、第 32 条（损害他人在先权利）的规定，且损害其利益，故向商标评审委员会申请宣告注册商标无效的情形。

在先权利人、利害关系人请求宣告注册商标无效的程序如下：

1. 在先权利人、利害关系人认为注册商标存在相对理由，且损害其利益的，自商标注册之日起 5 年内，可以请求商标评审委员会宣告该注册商标无效。对恶意注册的，驰名商标所有人不受 5 年的时间限制。

2. 商标评审委员会收到宣告注册商标无效的申请后，应当书面通知有关当事人，并限期提出答辩。

3. 商标评审委员会审理请求宣告注册商标无效的案件，应当针对当事人申请和答辩的事实、理由及请求进行审理。

4. 商标评审委员会应当自收到申请之日起 12 个月内作出维持注册商标或者宣告注册商标无效的裁定，并书面通知当事人。有特殊情况需要延长的，经国务院工商行政管理部门批准，可以延长 6 个月。

5. 当事人对商标评审委员会的裁定不服的，可以自收到通知之日起 30 日内向人民法院起诉。人民法院应当通知商标裁定程序的对方当事人作为第三人参加诉讼。

6. 例外情形：中止无效宣告审查。商标评审委员会在依照前述规定对无效宣告请求进行审查的过程中，所涉及的在先权利的确定必须以人民法院正在审理或者行政机关正在处理的另一案件的结果为依据的，可以中止审查。中止原因消除后，应当恢复审查程序。

三、无效宣告决定的生效

无效宣告决定生效的情形如下：

1. 商标局作出的无效宣告决定的生效。注册商标权利人对商标局作出的无效宣告决定无异议，自收到通知之日起 15 日内不提出复审请求的，法定期限届满后，无效宣告决定生效。

2. 商标评审委员会作出的无效宣告决定/裁定生效。

（1）不启动诉讼程序，即权利人自收到商标评审委员会的无效宣告决定通知之日起 30 日内未向人民法院起诉，法定期限届满后，商标评审委员会作出的无效宣告决定/裁定生效：

① 绝对理由下，注册商标权利人对商标局作出的无效宣告决定不服，自收到通知之日起 15 日内提出复审请求，商标评审委员会维持了商标局的无效宣告决定，权利人未起诉，从而发生法律效力的；

② 绝对理由下，其他单位或个人向商标评审委员会请求宣告注册商标无效，商标评审委员会作出无效宣告裁定，权利人未起诉，从而发生法律效力的；

③ 相对理由下，在先权利人、利害关系人向商标评审委员会请求宣告注册商标无效，商标评审委员会作出无效宣告裁定，权利人未起诉，从而发生法律效力的。

（2）绝对理由或相对理由下，注册商标权利人对商标评审委员会作出的无效宣告决定/裁定不服而启动诉讼程序的，最终被人民法院判决维持的，无效宣告决定/裁定的判决发生法律效力。

3.注册商标部分无效，不及于全部。商标局、商标评审委员会宣告注册商标无效，宣告无效的理由仅及于部分指定商品的，对在该部分指定商品上使用的商标注册予以宣告无效。

四、注册商标无效的法律效力

注册商标被宣告无效的，法律效力如下：

1.被宣告无效的注册商标专用权自始即无效。依照《商标法》第44条（绝对理由）、第45条（相对理由）的规定宣告无效的注册商标，由商标局予以公告，该注册商标专用权视为自始即不存在。

2.宣告无效前已经执行的行为，不具有追溯力。宣告注册商标无效的决定或者裁定，对宣告无效前人民法院作出并已执行的商标侵权案件的判决、裁定、调解书和工商行政管理部门作出并已执行的商标侵权案件的处理决定以及已经履行的商标转让或者使用许可合同不具有追溯力。但是，因商标注册人的恶意而给他人造成的损失，应当给予赔偿。

依照前述规定不返还商标侵权赔偿金、商标转让费、商标使用费，明显违反公平原则的，应当全部或者部分返还。

3.注册商标被宣告无效后的1年冷冻期。注册商标被宣告无效的，自宣告无效之日起1年内，商标局对与该商标相同或者近似的商标注册申请，不予核准。

【例 07-07】根据商标法及相关规定，已经注册的商标存在下列哪些情形的，可以由商标局宣告该注册商标无效？

A.有害于社会主义道德风尚的

B.其标志与我国国徽相同的

C.以欺骗手段取得注册的

D.申请商标注册损害他人现有的在先权利的

【参考答案】ABC

第五节　商标的管理

📚 **本节知识要点**

本节主要介绍商标的管理的内容。商标的管理不仅包括注册商标的管理，还包括未注册商标的管理。对于已经注册的商标，权利人要依法实施权利，不得任意修改或者扩大使用范围。注册商标成为通用名称导致丧失显著性、连续3年不使用的，是法定的依申请撤销的理由。被撤销的注册商标，该专用权自公告之日起终止，这是与被无效本质的区别。本节的重点在于对撤销理由和程序的把握，难点在于区分变更、改变以及与撤销的关系。商标的管理的主要内容如图 7-6 所示。

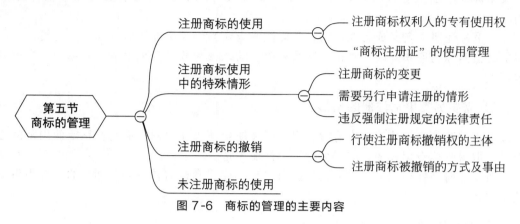

图 7-6　商标的管理的主要内容

一、注册商标的使用

（一）注册商标权利人的专有使用权

1.使用注册商标的专用权。注册商标专用权是指商标权主体对其注册商标依法享有的自己在指定商品或服务项目上独占使用的权利。

注册商标的专用权，以核准注册的商标和核定使用的商品为限。

2.标明"注册商标"或者注册标记的权利。注册商标的使用是指将商标用于商品、商品包装或者容器以及商品交易文书上，或者将商标用于广告宣传、展览以及其他商业活动中，用于识别商品来源的行为。使用注册商标，可以在商品、商品包装、说明书或者其他附着物上标明"注册商标"或者注册标记。

注册标记包括®和一个内部有汉字"注"的圆圈。使用注册标记，应当标注在商标的右上角或者右下角。

（二）"商标注册证"的使用管理

"商标注册证"遗失或者破损的，应当向商标局提交补发"商标注册证"申请书。"商标注册证"遗失的，应当在"商标公告"上刊登遗失声明。破损的"商标注册证"，应当在提交补发申请时交回商标局。

商标注册人需要商标局补发商标变更、转让、续展证明，出具商标注册证明，或者商标申请人需要商标局出具优先权证明文件的，应当向商标局提交相应申请书。符合要求的，商标局发给相应证明；不符合要求的，商标局不予办理，通知申请人并告知理由。

伪造或者变造"商标注册证"或者其他商标证明文件的，依照《刑法》关于伪造、变造国家机关证件罪或者其他罪的规定，依法追究刑事责任。

二、注册商标使用中的特殊情形

（一）注册商标的变更

注册商标需要申请人变更其名义、地址、代理人、文件接收人、删减指定的商品的或者其他注册事项的，应当向商标局提出变更申请，提交变更申请书。

变更商标注册人名义的，还应当提交有关登记机关出具的变更证明文件。商标局核准的，发给商标注册人相应证明，并予以公告；不予核准的，应当书面通知申请人并说明理由。

变更商标注册人名义或者地址的，商标注册人应当将其全部注册商标一并变更；未一并变更的，由商标局通知其限期改正；期满未改正的，视为放弃变更申请，商标局应当书面通知申请人。

（二）需要另行申请注册的情形

1.在核定范围之外使用，应另行提出商标注册申请。注册商标需要在核定使用范围之外的商品上取得商标专用权的，应当另行提出注册申请。

2.改变注册商标标志，需重新提出注册申请。注册商标需要改变其标志的，应当重新提出注册申请。

（三）违反强制注册规定的法律责任

法律、行政法规规定必须使用注册商标的商品，必须申请商标注册，未经核准注册的，不得在市场销售。

违反强制注册规定的，由地方工商行政管理部门责令限期申请注册，违法经营额5万元以上的，可以处违法经营额20％以下的罚款，没有违法经营额或者违法经营额不足5万元的，可以处1万元以下的罚款。

三、注册商标的撤销

（一）行使注册商标撤销权的主体

对注册商标作出撤销行政处罚的行政主体是商标局。

（二）注册商标被撤销的方式及事由

1.依职权撤销注册商标。商标注册人在使用注册商标的过程中，自行改变注册商标、注册人名义、地址或者其他注册事项的，由地方工商行政管理部门责令限期改正；期满不改正的，由商标局撤销其注册商标。

2.依申请撤销注册商标。下列情形下，任何单位或者个人可以向商标局申请撤销该注册商标：

（1）使用中成为了通用名称，丧失了显著性

① 提交撤销申请时应当附送证据材料。

② 商标局受理后应当通知商标注册人，限其自收到通知之日起2个月内答辩；期满未答辩的，不影响商标局作出决定。

（2）连续3年不使用

① 以无正当理由连续3年不使用为由申请撤销注册商标的，应当自该注册商标注册公告之日起满3年后提出申请。

② 提交申请时应当说明有关情况。

③ 商标局受理后应当通知商标注册人，限其自收到通知之日起2个月内提交该商标在撤销申请提出前使用的证据材料或者说明不使用的正当理由；期满未提供使用的证据材料或者证据材料无效并没有正当理由的，由商标局撤销其注册商标。

前述所称使用的证据材料，包括商标注册人使用注册商标的证据材料和商标注册人许可他人使用注册商标的证据材料。

（3）"连续 3 年不使用"的正当理由。下列情形属于《商标法》规定"连续 3 年不使用"的正当理由：

① 不可抗力；

② 政府政策性限制；

③ 破产清算；

④ 其他不可归责于商标注册人的正当事由。

3.商标局对撤销申请的审查期限。商标局应当自收到申请之日起 9 个月内作出决定。有特殊情况需要延长的，经国务院工商行政管理部门批准，可以延长 3 个月。

4.权利人对撤销决定的救济程序。

（1）对商标局撤销或者不予撤销注册商标的决定，当事人不服的，可以自收到通知之日起 15 日内向商标评审委员会申请复审（撤销程序中的复审）。

（2）商标评审委员会审理不服商标局作出撤销或者维持注册商标决定的复审案件，应当针对商标局作出撤销或者维持注册商标决定和当事人申请复审时所依据的事实、理由及请求进行审理。

（3）商标评审委员会应当自收到申请之日起 9 个月内作出决定，并书面通知当事人。有特殊情况需要延长的，经国务院工商行政管理部门批准，可以延长 3 个月。

（4）当事人对商标评审委员会的决定不服的，可以自收到通知之日起 30 日内向人民法院起诉。人民法院应当通知商标裁定程序的对方当事人作为第三人参加诉讼。

5.注册商标撤销的法律效力。

（1）撤销决定的生效。法定期限届满，当事人对商标局作出的撤销注册商标的决定不申请复审或者对商标评审委员会作出的复审决定不向人民法院起诉的，撤销注册商标的决定、复审决定生效。

法定期间，当事人向人民法院就商标评审委员会作出的撤销决定提起诉讼，但被人民法院判决维持的，撤销决定生效。

（2）撤销决定的效力。被撤销的注册商标，由商标局予以公告，该注册商标专用权自公告之日起终止，原"商标注册证"作废，并予以公告。

商标局、商标评审委员会撤销注册商标，撤销的理由仅及于部分指定商品的，对在该部分指定商品上使用的商标注册予以撤销。未撤销部分重新核发"商标注册证"，并予以公告。

（3）撤销决定生效后的 1 年冷冻期。注册商标被撤销的，自撤销之日起 1 年内，商标局对与该商标相同或者近似的商标注册申请，不予核准。

四、未注册商标的使用

将未注册商标冒充注册商标使用的，或者使用未注册商标违反《商标法》第 10 条（不得作为商标使用）规定的，由地方工商行政管理部门予以制止，限期改正，并可以予以通报。违法经营额 5 万元以上的，可以处违法经营额 20％以下的罚款，没有违法经营额或者违法经营额不足 5 万元的，可以处 1 万元以下的罚款。

【例 07-08】根据商标法及相关规定，下列有关注册商标撤销和无效的说法哪些是正确的？

A.被撤销的注册商标，由商标局予以公告，该注册商标专用权视为自始即不存在

B. 被撤销的注册商标，由商标局予以公告，该注册商标专用权自公告之日起终止

C. 被宣告无效的注册商标，由商标局予以公告，该注册商标专用权自公告之日起终止

D. 被宣告无效的注册商标，由商标局予以公告，该注册商标专用权视为自始即不存在

【参考答案】BD

第六节　注册商标专用权的保护

本节知识要点

本节主要介绍侵犯注册商标专用权的行为以及对注册商标专用权的使用限制，并介绍注册商标专用权侵权纠纷的解决途径以及侵犯注册商标专用权的法律责任。新修改的《商标法》对于侵权赔偿增大了惩罚力度，提高了赔偿额度。本节的重点在于掌握侵权法律责任的承担，难点在于对侵权类型的区分和判断。注册商标专用权的保护的主要内容如图 7-7 所示。

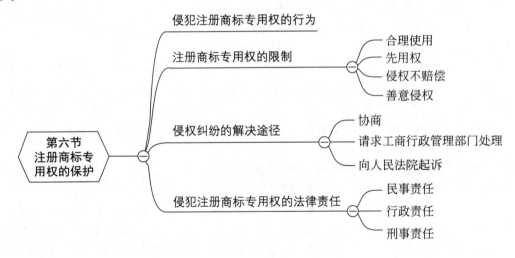

图 7-7　注册商标专用权的保护的主要内容

一、侵犯注册商标专用权的行为

注册商标的专用权，以核准注册的商标和核定使用的商品为限。

对侵犯注册商标专用权的行为，任何人可以向工商行政管理部门投诉或者举报。

侵犯注册商标专用权的行为是指违反《商标法》的规定，假冒或仿冒他人注册商标，或者从事其他损害商标权利人合法权益的行为。

《商标法》第 57 条规定，有下列行为之一的，均侵犯注册商标专用权：

1. 假冒行为，即未经商标注册人的许可，在同一种商品上使用与其注册商标相同的商

标的。

2.仿冒行为，即未经商标注册人的许可，在同一种商品上使用与其注册商标近似的商标，或者在类似商品上使用与其注册商标相同或者近似的商标，容易导致混淆的。

在同一种商品或者类似商品上将与他人注册商标相同或者近似的标志作为商品名称或者商品装潢使用，误导公众的，属于前述规定的侵犯注册商标专用权的行为。

3.销售侵犯注册商标专用权的商品的。这类侵权行为的主体是商品经销商，不管行为人主观上是否有过错，只要实施了销售侵犯注册商标专用权的商品的行为，都构成侵权。

只是在行为人主观上是善意时，可以免除其赔偿责任。被控侵权人以注册商标专用权人未使用注册商标提出赔偿抗辩的，人民法院可以要求注册商标专用权人提供此前3年内实际使用该注册商标的证据。注册商标专用权人不能证明此前3年内实际使用过该注册商标，也不能证明因侵权行为受到其他损失的，被控侵权人不承担赔偿责任。

4.伪造、擅自制造他人注册商标标识或者销售伪造、擅自制造的注册商标标识的。

5.反向假冒行为，即未经商标注册人同意，更换其注册商标并将该更换商标的商品又投入市场的。

6.帮助侵权行为，即故意为侵犯他人注册商标专用权行为提供便利条件，帮助他人实施侵犯商标专用权行为的。为侵犯他人商标专用权提供仓储、运输、邮寄、印制、隐匿、经营场所、网络商品交易平台等，属于前述规定的提供便利条件。

7.给他人的注册商标专用权造成其他损害的行为。

二、注册商标专用权的限制

（一）合理使用

注册商标中含有本商品的通用名称、图形、型号，或者直接标示商品的质量、主要原料、功能、用途、重量、数量及其他特点或者含有地名，注册商标专用权人无权禁止他人正当使用。

三维标志注册商标中含有的商品自身的性质产生的形状、为获得技术效果而需有的商品形状或者使商品具有实质性价值的形状，注册商标专用权人无权禁止他人正当使用。

（二）先用权

商标注册人申请商标注册前，他人已经在同一种商品或者类似商品上先于商标注册人使用与注册商标相同或者近似并有一定影响的商标的，注册商标专用权人无权禁止该使用人在原使用范围内继续使用该商标，但可以要求其附加适当区别标识。

（三）侵权不赔偿

注册商标专用权人请求赔偿，被控侵权人以注册商标专用权人未使用注册商标提出抗辩的，人民法院可以要求注册商标专用权人提供此前3年内实际使用该注册商标的证据。

注册商标专用权人不能证明此前3年内实际使用过该注册商标，也不能证明因侵权行为受到其他损失的，被控侵权人不承担赔偿责任。

（四）善意侵权

销售不知道是侵犯注册商标专用权的商品，能证明该商品是自己合法取得并说明提供者的，由工商行政管理部门责令停止销售。

销售不知道是侵犯注册商标专用权的商品，能证明该商品是自己合法取得并说明提供者的，不承担赔偿责任。

三、侵权纠纷的解决途径

发生《商标法》第57条所列侵犯注册商标专用权行为之一，引起纠纷的，当事人可以采用下列途径解决纠纷：

（一）协商

侵犯注册商标专用权行为属于民事侵权行为，当事人双方可以协商解决。

（二）请求工商行政管理部门处理

1.商标注册人或者利害关系人可以请求行政处理。纠纷双方当事人不愿协商或者协商不成的，商标注册人或者利害关系人可以请求工商行政管理部门处理。

2.行政处罚。工商行政管理部门处理时，认定侵权行为成立的，可以采取下列行政处罚措施：

（1）责令立即停止侵权行为。

（2）没收、销毁侵权商品和主要用于制造侵权商品、伪造注册商标标识的工具。

（3）违法经营额5万元以上的，可以处违法经营额5倍以下的罚款；没有违法经营额或者违法经营额不足5万元的，可以处25万元以下的罚款。

（4）对5年内实施两次以上商标侵权行为或者有其他严重情节的，应当从重处罚。

（5）销售不知道是侵犯注册商标专用权的商品，能证明该商品是自己合法取得并说明提供者的，由工商行政管理部门责令停止销售。

3.行政调解。对侵犯商标专用权的赔偿数额的争议，当事人可以请求进行处理的工商行政管理部门调解。经工商行政管理部门调解，当事人未达成协议或者调解书生效后不履行的，当事人可以依照《民事诉讼法》向人民法院起诉。

（三）向人民法院起诉

1.商标注册人或者利害关系人的民事诉讼权利。

（1）民事诉讼主体。对侵犯商标专用权引起的纠纷，双方当事人就侵权赔偿数额不愿协商或者协商不成的，商标注册人或者利害关系人可以依照《民事诉讼法》直接向人民法院起诉。

这里的"利害关系人"，包括注册商标使用许可合同的被许可人、注册商标财产权利的合法继承人等。

（2）利害关系人的诉权。在发生注册商标专用权被侵害时，关于利害关系人的起诉权规定如下：

① 独占使用许可合同的被许可人可以向人民法院提起诉讼。

② 排他使用许可合同的被许可人可以和商标注册人共同起诉，也可以在商标注册人不起诉的情况下，自行提起诉讼。

③ 普通使用许可合同的被许可人经商标注册人明确授权，可以提起诉讼。

（3）民事纠纷诉讼的诉讼时效。侵犯注册商标专用权的诉讼时效为3年，自商标注册人或者利害权利人知道或者应当知道侵权行为之日起计算。

商标注册人或者利害关系人在注册商标续展宽展期内提出续展申请，未获核准前，以他人侵犯其注册商标专用权提起诉讼的，人民法院应当受理。

2.行政处罚相对人的行政诉讼权利。当事人对行政部门处理决定不服的，可以自收到处理通知之日起15日内依照《行政诉讼法》向人民法院起诉。

被处罚的侵权人期满不起诉又不履行的，工商行政管理部门可以申请人民法院强制执行。

3.诉前保全。

（1）诉前请求责令停止侵权行为。商标注册人或者利害关系人有证据证明他人正在实施或者即将实施侵犯其注册商标专用权的行为，如不及时制止，将会使其合法权益受到难以弥补的损害的，可以在起诉前向人民法院申请采取责令停止有关行为的措施。

（2）诉前请求财产保全。商标注册人或者利害关系人因情况紧急，不立即申请财产保全将会使其合法权益受到难以弥补的损害的，可以在起诉前向人民法院申请采取财产保全措施。

（3）诉前请求证据保全。为制止侵权行为，在证据可能灭失或者以后难以取得的情况下，商标注册人或者利害关系人可以在起诉前向人民法院申请保全证据。

4.书证提出命令。人民法院为确定赔偿数额，在权利人已经尽了必要举证责任，而与侵权行为相关的账簿、资料等主要由侵权人掌握的，可以责令侵权人提供与侵权行为相关的账簿、资料等；侵权人不提供，或者提供虚假的账簿、资料等的，人民法院可以参考权利人的主张和提供的证据确定赔偿数额。

四、侵犯注册商标专用权的法律责任

（一）民事责任

1.侵犯注册商标专用权的民事责任。

（1）停止侵权行为。

（2）进行侵权损害赔偿。

2.赔偿数额的计算。赔偿数额包括权利人为制止侵权行为所支付的合理开支。

（1）侵犯商标专用权的赔偿数额，按照权利人因被侵权所受到的实际损失确定。

（2）实际损失难以确定的，可以按照侵权人因侵权所获得的利益确定。

（3）权利人的损失或者侵权人获得的利益难以确定的，参照该商标许可使用费的倍数合理确定。

对恶意侵犯商标专用权，情节严重的，可以在按照上述方法确定数额的1倍以上5倍以下确定赔偿数额。

人民法院为确定赔偿数额，在权利人已经尽力举证，而与侵权行为相关的账簿、资料主要由侵权人掌握的情况下，可以责令侵权人提供与侵权行为相关的账簿、资料；侵权人不提供或者提供虚假的账簿、资料的，人民法院可以参考权利人的主张和提供的证据判定赔偿数额。

（4）法定赔偿数额。权利人因被侵权所受到的实际损失、侵权人因侵权所获得的利益、注册商标许可使用费难以确定的，由人民法院根据侵权行为的情节判决给予500万元以下的赔偿。

3.对假冒注册商标商品的处置。人民法院审理商标纠纷案件，应权利人请求，对属于假冒注册商标的商品，除特殊情况外，责令销毁；对主要用于制造假冒注册商标的商品的材料、工具，责令销毁，且不予补偿；或者在特殊情况下，责令禁止前述材料、工具进入商业渠道，且不予补偿。假冒注册商标的商品不得在仅去除假冒注册商标后进入商业渠道。

（二）行政责任

侵犯注册商标专用权的行政责任包括：

（1）责令停止侵权行为。

（2）没收、销毁侵权商品和主要用于制造侵权商品、伪造注册商标标识的工具。

（3）没收违法经营额。

（4）罚款。

（三）刑事责任

1. 假冒注册商标罪

（1）法律规定。《刑法》第213条规定，未经注册商标所有人许可，在同一种商品、服务上使用与其注册商标相同的商标，情节严重的，处3年以下有期徒刑，并处或者单处罚金；情节特别严重的，处3年以上10年以下有期徒刑，并处罚金。

（2）犯罪的构成。本罪是指未经注册商标所有人的许可，在同一种商品、服务上使用与其注册商标相同的商标，情节严重的行为。

① 本罪的客体是国家对商标管理制度和注册商标专用权。

② 本罪的客观方面具有以下特征：

➢ 行为人使用与他人注册商标相同的商标，未经注册商标所有人许可；

➢ 行为人所使用的商标必须是他人的注册商标（包括服务商标）。

所谓使用，是指将注册商标或者假冒的注册商标用于商品、商品包装或者容器以及产品说明书、商品交易文书，或者将注册商标或者假冒的注册商标用于广告宣传、展览以及其他商业活动等行为。

③ 本罪的主体既可以是自然人，也可以是单位。

④ 本罪的主观方面为故意。行为人的动机多种多样，但不同的动机不影响犯罪的成立。

2. 销售假冒注册商标的商品罪

（1）法律规定。《刑法》第214条规定，销售明知是假冒注册商标的商品，违法所得数额较大或者有其他严重情节的，处3年以下有期徒刑，并处或者单处罚金；违法所得数额巨大或者有其他特别严重情节的，处3年以上10年以下有期徒刑，并处罚金。

（2）犯罪的构成。本罪主体既可以是自然人，也可以是单位，但不包括在该商品上假冒注册商标的犯罪人（本犯），即假冒注册商标的犯罪人销售自己假冒注册商标的商品的，只成立假冒注册商标罪，不另成立本罪。

本罪在主观上表现为故意，其核心是要求行为人"明知是假冒注册商标的商品"。行为人明知是假冒注册商标的商品而销售的，还没有与假冒注册商标的犯罪人形成共同故意，因而是一种独立的犯罪故意。但是，如果行为人事先与假冒注册商标的犯罪人通谋，然后分工合作，其中有的人制造假冒注册商标的商品，有的人销售假冒注册商标的商品的，便构成共同犯罪。

3. 非法制造、销售非法制造的注册商标标识罪

（1）法律规定。《刑法》第215条规定，伪造、擅自制造他人注册商标标识或者销售伪造、擅自制造的注册商标标识，情节严重的，处3年以下有期徒刑，并处或者单处罚金；情

节特别严重的，处 3 年以上 10 年以下有期徒刑，并处罚金。

（2）犯罪的构成。本罪主体既可以是自然人，也可以是单位。

本罪在主观上表现为故意，其核心是要求行为人"明知是他人的注册商标标识"。本罪是指行为人明知是他人的注册商标标识，而予以伪造、擅自制造他人注册商标标识或者销售伪造、擅自制造的注册商标标识，情节严重的行为。

【例 07-09】 根据商标法及相关规定，下列哪些属于侵犯注册商标专用权的行为？

A. 未经商标注册人许可，在类似商品上使用与其注册商标相同的商标造成混淆的

B. 未经商标注册人同意，更换其注册商标并将该更换商标的商品又投入市场的

C. 销售伪造注册商标标识的

D. 销售侵犯注册商标专用权的商品的

【参考答案】 ABCD

第七节　驰名商标

本节知识要点

本节主要介绍我国对驰名商标实施保护的有关规定。认定驰名商标遵循被动认定、个案认定原则，且有权认定驰名商标的仅限于商标局、商标评审委员会和人民法院。"驰名商标"字样不得用于宣传活动中。本节的重点在于对驰名商标认定的规定及保护措施。驰名商标的主要内容如图 7-8 所示。

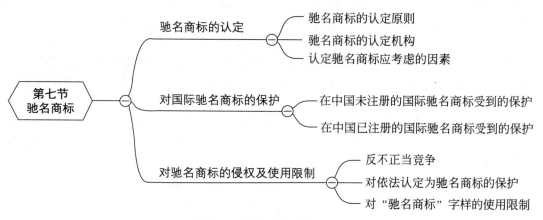

图 7-8　驰名商标的主要内容

一、驰名商标的认定

驰名商标是在中国为相关公众所熟知的商标。

相关公众包括与使用商标所标示的某类商品或者服务有关的消费者，生产前述商品或者提供服务的其他经营者以及经销渠道中所涉及的销售者和相关人员等。

驰名商标应当根据当事人的请求，作为处理涉及商标案件需要认定的事实进行认定。

（一）驰名商标的认定原则

驰名商标认定遵循被动认定、个案认定的原则。

1.被动认定。被动认定是指只能基于纠纷当事人的申请才能认定驰名商标，法院、商标局或商标评审委员会均不得主动依职权认定。

2.个案认定。个案认定是指只能在发生纠纷的个案中，商标是否驰名对争议的解决具有直接意义时才能依照法律标准进行审查认定。

（二）驰名商标的认定机构

1.人民法院。在商标民事、行政案件审理过程中，当事人认为其权利受到侵害，请求给予驰名商标保护的，最高人民法院指定的人民法院根据审理案件的需要，可以对商标驰名情况作出认定。在涉及驰名商标保护的民事纠纷案件中，人民法院对于商标驰名的认定，仅作为案件事实和判决理由，不写入判决主文；以调解方式审结的，在调解书中对商标驰名的事实不予认定。

2.商标局、商标评审委员会。商标局、商标评审委员会应当依照法定职责和程序开展驰名商标案件审理和认定工作。在商标注册审查、工商行政管理部门查处商标违法案件过程中，当事人认为其权利受到侵害，请求给予驰名商标保护的，商标局根据审查、处理案件的需要，可以对商标驰名情况作出认定。

在商标争议处理过程中，当事人认为其权利受到侵害，请求给予驰名商标保护的，商标评审委员会根据处理案件的需要，可以对商标驰名情况作出认定。

商标持有人依照《商标法》的规定请求驰名商标保护的，应当提交其商标构成驰名商标的证据材料。商标局、商标评审委员会应当依照《商标法》的规定，根据审查、处理案件的需要以及当事人提交的证据材料，对其商标驰名情况作出认定。

（三）认定驰名商标应考虑的因素

当事人申请认定驰名商标应当遵循诚实信用原则，并对案件事实及所提交的证据材料的真实性承担法律责任。以下材料可以作为证明符合《商标法》规定的驰名商标的证据材料。

（1）证明相关公众对该商标知晓程度的材料。

（2）证明该商标使用持续时间的材料，如该商标使用、注册的历史和范围的材料。该商标为未注册商标的，应提供证明其使用持续时间不少于5年的材料。该商标为注册商标的，应提供证明其注册时间不少于3年或持续使用时间不少于5年的材料。

（3）证明该商标的任何宣传工作的持续时间、程度和地理范围的材料，如近3年广告宣传方式、地域范围、宣传媒体的种类以及广告投放量等材料。

（4）证明该商标作为驰名商标受保护记录的材料。

（5）证明该商标驰名的其他证据材料，如使用该商标的主要商品在近3年的销售收入、市场占有率、利税、销售区域等材料。

二、对国际驰名商标的保护

各级工商行政管理部门在商标注册和管理工作中应当加强对驰名商标的保护，维护权利人和消费者合法权益。对涉嫌假冒商标犯罪的案件，应当及时移送司法机关依法处理。

（一）在中国未注册的国际驰名商标受到的保护

复制、摹仿或者翻译他人未在中国注册的驰名商标或者主要部分，在相同或者类似商品上使用，容易导致混淆的，应当承担停止侵害的民事法律责任，申请注册的，不予注册并禁止使用。

（二）在中国已注册的国际驰名商标受到的保护

就不相同或者不相类似商品申请注册的商标是复制、摹仿或者翻译他人已经在中国注册的驰名商标，误导公众，致使该驰名商标注册人的利益可能受到损害的，不予注册并禁止使用。

三、对驰名商标的侵权及使用限制

（一）反不正当竞争

将他人注册商标、未注册的驰名商标作为企业名称中的字号使用，误导公众，构成不正当竞争行为。

（二）对依法认定为驰名商标的保护

1.行政处罚。经商标局依照《商标法》的规定认定为驰名商标的，由工商行政管理部门责令侵权人停止使用商标的行为，收缴、销毁违法使用的商标标识；商标标识与商品难以分离的，一并收缴、销毁。

2.宣告无效。已经注册的商标，违反《商标法》规定的给予驰名商标的保护的，自商标注册之日起5年内，在先权利人或者利害关系人可以请求商标评审委员会宣告该注册商标无效。对恶意注册的，驰名商标所有人不受5年的时间限制。

（三）对"驰名商标"字样的使用限制

生产、经营者不得将"驰名商标"字样用于商品、商品包装或者容器上，或者用于广告宣传、展览以及其他商业活动中。

违反上述规定的，由地方工商行政管理部门责令改正，处10万元罚款。

【例07-10】根据商标法的规定，认定驰名商标应当考虑下列哪些因素？

A.全体社会公众对该商标的知晓程度

B.该商标使用的持续时间

C.该商标的任何宣传工作的持续时间、程度和地理范围

D.该商标作为驰名商标受保护的记录

【参考答案】BCD

第八节　商标代理

本节知识要点

本节主要介绍商标代理的规定，重点介绍商标代理机构的行为规范以及违法行为应当承

担的法律后果。商标代理的主要内容如图 7-9 所示。

一、商标代理关系

（一）商标代理的含义

商标法所称商标代理，是指接受委托人的委托，以委托人的名义办理商标注册申请、商标评审或者其他商标事宜。

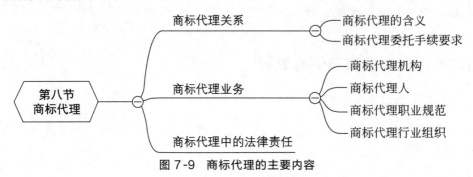

图 7-9 商标代理的主要内容

商标注册的国内申请人以及在中国有经常居所或营业所的外国人或外国企业，可以自己直接到商标局办理注册申请手续，也可以委托依法设立的商标代理机构办理。

在中国没有经常居所或营业所的外国人或者外国企业在我国申请注册商标和办理其他商标事宜的，应当委托依法设立的商标代理机构代理。

（二）商标代理委托手续要求

当事人委托商标代理机构申请商标注册或者办理其他商标事宜，应当提交代理委托书。代理委托书应当载明代理内容及权限；外国人或者外国企业的代理委托书还应当载明委托人的国籍。

外国人或者外国企业的代理委托书及与其有关的证明文件的公证、认证手续，按照对等原则办理。

商标代理机构向商标局、商标评审委员会提交的有关申请文件，应当加盖该代理机构公章并由相关商标代理从业人员签字。

二、商标代理业务

（一）商标代理机构

商标法所称商标代理机构，包括经工商行政管理部门登记从事商标代理业务的服务机构和从事商标代理业务的律师事务所。

商标代理机构从事商标局、商标评审委员会主管的商标事宜代理业务的，应当按照下列规定向商标局备案：

（1）交验工商行政管理部门的登记证明文件或者司法行政部门批准设立律师事务所的证明文件并留存复印件；

（2）报送商标代理机构的名称、住所、负责人、联系方式等基本信息；

（3）报送商标代理从业人员名单及联系方式。

工商行政管理部门应当建立商标代理机构信用档案。商标代理机构违反商标法或者商标法实施条例规定的，由商标局或者商标评审委员会予以公开通报，并记入其信用档案。

（二）商标代理人

商标法所称商标代理从业人员，是指在商标代理机构中从事商标代理业务的工作人员。商标代理人的职业规范要求如下：

（1）不得自行接受委托。商标代理从业人员不得以个人名义自行接受委托。

（2）不得恶意抢注。未经授权，商标代理人以自己的名义将被代理人的商标进行注册，被代理人提出异议的，不予注册并禁止使用。

（三）商标代理职业规范

1. 商标代理机构应遵循诚实信用原则。商标代理机构应当遵循诚实信用原则，遵守法律、行政法规，按照被代理人的委托办理商标注册申请或者其他商标事宜；对在代理过程中知悉的被代理人的商业秘密，负有保密义务。

2. 商标代理机构不得申请其他商标。商标代理机构除对其代理服务申请商标注册外，不得申请注册其他商标。商标代理机构申请注册或者受让其代理服务以外的其他商标，商标局不予受理。

3. 商标代理机构的告知和拒绝代理义务

（1）告知义务。委托人申请注册的商标可能存在《商标法》规定不得注册情形的，商标代理机构应当明确告知委托人。

（2）拒绝代理义务（《商标法》第19条第4款）。商标代理机构知道或者应当知道委托人申请注册的商标属于《商标法》第4条（恶意注册）、第15条（业务关系中知悉他人未注册商标的秘密而恶意抢注的）和第32条（恶意抢注损害他人已使用的商标或其他在先权利的）规定情形的，不得接受其委托。

（四）商标代理行业组织

1. 商标代理行业组织的职责。商标代理行业组织应当按照章程规定，严格执行吸纳会员的条件，对违反行业自律规范的会员实行惩戒。商标代理行业组织对其吸纳的会员和对会员的惩戒情况，应当及时向社会公布。

2. 商标代理行业自律规范。商标代理行业组织应当完善行业自律规范，加强行业自律，对违反行业自律规范的会员实行惩戒，并及时向社会公布。

工商行政管理部门应当加强对商标代理行业组织的监督和指导。

三、商标代理中的法律责任

1. 行政处罚。

（1）商标代理机构有下列行为之一的，由工商行政管理部门责令限期改正，给予警告，处1万元以上10万元以下的罚款；对直接负责的主管人员和其他直接责任人员给予警告，处5000元以上5万元以下的罚款；构成犯罪的，依法追究刑事责任：

① 办理商标事宜过程中，伪造、变造或者使用伪造、变造的法律文件、印章、签名的；

② 以诋毁其他商标代理机构等手段招徕商标代理业务或者以其他不正当手段扰乱商标代理市场秩序的；

③ 违反《商标法》第4条（恶意注册）、第19条第3款（不得接受的委托）和第4款（不得自行申请其他商标）规定的。

（2）商标局、商标评审委员会依照《商标法》规定停止受理商标代理机构办理商标代理业务的，可以作出停止受理该商标代理机构商标代理业务6个月以上直至永久停止受理的决定。停止受理商标代理业务的期间届满，商标局、商标评审委员会应当恢复受理。

（3）对恶意申请商标注册的，根据情节给予警告、罚款等行政处罚；对恶意提起商标诉讼的，由人民法院依法给予处罚。

2.计入信用档案并公告。商标代理机构有前述规定行为的，由工商行政管理部门记入信用档案；情节严重的，商标局、商标评审委员会并可以决定停止受理其办理商标代理业务，予以公告。商标局、商标评审委员会作出停止受理或者恢复受理商标代理的决定应当在其网站予以公告。

3.民事责任及惩戒。商标代理机构违反诚实信用原则，侵害委托人合法利益的，应当依法承担民事责任，并由商标代理行业组织按照章程规定予以惩戒。

【例07-11】根据商标法及相关规定，在中国申请注册商标或办理其他商标事宜的，下列哪些人或企业应当委托国家认可的具有商标代理资格的组织代理？

A. 在中国有经常居所的英国人　　　　B. 在中国没有营业所的英国企业
C. 在中国没有经常居所的美国人　　　D. 在中国有经常居所的无国籍人

【参考答案】BC

📖 本章知识点回顾

商标的构成要件：商标的积极要件，包括应当具备法定构成要素和显著特征两方面；商标的消极要件，包括不得侵犯他人的在先权利或合法利益，不得违反《商标法》禁止注册或使用某些标志的条款等。

商标权的内容：包括专用权、许可权、转让权、标志权、禁止权，其中专用权是核心权力。

商标权的限制：有合理使用制度和先用权制度。

商标权的丧失：商标注册后，可能因注销、撤销或无效宣告事由而导致原来的商标权人丧失权利。注册商标的撤销是违法使用注册商标的法律后果，商标权自撤销之日起丧失。注册商标的无效宣告是违法注册的后果，商标权视为自始即不存在，但有关财产关系的处理，可能不具有溯及既往的效力。

商标侵权行为的表现形式：商标侵权行为的表现形式多样，假冒注册商标和仿冒注册商标是最常见的侵权行为。

驰名商标的特殊保护：驰名商标由法定行政机关和人民法院，根据法定标准认定，以被动认定和个案认定为原则。对未注册驰名商标和注册驰名商标均有一些特殊保护措施。

恶意商标注册申请的规制、商标国际注册、商标代理是新增或完善的知识点，值得充分重视。

第八章

《反不正当竞争法》

 本章知识点框架

本章介绍了不正当竞争行为的种类及特点，重点需要掌握商业秘密的概念和构成要件；了解侵犯商业秘密的法律责任；重视新增犯罪类型及构成。本章主要知识点框架如图 8-1 所示。

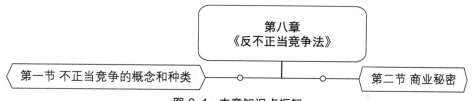

图 8-1　本章知识点框架

275

第一节　不正当竞争的概念和种类

📚 **本节知识要点**

本节主要介绍实施不正当竞争行为的主体及其在商事经营活动中应当遵循的原则。本节的重点在于能够区分《反不正当竞争法》规定的 7 种不正当竞争行为的构成要件。不正当竞争的概念和种类的主要内容如图 8-2 所示。

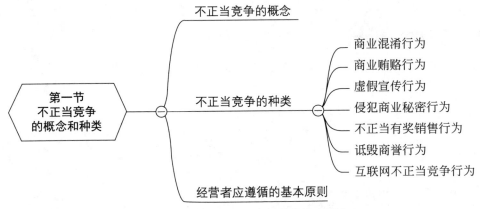

图 8-2　不正当竞争的概念和种类的主要内容

一、不正当竞争的概念

不正当竞争行为，是指经营者在生产经营活动中，违反《反不正当竞争法》的规定，扰乱市场竞争秩序，损害其他经营者或者消费者的合法权益的行为。

市场的主体是经营者。从事不正当竞争的主体亦是经营者。

经营者是指从事商品生产、经营或者提供服务的自然人、法人和非法人组织。

二、不正当竞争的种类

（一）商业混淆行为

商业混淆行为是指经营者，在市场经营活动中，以种种不实手法对自己的商品或服务作虚假表示、说明或承诺，或不当利用他人的智力劳动成果推销自己的商品或服务，使用户或者消费者产生误解，扰乱市场秩序，损害同业竞争者的利益或者消费者利益的行为。

经营者不得实施下列商业混淆行为，引人误认为是他人商品或者与他人存在特定联系：

（1）擅自使用与他人有一定影响的商品名称、包装、装潢等相同或者近似的标识；

（2）擅自使用他人有一定影响的企业名称（包括简称、字号等）、社会组织名称（包括简称等）、姓名（包括笔名、艺名、译名等）；

（3）擅自使用他人有一定影响的域名主体部分、网站名称、网页等；

（4）其他足以引人误认为是他人商品或者与他人存在特定联系的混淆行为。

（二）商业贿赂行为

商业贿赂行为是指经营者为谋取交易机会或者竞争优势，暗中给予交易对方、有关人员或者其他能影响交易的相关人员以财物或其他好处的行为。经营者不得采用财物或者其他手段贿赂下列单位或者个人，以谋取交易机会或者竞争优势：

（1）交易相对方的工作人员。

（2）受交易相对方委托办理相关事务的单位或者个人。

（3）利用职权或者影响力影响交易的单位或者个人。

经营者在交易活动中，可以以明示方式向交易相对方支付折扣，或者向中间人支付佣金。经营者向交易相对方支付折扣、向中间人支付佣金的，应当如实入账。接受折扣、佣金的经营者也应当如实入账。

经营者的工作人员进行贿赂的，应当认定为经营者的行为；但是，经营者有证据证明该工作人员的行为与为经营者谋取交易机会或者竞争优势无关的除外。

（三）虚假宣传行为

虚假宣传行为是指经营者利用广告或者其他方法，对产品的质量、性能、成分、用途、产地等所作的引人误解的不实宣传。

经营者不得对其商品的性能、功能、质量、销售状况、用户评价、曾获荣誉等作虚假或者引人误解的商业宣传，欺骗、误导消费者。经营者不得通过组织虚假交易等方式，帮助其他经营者进行虚假或者引人误解的商业宣传。

（四）侵犯商业秘密行为

经营者不得实施下列侵犯商业秘密的行为：

（1）以盗窃、贿赂、欺诈、胁迫、电子侵入或者其他不正当手段获取权利人的商业秘密；

（2）披露、使用或者允许他人使用以前项手段获取的权利人的商业秘密；

（3）违反保密义务或者违反权利人有关保守商业秘密的要求，披露、使用或者允许他人使用其所掌握的商业秘密；

（4）教唆、引诱、帮助他人违反保密义务或者违反权利人有关保守商业秘密的要求，获取、披露、使用或者允许他人使用权利人的商业秘密。

经营者以外的其他自然人、法人和非法人组织实施前述所列违法行为的，视为侵犯商业秘密。

第三人明知或者应知商业秘密权利人的员工、前员工或者其他单位、个人实施前述所列违法行为，仍获取、披露、使用或者允许他人使用该商业秘密的，视为侵犯商业秘密。

（五）不正当有奖销售行为

不正当有奖销售行为是指经营者在销售商品或提供服务时，以提供奖励（包括金钱、实物、附加服务等）为名，实际上采取欺骗或者其他不当手段，损害用户、消费者的利益，或者损害其他经营者合法权益的行为。经营者进行有奖销售不得存在下列情形：

（1）所设奖的种类、兑奖条件、奖金金额或者奖品等有奖销售信息不明确，影响兑奖；

（2）采用谎称有奖或者故意让内定人员中奖的欺骗方式进行有奖销售；

（3）抽奖式的有奖销售，最高奖的金额超过5万元。

（六）诋毁商誉行为

诋毁商誉行为是指经营者编造、传播虚假信息或者误导性信息，损害竞争对手的商业信誉、商品声誉，从而削弱其竞争力的行为。

经营者不得通过广告、新闻发布会等形式捏造、散布虚假或误导性信息，使用户、消费者不明真相而对受诋毁的经营者产生怀疑心理，不敢或不再与之交易。

（七）互联网不正当竞争行为

经营者不得利用技术手段，通过影响用户选择或者其他方式，实施下列妨碍、破坏其他经营者合法提供的网络产品或者服务正常运行的行为：

（1）未经其他经营者同意，在其合法提供的网络产品或者服务中，插入链接、强制进行目标跳转。

（2）误导、欺骗、强迫用户修改、关闭、卸载其他经营者合法提供的网络产品或者服务。

（3）恶意对其他经营者合法提供的网络产品或者服务实施不兼容。

（4）其他妨碍、破坏其他经营者合法提供的网络产品或者服务正常运行的行为。

三、经营者应遵循的基本原则

1.自愿原则。自愿原则是指经营者能够根据自己内心的真实意愿来参与特定的市场交易活动，设立、变更和终止特定的法律关系。经营者可以根据自己的意愿自主地选择交易对象、交易内容和交易条件以及终止或变更交易的条件。

经营者之间的交易关系反映了双方真实的意思表示。

2.平等原则。平等原则是指任何参与市场交易活动的经营者的法律地位平等，享有平等的权利能力，在平等的基础上平等协商，任何一方都不得将自己的意志强加给对方。

平等原则是指当事人之间在从事市场交易等民事活动中的法律地位平等。

3.公平原则。公平原则是指在市场交易中应当公平合理、权利义务相一致。公平原则强调在市场经济中，对任何经营者都只能以市场交易规则为准则，公平合理地对待，任何人既不享有特权，也不履行任何不公平的义务。

4.诚实信用原则。诚实信用原则是指经营者在经营活动中，应当以诚待人，恪守信用，不得弄虚作假、为所欲为。

5.遵守法律和商业道德原则。遵守公认的商业道德原则要求经营者应当遵守法律，遵守市场经济公认的商业道德进行经营运作。

第二节　商业秘密

本节知识要点

本节主要介绍商业秘密的概念、分类和特征，侵犯商业秘密的行为方式及法律责任，以及反向工程的正当性。本节的重点在于掌握商业秘密的特征及侵犯商业秘密时应当承担的法律责任。商业秘密的主要内容如图 8-3 所示。

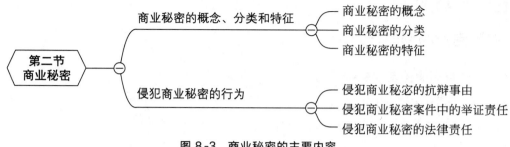

图 8-3　商业秘密的主要内容

一、商业秘密的概念、分类和特征

（一）商业秘密的概念

商业秘密是指不为公众所知悉，具有商业价值并经权利人采取相应保密措施的技术信息、经营信息等商业信息。

商业秘密是权利人劳动成果的结晶，是权利人拥有的一种无形财产权。

商业秘密不同于专利和注册商标，它可以被多个权利主体同时拥有和使用，只要获得及使用手段合法（如自主研究开发、通过反向工程破译他人的技术信息等）。

（二）商业秘密的分类

商业秘密分为技术信息和经营信息。

1.技术信息，包括设计图纸（含草图）、试验结果、试验记录、制作工艺、制作方法、配方、样品、计算机程序等。

2.经营信息，包括管理诀窍、客户名单、货源情报、产销策略、金融信息、招投标中的标的及标书内容等。

（三）商业秘密的特征

构成商业秘密的技术信息和经营信息，具有如下特征：

1.秘密性，是指主张作为商业秘密保护的信息须"不为公众所知悉"。"不为公众所知悉"是指有关信息不为其所属领域的相关人员所普遍知悉和容易获得。

2.商业价值性，是指主张作为商业秘密保护的信息能为权利人带来经济利益、具有实用性。

3.信息所有者采取了保密措施，是指为防止信息泄漏所采取的与其商业价值等具体情况相适应的合理保护措施。

【例 08-01】根据反不正当竞争法及相关规定，经营者的下列哪些行为属于不正当竞争行为？

A.假冒他人的注册商标

B.擅自使用他人知名商品特有的包装装潢，造成和他人的知名商品相混淆，使购买者误认为是该知名商品的

C.经营者向交易相对方支付折扣，并如实入账的

D. 经营者向中间人支付佣金，未如实入账的

【参考答案】BD

二、侵犯商业秘密的行为

（一）侵犯商业秘密的抗辩事由

侵犯商业秘密的抗辩事由包括：

（1）权利人所主张的信息不构成商业秘密；

（2）信息不相同或实质上不相近似；

（3）行为人没有采取不正当手段获取商业秘密主张者的商业秘密，或者对其商业秘密不负有保密义务；

（4）行为人采用反向工程、独自研发等方式获得了商业秘密。

反向工程是指通过技术手段对从公开渠道取得的产品进行拆卸、测绘、分析等而获得该产品的有关技术信息。

独立研发是指通过自己的开发、研究，获得相关技术信息的行为。

通过自行开发研制或者反向工程等方式获得的商业秘密，不认定为《反不正当竞争法》规定的侵犯商业秘密行为。

（二）侵犯商业秘密案件中的举证责任

在侵犯商业秘密的民事审判程序中，商业秘密权利人提供初步证据，证明其已经对所主张的商业秘密采取保密措施，且合理表明商业秘密被侵犯，涉嫌侵权人应当证明权利人所主张的商业秘密不属于《反不正当竞争法》规定的商业秘密。

商业秘密权利人提供初步证据合理表明商业秘密被侵犯，且提供以下证据之一的，涉嫌侵权人应当证明其不存在侵犯商业秘密的行为：

（1）有证据表明涉嫌侵权人有渠道或者机会获取商业秘密，且其使用的信息与该商业秘密实质上相同；

（2）有证据表明商业秘密已经被涉嫌侵权人披露、使用或者有被披露、使用的风险；

（3）有其他证据表明商业秘密被涉嫌侵权人侵犯。

（三）侵犯商业秘密的法律责任

1.民事责任。经营者违反《反不正当竞争法》规定，给他人造成损害的，应当依法承担民事责任。经营者的合法权益受到不正当竞争行为损害的，可以向人民法院提起诉讼。

因不正当竞争行为受到损害的经营者的赔偿数额，按照其因被侵权所受到的实际损失确定；实际损失难以计算的，按照侵权人因侵权所获得的利益确定。

经营者恶意实施侵犯商业秘密行为，情节严重的，可以在按照上述方法确定数额的1倍以上5倍以下确定赔偿数额。赔偿数额还应当包括经营者为制止侵权行为所支付的合理开支。

经营者违反《反不正当竞争法》第6条（商业混淆行为）、第9条（侵犯商业秘密行为）规定，权利人因被侵权所受到的实际损失、侵权人因侵权所获得的利益难以确定的，由人民法院根据侵权行为的情节判决给予权利人500万元以下的赔偿。

2.行政责任。经营者以及其他自然人、法人和非法人组织违反《反不正当竞争法》第9

条规定侵犯商业秘密的，由监督检查部门责令停止违法行为，没收违法所得，处 10 万元以上 100 万元以下的罚款；情节严重的，处 50 万元以上 500 万元以下的罚款。

3. 刑事责任。

（1）侵犯商业秘密罪

《刑法》第 219 条规定，有下列侵犯商业秘密行为之一，情节严重的，处 3 年以下有期徒刑，并处或者单处罚金；情节特别严重的，处 3 年以上 10 年以下有期徒刑，并处罚金：

① 以盗窃、贿赂、欺诈、胁迫、电子侵入或者其他不正当手段获取权利人的商业秘密的；

② 披露、使用或者允许他人使用以前项手段获取的权利人的商业秘密的；

③ 违反保密义务或者违反权利人有关保守商业秘密的要求，披露、使用或者允许他人使用其所掌握的商业秘密的。

明知前款所列行为，获取、披露、使用或者允许他人使用该商业秘密的，以侵犯商业秘密论。

本条所称权利人，是指商业秘密的所有人和经商业秘密所有人许可的商业秘密使用人。

《刑法》第 219 条之一规定，为境外的机构、组织、人员窃取、刺探、收买、非法提供商业秘密的，处五年以下有期徒刑，并处或者单处罚金；情节严重的，处五年以上有期徒刑，并处罚金。

本罪是指以盗窃、利诱、胁迫、披露、擅自使用等不正当手段，侵犯商业秘密，给商业秘密的权利人造成重大损失的行为。

本罪的客体是国家竞业管理秩序和商业秘密专有权益。

犯本罪的，客观上实施了侵犯商业秘密的行为，并且给权利人造成了重大损失。

犯罪的行为对象为商业秘密。本罪中合法知悉商业秘密内容的人的披露、使用或允许他人使用商业秘密的行为，包括公司、企业内部的工作人员，曾在公司、企业内工作的调离人员、离退休人员以及与权利人订有保守商业秘密协议的有关人员。

本罪的犯罪主体既可以是自然人，也可以是单位。

本罪的犯罪客观方面原则上为故意，行为人必须明知侵犯的对象为商业秘密。

（2）为境外窃取、刺探、收买、非法提供商业秘密罪

《刑法》第 219 条之一规定，为境外的机构、组织、人员窃取、刺探、收买、非法提供商业秘密的，处 5 年以下有期徒刑，并处或者单处罚金；情节严重的，处 5 年以上有期徒型，并处罚金。

【例 08-02】根据反不正当竞争法及相关规定，下列关于商业秘密的说法哪些是正确的？

A. 商业秘密是指不为公众所知悉、能为权利人带来经济利益、具有实用性并经权利人采取保密措施的技术信息和经营信息

B. 通过自行开发研制获得商业秘密的行为不属于侵犯商业秘密的行为

C. 通过反向工程获得商业秘密的行为不属于侵犯商业秘密的行为

D. 经营者恶意实施侵犯商业秘密行为，情节严重的，可以适用惩罚性赔偿

【参考答案】BCD

本章需重点掌握商业秘密的特征和构成要件。商业秘密指向的技术信息和经营信息包括三个构成要件：①不为公众所知悉；②具有商业价值；③经权利人采取了相应保密措施予以保护。2017年修订的《反不正当竞争法》就已经删除了"具有实用性"这一构成要件，考生做题时应当对此要件保持警惕，注意剔除。

反不正当竞争的执法机关是县级以上人民政府履行工商行政管理职责的部门，负责对不正当竞争行为进行查处；侵犯商业秘密，给商业秘密的权利人造成重大损失的，构成侵犯商业秘密罪，受刑法规制。

第九章

《植物新品种保护条例》

 本章知识点框架

　　本章主要介绍了品种权保护的相关规定，包括权利归属、授权条件、授权程序及保护规定。重点需要掌握植物新品种的概念，植物新品种权的取得、保护期限、终止和无效以及植物新品种的保护。本章主要知识点框架如图 9-1 所示。

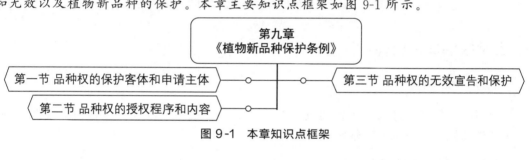

图 9-1　本章知识点框架

第一节 品种权的保护客体和申请主体

本节知识要点

本节主要介绍品种权的保护客体、品种权的主体和归属，以及品种权的授权条件。本节的重点在于对品种权授权的实质性条件的把握。品种权的保护客体和申请主体的主要内容如图 9-2 所示。

图 9-2　品种权的保护客体和申请主体的主要内容

一、品种权的保护客体

（一）植物新品种

植物新品种是指经过人工培育的或者对发现的野生植物加以开发，具备新颖性、特异性、一致性和稳定性并有适当命名的植物品种。

（二）授予品种权的条件

授予品种权应当符合下列条件：

1.申请品种权的植物属于国家植物品种保护名录中列明的。

2.具有新颖性。新颖性是指申请品种权的植物新品种：在申请日前该品种繁殖材料未被销售，或者经育种者许可，在中国境内销售该品种繁殖材料未超过 1 年，或者经育种者许可，在中国境外销售藤本植物、林木、果树和观赏树木品种繁殖材料未超过 6 年，销售其他植物品种繁殖材料未超过 4 年。

3.具有特异性。特异性是指申请品种权的植物新品种应当明显区别于在递交申请以前已知的植物品种。

4.具有一致性。一致性是指申请品种权的植物新品种经过繁殖，除可以预见的变异外，其相关的特征或者特性一致。

5.具有稳定性。稳定性是指申请品种权的植物新品种经过反复繁殖后或者在特定繁殖周期结束时，其相关的特征或者特性保持不变。

6.具有适当的名称。申请的植物新品种名称与相同或者相近的植物属或者种中已知品种的名称相区别。不得用于品种命名的情形：

（1）仅以数字组成的；

（2）违反社会公德的；

（3）对植物新品种的特征、特性或者育种者的身份等容易引起误解的。

【例 09-01】根据植物新品种保护条例及相关规定，下列哪些说法是正确的？

A.申请品种权的植物新品种应当属于国家植物品种保护名录中列举的植物的属或者种

B.授予品种权的植物新品种的名称不能仅以数字组成

C.授予品种权的植物新品种应当具备的特异性，是指申请品种权的植物新品种应当明显区别于在递交申请以前已知的植物品种

D.授予品种权的植物新品种应当具备的一致性，是指申请品种权的植物新品种经过反复繁殖后，其相关的特征或者特性保持不变

【参考答案】ABC

二、申请品种权的主体

（一）一般主体

中国的单位和个人申请品种权的，可以直接或者委托代理机构向审批机关提出申请。

中国的单位和个人申请品种权的植物新品种涉及国家安全或者重大利益需要保密的，应当按照国家有关规定办理。外国人、外国企业或者外国非法人组织在中国申请品种权的，应当按其所属国和中华人民共和国签订的协议或者共同参加的国际条约办理，或者根据互惠原则，依照《植物新品种保护条例》办理。

（二）品种权的归属

1.职务育种和非职务育种的品种权归属。职务育种，即执行本单位的任务或者主要是利用本单位的物质条件所完成的职务育种，植物新品种的申请权属于该单位。非职务育种的植物新品种的申请权属于完成育种的个人。申请被批准后，品种权属于申请人。

2.委托育种和合作育种的品种权归属。委托育种或者合作育种，品种权的归属由当事人在合同中约定。没有合同约定的，品种权属于受委托完成或者共同完成育种的单位或者个人。

第二节　品种权的授权程序和内容

本节知识要点

本节主要介绍品种权的申请、审查、授权程序，品种权的内容以及对品种权人的权利限制。需要提交申请文件，符合条件的，将予以受理。本节的重点在于把握对品种权进行限制的内容，包括不侵权行为及强制许可制度。品种权的授权程序和内容的主要内容如图 9-3所示。

一、获得品种权的程序

（一）品种权的申请和受理

1.申请文件的撰写要求。申请品种权的，应当向审批机关提交符合规定格式要求的请求

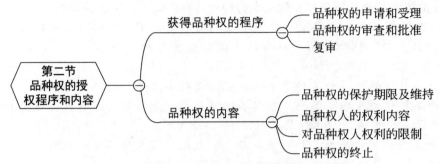

图 9-3　品种权的授权程序和内容的主要内容

书、说明书和该品种的照片。申请文件应当使用中文书写。

2.品种权申请的受理。对符合规定的品种权申请，审批机关应当予以受理，明确申请日、给予申请号，并自收到申请之日起 1 个月内通知申请人缴纳申请费。

对不符合或者经修改仍不符合规定的品种权申请，审批机关不予受理，并通知申请人。

3.申请日的确定。审批机关收到品种权申请文件之日为申请日。

申请文件是邮寄的，以寄出的邮戳日为申请日。

4.优先权。申请人自在外国第一次提出品种权申请之日起 12 个月内，又在中国就该植物新品种提出品种权申请的，依照该外国同中华人民共和国签订的协议或者共同参加的国际条约，或者根据相互承认优先权的原则，可以享有优先权。

申请人要求优先权的，应当在申请时提出书面说明，并在 3 个月内提交经原受理机关确认的第一次提出的品种权申请文件的副本。

未依照《中华人民共和国植物新品种保护条例》（以下简称《植物新品种保护条例》）规定提出书面说明或者提交申请文件副本的，视为未要求优先权。

5.申请的修改和撤回。申请人可以在品种权授予前修改或者撤回品种权申请。

（二）品种权的审查和批准

1. 初步审查

（1）先申请制＋先完成制。一个植物新品种只能授予一项品种权。两个以上的申请人分别就同一个植物新品种申请品种权的，品种权授予最先申请的人；同时申请的，品种权授予最先完成该植物新品种育种的人。

（2）品种权的初步审查包括下列内容：

① 是否属于植物品种保护名录列举的植物属或者种的范围；

② 外国人在中国申请是否委托中国代理机构；

③ 是否符合新颖性的规定；

④ 植物新品种的命名是否适当。

（3）初步审查的结果。审批机关应当自受理品种权申请之日起 6 个月内完成初步审查。对经初步审查合格的品种权申请，审批机关予以公告，并通知申请人在 3 个月内缴纳审查费。

对经初步审查不合格的品种权申请，审批机关应当通知申请人在 3 个月内陈述意见或者予以修正；逾期未答复或者修正后仍然不合格的，驳回申请。

2. 实质审查

（1）实质审查的内容。申请人按照规定缴纳审查费后，审批机关对品种权申请的特异性、一致性和稳定性进行实质审查。因审查需要，申请人应当根据审批机关的要求提供必要的资料和该植物新品种的繁殖材料。

（2）实质审查的结果。

① 授予品种权。对经实质审查符合《植物新品种保护条例》规定的品种权申请，审批机关应当作出授予品种权的决定，颁发品种权证书，并予以登记和公告。

② 驳回申请。对经实质审查不符合《植物新品种保护条例》规定的品种权申请，审批机关予以驳回，并通知申请人。

（三）复审

1.复审机构。审批机关设立植物新品种复审委员会。

2.复审期限。对审批机关驳回品种权申请的决定不服的，申请人可以自收到通知之日起3个月内，向植物新品种复审委员会请求复审。植物新品种复审委员会应当自收到复审请求书之日起6个月内作出决定，并通知申请人。

3.对复审决定不服的救济。申请人对复审决定不服的，可以自接到通知之日起15日内向人民法院提起诉讼。

二、品种权的内容

（一）品种权的保护期限及维持

1.品种权的保护期限。品种权的保护期限，自授权之日起计算：
（1）藤本植物、林木、果树和观赏树木的保护期限为自授权之日起20年；
（2）其他植物的保护期限为自授权之日起15年。

2.品种权的维持。品种权人应当自被授予品种权的当年开始缴纳年费，并且按照审批机关的要求提供用于检测的该授权品种的繁殖材料。

（二）品种权人的权利内容

1.排他的独占权。完成育种的单位或者个人对其授权品种，享有排他的独占权。

任何单位或者个人未经品种权人的许可，不得为商业目的生产或者销售该授权品种的繁殖材料，不得为商业目的将该授权品种的繁殖材料重复使用于生产另一品种的繁殖材料；但是，《植物新品种保护条例》另有规定的除外。

不论授权品种的保护期是否届满，销售该授权品种应当使用其注册登记的名称。

2.转让品种权的权利。植物新品种的申请权和品种权可以依法转让。

向外国人转让申请权或者品种权的，应当经审批机关批准。

国有单位在国内转让申请权或者品种权的，应当按照国家有关规定报经有关行政主管部门批准。转让申请权或者品种权的，当事人应当订立书面合同，并向审批机关登记，由审批机关予以公告。

（三）对品种权人权利的限制

1.不需要经品种权人许可的使用。在下列情况下使用授权品种的，可以不经品种权人许可，不向其支付使用费，但是不得侵犯品种权人依照《植物新品种保护条例》享有的其他权利：
（1）利用授权品种进行育种及其他科研活动；
（2）农民自繁自用授权品种的繁殖材料。

2.强制许可。

（1）实施强制许可的条件。为了国家利益或者公共利益，审批机关可以作出实施植物新品种强制许可的决定，并予以登记和公告。

（2）强制许可的使用费。取得实施强制许可的单位或者个人应当付给品种权人合理的使用费，其数额由双方商定。双方不能达成协议的，由审批机关裁决。

（3）对强制许可决定不服的救济。品种权人对强制许可决定或者强制许可使用费的裁决不服的，可以自收到通知之日起 3 个月内向人民法院提起诉讼。

（四）品种权的终止

品种权终止的情形有：

1.品种权的保护期限届满的终止。

（1）藤本植物、林木、果树和观赏树木的保护期限为自授权之日起 20 年，期限届满即终止。

（2）其他植物的保护期限为自授权之日起 15 年，期限届满即终止。

2.品种权在保护期限届满前发生终止的情形。

（1）品种权人未按照规定缴纳年费的。

（2）品种权人以书面声明放弃品种权的。

（3）经检测该授权品种不再符合被授予品种权时的特征和特性的。

（4）品种权人未按照审批机关的要求提供检测所需的该授权品种的繁殖材料的。

品种权的终止，由审批机关登记和公告。

【例 09-02】甲公司于 2019 年 5 月 6 日在外国就某果树新品种提出品种权申请并被受理，并于 2019 年 10 月 20 日就同一品种在中国提出品种权申请，要求享有优先权并及时提交了相关文件。我国审批机关于 2020 年 10 月 30 日授予其品种权。根据植物新品种保护条例及相关规定，下列关于该品种权保护期限的说法哪些是正确的？

A.保护期限从 2019 年 5 月 6 日起计算

B.保护期限从 2019 年 10 月 20 日起计算

C.保护期限从 2020 年 10 月 30 日起计算

D.该品种权的保护期限是 20 年

【参考答案】CD

第三节　品种权的无效宣告和保护

本节知识要点

本节主要介绍品种权的无效宣告理由、程序，以及侵犯品种权的行为及应当承担相应的民事责任和行政责任。品种权的无效宣告和保护的主要内容如图 9-4 所示。

一、品种权的无效宣告

（一）宣告品种权无效的情形

1.依职权宣告品种权无效。自审批机关公告授予品种权之日起，植物新品种复审委员会可以依据职权宣告品种权无效；宣告品种权无效的决定，由审批机关登记和公告，并通知当事人。

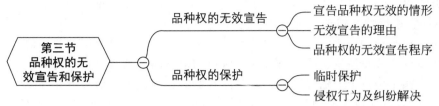

图 9-4　品种权的无效宣告和保护的主要内容

2.依申请宣告品种权无效。自审批机关公告授予品种权之日起，植物新品种复审委员会可以依据任何单位或者个人的书面请求，宣告品种权无效。宣告品种权无效的决定，由审批机关登记和公告，并通知当事人。

（二）无效宣告的理由

对植物新品种提出无效宣告的理由为品种权不符合《植物新品种保护条例》第 14 条（新颖性）、第 15 条（特异性）、第 16 条（一致性）和第 17 条（稳定性）规定。

品种权的名称不适当的，予以更名，非无效理由。宣告品种权更名的决定，由审批机关登记和公告，并通知当事人。

（三）品种权的无效宣告程序

1.宣告品种权无效的机构。宣告品种权无效的机构是植物新品种复审委员会。

2.对无效决定不服的救济。品种权人对复审委员会宣告其品种权无效的决定不服的，可以自收到通知之日起 3 个月内向人民法院提起诉讼。

3.宣告品种权无效的决定的效力。被宣告无效的品种权视为自始不存在。对于被无效前的侵权处理决定、实施许可和转让，已经履行的，不具有追溯力。因品种权人的恶意而给他人造成损失的，应当给予合理赔偿。

二、品种权的保护

（一）临时保护

品种权被授予后，在自初步审查合格公告之日起至被授予品种权之日止的期间，对未经申请人许可，为商业目的生产或者销售该授权品种的繁殖材料的单位和个人，品种权人享有追偿的权利。

（二）侵权行为及纠纷解决

1.侵权纠纷及处理方式。

（1）未经品种权人许可，以商业目的生产或者销售授权品种的繁殖材料的，品种权人或者利害关系人可以请求省级以上人民政府农业、林业行政部门依据各自的职权进行处理，也可以直接向人民法院提起诉讼。

（2）省级以上人民政府农业、林业行政部门依据各自的职权，根据当事人自愿的原则，对侵权所造成的损害赔偿可以进行调解。调解达成协议的，当事人应当履行；调解未达成协议的，品种权人或者利害关系人可以依照民事诉讼程序向人民法院提起诉讼。

（3）省级以上人民政府农业、林业行政部门依据各自的职权处理品种权侵权案件时，为维护社会公共利益，可以责令侵权人停止侵权行为，没收违法所得和植物品种繁殖材料；货值金额5万元以上的，可处货值金额1倍以上5倍以下的罚款；没有货值金额或者货值金额5万元以下的，根据情节轻重，可处25万元以下的罚款。

2.假冒授权品种的行为。假冒授权品种的，由县级以上人民政府农业、林业行政部门依据各自的职权责令停止假冒行为，没收违法所得和植物品种繁殖材料；货值金额5万元以上的，处货值金额1倍以上5倍以下的罚款；没有货值金额或者货值金额5万元以下的，根据情节轻重，处25万元以下的罚款；情节严重，构成犯罪的，依法追究刑事责任。

3.销售授权品种未使用其注册登记的名称。销售授权品种未使用其注册登记的名称的，由县级以上人民政府农业、林业行政部门依据各自的职权责令限期改正，可以处1000元以下的罚款。

【例09-03】根据植物新品种保护条例及相关规定，下列哪些行为可以不经品种权人许可，不向其支付使用费？

A.农民自繁自用授权品种的繁殖材料

B.利用授权品种进行育种及其他科研活动

C.为商业目的将该授权品种的繁殖材料重复使用于生产另一品种的繁殖材料

D.为商业目的生产该授权品种的繁殖材料

【参考答案】AB

本章知识点回顾

对于品种权的申请、审查、授权、保护，考生可以结合专利法学习的内容对比掌握、记忆。品种权的审查流程类似于发明专利申请的审查流程，包括申请、受理、初步审查合格后公布、临时保护、通过实质审查后授权、复审、无效、保护、强制许可等。其中，主要区别点在于：

（1）发明专利的授权条件为符合"三性"，即新颖性、创造性、实用性；品种权的授权条件为符合"四性"，即新颖性、特异性、一致性、稳定性。

（2）发明专利申请的新颖性要求申请日之前未公开过；品种权的新颖性要求申请日之前未公开销售过，或者在国内销售时间不超过1年，在国外销售藤本植物、林木、果树和观赏树木品种繁殖材料未超过6年，销售其他植物品种繁殖材料未超过4年。

（3）发明专利初步审查合格后，自申请日（优先权日）起满18个月公布；品种权的初步审查期限为6个月，合格后即公布。

（4）发明专利申请在受理后缴纳申请费；品种权申请在初步审查合格公告后缴纳申请费。

（5）发明专利申请被驳回后3个月内申请人可以提出复审，对复审决定不服的，收到复审决定3个月内可起诉；品种权申请被驳回后3个月内申请人可以提出复审，对复审决定不服的，收到复审决定15日内可起诉。

（6）发明专利权的无效宣告只依申请；品种权的无效宣告既可以依申请，也可以依职权。

（7）专利权和品种权的保护均实行行政保护和司法保护双轨制。

第十章

《集成电路布图设计保护条例》

 本章知识点框架

　　本章主要介绍了集成电路布图设计专有权的有关内容，包括布图设计专有权的授权客体、获得布图设计专有权的程序、专有权的内容、复审和撤销程序，以及专有权的保护等。重点需要掌握申请保护的条件和程序；掌握布图设计专有权的内容、保护和保护期限。本章主要知识点框架如图 10-1 所示。

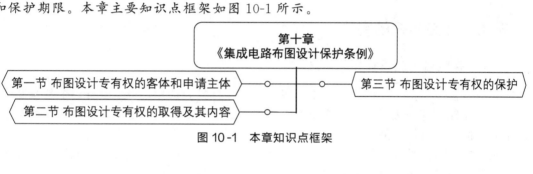

图 10-1　本章知识点框架

第一节 布图设计专有权的客体和申请主体

本节主要介绍集成电路布图设计保护的对象、主体以及集成电路布图设计专用权的实质性条件。本节的重点在于对集成电路布图设计的保护对象的三重性的把握。布图设计专有权的客体和申请主体的主要内容如图 10-2 所示。

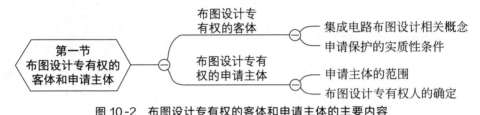

图 10-2 布图设计专有权的客体和申请主体的主要内容

一、布图设计专有权的客体

(一) 集成电路布图设计相关概念

1. 集成电路，是指半导体集成电路，即以半导体材料为基片，将至少有一个是有源元件的两个以上元件和部分或者全部互连线路集成在基片之中或者基片之上，以执行某种电子功能的中间产品或者最终产品。

2. 集成电路布图设计，是指集成电路中至少有一个是有源元件的两个以上元件和部分或者全部互连线路的三维配置，或者为制造集成电路而准备的上述三维配置。

3. 布图设计权利人，是指依照《集成电路布图设计保护条例》的规定，对布图设计享有专有权的自然人、法人或者非法人组织。

4. 复制，是指重复制作布图设计或者含有该布图设计的集成电路的行为。

5. 商业利用，是指为商业目的进口、销售或者以其他方式提供受保护的布图设计、含有该布图设计的集成电路或者含有该集成电路的物品的行为。

(二) 申请保护的实质性条件

申请保护的布图设计应当具有的实质性条件为：

1. 具有独创性，不属于常规设计。该布图设计是创作者自己的智力劳动成果，并且在其创作时该布图设计在布图设计创作者和集成电路制造者中不是公认的常规设计。受保护的由常规设计组成的布图设计，其组合作为整体也应当具有独创性。

2. 申请保护的布图设计，不延及思想、处理过程、操作方法或者数学概念等。

【例 10-01】根据集成电路布图设计保护条例及相关规定，下列哪些说法是正确的？

A. 受保护的集成电路布图设计应当是创作者自己的智力劳动成果，并且在其创作时该布图设计在布图设计创作者和集成电路制造者中不是公认的常规设计

B. 受保护的集成电路布图设计应当富有美感

C. 对集成电路布图设计的保护不延及思想、处理过程、操作方法或者数学概念等

D. 集成电路布图设计专有权自创作完成之日起产生

【参考答案】AC

二、布图设计专有权的申请主体

（一）申请主体的范围

1. 中国自然人、法人或非法人组织。中国自然人、法人或者非法人组织创作的布图设计，依照《集成电路布图设计保护条例》享有布图设计专有权。

2. 外国人。外国人创作的布图设计首先在中国境内投入商业利用的，依照《集成电路布图设计保护条例》享有布图设计专有权。外国人创作的布图设计，其创作者所属国同中国签订有关布图设计保护协议或者与中国共同参加有关布图设计保护国际条约的，依照《集成电路布图设计保护条例》享有布图设计专有权。

（二）布图设计专有权人的确定

1. 布图设计属于其创作者。布图设计专有权属于布图设计创作者，《集成电路布图设计保护条例》另有规定的除外。

（1）由法人或者非法人组织主持，依据法人或者非法人组织的意志而创作，并由法人或者非法人组织承担责任的布图设计，该法人或者非法人组织是创作者。

（2）由自然人创作的布图设计，该自然人是创作者。

2. 合作产生的布图设计归属。两个以上自然人、法人或者非法人组织合作创作的布图设计，其专有权的归属由合作者约定；未作约定或者约定不明的，其专有权由合作者共同享有。

3. 委托产生的布图设计归属。受委托创作的布图设计，其专有权的归属由委托人和受托人双方约定；未作约定或者约定不明的，其专有权由受托人享有。

第二节　布图设计专有权的取得及其内容

本节知识要点

本节主要介绍布图设计的受理、审查、授权、复审、撤销、保护程序和内容，以及对布图设计专有权的限制，包括合理使用、权利用尽和非自愿许可制度。由于布图设计的审查授权部门同样是国务院专利行政部门，因此在程序、期限方面与专利权的授予有很大的相似性，可以对比掌握。本节的难点在于布图设计专用权没有无效宣告程序，但有撤销程序，且撤销仅规定了依职权撤销。布图设计专有权的取得及其内容的主要内容如图 10-3 所示。

一、布图设计专有权的申请

（一）布图设计的登记机关

国务院知识产权行政部门依照《集成电路布图设计保护条例》的规定，负责布图设计专

有权的有关管理工作，受理布图设计登记申请。

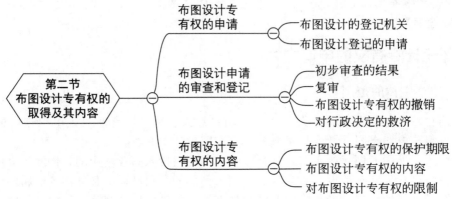

图 10-3　布图设计专有权的取得及其内容的主要内容

布图设计专有权经国务院知识产权行政部门登记产生。

未经登记的布图设计不受《集成电路布图设计保护条例》的保护。

（二）布图设计登记的申请

申请布图设计专有权登记的，应当满足下列要求：

1.申请人申请布图设计登记时，应当提交下列材料：

（1）布图设计登记申请表一式两份；

（2）一份布图设计的复制件或者图样；

（3）布图设计在申请日以前已投入商业利用的，还应当提交4件含有该布图设计的集成电路样品；

（4）国家知识产权局规定的其他材料。

2.申请文件使用的语言。布图设计专有权申请文件应当采用中文撰写。

3.提出申请的时间条件。布图设计创作完成之后，就可以向国家知识产权局提出登记申请。布图设计自其在世界任何地方首次商业利用之日起2年内，未向国务院知识产权行政部门提出登记申请的，国务院知识产权行政部门不再予以登记。

4.代理。中国单位或者个人在国内申请布图设计登记和办理其他与布图设计有关的事务的，可以委托专利代理机构办理。在中国没有经常居所或者营业所的外国人、外国企业或者外国非法人组织在中国申请布图设计登记和办理其他与布图设计有关的事务的，应当委托国家知识产权局指定的专利代理机构办理。

5.申请日的确定。国家知识产权局收到符合规定的布图设计申请文件之日为申请日。如果申请文件是邮寄的，以寄出的邮戳日为申请日。

6.不予受理。布图设计登记申请有下列情形的，国家知识产权局不予受理，并通知申请人：

（1）未提交布图设计登记申请表或者布图设计的复制件或者图样的，已投入商业利用而未提交集成电路样品的，或者提交的上述各项不一致的；

（2）外国申请人的所属国未与中国签订有关布图设计保护协议或者与中国共同参加有关国际条约的；

（3）所涉及的布图设计自创作完成之日起已经满15年，不予保护的；

（4）所涉及的布图设计自其在世界任何地方首次商业利用之日起已经满2年，不予登记的；

（5）申请文件未使用中文的；

（6）申请类别不明确或者难以确定其属于布图设计的；

（7）未按规定委托代理机构的；

（8）布图设计登记申请表填写不完整的。

7. 文件的补正与修改。已经受理的申请，申请文件不符合规定的，申请人应当在收到国家知识产权局的审查意见通知之日起 2 个月内进行补正。补正应当按照审查意见通知书的要求进行。

（1）逾期未答复的，该申请视为撤回。

（2）申请人按照国家知识产权局的审查意见补正后，申请文件仍不符合规定的，国家知识产权局应当作出驳回决定。

国家知识产权局可以自行修改布图设计申请文件中文字和符号的明显错误。国家知识产权局自行修改的，应当通知申请人。

二、布图设计申请的审查和登记

（一）初步审查的结果

布图设计登记申请经初步审查，未发现驳回理由的，由国务院知识产权行政部门予以登记，发给登记证明文件，并予以公告。

（二）复审

布图设计登记申请人对国务院知识产权行政部门驳回其登记申请的决定不服的，可以自收到通知之日起 3 个月内，向国务院知识产权行政部门请求复审。

国务院知识产权行政部门复审后，作出决定，并通知布图设计登记申请人。布图设计登记申请人对国务院知识产权行政部门的复审决定仍不服的，可以自收到通知之日起 3 个月内向人民法院起诉。

（三）布图设计专有权的撤销

布图设计专有权的撤销仅存在依职权撤销的方式。

布图设计获准登记后，国务院知识产权行政部门发现该登记不符合《集成电路布图设计保护条例》规定的，应当予以撤销，通知布图设计权利人，并予以公告。布图设计权利人对国务院知识产权行政部门撤销布图设计登记的决定不服的，可以自收到通知之日起 3 个月内向人民法院起诉。

被撤销的布图设计专有权视为自始即不存在。

（四）对行政决定的救济

当事人对国家知识产权局作出的有关集成电路布图设计登记申请、布图设计专有权的具体行政行为不服或者有争议的，可以向国家知识产权局行政复议部门申请复议。对下列情形之一，不能申请行政复议：

（1）集成电路布图设计登记申请人对驳回登记申请的决定不服的；

（2）集成电路布图设计登记申请人对复审决定不服的；

（3）集成电路布图设计权利人对撤销布图设计登记的决定不服的；

（4）集成电路布图设计权利人、非自愿许可取得人对非自愿许可报酬的裁决不服的；

（5）集成电路布图设计权利人、被控侵权人对集成电路布图设计专有权侵权纠纷处理决定不服的。

【例10-02】根据集成电路布图设计保护条例及相关规定，布图设计登记申请人对国家知识产权局驳回其登记申请的决定不服的可以选择下列哪种救济途径？

A. 自收到通知之日起3个月内向国家知识产权局申请行政复议

B. 自收到通知之日起3个月内向国家知识产权局专利复审委员会请求复审

C. 自收到通知之日起3个月内向国家知识产权局专利复审委员会申诉

D. 自收到通知之日起3个月内直接向人民法院提起行政诉讼

【参考答案】B

三、布图设计专有权的内容

（一）布图设计专有权的保护期限

布图设计权的保护期限为10年，自布图设计登记申请之日或者在世界任何地方首次投入商业利用之日起计算，以较前日期为准。

无论是否登记或者投入商业利用，布图设计自创作完成之日起15年后，不再受集成电路布图设计保护条例保护。

（二）布图设计专有权的内容

1.布图设计权利人享有的专有权。

（1）对受保护的布图设计的全部或者其中任何具有独创性的部分进行复制。

（2）将受保护的布图设计、含有该布图设计的集成电路或者含有该集成电路的物品投入商业利用。

2.布图设计专有权的转让和许可。布图设计权利人可以将其专有权转让或者许可他人使用其布图设计。

（1）转让布图设计专有权的，当事人应当订立书面合同，并向国务院知识产权行政部门登记，由国务院知识产权行政部门予以公告。布图设计专有权的转让自登记之日起生效。

（2）许可他人使用其布图设计的，当事人应当订立书面合同。

【例10-03】根据集成电路布图设计保护条例及相关规定，下列哪些说法是正确的？

A. 布图设计专有权的保护期为15年

B. 布图设计专有权的保护期自登记申请之日或者在世界任何地方首次投入商业利用之日起计算，以较前日期为准

C. 布图设计专有权经国务院知识产权行政部门登记产生

D. 无论是否登记或者投入商业利用，布图设计自创作完成之日起10年后，不再受到集成电路布图设计保护条例保护

【参考答案】BC

（三）对布图设计专有权的限制

1.合理使用。下列行为可以不经布图设计权利人许可，不向其支付报酬：

（1）为个人目的或者单纯为评价、分析、研究、教学等目的而复制受保护的布图设

计的;

（2）在依据前项评价、分析受保护的布图设计的基础上，创作出具有独创性的布图设计的;

（3）对自己独立创作的与他人相同的布图设计进行复制或者将其投入商业利用的。

2.权利用尽。受保护的布图设计、含有该布图设计的集成电路或者含有该集成电路的物品，由布图设计权利人或者经其许可投放市场后，他人再次商业利用的，可以不经布图设计权利人许可，并不向其支付报酬。

3.非自愿许可。

（1）非自愿许可的条件。在国家出现紧急状态或者非常情况时，或者为了公共利益的目的，或者经人民法院、不正当竞争行为监督检查部门依法认定布图设计权利人有不正当竞争行为而需要给予补救时，国务院知识产权行政部门可以给予使用其布图设计的非自愿许可。

（2）取得非自愿许可的被许可人的义务。取得使用布图设计非自愿许可的自然人、法人或者非法人组织不享有独占的使用权，并且无权允许他人使用。

（3）非自愿许可中布图设计专有权人的获得报酬权。取得使用布图设计非自愿许可的自然人、法人或者非法人组织应当向布图设计权利人支付合理的报酬，其数额由双方协商;双方不能达成协议的，由国务院知识产权行政部门裁决。

（4）非自愿许可中布图设计专有权人的救济权。布图设计权利人对国务院知识产权行政部门关于使用布图设计非自愿许可的决定不服的，布图设计权利人和取得非自愿许可的自然人、法人或者非法人组织对国务院知识产权行政部门关于使用布图设计非自愿许可的报酬的裁决不服的，可以自收到通知之日起 3 个月内向人民法院起诉。

【例 10-04】根据集成电路布图设计保护条例及相关规定，下列哪些行为可以不经布图设计权利人许可，不向其支付报酬?

A.为个人目的而复制受保护的布图设计

B.为研究目的而复制受保护的布图设计

C.在评价、分析受保护的布图设计的基础上，创作出具有独创性的布图设计

D.对自己独立创作的与他人相同的布图设计投入商业利用

【参考答案】ABCD

第三节 布图设计专有权的保护

本节知识要点

本节主要介绍对布图设计专有权的侵权行为及需要承担的民事责任，以及纠纷的解决途径。本节的难点在于善意侵权，其与专利法中的善意侵权规定是不同的，建议对比掌握。布图设计专有权的保护的主要内容如图 10-4 所示。

一、侵权行为及其民事责任

除《集成电路布图设计保护条例》另有规定的外，未经布图设计权利人许可，有下列行为之一的，行为人必须立即停止侵权行为，并承担赔偿责任：

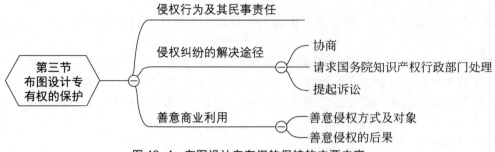

图 10-4　布图设计专有权的保护的主要内容

1. 复制受保护的布图设计的全部或者其中任何具有独创性的部分的。

2. 为商业目的进口、销售或者以其他方式提供受保护的布图设计、含有该布图设计的集成电路或者含有该集成电路的物品的。

侵犯布图设计专有权的赔偿数额，为侵权人所获得的利益或者被侵权人所受到的损失，包括被侵权人为制止侵权行为所支付的合理开支。

二、侵权纠纷的解决途径

（一）协商

未经布图设计权利人许可，使用其布图设计，即侵犯其布图设计专有权，引起纠纷的，由当事人协商解决。

（二）请求国务院知识产权行政部门处理

不愿协商或者协商不成的，布图设计权利人或者利害关系人可以请求国务院知识产权行政部门处理。

国务院知识产权行政部门处理时，认定侵权行为成立的，可以责令侵权人立即停止侵权行为，没收、销毁侵权产品或者物品。当事人不服的，可以自收到处理通知之日起 15 日内依照《行政诉讼法》向人民法院起诉；侵权人期满不起诉又不停止侵权行为的，国务院知识产权行政部门可以请求人民法院强制执行。

（三）提起诉讼

1. 行政调解后诉讼。应当事人的请求，国务院知识产权行政部门可以就侵犯布图设计专有权的赔偿数额进行调解；调解不成的，当事人可以依照《民事诉讼法》向人民法院起诉。

2. 直接提起诉讼。不愿协商或者协商不成的，布图设计权利人或者利害关系人可以向人民法院起诉。

三、善意商业利用

（一）善意侵权方式及对象

在获得含有受保护的审图设计的集成电路或者含有该集成电路的物品时，不知道也没有合理理由应当知道其中含有非法复制的布图设计，而将其投入商业利用的，不视为侵权。

善意侵权免责仅适用于商业利用权，不适用于复制权，而且仅适用于含有非法复制的集成电路或者含有该集成电路的物品，不适用于布图设计本身。

（二）善意侵权的后果

行为人得到其中含有非法复制的布图设计的明确通知后，可以继续将现有的存货或者此前的订货投入商业利用，但应当向布图设计权利人支付合理的报酬。

📖 本章知识点回顾

集成电路布图设计实质上是一种图形设计，但它并非是工业品外观设计，不能适用专利法保护。因为从专利法的保护对象来看，针对产品、方法或其改进所提出的新的技术方案要求具有创造性、新颖性和实用性。这一点对于集成电路布图设计而言往往难以做到。从专利的取得程序来看，专利申请审批的时间长，成本较高，不利于技术的推广和应用。

集成电路布图设计虽然在形态上是一种图形设计，但它既不是一定思想的表达形式，也不具备艺术性，因而不在作品之列，不能采用著作权法加以保护。而且集成电路布图设计更新换代较快，若用著作权法来保护布图设计，则会因著作权的保护期过长而不利于集成电路业的发展。

集成电路布图设计权是一项独立的知识产权，是权利持有人对其布图设计进行复制和商业利用的专有权利。布图设计权的主体是指依法能够取得布图设计专有权的人，通常称为专有权人或权利持有人。

由于布图设计登记的行政机关也是国务院专利行政部门，因此大部分规定是相同或类似的。因此，对布图设计知识点的掌握，可以参照专利法的相关规定进行掌握。

第十一章

《保护工业产权巴黎公约》

本章知识点框架

　　本章介绍了《巴黎公约》确定的工业产权的基本概念、优先权制度、强制许可制度等内容。重点需要掌握《巴黎公约》确立的专利国际保护的基本原则和基本制度。本章主要知识点框架如图 11-1 所示。

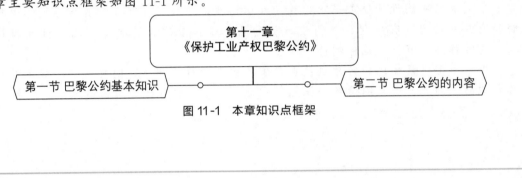

图 11-1　本章知识点框架

第一节 巴黎公约基本知识

本节知识要点

本节主要介绍巴黎公约中予以保护的工业产权类型、国民待遇原则、优先权制度、临时保护制度等内容。本节的重点是掌握国民待遇原则的含义以及优先权制度的适用。巴黎公约基本知识的主要内容如图 11-2 所示。

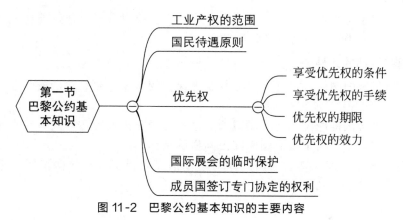

图 11-2 巴黎公约基本知识的主要内容

一、工业产权的范围

1. 巴黎公约的签署

法国、意大利、瑞士等 11 个国家，经过多次磋商，1883 年 3 月 20 日正式通过了巴黎公约，并成立了保护工业产权巴黎联盟。

公约签署之后，成员国逐年增加，截止到 2011 年 4 月 30 日，巴黎联盟的成员国已有 173 个布图设计。

2. 我国加入公约的时间、版本

在专利法施行前的 12 天，也就是 1985 年 3 月 19 日，我国正式成为巴黎联盟成员国，是该联盟的第 96 个成员国。

包括我国在内的大多数国家适用的都是 1967 年斯德哥尔摩文本。

3. 工业产权的范围

公约中工业产权的范围包括"专利、实用新型、工业品外观设计、商标、服务标记、厂商名称、货源标记或原产地名称和制止不正当竞争"。

对于在公约中有明文规定的工业产权保护对象，专利、商标、工业品外观设计、厂商名称、制止不正当竞争等，给予法律保护依然是联盟各成员国必须履行的义务。

【例 11-01】下列哪些是《保护工业产权巴黎公约》规定的工业产权？

A. 专利权　　　　　　B. 商标权　　　　　　C. 版权　　　　　　D. 服务标记

【参考答案】ABD

二、国民待遇原则

1. 国民待遇的含义

国民待遇指在一定事项或范围内，国家给予其境内的外国人与其本国国民同等的待遇。简称外国人等同于本国人。

公约中的国民待遇是指对于工业产权的保护，联盟任何国家的国民在联盟所有其他国家内应当享有各该国法律现在授予或者今后可能授予国民的一切利益；他们应当享有和国民同样的保护，在他们的权利被侵犯时享有同样的法律救济手段，但是以他们遵守对国民规定的条件和手续为限。

2. 可以保留的条款

联盟中每一国家法律中关于司法和行政程序、管辖权以及指定送达地址或委派代理人的规定，工业产权法律中可能有救济手段要求的，均明确地予以保留。

3. 享有国民待遇的条件

属于联盟成员国的国民，不得规定在其要求保护的国家必须有住所或营业所才能享有工业产权。

联盟成员以外各国的国民，在本联盟国家之一的领土内设有住所或者有真实和有效的工商业营业所的，应当享有与本联盟国家国民同样的待遇。

享有国民待遇要求遵守其请求国法律对本国国民获得工业产权保护所规定的条件和手续、履行相应的程序法上的义务。

三、优先权

（一）享受优先权的条件

有资格享有优先权的人与享有国民待遇的主体是一致的，即适用于成员国的所有居民、国民。公约要求在先申请必须是专利、实用新型注册、工业品外观设计注册和商标注册中的一种。

在成员国递交的第一次申请还必须是法律意义上的"正规国家申请"，但要求作为优先权基础时其法律状态在所不问。

任何人希望利用一项在先申请的优先权的，应当作出声明，说明提出该申请的日期和受理该申请的国家。每一国家应当确定作出该项声明的最后日期。

（二）享受优先权的手续

1. 要求优先权的声明。申请人必须提出书面声明表明其希望以之前提交的一项申请作为享有优先权的基础，并且说明提出该申请的日期、受理该申请的国家和申请号。

2. 提交在先申请的副本。

（1）成员国可以要求作出优先权声明的申请人提交以前提出的申请的副本，包括申请时提交的必备文件，权利要求书、说明书、附图，外观设计的图片和照片等。

（2）对于提交副本的期限，应当允许申请人可以在提出在后申请后 3 个月内随时提交，并且不需要缴纳费用。

（三）优先权的期限

1.发明或实用新型的优先权期限。对于发明专利和实用新型，在后申请不得迟于自在先首次申请的申请日之日起 12 个月内提出。以发明专利申请的提交为基础的优先权而在一个国家提出实用新型的申请是许可的，反之也一样。

2.外观设计的优先权期限。对于外观设计和商标，在后申请不得迟于自在先首次申请的申请日之日起 6 个月内提出。以实用新型申请为基础的优先权而提出外观设计申请的，优先权的期间应当以外观设计规定的优先权期间相同，即在后申请之日不得迟于该实用新型首次申请之日起 6 个月。

（四）优先权的效力

申请日前公众所知的技术都属于现有技术，如果要求了优先权，那么现有技术的界限就以优先权日为准，而不是实际申请日。

四、国际展会的临时保护

本联盟各国应当按照其本国法律，对在本联盟任何国家领土内举办的官方或者经官方承认的国际展览会展出的商品中，可以取得专利的发明、实用新型、工业品外观设计和商标，给予临时保护。

每一个国家认为必要时，可以要求提供证明文件，证实展出的物品及其引进展览会的日期。

五、成员国签订专门协定的权利

本联盟国家在与本公约的规定不相抵触的限度内，保留有相互间分别签订关于保护工业产权的专门协定的权利。

第二节　巴黎公约的内容

📚 本节知识要点

本节主要介绍巴黎公约中两种重要工业产权：专利和商标。专利具有独立性，一项专利申请或专利权在某一成员国的命运不会影响在另一成员国的授权及权利的有效性。注册商标专用权也是具有独立性的。各成员国对于专利、商标的授权与保护，均是按照本国法的规定审查与实施的。巴黎公约的内容的主要内容如图 11-3 所示。

一、专利

（一）专利的独立性

在不同国家就同一发明取得的专利是相互独立的。

1.各国专利授权、无效或终止的独立性。本联盟国家的国民在本联盟各国申请的专利，与在其他国家（不论是否本联盟的成员）就同一发明所取得的专利是相互独立的。

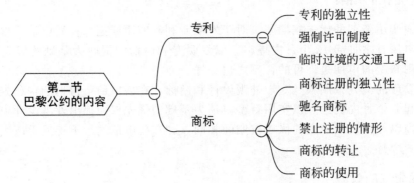

图 11-3　巴黎公约的内容的主要内容

一个成员国就该发明授予了专利权，其他成员国没有义务对同一发明授予专利权，即便是一个成员国驳回了该发明的专利申请，其他成员国仍然可以依据本国专利法授予该发明专利权。

如果一个成员国宣告专利权无效或者专利权的效力在该国终止，其他成员国不能因此宣告本国就同一发明取得的专利权无效或者终止该专利权在本国的效力。在法律限制销售情况下的可享专利性：不应当以专利产品的销售或者依专利方法获得的产品的销售受到本国法律的限制或限定为理由，而拒绝授予专利或者宣告专利无效。

2.上述规定应当以不受限制的意义来理解，尤其是指在优先权期间申请的各项专利，就其无效和丧失权利的理由以及其正常的期间而言，是相互独立的。

3.在本联盟各国，因享有优先权利益而获得专利的期间，与没有优先权的利益而申请或授予的专利的期间相同。

4.发明人权利。发明人享有在专利中被记载为发明人的权利。

5.不应要求在商品上标示或载明专利、实用新型、商标注册或工业品外观设计保存，作为承认取得保护权利的条件。

6.维持费。为维持工业产权而规定缴纳费用，应当给予不少于 6 个月的宽限期，但是，如果本国法律有规定，应当缴纳附加费。本联盟各国对因未缴纳费用而终止的专利有权规定予以恢复。

7.平行进口。一种产品进口到对该产品的制造方法有专利保护的本联盟国家时，专利权人对该进口产品应当享有与根据进口国法律他对在该国依照专利方法制造的产品的一切权利。

8.工业品外观设计。在本联盟所有国家，工业品外观设计均应受到保护。

【例 11-02】根据《保护工业产权巴黎公约》的规定，下列哪些说法是正确的？

A.成员国国民在某一成员国申请的专利，与在其他成员国或者非成员国就同一发明所取得的专利相互独立

B.成员国国民就同一发明在优先权期限内向不同成员国申请的专利，在某一成员国被驳回的，在其他成员国亦必须被驳回

C.成员国可以以专利产品的销售受到本国法律禁止为理由，拒绝授予专利权

D.成员国不得以专利产品的销售受到本国法律禁止为理由，拒绝授予专利权

【参考答案】AD

(二）强制许可制度

强制许可就是在符合法定条件的前提下，由国家的政府部门依法允许第三方实施某项专利技术，而不必征得专利权人的同意。关于专利实施的强制许可的各项规定准用于发明、实用新型。实施强制许可的条件包括：

（1）必须是专利权被授予后满 3 年或者自申请专利之日起满 4 年，以后届满的期限为准，他人才能够以专利权人未实施或者未充分实施专利为由申请强制许可；如果专利权人不实施专利有正当的理由，是不能给予强制许可的。

（2）强制许可只能是非独占许可，管理机关颁发了强制许可之后，专利权人自己仍旧有权许可他人实施其专利。

（3）除与实施该许可的企业或商誉一起转让外，强制许可是不得转让的。

（4）强制许可的被许可人也不得再许可其他人实施专利。

对于强制许可使用费，巴黎公约没有明确规定支付，但根据惯例，被许可人应当向许可人支付使用费。

只有在给予强制许可仍然不足以防止专利权的滥用时，成员国才可以规定取消专利，实际是将剥夺专利权作为颁发强制许可之后更严厉的一项措施；而且自授予第一个强制许可之日起 2 年届满前，是不得要求专利管理机关取消或撤销专利的。

对工业品外观设计的保护，在任何情况下，不得以不实施或者以进口物品与受保护的外观设计相同为理由，而使之丧失。

（三）临时过境的交通工具

临时过境交通工具的使用必须是在属于联盟成员国的船舶、飞机或者陆上车辆暂时或偶尔进入其他成员国的领水或其他成员国时，不视为侵犯专利权。

对于船舶而言，限于在船舶的船体、机械、船具、装备及其他附件上使用构成专利对象的器械，但以专为该船的需要而使用这些器械为限。

对于飞机或者陆上车辆而言，限于在该飞机或陆地车辆的构造或操作中，或者在该飞机或陆地车辆附件的构造或操作中使用构成专利对象的器械。

二、商标

（一）商标注册的独立性

商标的申请和注册条件，在本联盟各国由其本国法律决定。但是，本联盟任何国家对本联盟国家的国民提出的商标注册申请，不得以未在原属国申请、注册或续展为理由而予以拒绝，或者宣告注册无效。

（二）驰名商标

本联盟各国承诺，如果申请注册的商标构成对另一商标的复制、仿制或者翻译，容易产生混淆，而注册国或使用国主管机关认为该另一商标在该国已经驰名，是有权享受本公约利益的人的商标，并且用于相同或类似的商品，该国将依职权或者应有关当事人的请求，拒绝或取消注册，并禁止使用。这些规定在商标的主要部分构成对上述驰名商标的复制或者仿制，容易与该商标产生混淆时，也应适用。

允许提出取消这种商标注册请求的期间，自注册之日起至少为 5 年。对于依恶意取得注册或者使用的商标提出取消注册或者禁止使用的请求，不应规定时间限制。

（三）禁止注册的情形

本联盟各国同意，对未经主管机关许可，而将本联盟国家的国徽、国旗和其他的国家徽记，各该国用以表明监督和保证的官方符号和检验印章，以及从徽章学的观点来看的任何仿制，作为商标或者作为商标的组成部分的，拒绝予以注册或者宣告注册无效，并采取适当措施禁止使用。

上述规定应当同样适用于本联盟一个或数个国家参加的政府间国际组织的徽章、旗帜、其他徽记、缩写和名称，但是现行国际协定已经规定予以保护的徽章、旗帜、其他徽记、缩写和名称除外。

关于禁止使用表明监督、保证的官方符号和检验印章的规定，应当只适用于在相同或类似商品上使用包含该符号或印章的商标的情形。

在有恶意的情形下，各国有权撤销含有国家徽记、符号和检验印章的商标。

（四）商标的转让

根据本联盟国家的法律，商标转让只有在与其所属的企业或商誉同时移转才有效时，如果该企业或商誉座落在该国的部分，连同在该国制造或者销售标有被转让商标的商品的专有权一起移转于受让人，即足以承认其转让行为有效。

（五）商标的使用

使用商标的商品性质决不应当成为该商标注册的障碍。

如果在任何国家，注册商标的使用是强制的，只有经过适当的期间，而且只有有关人员并未证明其不使用有正当理由，才可以取消注册。

商标所有人使用的商标，在形式上与其在本联盟国家之一所注册的商标的形式有一些构成部分不同，而并未改变商标的显著性的，不应导致注册无效，也不应减少对商标的保护。

【例 11-03】根据《保护工业产权巴黎公约》的规定，下列关于强制许可的说法哪些是正确的？

A. 成员国可以以不实施为由授予专利强制许可

B. 专利强制许可在任何情况下都不得转让

C. 专利权人将在某成员国内制造的物品进口到对该物品授予专利的国家的，不应导致该项专利的取消

D. 巴黎公约中关于专利强制许可的各项规定准用于实用新型

【参考答案】ACD

📖 **本章知识点回顾**

巴黎公约中规定的国民待遇原则、专利的独立性原则、优先权制度、强制许可制度及国际展会展出的临时保护制度，均体现在了我国的专利法制度中。

第十二章

《与贸易有关的知识产权协定》

 本章知识点框架

本章介绍了与贸易有关的知识产权协定，即 TRIPs 协定确定的知识产权保护客体的范围及具体规定。重点需要掌握协定确立的基本原则以及关于版权、专利、商标、工业品外观设计和集成电路布图设计的保护规定；理解协定关于知识产权执法的规定和争端解决机制。本章主要知识点框架如图 12-1 所示。

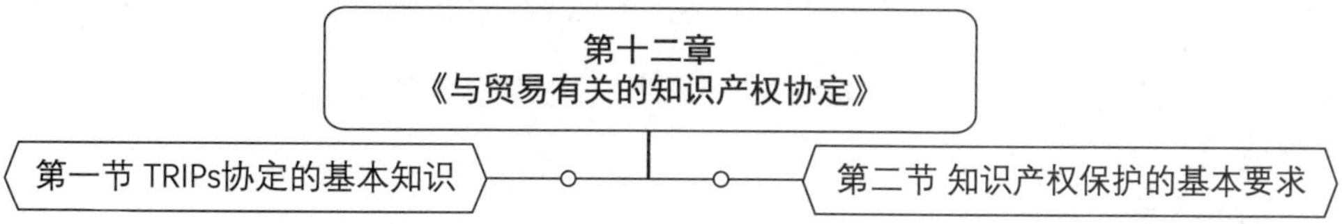

```
                    第十二章
              《与贸易有关的知识产权协定》

第一节 TRIPs协定的基本知识 ——○——┴——○—— 第二节 知识产权保护的基本要求
```

图 12-1 本章知识点框架

第一节　TRIPs 协定的基本知识

本节主要介绍 TRIPs 协定规定的国民待遇原则、最惠国待遇原则、最低保护原则及公共利益原则。TRIPs 协定中的知识产权范围在巴黎公约的基础上还增加了著作权、软件著作权、集成电路布图设计等知识产权。TRIPs 协定的基本知识的主要内容如图 12-2 所示。

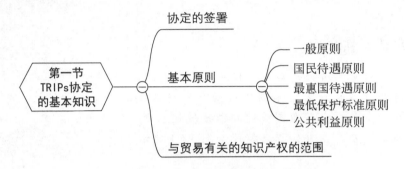

图 12-2　TRIPs 协定的基本知识的主要内容

一、协定的签署

协定第一次将知识产权保护制度与国际贸易协调机制联系在一起，并作为关贸总协定乌拉圭回合谈判达成的一揽子协定之一，得到了 WTO 成员的广泛接受，国际贸易领域中的最惠国待遇等基本原则将适用于知识产权制度。

与贸易有关的知识产权理事会应监督本协定的运作，特别是各缔约方依据本协定所应尽的义务，并为缔约方提供就与贸易有关的知识产权问题进行协商的机会。

二、基本原则

（一）一般原则

缔约方可以通过制定或修改其国内法律和规则，采取必要的措施来保护公众的健康和营养，维护在对于其社会经济和技术发展来说至关重要的领域中的公众利益，其条件是这些措施与本协定的规定相一致。

（二）国民待遇原则

除巴黎公约（1967）、伯尔尼公约（1971）、罗马公约和关于集成电路的知识产权条约已经规定的例外情况之外，每一缔约方在知识产权保护方面对其他缔约方的国民所提供的待遇不得低于对其本国国民所提供的待遇。关于表演者、录音制品制作者和广播组织，这一义务仅适用于本协定所规定的权利。

（三）最惠国待遇原则

最惠国待遇是指一国给予另一国国家或国民的待遇不低于现在或将来给予任何第三国国家或国民的待遇，即外国人等于外国人。

就知识产权的保护而言，一个缔约方向任何其他国家的国民所给予的任何利益、优待、特权或豁免都应立即和无条件地适用于所有其他缔约方的国民。

（四）最低保护标准原则

最低保护标准原则要求国内法不能低于协定所要求的保护水平。

（五）公共利益原则

允许成员为了维护公共利益、防止权利滥用，可以对知识产权的行使进行一定的限制。

三、与贸易有关的知识产权的范围

知识产权是私有权。TRIPs 协定的范围包括以下 8 项权利：①版权与邻接权；②商标权；③地理标志权；④工业品外观设计权；⑤专利权；⑥集成电路布图设计权；⑦对未公开信息的保护；⑧对许可合同中限制竞争行为的控制。

【例 12-01】下列关于《与贸易有关的知识产权协定》的说法哪些是正确的？

A. 该协定由世界知识产权组织管理

B. 该协定规定了知识产权保护方面的国民待遇原则

C. 该协定规定了知识产权保护方面的最惠国待遇原则

D. 在符合该协定规定的前提下，协定授权各成员采取适当措施制止滥用知识产权的做法

【参考答案】BCD

第二节 知识产权保护的基本要求

📚 本节知识要点

本节主要介绍 TRIPs 协定中版权、商标、专利、地理标志、布图设计、商业秘密多种知识产权的相关规定，以及知识产权执法的规定。本节的重点在于专利（发明、外观设计）保护的有关规定。知识产权保护的基本要求的主要内容如图 12-3 所示。

一、 TRIPs 协定的基本内容

（一）版权和有关权利

1. TRIPs 协定与伯尔尼公约的关系。TRIPs 协定与伯尔尼公约相比，主要增加了如下内容：

（1）计算机程序和其他资料的汇编；

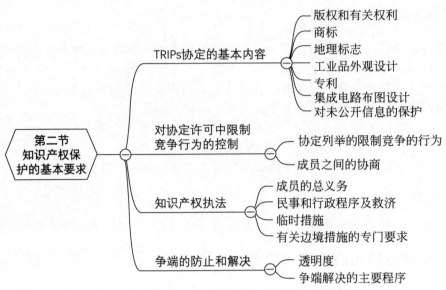

图 12-3　知识产权保护的基本要求的主要内容

（2）邻接权，即对表演者、录音制品制作者和广播组织者的保护；

（3）计算机程序和电影作品享有出租权。

2.TRIPs 协定中对版权的保护范围。版权保护的范围如下：

（1）以源代码表达的计算机程序；

（2）以目标代码表达的计算机程序；

（3）录音制品；

（4）协定所指的版权的保护应当及于表达，而不及于思想、工艺、操作方法或者数学概念本身，从而将操作方法、数学概念等也明确排除出了版权保护的客体范围。

3.计算机程序和数据汇编。计算机程序，不论是以源代码还是以目标代码表达，应当根据伯尔尼公约作为文字作品加以保护。

规定的可供汇编的素材更加宽泛，既包括享有著作权的作品，也可以是不构成作品的数据、材料，而且不论是用机器可读形式，还是其他形式，只要对（数据库）其内容的选择或者安排构成一种智力创作，都应当加以保护。

这种保护不涉及数据或者资料本身，汇编作者仅仅就其汇编作品享有版权，而且在行使权利的时候，不应损害数据或者资料本身拥有的版权。

4.出租权。至少对于计算机程序和电影作品来说，缔约方应该规定，其作者或者合法继承人有权允许或禁止将他们具有著作权作品的原件或复制件向公众出租。

对于电影作品来说，除非是这样的出租已经导致对此类作品的广泛复制，从而严重地损害了缔约方为作者或其合法继承者提供的关于复制的独占权，否则该缔约方可以不承担这一义务。对于计算机程序来说，这一义务不适用于程序本身不是出租的实质对象的情况。

5.保护期。除摄影作品或者实用艺术作品外，如果作品的保护期间不是以自然人的一生作为计算的基础，该期间应当自授权出版之年年终起不得少于 50 年，如果自作品完成起 50 年内没有授权出版，则自作品完成之年年终起不得少于 50 年。

6.对权利的限制和例外。允许各成员在版权制度中规定对权利的限制和例外。

成员的版权法应当明确规定权利限制和例外适用的情形，只有在法律规定的情形下，才可以限制依法享有的排他权的行使。

法律规定的限制和例外情形不能影响作品的正常使用，也不能损害权利人的合法权益。

7.对表演者、录音制品制作者和广播组织者的保护。规定成员应当给予保护的表演者、录音制品制作者和广播组织的权利。录音制品制作者应当享有许可或者禁止直接或间接复制其录音制品的权利。

（二）商标

1.可保护的客体。任何能够将一个企业的商品或服务区别于另一个企业的商品或服务的符号或符号组合都能够构成商标。这样的符号，特别是字符，包括个人姓名、字母、数字、图形要素和颜色组合以及任何这些符号的组合都应能够注册为商标。

作为注册的一个条件，缔约方可以要求符号是从视觉上可以感知的。

缔约方可以根据使用来确定可注册性。但是，对一个商标的实际使用不应成为提交注册申请的前提条件，不得仅仅以没有在自申请日起的 3 年之内实现所声称的使用为理由来驳回一个申请。

缔约方应该在商标注册之前或者在注册之后及时地公开每一个商标，并且提供合理的请求取消注册的机会。另外，缔约方还可以提供对已注册的商标提出异议的机会。

2.权利的范围。

（1）注册商标所有人拥有的排他权。注册商标的所有者应享有一种独占权，以防止任何第三方在未经其同意的情况下，在商业中对于与已注册的商品或服务相同或相似的商品或服务采用有可能会导致混淆的相同或相似的符号标记。在对相同或相似的商品或服务采用相同的符号标记时，就推定混淆的可能性已经存在。

上述权利不得损害任何已经存在的在先权利，也不得影响缔约方在使用的基础上授予权利的可能性。

必须明确的是，对商标的强制许可是不允许的，而且注册商标的所有者有权转让其已注册的商标，而无需在转让时将商标所属企业一同转让。

（2）驰名商标的保护。明确对用于服务的驰名商标提出保护要求。《保护工业产权巴黎公约》（1967）第 6 条之二的规定（商品的驰名商标）应准用于服务。

在确定一个商标是否为驰名商标时，应该考虑该商标在相关的公众范围内的知名度，包括在该缔约国由于对该商标的宣传而形成的知名度。

在成员国申请注册的商标是对在外国已经驰名，用于相同或类似商品的商标构成复制、仿制或翻译，或者商标的主要部分构成对上述驰名商标的复制或仿制，并且易于产生混淆的商标，主管机关应当依职权或者依利害关系人的请求，拒绝申请或撤销注册，并禁止使用。

如果上述商标已经获得注册，那么自注册之日起至少 5 年的期间内，应允许驰名商标所有人提出撤销请求。

对于恶意取得注册或使用的上述商标提出撤销注册或禁止使用的请求，不应规定时间限制。

3.保护期限。TRIPs 协定要求原始注册商标和每一次续展注册商标的保护期限不得短于 7 年。一个商标的续展注册次数不受限制。

4.使用的要求。如果成员商标制度中将使用作为维持注册的必要条件，只有在至少连续 3 年不使用，商标所有人又没有说明存在妨碍使用的正当理由，才可以取消其注册。

某些并非出于商标所有人的意愿而构成商标使用障碍的情况，如商标注册国对使用该商标的商品或服务施加进口限制或者当地政府提出其他要求，应当承认属于"不使用"的正当理由，就不能因此撤销该注册商标。

在接受商标所有者控制的情况下，另一人对商标的使用应被认作是能够维持商标注册的使用。

5.许可和转让。TRIPs协定允许缔约方可以确定商标许可和转让的条件：

（1）注册商标所有人有权将商标连同或不连同其所属的企业一起转让；

（2）注册商标的转让应当签订转让协议；

（3）注册商标的转让应当经过商标主管部门的核准。

（三）地理标志

1.地理标志的保护

（1）地理标志的含义。地理标志，亦称地理标记，是指示出一种商品是在一缔约国的领土内或者在上述领土的一个地区或地点所生产的原产产品的标记。而该产品的某种质量、声誉或者其他特性在本质上取决于其产地。

（2）下列行为属于侵害地理标志权利的行为：

① 在商品的名称或外表上使用任何方法，以明示或暗示有关商品来源于真实原产地以外的一个地理区域，在某种意义上对商品的地理来源误导公众；

② 在工商业事务中违反诚实的习惯做法的不正当竞争行为，如果涉及地理标志，TRIPs协定同样要求成员国采取措施制止，并为受损害方提供救济途径。

（3）地理标志保护与商标注册。当一个商标包含地理标记或者由这样的地理标记组成，但是使用该商标的产品却不是在所指示的领土上生产的时候，如果在一个缔约方使用具有这样标记的商标将会使公众对该产品的真实原产地产生误解，则该缔约方应在其立法允许的情况下依职权或者在一个利益方提出请求的情况下拒绝该商标的注册或宣告该商标的注册无效。

2.对葡萄酒和烈酒地理标志的补充保护。每一成员应为利害关系方提供法律手段，以防止将识别葡萄酒的地理标识用于并非来源于所涉地理标识所标明地方的葡萄酒，或防止将识别烈酒的地理标识用于并非来源于所涉地理标识所标明地方的烈酒，即使对货物的真实原产地已标明，或该地理标识用于翻译中，或附有"种类"、"类型"、"特色"、"仿制"或类似表达方式。

对于一葡萄酒商标包含识别葡萄酒的地理标识或由此种标识构成，或如果一烈酒商标包含识别烈酒的地理标识或由此种标识构成，一成员应在其立法允许的情况下依职权或在一利害关系方请求下，对不具备此来源的此类葡萄酒或烈酒，拒绝该商标注册或宣布注册无效。

在对葡萄酒采用同音异义或同形异义的地理标记时，应对每一种标记都提供保护。每一缔约方应考虑到确保对所涉及的制造者的平等待遇和不至于错误引导消费者的需要，确定关于这样的地理标记相互应有所区别的具体条件。

3.对地理标志保护的例外。对地理标志的保护存在以下例外情形，即世界贸易组织成员不应因两者相同而驳回该商标注册申请或者撤销该商标：

（1）在先使用或者善意使用例外。不要求一个缔约方阻止任何国民或居民连续地或类似地使用另一缔约方与商品或服务相关联地指示葡萄酒或烈酒的地理标记，其条件是该国民或居民已经以连续的方式在该缔约方的领土上对相同或相关的产品或服务使用该地理标记。

（2）在先注册或者善意使用获得保护例外。

（3）通用名称例外。对其一种葡萄产品采用了在其领土上已有的一种葡萄品种日常惯用名称与其他缔约方某一地理标记相同时，商标申请不应被驳回。

（4）善意取得例外。在并非是恶意地使用或注册地理标记的情况下，缔约方可以规定，任何根据规定作出的有关一个商标的使用或注册的请求，必须在对受到保护标记的滥用已在该缔约方为人们所熟知之日起的 5 年之内提出，或者是该商标在该缔约方的注册日之后提出，其条件是该商标的注册日已公布，而且该注册日早于上述滥用已在该缔约方为人们所熟知的日期。

（5）姓名权和营业名称权例外。关于地理标志的任何规定都不应影响任何人在贸易往来中使用其商业名称或被继承的商业名称，除非是以一种错误引导公众的方式来使用该名称。

（6）来源国不受保护或者已经停止保护的例外。缔约方没有义务保护这样的地理标记，即该标记在其原产国没有受到保护或已停止受到保护，或者在其原产国已经不再使用了。

（四）工业品外观设计

1.保护的条件。申请保护的工业品外观设计必须是独立创作完成的，这有点接近于作品受版权保护的独创性要求。申请保护的工业品外观设计必须是新颖的或者原创的。

各成员应对新的或原创性的独立创造的工业设计提供保护。各成员可规定，如工业设计不能显著区别于已知的设计或已知设计特征的组合，则不属新的或原创性设计。各成员可规定该保护不应延伸至主要出于技术或功能上的考虑而进行的设计。

每缔约方应确保有关对工业品外观设计给予保护的要求，尤其是关于费用、审查或公布的要求，不至于不合理地影响寻求和获得该保护的机会。缔约方具有通过工业品外观设计法或者通过著作权法来履行这一义务的自由。

2.权利人阻止侵权的权利。受保护的工业设计的所有权人有权阻止第三方以商业目的，未经所有权人同意而生产、销售或进口使用其外观设计保护的产品。

3.工业品外观设计的保护期限。TRIPs 协定对工业品外观设计保护期限的规定是至少为 10 年。

4.工业品外观设计保护的例外。考虑到第三方的合法利益，缔约方可以对工业品外观设计的保护规定出有限的例外，其条件是这样的例外不得不合理地与受到保护的工业品外观设计的正常实施相抵触，并且不得不合理地损害受到保护的工业品外观设计权利所有者的合法权益。

（五）专利

1.可获得专利的客体。专利应适用于所有技术领域中的任何发明，不论它是产品还是方法，只要它具有新颖性、创造性和工业实用性即可。

专利的获得与专利权的行使不得因发明的地点，技术的领域，以及产品是进口的还是本地制造的而受到歧视。

2.授予专利权的条件。专利申请，需要同时具备下列条件才可以授予专利权：

（1）具有新颖性；

（2）具有创造性，即非显而易见性；

（3）具有实用性，即能在产业上应用。

3.可以不给予专利保护的客体。如果为了保护公众利益或社会公德，包括保护人类、动物或植物的寿命及建康，或者为避免对环境的严重污染，有必要在一缔约方的领土上禁止一个发明的商业性实施，该缔约方可以排除该发明的可专利性，其条件是这样的排除不是仅仅因为该发明的实施为其国内法律所禁止。缔约方还可以排除下列各项的可专利性：

（1）人类或动物的疾病诊断、治疗和外科手术方法；

（2）除微生物之外植物和动物，以及本质上为生产植物和动物的除非生物方法和微生物方法之外的生物方法。

然而，缔约方应以专利方式或者一种有效的特殊体系或两者的结合对植物新品种给予保护。

4.专利申请应满足的条件。缔约方应要求专利申请人对发明作出清楚和完整的说明，以便使一个普通技术人员能够实施其发明，并可以要求申请人指出发明人在申请日或者在优先权日（如果提出优先权要求的话）所知道的实施其发明的最佳方案。

缔约方可以要求专利申请人提供有关其相应的外国申请和其审批情况的信息。

5.权利人的权利。一项专利应为专利权人提供如下的独占权：

(1) 对产品专利，专利权人有权禁止第三方在未经其同意的情况下从事下列行为：制造、使用、为销售而提供、出售，或为上述目的进口该产品；

(2) 对方法专利，专利权人有权禁止第三方在未经其同意的情况下使用该方法，以及使用、为销售而提供、出售或为这些目的而进口至少是由该方法所直接获得的产品；

(3) 当专利的主题是产品时，专利权人有权制止第三方未经其同意而实施的制造、使用、许诺销售、销售或者为这些目的而进口该产品的行为；

(4) 当专利的主题是方法时，专利权人有权制止第三方未经其同意而使用该方法，以及使用、许诺销售、销售或者为这些目的而进口依照该方法直接所获得的产品的行为；

(5) 当专利的实施必须依赖于他人所有的在先专利，即为从属专利时，专利权人实施自己专利的行为还需要取得在先专利权人的许可；

(6) 专利权人也应有权转让或通过继承而转移其专利，还应有权订立许可合同。

6.专利权的例外。考虑到第三方的合法利益，缔约方可以对授予的独占权规定有关的例外情况，其条件是这样的例外不得与专利的正常开发利用相抵触，并且不得不合理地损害专利权人的合法利益：

(1) 临时过境交通工具使用的例外；

(2) 先用权人享有的在原有规模下继续实施的权利（先用权）；

(3) 为科学研究和实验目的使用专利（科学研究例外）；

(4) 专利产品或者依照专利方法直接获得的产品售出后专利权人的权利用尽（权利用尽例外）。

7.专利的强制许可的条件。如果一个缔约方的法律允许在未获权利所有人同意的情况下而对一项专利的实质性内容作其他使用，包括政府征用或政府授权的第三方的使用，则应遵守下述的规定：

(1) 这种使用的准许应视其个案的具体情况而定。

(2) 只有在使用之前，拟定的使用者已经经过努力，试图在合理的商业性期限和条件下获得权利所有者的同意，但是经过合理的时间和努力之后仍未获得成功，才可以准许这样的使用。

(3) 当一个缔约方处在国家紧急状态或者其他特别紧急的情况下，或者在非商业性公共利用的情况下，可以不受上述要求的限制。然而，在国家紧急状态或其他特别紧急的情况下，应尽可能早地通知权利所有者。

(4) 这种使用的范围和期限应限于准许使用的目的，就半导体技术而言，只应适用于公开的非商业使用或者适用于补救某种经过司法程序或者行政程序被确定为限制竞争的行为。

(5) 这种使用应是非独占的。

(6) 这种使用不能转让，除非是和进行该使用的那部分企业或者商誉一并转让。

(7) 任何这样的使用都应主要是为投放到准许该使用行为的缔约方国内市场而授权的。

314

（8）在对被准许使用者的合法利益提供适当保护的条件下，如果导致作出该准许的情况已不复存在，而且也不大可能再发生，可以请求终止对该使用的准许。主管部门应有权要求检查上述情况是否继续存在。

（9）在任何情况下都必须向专利权人支付适当的费用，费用的数目取决于该准许的经济价值。

（10）任何有关这种使用准许的决定的法律有效性应能接受司法复审或不同的更高级别的主管部门的其他独立复审。

（11）如果这样的使用是用来实施一项专利（"第二专利"），而这样的实施会侵犯另一项专利（"第一专利"），则应满足如下的条件：

① 第二专利的权利要求所要求保护的发明与第一专利的权利要求中要求保护的发明相比较应具有可观经济价值的重要技术进步；

② 第一专利的专利权人应有权在合理的条件下获得使用第二专利所要求保护的发明的交叉许可；

③ 对第一专利的被准许的使用除了在和第二专利一道转让的情况下将不得转让。

8.专利权的无效或失效应当给予的救济。对撤销或取消专利的任何决定，均应提供司法审查的机会。

9.专利的保护期限。要求自提交专利申请之日起 20 年期限届满以前专利权不应终止。

10.侵犯方法专利权的举证责任。举证责任倒置，即侵犯方法专利权的举证责任由侵权实施者承担。侵犯方法专利权的专利侵权民事诉讼中，如果一项专利的实质性内容为获得一项产品的方法，司法部门应有权责令被告证明其制造相同产品的方法不同于专利方法。

至少在下述情况之一时，如果不能举出相反的证据，则将未经专利权人同意而制造的任何相同产品视为用该专利方法所制造的：

（1）如果用专利方法生产的产品是新的；

（2）如果相同的产品在很大程度上有可能是用专利方法制造的，而专利权人经过合理的努力仍不能确定被告所实际采用的制造方法。

在倒置举证责任时，应考虑到被告保护其生产和商业秘密的合法权益。

（六）集成电路布图设计

1.集成电路布图设计的保护范围。

（1）布图设计本身。

（2）包含布图设计的集成电路。

（3）包含前述集成电路的物品。

2.侵犯集成电路布图设计的行为。

（1）主观上存在故意侵权。

（2）客观上未经权利人同意而进行的下述行为，即为了商业目的而进口、分销或销售受到保护的布图设计，一种采用了受到保护的布图设计的集成电路，或者一种采用了上述集成电路的产品，只要它仍然包括一个非法复制的布图设计。

3.侵犯集成电路布图设计的行为的例外。

（1）行为人在获得该集成电路或装有这种集成电路的产品时不知道而且也没有正当的理由应该知道它采用了非法复制的布图设计，则任何缔约方都不得将这种行为视为非法行为。

（2）缔约方应规定，在这样的人接到足够清楚的通知，被告知该布图设计是非法复制的之后，该人对于在此之前已经获得的库存件或预定件可以进行上述行为中的任何一种，但是有义务向权利所有者支付一定的费用，该费用在数额上应与按照经过自由谈判达成的有关该布图设计的许可合同所应支付的提成费相当。

4. 非自愿许可。适用于专利权的非自愿许可的相关规定。

5. 集成电路布图设计的保护期限。在以登记作为保护条件的成员中，布图设计的保护期限自登记申请提交之日算起，或者自其在世界上任何地方第一次商业利用算起 10 年期限届满前不应终止。在不以登记作为保护条件的成员中，布图设计的保护期限为自其在世界上任何地方第一次商业利用之日起不少于 10 年。以登记为保护条件的成员或者不以登记为保护条件的成员也可以规定，保护期限为作出布图设计之后的 15 年，保护应当终止。

（七）对未公开信息的保护

1. 获得保护的条件。自然人或法人应有可能防止他人在未经其同意的情况下以非诚实商业活动的方式，透露、获得或使用合法地处于其控制之下并满足下述条件的信息：

（1）在如下的意义上是保密的，即对于通常涉及该类信息的同行业中的人来说，它不是以整体或者其组成部分的准确排列组合为这样的人所公知或者为这样的人所能获得；

（2）由于是保密的，因而具有商业价值，并且合法支配该信息的人采取了为具体情况所需的合理措施来保守秘密。

2. 权利的内容。合法控制商业秘密的自然人和法人，可以制止他人未经其同意，以违反诚实商业做法的方式，将其合法控制下的信息向他人公开，或者获得或使用此种信息。

3. 实验数据的保护。如果缔约方要求以提交未公开的测试数据或其他数据作为批准一种采用新化学成分的药品或农业化学产品投放市场的条件，而上述数据的产生需要付出相当的努力，则该缔约方应禁止对这种数据的不正当商业性使用。

除非是为保护公众所必需，或者除非已经采取措施来确保防止对这样数据的不正当商业性使用，否则缔约方应禁止公开这样的数据。

【例 12-02】根据《与贸易有关的知识产权协定》的规定，下列哪些说法是正确的？

A. 成员可以规定使用是维持商标注册的条件

B. 成员不得规定使用是维持商标注册的条件

C. 他人在商标所有人控制下使用注册商标属于为维持注册目的的使用

D. 他人在商标所有人控制下使用注册商标不属于为维持注册目的的使用

【参考答案】AC

二、对协定许可中限制竞争行为的控制

（一）协定列举的限制竞争的行为

协定列举的限制竞争的行为包括：

（1）排他性的返授条件。排他性的返授条件，一般是指许可方要求被许可方将基于引进技术自行开发获得的新技术成果无条件地反馈给许可方，并且不得授予其他人。

（2）制止对知识产权有效性提出质疑的条件。制止对知识产权有效性提出质疑的条件是指限制被许可人依据法律规定的程序挑战作为许可合同标的的知识产权权利的有效性。

（3）强迫性的一揽子授予许可。强迫性的一揽子授予许可，类似于一种搭售行为，许可人强迫被许可人在获得所需目标技术的同时还必须接受其不需要的许可内容，并为此支付使用费。

（二）成员之间的协商

1.涉及双方国民的协议许可中的限制竞争行为进行协商。如果一个缔约方认为，另一缔约方的国民或居民作为一个知识产权所有者正在实施限制竞争行为，违反了其国家法律规定，有权要求与该另一缔约方进行协商，最终自愿达成符合双方意愿的协议；该另一缔约方应对这样的磋商给予充分和富有同情的考虑，并且通过提供与磋商问题有关的公众可获得的非保密性信息以及该缔约方所能获得的其他信息予以合作。

2.希望能够通过成员之间的友好协商避免贸易摩擦升级。如果一个缔约方的国民或居民被指控违反了另一缔约方存在对许可合同中限制竞争行为，从而处于该另一缔约方的法律程序之中，则该另一缔约方应该按照相同条件，应前一缔约方的请求提供与之进行磋商的机会，避免贸易摩擦升级。

【例 12-03】 根据《与贸易有关的知识产权协定》的规定，下列哪些属于该协定列举的可能构成知识产权滥用的情形？

A.排他性的返授条件

B.制止对知识产权有效性提出质疑的条件

C.强迫性的一揽子授予许可

D.禁止被许可方将专利产品出口至许可方享有专利的另一成员境内

【参考答案】 ABC

三、知识产权执法

（一）成员的总义务

成员的总义务如下：

（1）缔约方应保证其国内法律能够提供 TRIPs 协定所规定的执法程序，以便对侵犯本协定所述知识产权的任何行为采取有效的制止措施，包括制止侵权的及时法律救济和防止进一步侵权的法律救济。

（2）知识产权的执法程序应当公平和合理，这些程序不应过于复杂或者花费过高，也不应规定不合理的期限或者导致不应有的拖延。

（3）就案件的是非作出的决定最好应采取书面形式，并说明理由；这些决定至少应当向参与程序的双方当事人提供，不得无故拖延。

（4）诉讼当事人应该获得由司法部门对最终行政决定以及在服从国内法律中有关案件重要性的司法管辖规定的条件下，至少对关于案件是非曲直的一审判决适用法律是否得当予以复审的机会。

（5）在司法救济途径中无特殊要求，可以根据争议和纠纷的不同类型分别纳入民事、行政或者刑事诉讼程序之下。

（二）民事和行政程序及救济

1.合理与公开的程序。缔约方应该为权利所有者提供施行本协定所涉及的任何知识产权的民事诉讼程序。被告应有权获得及时和足够详细的书面通知，包括赔偿请求的根据。应允许当事人由独立的法律事务所代理，而且这种程序不得规定过于麻烦的让当事人本人出庭的强制性要求。

2.救济措施。

（1）禁止令。司法部门应有权责令一方当事人停止侵权行为，包括在海关批准进口之后，立即禁止侵犯一项知识产权的进口商品在其管辖范围内进入商业渠道。但是，在一方当事人不知道也不应当知道经营这样的对象将会导致对知识产权的侵犯之前就已经获得或订购了采用该对象的商品的，缔约方没有义务对该产品采取禁止令。不知道也不应当知道是侵权产品，由政府进行使用或者经政府准许由第三方进行使用的，缔约方应当向权利人支付适当的费用。

（2）损害赔偿。司法部门应有权责令侵权者向权利所有人支付适当的损害赔偿费，以便补偿由于侵犯知识产权而给权利所有者造成的损害，其条件是侵权者知道或应该知道他从事了侵权活动。

司法部门应有权责令侵权者向权利所有者支付费用，其中可以包括适当的律师费。

（三）临时措施

1.采取临时措施的目的。司法机关有权责令采取迅速和有效的临时措施，以便防止侵犯任何知识产权，特别是防止货物进入其管辖范围内的商业渠道，包括结关后立即进入的进口货物。

2.保存关于被指控侵权的有关证据。在适当时，特别是在任何迟延可能对权利持有人造成不可补救的损害时，或存在证据被销毁的显而易见的风险时，司法机关有权采取不作预先通知的临时措施。

司法机关有权要求申请人提供任何可合理获得的证据，并有权责令申请人提供足以保护被告和防止滥用的保证金或相当的担保。

（四）有关边境措施的专门要求

1.中止放行。中止放行是海关当局最主要的手段，本质上是一种保护知识产权的临时措施，针对的是进口的"假冒商标货物"和"盗版货物"。

2.提供担保的要求。主管机关应当有权要求申请人提供足够的保证金或相当的担保，以保护被申请人和主管机关利益，并防止程序的滥用，并且这类保证金或相当的担保不应不合理地阻碍中止放行程序的进行。

3.对进口人和货物所有人的赔偿。如果货物被错误地扣留或者依据前述中止放行期间方面的规定已经放行的货物被扣留而造成损害，有关当局应当有权命令申请人向进口人、收货人和货物所有人支付适当的赔偿。

4.豁免。对旅客个人行李中携带或者小件托运中运送的少量非商业性货物，各成员可以不适用上述各项规定。

【例12-04】根据《与贸易有关的知识产权协定》的规定，下列哪些属于针对侵权行为规定的民事救济措施？

A. 监禁

B. 责令停止侵权

C. 损害赔偿

D. 责令侵权人向权利持有人支付适当的费用

【参考答案】BCD

四、争端的防止和解决

（一）透明度

TRIPs 协定第 63 条对成员的相关法律信息提出了必须公开、透明度的要求。

任何成员已经生效的、有关 TRIPs 协定主题（即知识产权的效力、范围、取得、实施和防止滥用）的法律和法规及普遍适用的司法终局裁决和行政裁定应以本国语言公布，或如果此种公布不可行，则应使之可公开获得，以使政府和权利持有人知晓。一成员政府或政府机构与另一成员政府或政府机构之间实施的有关本协定主题的协定也应予以公布。

（二）争端解决的主要程序

1.协商阶段。被请求方应在接到协商请求之日起 10 日内答复，未答复或者 30 日内未进行协商的，请求方可以直接要求成立专家组，60 日内未能解决争端的可以要求成立专家组。

2.专家组工作阶段。WTO 争端解决机构接到成员正式书面请求后由 3 名专家组成专家组对争端进行调查。6 个月内，最长不超过 9 个月提出专家组报告，该报告将在分发后 60 日内由争端解决机构会议讨论，只要不是全体一致否定，该报告就予以通过，成员就应当执行报告的建议或者支付相应的赔偿。

3.上诉阶段。争端的任何一方对报告有不同意见，可以在争端解决机构通过报告之前向上诉机构提出上诉，由 7 名成员中的 3 名负责审理。争端解决机构应在报告作出后 30 日内进行讨论，只要不是全体一致否定，该报告也将获得通过，成员就要履行裁决结果。

4.履行阶段。成员应在专家组或者上诉机构报告通过后 30 日内通知争端解决机构其执行裁决的意向，不能立即实施的，最晚也必须在 15 个月内执行。成员方在合理期限内未实施建议和裁决的，当事方可以要求进行赔偿及停止减让等义务作为对抗，这也体现了争端解决机制较强的执行力和约束力。

📖 本章知识点回顾

TRIPs 协定既规定了国民待遇原则，又规定了最惠国待遇原则。简单理解这两个原则就是"外国人等于本国人""外国人等于外国人"。把外国人视为本国人享有同样的权利和义务就是国民待遇原则。对不同国家的外国人一视同仁，才能实现成员国均享有最惠国待遇。

TRIPs 协定中的"专利"，特指发明专利，也就是说，TRIPs 协定中没有规定"实用新型"这种专利类型。关于专利、工业品外观设计和集成电路布图设计的保护规定，应当重点掌握。

本书参考的法律法规资料汇总

[1] 《中华人民共和国民法典》中华人民共和国第十三届全国人民代表大会第三次会议 2020 年 5 月 28 日通过，国家主席习近平签署第 45 号主席令予以公布，自 2021 年 1 月 1 日起施行。

[2] 《最高人民法院关于适用〈中华人民共和国民法典〉时间效力的若干规定》（法释〔2020〕15 号）2020 年 12 月 14 日最高人民法院审判委员会第 1821 次会议通过，2020 年 12 月 29 日公布，自 2021 年 1 月 1 日起施行。

[3] 《中华人民共和国民事诉讼法》根据 2021 年 12 月 24 日第十三届全国人民代表大会常务委员会第三十二次会议《关于修改〈中华人民共和国民事诉讼法〉的决定》第四次修正，自 2022 年 1 月 1 日起施行。

[4] 《最高人民法院关于适用〈中华人民共和国民事诉讼法〉的解释》（法释〔2020〕20 号）2020 年 12 月 23 日由最高人民法院审判委员会第 1823 次会议通过的《最高人民法院关于修改〈最高人民法院关于人民法院民事调解工作若干问题的规定〉等十九件民事诉讼类司法解释的决定》修正，2020 年 12 月 29 日公布，自 2021 年 1 月 1 日起施行。

[5] 《最高人民法院关于民事诉讼证据的若干规定》（法释〔2019〕19 号）根据 2019 年 10 月 14 日最高人民法院审判委员会第 1777 次会议《关于修改〈关于民事诉讼证据的若干规定〉的决定》修正，2019 年 12 月 25 日公布，自 2020 年 5 月 1 日起施行。

[6] 《中华人民共和国行政复议法》根据 2017 年 9 月 1 日第十二届全国人民代表大会常务委员会第二十九次会议《关于修改〈中华人民共和国法官法〉等八部法律的决定》第二次修正，自 2018 年 1 月 1 日起施行。

[7] 《中华人民共和国行政复议法实施条例》（国务院令第 499 号）于 2007 年 5 月 23 日由国务院第 177 次常务会议通过，2007 年 5 月 29 日公布，自 2007 年 8 月 1 日起施行。

[8] 《中华人民共和国行政诉讼法》根据 2017 年 6 月 27 日第十二届全国人民代表大会常务委员会第二十八次会议《关于修改〈中华人民共和国民事诉讼法〉和〈中华人民共和国行政诉讼法〉的决定》第二次修正。

[9] 《最高人民法院关于适用〈中华人民共和国行政诉讼法〉的解释》（法释〔2018〕1 号）于 2017 年 11 月 13 日由最高人民法院审判委员会第 1726 次会议通过，2018 年 2 月 6 日公布，自 2018 年 2 月 8 日起施行。

[10] 《最高人民法院关于行政诉讼证据若干问题的规定》（法释〔2002〕21 号）于 2002 年 6 月 4 日由最高人民法院审判委员会第 1224 次会议通过，2002 年 7 月 24 日公布，自 2002 年 10 月 1 日起施行。

[11] 《中华人民共和国国家赔偿法》1994 年 5 月 12 日第八届全国人民代表大会常务委员会第七次会议通，过根据 2010 年 4 月 29 日第十一届全国人民代表大会常务委员会第十四次会议《关于修改〈中华人民共和国国家赔偿法〉的决定》第一次修正，根据 2012 年 10 月 26 日第十一届全国人民代表大会常务委员会第二十九次会议《关于修改〈中华人民共和国国家赔偿法〉的决定》第二次修正。

[12] 《中华人民共和国刑法》1997 年 3 月 14 日第八届全国人民代表大会第五次会议修订，中华人民共和国主席令第 83 号公布，自 1997 年 10 月 1 日起施行。

[13] 《中华人民共和国刑法修正案十一》2020 年 12 月 26 日第十三届全国人民代表大会常务委员会第二十四次会议通过。中华人民共和国主席令第 66 号，2020 年 12 月 26 日公布，自 2021 年 3 月 1 日起施行。

[14] 《中华人民共和国著作权法》中华人民共和国主席令第 62 号，根据 2020 年 11 月 11 日第十三届全国人民代表大会常务委员会第二十三次会议关于修改〈中华人民共和国著作权法〉的决定》第三次修正，2020 年 11 月 11 日公布，自 2021 年 6 月 1 日起施行。

[15] 《著作权法实施条例》中华人民共和国国务院令第 633 号 根据 2013 年 1 月 30 日《国务院关于修改〈中华人民共和国著作权法实施条例〉的决定》第二次修订，2013 年 1 月 30 日公布，自 2013 年 3 月 1 日起施行。

[16] 《计算机软件保护条例》中华人民共和国国务院令第 632 号，根据 2013 年 1 月 30 日《国务院关于修改〈计算机软件保护条例〉的决定》第二次修订，自 2013 年 3 月 1 日起施行。

[17] 《信息网络传播权保护条例》中华人民共和国国务院令第 634 号，根据 2013 年 1 月 30 日《国务院关于修改〈信息网络传播权保护条例〉的决定》修订，自 2013 年 3 月 1 日起施行。

[18] 《中华人民共和国商标法》中华人民共和国主席令第 29 号，根据 2019 年 4 月 23 日第十三届全国人民代表大会常务委员会第十次会议《关于修改〈中华人民共和国建筑法〉等八部法律的决定》第四次修正，自 2019 年 11 月 1 日起施行。

[19] 《商标法实施条例》中华人民共和国国务院令第 651 号，根据《中华人民共和国商标法》制定，2014 年 4 月 29 日公布，自 2014 年 5 月 1 日起施行。

［20］《商标评审规则》根据 2014 年 5 月 28 日国家工商行政管理总局令第 65 号第三次修订，自 2014 年 6 月 1 日起施行。

［21］《集体商标、证明商标注册和管理办法》国家工商行政管理总局令第 6 号，经中华人民共和国国家工商行政管理总局局务会议审议通过，2003 年 4 月 17 日公布，自 2003 年 6 月 1 日起施行。

［22］《驰名商标认定和保护规定》国家工商行政管理总局令第 66 号，经国家工商行政管理总局局务会议审议通过，2014 年 7 月 3 日公布，自公布之日起 30 后施行。

［23］《商标国际注册马德里协定》1891 年 4 月 14 日签订，最近一次于 1967 年 7 月 14 日修订于斯德哥尔摩。

［24］《商标国际注册马德里协定有关议定书》1989 年 6 月 27 日通过，1996 年 4 月 1 日生效。

［25］《商标国际注册马德里协定及该协定有关议定书的共同实施细则》于 2009 年 9 月 1 日生效。

［26］《中华人民共和国反不正当竞争法》根据 2019 年 4 月 23 日第十三届全国人民代表大会常务委员会第十次会议《关于修改〈中华人民共和国建筑法〉等八部法律的决定》修正，2019 年 4 月 23 日公布，自 2019 年 4 月 23 日起施行。

［27］《中华人民共和国植物新品种保护条例》中华人民共和国国务院令第 653 号，根据 2014 年 7 月 29 日《国务院关于修改部分行政法规的决定》第二次修正，自 2014 年 7 月 29 日起施行。

［28］《中华人民共和国集成电路布图设计保护条例》中华人民共和国国务院令第 300 号，经 2001 年 3 月 28 日国务院第 36 次常务会议通过，2001 年 4 月 2 日公布，自 2001 年 10 月 1 日起施行。

［29］《集成电路布图设计保护条例实施细则》知识产权局局长令第 11 号，2001 年 9 月 18 日公布，自 2001 年 10 月 1 日起施行。

［30］《集成电路布图设计行政执法办法》国家知识产权局局长令第 17 号，2001 年 11 月 28 日公布并实施。

［31］《保护工业产权巴黎公约》1883 年 3 月 20 日签署，最后修订时间为 1979 年 9 月 28 日。

［32］《与贸易有关的知识产权协定》1994 年缔结，最近一次修正时间为 2017 年 1 月 23 日。

参考文献

［1］ 国家统一法律职业资格考试辅导用书编辑委员会. 2021年国家统一法律职业资格考试辅导用书 民法. 北京：法律出版社，2021.

［2］ 国家统一法律职业资格考试辅导用书编辑委员会，2021年国家统一法律职业资格考试辅导用书 行政法与行政诉讼法. 北京：法律出版社，2021.

［3］ 国家统一法律职业资格考试辅导用书编辑委员会. 2021年国家统一法律职业资格考试辅导用书 民事诉讼法与仲裁制度. 北京：法律出版社，2021.

［4］ 人力资源和社会保障部人事考试中心. 2021知识产权专业知识与实务（中级）. 北京：中国人事出版社，2021.